KB259736

전환기 한미관계의 새판짜기

강정구·고영대·박기학·서보혁·
서재정·이철기·최철영 지음

국립중앙도서관 출판시도서목록(CIP)

전환기 한미관계의 새판짜기 / 강정구 [등]지음. — 파주 : 한울,
2005
  p. ;   cm. —

권말부록수록
ISBN   89-460-3331-2 03340

349.11042-KDC4
327.519073-DDC21   CIP2004002371

책을 펴내며

올해는 환희의 해방을 맞은 지 60년이 된 해이다. 동시에 통한의 분단 60년이며, 주한미군 주둔 60년이고, 한미동맹 60년이다. 이 비통한 분단 민족사가 환갑을 맞이했다. 인생에서 환갑은 이제까지의 일생을 근본적으로 되돌아보고 지금까지와는 질적으로 다른 새로운 삶을 시작하는 전환의 출발이다.

환갑을 맞이한 통한의 민족사 역시 응당 이제까지의 반(反)민족적, 반자주적, 반평화적, 반통일적 역사행로를 마감하는 대전환을 향한 원년을 일구어야 한다. 그것은 민족의 자주와 자존, 평화와 통일로 향한 역사 순응의 행보이다.

이를 위해서는 미국과 주한미군에 대한 본질적인 파헤치기를 통해 한·미관계의 새판짜기를 모색해야 한다. 그것은 바로 예속적인 한미동맹을 폐기하고 민족자주를 다지는 길이고, 주한미군 없는 한반도 평화 이루기의 길이고, 궁극적으로는 민족의 하나 되기인 통일의 길이다.

이 책은 이러한 요구를 담고자 한 절규, 이성적 자성, 맹목적 믿음을 되짚는 과학, 선험적 진리를 허무는 탈성역화, 이상을 현실화하는 낙관적 역사전망 등이 나름대로 아우러진 몸부림의 결과물이다.

서장 '한미동맹의 근본적 속성과 변환'(강정구)은 60년 동안 선험적 진리와 성역으로 안치된 한미동맹의 반민족성, 반평화성, 예속성과 맹목성을 논거한다. 또한 미래 한·미군사동맹이 방어동맹의 성격에서 침략동맹의 속성으로 변환되어 한반도의 전쟁위협은 물론 동북아 전체를 군사적 긴장과 전쟁의 위협으로 몰아넣고 한반도의 장기 분단화를 초래할 것이

4

라 보고 있다. 이 글은 한미동맹의 폐기에 바탕한 한·미관계의 새판짜기, 주한미군 철군, 동북아협력안보체제로의 발돋음을 역설한다.

1장 '탈냉전기 미국의 신군사전략'과 2장 '주한미군 재배치와 한미동맹의 성격변화'(서재정)는 미래 한미동맹과 주한미군의 역할재조정을 이해하기 위해서는 미국의 군사전략, 군사변환, 미군 재배치라는 '삼위일체'를 먼저 파악해야 한다고 본다. 이 신 군사전략은 주한미군 재조정과 재배치를 규정하는 전략적 지침이 되고, 한·미·일 군사동맹체제를 강화해 단기적으로는 북에 대한 군사적 위협을 가중시키고, 장기적으로는 중국과 아시아·태평양 일대에 안보악화를 가져온다고 진단한다.

3장 '예속적 한미연합군사지휘체계 해체의 당위성'(박기학)은 한·미연합지휘체계가 겉으로는 한국군과 주한미군이 연합적인 지휘체계를 형성한 것처럼 보이나 실상은 미국의 일방적이고 수직적인 지휘통제를 보장해주는 기구에 불과하다고 보았다. 이런 관점에서 이 글은 한·미연합지휘체계 해체, 작전통제권 환수, 나아가 미국의 군사전략에서 벗어나는 독자적 안보관의 정립이 군사주권 확립의 길임을 제시한다.

4장 '한미상호방위조약의 불평등성과 우호협력적 한미관계의 모색'(최철영)은 한·미상호방위조약이 안보와 정책의 상호교환에서 형평성을 상실하고 있으며 존재이유도 줄어들어 폐기 논거가 확대되고 있다고 보았다. 이런 관점에서 한·미상호방위조약의 불평등성을 전면적으로 개정하고 한반도의 평화공존을 지향하는 새로운 한·미 우호관계 조약을 체결해야 한다고 지적한다.

5장 '주한미군의 아·태기동군으로의 역할 변경의 위법성'(고영대)은 주한미군의 아·태 기동군으로의 역할 변경은 그 적용 범위를 대한민국 영토로 한정한 한·미상호방위조약 제3조와 그 발동 요건을 외부로부터의 무력공격이 있을 경우로 한정한 제2조에 대한 명백한 위반으로 보고 그 불법성의 근거를 조약과 관련 문서를 토대로 밝히고 있다. 또 이 조약에 기반한 한미동맹은 점차 공세적, 패권적, 침략적 미·일동맹의 뒤를 밟고 있다고 진단한다.

6장 '한반도 전쟁위기의 실상'(강정구)은 북한전쟁위협론에서 비롯된 안보불안론은 반공·반북 이데올로기 공세에 매몰된 맹목적 믿음이며 허구라고 논증한다. 오히려 미국이야말로 한반도 전쟁 주범임을 밝힌다.

7장 '주한미군 주둔 명분의 허구성과 철수의 당위성'(고영대)은 북한위협론, 중국위협론, 대 테러전 등을 빌미로 주한미군이 아·태 기동군화 하면 국지적 성격의 남북대결이 전역적 성격의 동북아 대결로 확대·첨예화 되어 미군은 이를 고리 삼아 통일과정은 물론 그 이후까지 한반도 주둔을 꾀하게 된다고 역설한다. 이러한 주한미군 주둔 명분의 허구성을 밝히고 평화협정 체결과 함께 즉각 철수하는 것만이 한반도 평화와 자주통일에 가장 부합되는 길임을 주장한다.

8장 '남북군사력 현황과 협력적 자주국방 비판'(이철기)은 북한 군사력 우위론의 허구성을 객관적 지표에 의해 입증하고 있다. 아울러 '협력적 자주국방'은 '허구적인' 북한 군사력 우위론에 의거한 군비증강 노선임을 밝히면서 우리 군에게 필요한 것은 방만한 군 구조와 조직의 과감한 개편과 인적쇄신, 평화군축임을 지적한다.

9장 '정전체제의 유명무실화와 평화체제 수립의 길'(서보혁)은 정전체제의 한계, 탈냉전기 남북 및 북미의 평화 정착 시도 등 경험적 고찰을 통해서 평화체제로의 전환 필요성을 제기하며 한반도 평화체제와 동북아 다자안보협력체제의 상관성을 밝힌다. 평화협정의 당사자 문제에 대해서는 미국은 일본과 함께 북한과 불가침조약 혹은 평화협정을 체결하고, 중국은 한국과 불가침조약을 통하여 이를 보증할 역사적 책임이 있다고 보면서 6자회담의 틀을 확장시켜 남북이 적극적 자세와 주도적 역할로 나아가야 한다고 주장한다.

코페르니쿠스적 인식전환에 바탕을 둔 이 책은 '평화와 통일을 여는 사람들'(평통사)이 모태가 되고 실천적 지식인, 평화운동가, 통일운동가들이 중심이 된 '한·미관계연구회'의 지난 1년여의 학습 결과물이다.

한·미관계연구회는 그 창립취지를 지난 60년간의 불평등한 한·미관계를 청산하고 나라와 민족의 자주화에 요구되는 실천적이고 전문적인 연구를 선도하자는 데 두고 있다. 이와 비슷한 기조로 출범한 평통사 부설 연구소인 '평화·통일연구소'와 함께 반민족, 반평화, 반통일, 반자주, 반역사, 예속 및 대미 자발적 노예주의의 연원과 구조화를 형성하는 한미동맹의 본질을 파헤쳐 민족의 자주와 평화, 그리고 통일을 이루기 위한 실천적이고 이론적인 노력을 전개해나갈 것이다.

이 책은 이러한 대의를 향한 첫걸음에 지나지 않는다. 하지만 기존의 한·미관계 연구자들이나 관계자들 대부분이 알게 모르게 빠져 있던 크고 작은 대미 자발적 노예주의성과 선을 분명히 그은 가운데 부족하나마 나름대로의 구체적 근거에 의거하여 자주적인 한미관계의 방향과 대안을 제시하는 데에 그 의미를 부여하고 싶다.

앞으로 한반도 평화와 통일을 향한 민족구성원들의 고뇌와 실천이 이러한 민족적 자긍심으로 구현되어 60년 동안 기성 한국사회 주류에게 기생해온 대미 자발적 노예주의를 압도해 이를 떨쳐버리는 계기가 되기를 바라는 마음 간절하다.

2005년 1월 초
분단 60년, 주한미군 주둔 60년을 맞아
강정구 씀

차례

한미동맹의 근본적 속성과 변환

1. 머리말

올해 2005년으로 우리는 해방과 분단 60주년을 맞았다. 동시에 한미동맹 60주년, 곧 환갑을 맞은 셈이다. 인생에서 환갑은 이제까지의 삶의 역정을 성찰적으로 되돌아보고 새로운 차원의 삶을 시작하는 전환을 의미한다. 시대사적으로도 지구촌은 탈냉전을, 민족사는 통일시대라는 민족사적 전환기를 맞았다. 마땅히 한미동맹도 이 전환의 시점을 맞아 과거에 대한 비판적 자성, 오늘에 대한 냉정한 평가, 미래에 대한 새로운 설계 등이 근본적으로 이뤄져야 한다. 즉 새판을 짜야 한다.

하지만 이러한 근본적 접근은 아예 외면한 채 한국군의 이라크 파병을 계기로 한미동맹 그 자체가 국익이고, 그것의 강화만이 살길인 것처럼 한미동맹이 '선험적 진리'로 여전히 재확인되고 있다. 그러나 집권여당의 당대표를 비롯한 한국사회 주류의 이러한 '선험적 진리화'는 구체적 사실에 입각한 검증 과정을 거친 과학적 지식에 의하면 곧바로 허구임이 드러난다.[1]

이 글은 과거 60년 가까이 이곳 남한 땅에서 선험적 진리와 성역으로 안치된 한미동맹을 탈 성역화로 파헤쳐 그것의 근본적 속성을 밝히고자한다. 곧, 한미동맹이 해방공간의 민족사적 핵심과제인 친일청산과 새로운 통일조선의 수립이라는 민족지향과 역사지향을 파괴하고 냉전적 분단과 전쟁을 구조 지운 반(反)민족성, 반(反)평화성, 예속성과 맹목성 등을 강요한 장본인임을 논거한다. 동시에 탈냉전시대인 오늘날 이 군사동맹을 주축으로 한 한미동맹이 오히려 우리 민족을 전쟁의 위험 속에 빠뜨리는 주범이고 통일훼방꾼임을 보여줄 것이다. 또한 미래한미동맹(FOTA, Future of the Alliance) 정책구상회의에서 구체화되고 있는 미래한미군사동맹이 이제까지의 방어동맹의 성격에서 침략동맹의 속성으로 변환되어 한반도의 전쟁위협은 물론 동북아 전체를 군사적 긴장과 전쟁의 위협으로 몰고 가는 토대가 되어 우리 민족의 핵심과제인 평화와 통일을 원천적으로 가로막아 영구분단화로 치닫게 될 것임을 밝힌다. 아울러 동북아세력균형론, 이익균점론, 바짓가랑이론 등의 한미동맹 옹호론이나 존치론의 허구성을 입증할 것이다.

환갑을 맞은 한미동맹이 참여정부와 남한사회 주류에 의해 현재 추진되고 있는 미래한미군사동맹으로 강화될 것이 아니라 폐기되어야 한다. 더 나아가 주한미군이 완전 철군되고, 한미군사동맹을 주축으로 한 일체의 한미동맹이 폐기되고 한·중, 한·러, 한·일 간에 맺어진 우호친선협력의 한미관계로 전환되고, 동북아경제안보협력체와 같은 새로운 안보패러다임의 설정이 이뤄지는 한·미관계의 새판이 짜져야 한다. 이것이야말로 해방과 분단 60년, 탈냉전통일시대를 맞은 우리가 살길이고 또 민족의 평화와 통일을 향한 올바른 역사방향임을 이 글은 결론짓는다.

---

1) 동맹(alliance)은 조약에 의해서 상호원조의 의무를 약속하는 국가간의 일시적인 군사적 결합을 의미한다. 이 글에서 한미동맹은 군사적 동맹이 핵심이지만 이를 바탕으로 진행된 정치, 경제, 사회, 문화 등 여타부문까지 포괄하는 넓은 의미의 동맹을 지칭하고 이들 여타영역에서는 조약을 전제로 하지 않는다. 동시에 1953년 10월 한미상호방위조약이라는 형식적인 조약체결 이전에 실질적인 동맹관계가 여러 영역에서 이미 성립되었다는 점에서 53년 이전의 한미관계도 동맹으로 간주했다.

2. 한미동맹의 근본적 속성

한미동맹에는 검증되지 않은 통념이 자리잡고 있다. 그것은 외교, 군사, 경제 등 전 영역에서 미국과의 관계를 긴밀히 해야 하며, 이는 대한민국의 이익에 도움이 되고, 미국은 한국전쟁을 함께 치른 '혈맹'이며, 세계에서 한국과 가장 가까운 나라이며, '오랜 친구'가 어려울 때는 돕는 것이 국제사회에서의 바람직한 행동이며, 한·미연합작전체계 때문에 무기는 미국제를 사서 쓰는 것이 좋다 등이다(김진환, 2004). 이러한 통념과는 달리 한미동맹은 전형적인 반민족성, 예속성, 반평화성, 맹목성 등이 그 본질적 속성임을 이 절에서 밝힌다.

1) 한미동맹의 반민족성

흔히들 한미동맹의 출발점을 1950년 6·25전쟁 당시 미국이 전쟁발발 사흘 만에 개입해 남한정부를 전적으로 수혈하는 시점이나 또는 1953년 한국전쟁 직후 체결된 한·미상호방위조약 시점으로 잡고 있다. 그러나 이는 형식적인 기준을 동맹의 기원으로 삼는 것으로 실질적인 동맹관계가 1945년 제2차세계대전 직후 냉전에 매몰된 미국이 이 땅에 첫발을 내딛는 순간부터 강압적인 한미동맹이 일방적으로 강제되었음을 간과한 역사해석이다. 곧 미국은 대한민국이 태어나기도 전에 이미 친일-반민족 집단을 파멸상태에서 구원하면서 현재의 한미동맹을 일방적으로 맺었다. 이후 이를 기반으로 미국은 한미동맹국가를, 보다 엄밀한 의미에서는 예속국가를 이 땅에 창출시키고 지금까지 한미동맹 또는 대미예속을 이어왔다. 이는 해방 조선과 조선인이 지향하는 내재적 역사행로를 원천적으로 봉쇄하고, 친일반민족 세력이 지배하는 타율적 역사행로를 강요한 점에서 반민족성과 반역사성의 전형이다.

이 태동기의 한미동맹은 두 가지 수준에서 이뤄졌다. 하나는 일본이 조선에 남겨놓은 식민지 구조와의 구조적 동맹이었고 다른 하나는 친일 반민족 집단들과의 인적동맹이었다(강정구, 2002).

(1) 일제 식민구조와의 구조적 '동맹'

미국의 조선점령 정책기조는 철저하게 냉전에 기초한 것으로 첫째, 사회주의 등장을 막고 자본주의를 강제하기 위해 반(反)공산주의를, 둘째 소련의 사회주의 영향을 제거하기 위해 반(反)소련주의를 택했다. 셋째 모스크바 3상회의의 합의대로 미·소 공동위원회에 따른 조선임시정부가 실시되면 미국이 남쪽에 실시하고 있는 군정을 철폐할 수밖에 없고, 이 경우 조선전체가 사회주의로 나아갈 것이기 때문에 자기들이 합의한 모스크바 3상협정을 스스로 되짚는 반(反)신탁을 추구했다. 넷째, 기존의 식민지 반봉건사회의 지배구조를 전면적으로 혁파하여 사회주의로 이행하려는 급진 사회혁명을 봉쇄하기 위한 반혁명주의 정책기조를 띠었다.

이들 반공·반소·반혁명·반탁의 정책을 구현시키려는 미국은 조선인의 염원인 탈식민화나 친일파 숙청 등의 내재적 역사지향을 처음부터 심대한 장애요소로 인식했다. 바로 이러한 조선의 내재적 역사방향을 타파하기 위해 등장한 물적-제도적 장치가 미(米)점령군의 직접적인 군사정부였다. 그러나 군사정부는 아무것도 없는 진공상태에서 새로 만든 게 아니라 기존의 일제 조선총독부를 비롯한 식민통치구조의 실질적인 존속을 통해 그 기틀을 닦아나갔다.

따라서 미국의 점령정책은 대부분의 조선인이 원하는 일본 제국주의 식민지의 기존 통치구조를 변혁시키는 것보다 유지 및 강화시키는 것, 곧 구조적 동맹을 맺는 것을 택했다. 이로써 일제식민지지배의 골격을 이루었던 경제, 정치, 사회 등 전 영역의 구조, 법, 제도 등에 대한 구조청산은 미군정의 폭력과 강제에 의해 좌절될 수밖에 없었다. 이 결과 해방공간의 민족사적 내재적 행로는 좌절되어 한국사회는 처음부터 반민족적이고 반역사적 행로를 걷게 되었다.

(2) 친일반민족 세력과의 인적 '동맹'

반공·반소·반혁명·반탁을 정책기조로 삼은 미(米)점령군은 '일반명령 1호'에 의해 어제의 적이었던 일본인을 동원해 조선인 대중투쟁에 의해 와해 직전으로 몰린 식민지 통치구조를 긴급 구출하고 친일 구조청산을 가로막았다. 이제 미군정은 기존의 일제 식민통치구조를 강화하면서 점령정책 기조를 실현시키기 위하여 본격적으로 친일반민족 세력과의 인적동맹을 결성했다.

미군정은 크게 나누어 두 개의 조선인 집단과 인적 동맹관계를 맺었다. 하나는 구래(舊來)의 지주계급과 지주·자본가계급이다. 이 집단은 김성수-송진우 등이 이끈 한국민주당처럼 직접적인 친일파와 간접적 친일파로 주로 구성되었다. 다른 하나는 식민지 경찰과 군을 중심으로 한 친일관료집단이다. 이 집단은 거의 전부가 직접적인 친일파 집단이다. 미국은 이들 직·간접 친일반민족 집단과 동맹관계를 강화함으로써 식민지 잔재의 철저한 청산과 친일파 숙청을 제창하는 급진세력과 민중세력을 제압하여 남한을 반소·반공·반혁명의 보루로 삼으려 했고 결과적으로 성공한 셈이다.

전자와의 동맹관계를 맺음으로써 해방된 조선사회를 기존의 일본제국주의가 지배하던 식민지적 구조를 큰 변화 없이 유지·강화하려 했다. 또 후자와의 동맹으로 미국은 전자와의 동맹으로 설정된 사회적 목표, 곧 식민지구조의 온존·강화를 실현시키는 데 필요한 충실한 도구와 수단을 확보한 셈이다. 다시 말하면 미국은 전자와 더불어 정책목표를 공유하고 후자와 더불어 정책수단을 공유하는 공생관계를 이루었다. 이러한 한미동맹과 공생관계를 통해 이 땅의 친일반민족 세력들은 그들의 옛집 구조 속에서 새로운 친미 서식처를 안착시킬 수 있었다.

전자와의 동맹관계를 구체적으로 몇 가지 보겠다. 가장 먼저 동맹관계가 맺어진 것은 미(米)점령군이 1945년 9월 인천에 상륙하여 조선을 본격적으로 점령한 직후인 10월에 임명한 11인의 행정고문 임명에서이다.

조선인 행정고문 11명 가운데 보수세력이 10명, 급진세력이 1명으로 당시 조선사회의 실질적인 이데올로기 지형과는 전혀 상반된 10:1 비율로 식민지 시대 지배계급 집단을 행정고문으로 선정했다. 실제로 남쪽에 있는 고문 10명 가운데 6명이 주로 친일파와 옛 지배계급 정당인 한민당 당원으로 충원되었다(강정구, 1989).

이러한 한민당 중심의 친일우익 편향의 동맹관계는 미군정의 집행부에서 정책결정의 고위직(주로 사회가 지향하는 목표, 곧 정책결정의 직위임) 임명에서 두드러진다. 46년 1월에 임명된 중요정책 직무의 조선인 구성에서 친일파 편향은 가장 중요한 국가억압기구 분야에 확연히 드러난다. 경무부장 조병옥, 수도경찰청장 장택상, 대법원장 김용무, 사법부장 김병로, 검찰총장 이인 등은 전부 친일파 정당인 한민당 출신이다. 다른 부처에도 이와 유사한 인적 구성을 형성해 친일정당인 한민당은 자타가 공인하듯이 미군정의 실질적 여당으로 군림했다. 이들 친일파들은 일제시대에는 단지 경제적 지배계급의 수준에 머물렀으나 해방된 미군정에서는 경제적 지배계급에다 정치적 지배계급으로 성장하여 더욱 강화되었다. '해방'된 이 땅에서 어제까지 민족해방을 억압하고 일제 식민지지배의 안존과 강화에 앞장섰던 친일민족반역자 집단이 여전히 지배집단으로 군림하게 되는 기막힌 역사가 한미동맹의 형태로 펼쳐지기 시작한 것이다.

이러한 동맹관계를 기반으로 친일 지배계급을 소생시키고, 이들을 지원하기 위해 식민지 관료와 동맹·밀월관계를 맺었는데 그 대표적인 경우가 군과 경찰이었다. 미군정하의 경찰은 식민지의 중앙집권적 구조, 일제 식민지 경찰인력, 일제의 악랄한 법률과 범죄적 관행 등을 고스란히 이어받았다. 이러한 군과 경찰의 인적동맹이 군사동맹을 주축으로 한미동맹이 진척되는 터전을 일구었다. 이들 친일파가 카멜레온처럼 친미파로 옷을 갈아입은 채 한국사회의 주류를 형성해 오늘까지 한국사회를 이끌어왔다. 이로써 한미동맹의 태생적 반민족성은 구조화되어 발생적 결정론(genetic determinism)으로 오늘의 역사를 주조하게 되었다. 이 한미동맹은 해방된 조선인을 대변하는 진정한 조선인과의 동맹이 아니라 친일 반민족 세력과의 동맹이었고, 이들 해바라기 친일-친미세력의 뿌리가 그 후대로 전승되어 오늘 한국사회의 주류로 남아 우리 민족사를 오염시키고 있다.

(3) 한미동맹이 없었더라면

'역사의 가정은 무용지물'이라고 사학자 E. H. 카는 주장했다. 하지만 현실적으로 역사의 가정은 훌륭한 혜안과 길잡이가 된다. 특히 친일 및 과거청산이 전혀 이뤄지지 못한 부끄러운 역사를 가진 우리의 경우는 더욱 그렇다. 해방공간에 반민족적이고 예속적인 한미동맹이 없었더라면 해방공간의 민족사적 핵심과제가 어떻게 되었을 것인지 역사추상을 해봄으로써 반민족적 한미동맹의 태동이 우리 역사를 얼마나 굴절시켰는지를 확인할 수 있다.[2]

만약 한미동맹이 없었더라면 해방공간의 민족사적 핵심과제였던 친일파와 일제식민구조의 청산, 통일국가 수립, 민족정기 확립, 민족자주성 견지, 민중의 권익실현, 제국주의와의 연결고리 철폐 등이 좌절되지는 않았을 것이다. 또 이들을 구현하려는 의지까지 빼앗아갈 정도로 한국사회 주류의 심성을 '자발적 노예주의'[3]로 만들지는 않았을 것이다.

1~2년 사이 민족독립선언과 민족해방절인 3·1절과 8·15광복절 기념일에까지 소위 '반핵·반김세력'들이 전쟁광 부시의 사진과 미국의 성조

---

2) 한국현대사 연구에서 '반사실적 가정'(Counterfactual Hypothesis)의 활용을 통해 실제와는 다른 가능했던 대안적 역사경로를 탐색하는 데 활용되는 방법론으로 역사추상형 비교방법을 필자는 제시했다(강정구, 1996; 188-191; 2002a: 34-37).

3) 자발적 노예주의는 연효숙이 이야기하듯이 자신의 열등감 때문에 미국의 '식민지적 무의식' 구조 속에 스스로 빠져 마치 미국의 모든 것을 자신의 정체성 또는 화신으로 오인하는 나르시시즘, 곧 '식민화된 무의식'을 말한다. 곧, 한국사회의 주류는 일제의 식민지 지배 40여 년, 미국의 신식민지지배 60년 사이 친일-친미의 연속에서 스스로 노예 짓을 무려 100년 가까이 해온 탓에 이제 자신들이 자발적 노예주의자라는 사실조차 의식하지 못하는 식민화된 무의식 상태에 놓여 있는 것으로 보인다(연효숙, 2003).

기를 들고 나와 서울시청 앞에서 활개를 치는 모습이 연출되었다. 마치 일제시대 친일반민족 무리인 일진회가 이제 숭배대상을 미국으로 바꿔 그 자발적 노예주의성을 적나라하게 연출하는 듯했다. 만약 반민족적 한미동맹이 형성되지 않았다면 이런 기막힌 현상은 없었을 것이다.

또한 '만약 해방 이후 친일청산이 제대로 되었다'는 가정을 해보자. 그랬다면 지난 봄 대통령 탄핵을 주도했던 박관용과 조순형이 각각 국회의장이나 민주당 대표로, 최돈웅이 차떼기 주역 국회의원으로, 탄핵을 즐기던 박근혜가 한나라당 대표가 될 수 있었을까? 또 탄핵의 근원인 이회창이 감히 대통령 후보가 될 수 있었을까?

천부당만부당한 이야기이다. 한미동맹이 없었다면 이들 친일파 후예들이 우리 정치사에 아예 발붙일 수 없었을 것이다. 또 지난 1월 외교부 항명파동 때 "숭미적 사고로 가득 찬 외교부 간부들"이라고 질타하다, 7월 초 미국에 가서는 "한·미 동맹을 굳건히 해야 한다는 특수 임무를 띠고 작전을 수행하러 왔다"며 "한·미 동맹 자체가 국익"이라는 자발적 노예주의식 발언을 서슴지 않은 일제 헌병 오장의 아들인 신기남 여당대표는 존재치 않을 것이다. 이처럼 반민족적 한미동맹의 문제는 어제인 과거의 문제일 뿐 아니라 오늘인 현재와 미래인 내일의 문제이다.

또한 관료 가운데 가장 대미 자발적 노예주의에 경도되었다는 국방부와 외교부의 작금의 행태는 없었을 것이다. 국방부의 경우 공군의 차기 전투기사업(F-X) 외압설 폭로의 주인공인 조주형 공군대령이 2002년 6월26일 3차 공판 최후진술에서 국방부의 '식민지성'을 국방부 수뇌부의 자발적 노예주의성이란 행위적 측면과 한국군부체제의 미국동질화라는 구조의 문제를 들먹이면서 질타한 데서도 드러난다.

"미국 무기에 대한 국방부 수뇌부의 맹목적인 추종은 반드시 고쳐져야 한다고 생각합니다.…… 한국이 미국에 종속적인 위치에서 F-X사업을 진행할 수밖에 없었던 이유는 미국의 자국이기주의와 우리나라 지도층 일부의 사대주의, 그보다 더 근본적인 원인은 미군에 의한 군사종속 때문입니다.…… 우리 군의 모든 체제는 미군 체제에 의해 동질화되었으므로 미국 무기 이외에는 사용하는 것을 두려워하게 되었습니다. 냉철하게 따져보면 식민지가 따로 없습니다."(≪오마이뉴스≫ 2002. 7. 13.)

2) 한미동맹의 예속성

미국은 한민당 등 친일반민족세력과의 동맹을 특성으로 하는 한미동맹을 1948년 단선단정 선거인 5·10선거에서 철저히 관철시킨다. 1948년 5월 10일 시행된 5·10선거에서 미군정은 중앙선거관리위원 15명 가운데 13명을 한민당 요원으로 구성했다. 새로 창건될 남한정부 내에 이들 친일·친미파인 한민당과 친일대부인 이승만의 독촉세력을 굳건히 심어 놓아 미군 철군 후에도 미국의 터전을 굳건히 닦아놓겠다는 사후관리의 일환이었다.

5·10선거 자체가 400여 정당사회단체 가운데 겨우 10% 정도의 정당사회단체가 참여하는 구도로 짜여져 모든 좌익, 모든 중도, 김구 등 우익세력의 다수까지 선거 자체를 인정하지 않았다. 따라서 10% 정도 선거에 참여한 소수집단인 한민당, 이승만의 독촉 등 극우분단세력이 집권하는 것은 투표 이전에 이미 결정이 나 있던 셈이다.[4]

국민들의 자유로운 선택권이 원천적으로 제한된 5·10선거를 통해 미국은 '독립'된 남한사회가 지향하는 정책목표 설정의 대표체인 국회에 친일·친미파를 확보하여 미군정이 추구한 정책목표와의 연속성을 확보했다. 그뿐 아니라 주어진 정책목표를 실현시키는 수단을 맡고 있는 행정부 내의 행정실무 관료 또한 미군정의 관료를 고스란히 이양해 집행부서 내에도 친일파의 세력을 그대로 전승시켜 이중의 동맹체를 확보했다.

이같이 미국은 조선의 내재적 역사궤도나 이데올로기적 지향을 봉쇄하고, 대소 반공보루 구축이라는 미국의 동북아 패권에 입각하여 남쪽에

---

4) 이에 관해서는 강정구, 「5.10선거와 5.30선거의 비교연구」 경남대 극동문제연구소, ≪한국과 국제정치≫ 통권17호, 1993년 봄·여름호 또는 강정구, 1996: 79–110.

일제식민지 구조와 친일반민족 세력의 서식처를 복원·강화시켜 한미동맹의 터전을 구축했다. 이어서 미국은 이승만 정권에 미군정의 사회·정치·통치·인적 구조를 고스란히 전승시킨다. 곧, 미국이 남조선에 강요한 타율적 역사, 일제식민지 통치구조와 친일반민족 무리를 온존 및 강화시키고, 분단을 강제하면서 이승만 정권을 출발시킨 것이다. 이로써 예속적 한미동맹은 독립을 표방한 대한민국에 정착화되었다.

이 결과 미국은 6·25전쟁이라는 통일내전이 발발하자 바로 3일 만에 남의 집안싸움인 내전에 마치 자기들이 주인인 것처럼 개입할 수 있었다. 전쟁이 끝나자마자 한·미상호방위조약을 체결함으로써 미국은 이 땅에 미군을 주둔시키고 예속적인 한·미군사동맹을 완결시켰다.

이제까지 살펴본 대로 한미동맹은 대한민국이 수립된 이후 국가와 국가 사이의 필요에 따라 대등한 동맹관계로 출발한 것이 아니다. 대한민국이라는 국가가 수립되기 이전에 미국은 미군정을 통해서 친일반민족 집단들을 하위동맹자로 보호 육성하여 이들이 하위 동맹국가를 건설할 수 있도록 했다. 이 때문에 한미동맹은 호혜평등과 상호존중의 관계가 아니라 미국의 일방적 요구에 철저히 따라갈 수밖에 없는 예속적 동맹관계라는 태생적 한계를 가졌다. 이 예속동맹관계는 철저하게 군사적 예속을 바탕으로 하여 정치, 외교, 경제, 문화에까지 확산되어 한국사회 주류의 심성까지 자발적 노예주의로 바꾸어서 오늘에 이르고 있다.

대미 자발적 노예주의의 전형인 정부각료와 외교안보 관료

이러한 예속성은 우리 역사의 굽이굽이마다 나타나고 있다. 최근 한국군 이라크파병에 즈음한 참여정부 각료의 행위를 통해 이 예속성을 확인해보겠다. 작년 3월 말 이후 이라크파병이 본격적으로 논의되면서 남한 사회 주류 사이에서 자발적 노예주의 예속성은 극에 달했다. 이들은 과거 60년 동안 해왔듯이 한미동맹에 관한 필연론, 강화론, 국익론, 보은론, 친구 의리론, 숙명론, 혈맹론 등 온갖 수사를 다 붙이면서 미국의 요구면 무조건 따라야 한다고 맹목적 추종을 외쳤다. 이들에게는 아무리 맹목적일지라도, 또 온갖 반인륜적인 짓이라도 한미동맹 평계만 되면 모든 것이 정당화되고 그것만이 살길인 것처럼 한미동맹이 '선험적 진리'화되고 있다.

작년 9~10월 방위조약 50주년을 앞두고 주한미군사령관과 주한 미국대사가 '한국의 자유와 독립을 지켜준' 미국이 힘들 때 도와줘야 하지 않느냐며 보은론을 꺼냈다. 이에 대해 당시 경제부총리, 국방장관, 외교통상부장관, 주미대사, 통일부장관, 경제인연합회 등이 마치 각본이라도 짠 듯이 잇따라 파병 찬성 또는 조기파병론이라는 사대주의 합주곡을 불러댔다. 이를 보고 시민운동진영에서 '과연 한국의 장관들인지 미국의 하수인인지' 정체성을 분명히 하라고 요구할 정도였다. 결국 참여정부는 한미동맹 보은론을 빌미로 10월 하순 아펙정상회담에 부시를 만나기 직전 파병결정을 내려 이를 진상했다. 이와 같은 한국사회 주류의 대미 자발적 노예주의는 특히 외교안보분야에서 극단을 달리고 있다.

이 전형이 바로 용산기지 이전협상에서 나타난 외교안보 관료의 행태인데 청와대 공직기강 비서관실의 "용산기지 이전 협상 평가 결과보고"(2003. 11. 18.)는 이를 적나라하게 기술하고 있다. 외교·국방부 협상 관료들은 대통령께 보고도 하지 않았고 심지어 "노무현 대통령이나 NSC(전략기획실) 인사들은 반미주의자들이므로 이 문제의 개입은 최소화시킨다"를 전제와 기조로 삼아 미국과 협상에 임했다. 그야말로 이들은 대한민국의 대표라기보다 미국의 대표라는 말이 더 정확한 것 같다.

보고서의 '총괄평가'는 다음과 같이 비판했다. 첫째, 협상주체의 하나인 외교부 북미국(북미3과)이 "미국에 대한 지나친 맹종적 자세와 현상유지적 속성으로 당당하고 합리적인 협상외교를 전개하지 못하면서 중요 정보에 대한 독점적 장악과 통제를 통해 조약국 등 여타 부서의 적법하고 정당한 조언을 무시하고 참여를 제약함으로써 협상 실패의 중요한 원인을 제공"했다. 둘째, 국방 창구인 국방부 정책실(용산기획반, 미주정책과)

은 "오랫동안의 대미 의존으로 인한 특유의 추종자세와 좁은 시야를 벗어나지 못해 협상 시 뚜렷한 한계를 드러냈으며, 부처 내 법무관리관실 법무관들이 협상과 관련하여 제시한 검토 의견을 무시하고 제한"하였다. 셋째, 외교안보분야의 총괄 조정기능을 맡고 있는 NSC(전략기획실)는 "용산기지 이전문제와 관련하여 미국의 전략적 의도 등 사태의 본질을 제대로 파악하고 정확한 전략방침을 제시하면서 대미의존 관행을 탈피하지 못하고 있는 외통부와 국방부를 적절히 견제하고 협상을 성공적으로 이끌기 위한 적극적인 노력을 전개해야 함에도 불구하고 이들과 공동보조를 맞추어 소극적으로 관망하는 자세를 내보이는 등 외교안보의 전략본부로서의 역할을 제대로 수행하지 못했다."

자발적 노예주의의 극치는 외통부 북미3과 김도현 외무관이 협상팀은 "용산기지 협상을 진행하면서 다음과 같은 전제를 기초로 했다"고 실토한 데서 백미를 보여준다.

① 용산기지 이전은 미국이 원하는 대로 얼마가 돈이 들든지 추진해야 한다.
② MOU/MOA는 유효한 합의이므로 이를 인정하지 않고서는 협상이 진행될 수 없다.
③ 국회와 국민들이 문제 삼지 않는 수준에서 합의의 형식과 문장의 표현을 바꾸는 것을 협상의 목표로 한다.
④ 협상은 외교부, 국방부, NSC가 주도가 되어 비밀로 추진하고 관계부처와의 협의는 문안이 완성된 단계에서 하되 그 범위는 최소화한다.
⑤ 노무현 대통령이나 NSC 인사들은 반미주의자들이므로 이 문제의 개입은 최소화시킨다(아이러니하게 실제로는 서주석 실장 등 NSC 인사들이 협상 과정의 대부분을 추인해주었다).
⑥ 용산기지 이전을 신속히 그리고 조용히 추진하기 위해서는 모든 문제

를 정치적으로 풀어야 하며 법률가적인 지엽주의는 경계해야 한다 : 상기와 같은 입장을 기초로 조약국의 이견은 무시한다. 협상은 북미국이 주체이며 조약국은 그것을 법적으로 정당화하는 것이 그 역할이다.

3) 한미동맹의 반평화성

남한은 이제까지 한·미군사동맹에 안보를 전적으로 의존해왔고 심지어 통일 이후에도 미군이 주둔해서 동북아세력균형의 역할을 해야만 통일한국의 평화도 보장된다고 역설해왔다. 하지만 이는 진실과 거리가 멀다.

한국전쟁 이후 1989년까지의 냉전시대에는 세 번의 큰 전쟁위기가 있었다. 1968년 미국의 간첩선 푸에블로호사건, EC-121기 사건, 1976년의 미루나무 사건이었다. 이들 사건에서 전쟁위협을 자행하고 사태를 급박하게 몰고 간 측은 바로 미국이었다. 또 세계적으로는 탈냉전으로, 민족사적으로는 통일시대로, 미국의 패권주의는 전쟁 의존적인 신패권주의로 변화한 오늘의 시점에서도 이러한 기존의 일방적 대미예속의 동맹체제와 주한미군은 한반도의 평화와 통일보다는 오히려 전쟁유도 역할만 해왔다.

탈냉전시대라는 1990년대 이후를 살펴보면, 한반도는 무려 여덟 번의 전쟁위기를 겪었다. 1991~92년 120일 전투시나리오와 이종구 국방장관의 '엔테베작전' 언급 등 '제2의 한국전쟁위기', 1994년 6월 한두 시간만 늦었더라도 전쟁이 발발할 수밖에 없는 상황으로 몰렸던 영변핵위기, 엉터리 미국의 인공위성 사진으로 북한이 핵무기를 개발한다고 단정짓고 모의 핵폭탄 BDU-38로 핵전쟁 실전연습까지 벌였던 98~99년 금창리핵위기, 98년 여름 대포동 미사일(인공위성) 발사를 계기로 발발한 미사일위기, 휴전 이후 최초의 정규군에 의한 무력충돌이라는 99년의 1차 서해교전, 2002년 부시의 '악의 축' 전쟁위협, 2002년 2차 서해교전, 또 2003년 이후 지금까지 지속되는 현금의 전쟁위기 등 무려 여덟 번이다.

이 가운데 미국이 전쟁을 주도한 것은 서해교전을 제외한 여섯 번으로 미국 주도의 한반도 전쟁위기 주도율은 6/8이다. 이 책 6장 '한반도 전쟁위기의 실상'의 장에서 구체적으로 논의되겠지만, 북한이 전쟁위기를 주도한다는 '북한전쟁위협론'은 이로써 허위임이 드러났다. 오히려 한반도전쟁위기의 주범은 북한이 아니라 미국이라는 결론에 이른다(강정구, 2003). 이럼에도 불구하고 한미동맹만 강화되고 주한미군만 유지되면 한반도의 평화와 국익은 보장될 것이라는 것은 한국주류들이 얼마나 맹목적이고 이성을 상실하고 있는지를 말해준다.

후보자 시절 노무현 대통령의 말처럼 우리의 국익 가운데 전쟁을 막는 국익만큼 중요한 국익은 없다. 곧 평화와 통일이라는 국익이야말로 우리 민족에게 핵심적이고 보편적인 국익이다. 그런데 이를 가로막는 제1인자가 누구인가? 전쟁을 제도적으로 막는 장치인 평화협정과, 평화조건을 창출할 햇볕정책과 한반도평화선언을 가로막은 자는 바로 부시 미국이고 한나라당과 같은 수구사대주의 주류가 아니었던가? 그런데도 우리 사회에서는 한미동맹은 철칙이 되고 평화와 통일을 위한 필연적 과정인 민족동맹은 금기시되는 기이한 현상이 지배하고 있다.

4) 한미동맹의 맹목성

어떤 논쟁이나 토론에도 6·25전쟁 때 나라를 '구해준 생명의 은인'이라는 한미동맹 보은론만 나오면 미국에 대한 비판의 목소리는 수그러들 수밖에 없다. 그야말로 보은론은 저격수의 역할을 십분 발휘하면서 맹목적으로 한미동맹을 우상화하고 있다. 이 결과 합리적 논의나 이성적 판단은 억압되고 만다. 이의 전형이 바로 한미동맹을 위한 한국군 이라크 파병론이다.[5]

---

5) 좀더 자세한 논의는 강정구, 「이라크전쟁과 파병: 미국의 야만성과 한국의 자발적 노예주의」, ≪경제와 사회≫ 2004년 가을호.

이라크전쟁이 불법적이고 야만적인 침략전쟁임은 지구촌의 공통된 인식이다. 이 전쟁에 파병을 한 한국 역시 공범이 되는 셈이다. 이러다 보니 파병 명분이야 없지만 국익을 위해서 파병해야 한다는 국익론과 미국에 은혜를 갚아야 한다는 한미동맹 보은론으로 파병을 정당화한다. 국익이나 한미동맹이 아무리 중요하더라도 돈 벌기 위해 살인강도 짓을 하는 '친구'를 도와주는 일이 용납되지 않듯이, 인류사회의 보편적 가치인 생명의 존엄성을 짓밟는 전쟁에 파병을 하는 것은 용납될 수 없는 일이다.

그럼에도 불구하고 보은론을 빌미로 한국군 파병은 강행되었다. 이들은 구체적으로 미국의 비위를 거슬리지 않아야 북핵문제의 평화적 해결을 보장받을 수 있다는 대미 평화애걸론을 내걸었다. 그러나 파병을 강행해 우리가 피를 흘리고 제2, 제3의 김선일이 양산되더라도 미국이 북핵문제의 평화적 해결을 보장해주지 않는다는 점은 경험적으로나 논리적으로 증명되고 있다. 이런데도 노무현 정부의 파병강행은 그야말로 한미동맹이라면 무조건 맹목적으로 따라야 한다는 한국사회 주류의 한미동맹 맹목주의 때문이다.

경험적으로 평화애걸론은 평화를 보장해주지 않는다. 작년 봄 부시는 1차 파병 요청 전화에서 노 대통령에게 북핵문제를 평화적으로 해결하겠다고 약속했고 이에 따라 '서희·제마부대'가 파병됐다. 그렇지만 한 달도 채 되지 않아 열린 한미정상회담에서 미국은 '모든 수단을 동원해' 북핵문제를 푼다는 전쟁의존 해결을 강력히 피력해 기어이 '추가적 조치'라는 전쟁위협 방안을 한·미공동성명에서 관철시켰다. 이어 7월에는 페리 전국방장관을 비롯, 전쟁경고성 발언이 잇달아 위험국면이 고조되었다. 만약 미국이 8월부터 이라크 점령의 수렁에 빠지지 않았다면 한반도 전쟁위기는 심각한 국면으로 전개되었을 가능성이 높다.

북핵문제 해결을 위해 8월 말에 열린 1차 6자회담에서 미국은 핵뿐 아니라 인권, 미사일, 생화학무기, 심지어 납치문제까지 거론함으로써 평화적 해결을 외면해 북한의 주장처럼 백해무익으로 끝나고 말았다. 2004

년 2월 말에 열린 2차 6자회담에서도 부시는 외교상 혼치 않게 협상중인 미국 대표단에 훈령을 내려 "부시 행정부의 선의는 바닥날 수 있으며 모든 옵션이 테이블 위에 여전히 있다"는 점을 북한대표에 통보하라는 지시를 내렸다(《워싱턴포스트》 2004. 3. 4.).

이러한 노골적인 전쟁위협은 한국군 파병이 이뤄진 8월에도 미국이 한반도에서 대북 침략전쟁연습을 최대화함으로써 전쟁위협은 전혀 개선되지 않았다. 이른바 2004년 10월 위기설이 파다했다. 가공스런 F-117 스텔스 전폭기 14대의 수개월간 침략전쟁연습, 8월 스테니스 항공모함의 동해배치, 8월8일 콘돌리자 라이스 미국 백악관 국가안보 보좌관의 '은밀한 조치'와 '모든 가능한 선택' 검토 발언, 미 하원 북한인권법안 통과, 주한미군 소속 한국인 노무단 동원훈련실시, 스트라이크 이글 F-15E 전폭기 1개 대대 침략훈련과 배치, 핵잠수함 괌 배치 등의 전쟁연습은 한미동맹 보은론에 입각한 평화애걸주의를 전면적으로 부정하고 있다.

평화애걸주의가 전혀 효력이 없다는 점은 노 대통령이 11월 12일 LA 연설에서 전쟁소방수로 나갈 수밖에 없었던 점이 확인해준다. 그는 "북핵문제는 평화적 해결 외의 방법이 없다"면서 무력행사나 전쟁, 봉쇄나 북한붕괴 시도 등이 절대 불가함을 미국을 겨냥해 단호히 천명했다. 동시에 북한에 대한 명확한 인식을 천명했다. 곧 북한은 안전이 보장되면 핵무기를 포기할 것이고, 이미 시장경제는 '돌이킬 수 없는 단계에까지 와 있어' 개혁-개방은 불가피하고, 지난 87년 이후 북한이 테러에 관련된 사실이 없으며 외부 위협으로부터 자신을 지키기 위한 억제수단으로 핵무기 개발을 주장하는 북한의 주장은 일리가 있다고 보았다.

국민의 생명과 재산을 지킬 의무가 있는 대통령으로서 응당 전쟁 불길 조짐을 미리 끄는 소방수 역을 하는 것이 그의 소임이다. 노 대통령의 이번 결단은 부시 재선 후 곧바로 나타난 위험천만한 네오콘의 전쟁책동에 쐐기를 박기 위한 것이었다.[6]

논리적으로도 북한을 침략하려는 미국의 전쟁도발을 막는 길은 이라크 파병을 수용하는 것이 아니라 파병을 단호히 거절해 미국이 이라크전쟁의 수렁에 계속 빠지게 만드는 데 있다. 이렇게 되면 첫째, 미국의 전쟁역량이 현저히 저하돼 이라크와 북한에 대한 동시전쟁을 수행하기 힘들게 된다. 둘째, 미국의 반전여론이 계속 높아진다. 셋째, 미국 내 강경파가 힘을 잃고 온건파가 주도권을 잡게 되어 북핵문제는 온건파 중심의 대화로 풀릴 가능성이 높아진다. 넷째, 만약 부시가 재선에 실패해 민주당 정권으로 교체되었을 때에도 평화적 해결 가능성이 높아진다.

이상의 논의에서 이라크 파병은 북핵문제의 평화적 해결이라는 국익이 아니라 전쟁위협 자초정책이라는 결론을 얻게 된다. 이럼에도 불구하고 한미동맹 때문에 파병을 감행하는 것은 우리 사회 주류가 미국의 요구를 맹목적으로 수용해야 한다는 맹목주의에 빠져 있기 때문이다.

이러한 한미동맹의 맹목성은 궁극적으로 6·25전쟁 때 나라를 '구해

---

6) 부시는 재선 후 가진 첫 기자회견에서 '미국대통령이 말한 것을 지켜야 세계평화'가 오고 '동맹국이 안 좋아해도 이를 계속 추진'할 것이라며 예방적 선제공격 고수를 천명했다. 이에 따른 네오콘의 한반도 전쟁 전주곡이 울렸다. 공화당 싱크탱크인 니콜라스 에버스타트는 "미국은 해군과 공군에 충분한 최첨단 군사력을 갖고 있다"며 이라크전쟁과 북한과의 전쟁을 동시에 벌일 군사력을 가지고 있음을 암시했다. 동시에 "부시 대통령의 당선을 원하지 않은 청와대와 국가안전보장회의(NSC) 인사가 누군지 알고 있다"면서 대통령과 이종석 차장을 겨냥했다. 남북정상회담에 대해서도 "지난번 남북정상회담은 한국의 납세자들에게 너무 많은 부담을 줬다"며 "남북정상회담이 다시 이뤄진다면 법적으로 투명하고, 남북간에 비밀 거래가 없어야 한다"고 마치 총독처럼 훈수했다. 마르커스 놀란드 국제경제연구소(IIE) 선임연구원 역시 "6자회담의 실패가 미국이 아니라 북한 때문이라는 사실을 참가국들에 증명하면 제재 등으로 갈 수 있는 명분을 얻게 된다"며, 2차 남북정상회담에 대해서도 "김정일 위원장에게 선물을 주는 자리가 아니라 '잘못된 행동은 대가를 치를 수 있다'는 사실을 강조하는 자리가 돼야 한다"고 제2의 총독인양 입을 맞췄다. 이들은 더 나아가 전쟁위기를 해소하기 위해 남한 내에서 활발히 논의되고 있는 2차 정상회담에 대해서도 미리 제동을 걸음으로써 우리의 전쟁막기를 미연에 방지하려는 면밀한 작전까지 짠 듯하다. 자칫 이대로 가면 한반도는 머지않아 미국이 벌리는 전쟁의 포화에 휩싸이는 절대절멸의 위기에 처하게 될 것이다.

준 생명의 은인'에게 은혜를 갚아야 한다는 보은론에 의존하고 있다. 우리는 과연 언제까지 이 만병통치 같은 보은론에 덜미가 잡히고 주눅이 들어야 하나? 또 정말 보은론이 논거가 있는 것인가? 이제는 냉엄하게 되물어야 할 시점이다.

만약 미국이 해방공간에 자기들 멋대로 한반도를 38도선으로 두 동강 내지 않았다면 우리가 민족분단과 전쟁이라는 민족의 비극과 형극을 겪었을까? 만약 6·25라는 통일내전에 외국군인 미국이 사흘 만에 개입하지 않았다면 그렇게 많은 전쟁피해가 일어났으며 우리 민족이 지금까지 분단되어 있을까라는 본질적인 문제가 제기돼야 한다(강정구, 2000).

결론적으로 미국의 제국주의적 개입이 없었다면 민족의 분단과 전쟁도 없었을 것이다. 곧, 분단과 전쟁의 기원은 바로 미국에 귀착된다(강정구, 2000a). 그야말로 미국이라는 존재는 보은론과는 정반대로 우리에게 비극과 질곡을 갖다준 주조자이고 한반도 전쟁위기를 몰고온 주체이다. 이런 미국을 은인으로 치장하는 우리야말로 자발적 노예이고, 또 노예 짓을 하도 오래해서(친미노예주의자들의 대부분은 그 뿌리를 친일파에 두고 있으니까) 자신이 노예라는 사실조차 의식하지 못하게 된 것이 아닌지 반문해봐야 한다. 이제 탈냉전통일시대를 맞아 한미동맹 맹목성의 근원인 근거 없는 대미 보은론은 완전히 폐기돼야 한다.

이상 한미동맹의 근본적 속성이 무엇인지에 관해 비판적으로 검토했다. 곧 한미동맹은 태생적으로 반민족성과 예속성을 띠었고, 이 연장선상에서 반평화성과 맹목성을 띠었으며, 이제 와서는 공미성(恐米性) 또는 바짓가랑이론이라는 자기비하주의로까지 발전되었다. 이러한 속성 때문에 미국이라는 외세는 동맹을 빌미로 우리 현대사의 결정적인 굽이굽이마다 핵심적인 결정권자와 지배자로 군림해왔다.

이러한 미국의 한반도 개입은 1945년 8월 해방이 되자마자 조선사람 어느 누구와도 상의 한번 없이 자기들 멋대로 조선을 38도선에서 양쪽으로 두 동강을 내는 '지리적 분단'에서 시작됐다. 그리고 또 다시 북한

핵문제를 일으켜 한반도 전체를 전쟁의 공포 속으로 밀어 넣는 이 시점까지 줄곧 남의 나라에서 마치 주인인 것처럼 행세해왔다. 이 땅에 놓여 있는 미국이라는 외세의 발자취를 미국사람의 눈과 미국화 되어버린 노예한국의 눈이 아니라 민족 중심적인 눈, 곧 우리 자신들의 눈으로 보아야 한다.

3. 한미동맹의 변환: 방어동맹에서 '침략동맹'으로

이 책 2장에서 자세히 논의되겠지만 미래한미동맹정책 구상에 따라 주한미군은 신속기동군 중심으로 재편되고 평택기지를 중심으로 재배치된다. 미 국방 고위당국자가 밝힌 것처럼 평택기지는 정보화전력을 통해 '혁명적인 신군사기술(RMA)' 통합체제를 갖춘 군사지휘부를 갖추게 되고, 최소한 50년 이상 또는 초장기적인 것으로 추진된다. 1만 2천 명 정도의 병력을 2006년까지 철군하지만 110억 달러를 투입해 전력증강을 꾀하여 전투수행능력은 훨씬 증가된다. 또 주한미군을 한강 이남으로 재배치하기에 북의 장사정포 반격에 희생되지 않고 오히려 쉽사리 선제공격을 할 수 있는 조건을 갖추게 된다. 동시에 주한미군은 한반도 역내의 방어동맹 범주를 뛰어넘어 동북아지역군으로 성격을 변환한다. 그리고 한국군과 작전-조직-운용의 연합 및 통합을 추진하고 무기체계까지 통합하면서 연합체제는 더욱 강화된다. 한국군 또한 '협력적 자주국방'이란 명분으로 최소한 수십 조 가까운 천문학적 군사비를 투입해 4대의 조기경보통제기(AWACS), 공중급유기, 이지스함 3척 등 최첨단무기를 구입한다. 여기에다 주한미군의 위상이 기존 한반도 역내의 방어동맹에서 동북아 및 지구촌 지역으로 확대되는 지역안보동맹이나 전략안보동맹 등으로 새로운 침략동맹체제로 변환한다.

노회찬 민주노동당의원이 2004년 11월 30일 공개한 '주한미군 지역역할 수행 대비책'은 2003년 7월 3차 한·미 미래동맹 정책구상(FOTA) 회의에서 정부가 마련했던 문서로서 미국의 동북아 전력전개의 3단계 시나리오를 저강도, 중강도, 고강도로 분류하고 있다고 한다. 고강도는 주한미군의 지역역할이 단순히 대 테러전에 한정되지 않고, 중국 등 잠재패권국가에 대한 군사개입, 핵무기 등 대량살상무기 개발 의혹이 있는 북한에 대한 군사개입 내용 등을 담고 있다고 한다. 국방부는 사실무근이라 부인하지만 미국이 해외주둔미군재배치계획(GPR)에 따라 이미 한국정부에 요구했고 NSC는 내년부터 협의에 들어간다고 한다.

더 나아가 미국은 주한미군을 세계 전역에 투입할 유연성을 갖도록 하고 또 한국군을 전세계적 차원의 침략전쟁의 하위동맹자로 삼고자 한다. 2004년 5월 25일 캠벨 주한 미8군사령관은 기자회견에서 "주한미군은 앞으로 동아시아·태평양 지역에서 우발상황이 발발할 경우 이를 조정하기 위해 투입될 수 있을 것"이라며 "역내가 아니더라도 전세계적으로 필요한 곳에는 언제든지 투입될 수 있다"고 말했다. 또 "21세기 한·미 연합군은 인도주의적 작전이나 동북아 평화 유지 작전에도 투입될 수 있을 것"이고 "미래 한·미 동맹 관계도 이 같은 미군 전력 운영 방침의 획기적 전환과 국제 안보환경의 변화에 적응할 수 있어야 한다"고 말했다 (≪중앙일보≫ 2004. 5. 26.).

이미 이러한 침략예속동맹체제는 구체화되고 있다. 한·미 양국이 2004년 2월 24일 서명하고 3월 3일 후속절차를 완료함으로써 발효된 '한미상호군수지원협정'이 바로 이것이다. 이 협정의 개정 내용에는 상호지원 적용지역을 한반도 및 북미지역에서 전세계로 확대하고, 대상 품목에 항공수송이용 및 비살상 군사장비의 임차 추가 등이 포함되어 있다.[7]

---

7) 노 대통령은 LA연설에서 "전략적 필요에 의해 (주한미군의) 주둔군 수를 줄이고 늘리는 문제를 미국이 융통성 있게 운용할 수 있게 한국이 협력해야 한다"면서 "다만 내가 말한 '융통성'이라는 것은 동아시아에서 주한미군 역할의 유연성이라는 것을 의미하지 않는다"고 했다. 이는 미국이 주한미군을 동북아에 초점을 맞춘 세계적 기동군으로 변화시켜 한반도뿐만 아니라 다른 지역으로도 언제든지 신속하게 출동할

미래한미동맹은 21세기 탈냉전–통일시대의 민족사적 핵심과제인 평화, 통일, 민족자주의 구현을 봉쇄할 구조적 조건을 더욱 원천적으로 심화시킬 것이다. 이는 한반도의 분단이 더욱 고착화되는 영구분단 이행으로 귀결될 위험성을 안고 있다. 또 2030년 이후 도래될 중국과 미국 사이의 동북아신냉전 구도에 한반도가 전적으로 예속·편입되어 분단과 전쟁위협의 나락으로 질주할 가능성이 높다. 보다 세부적으로 논하겠다.

첫째, 미국은 평택기지를 '전력투사중추기지'(PPH)와 '주요작전기지'(MOB)의 중간급 기지나 주요 작전기지로 삼고 있어 주한미군의 '영구' 주둔 가능성을 열어놓고 있다. 외국군주둔 그 자체가 민족자주권의 원천적 훼손을 가져온다.

둘째, 미군기지를 한강 이남인 평택으로 이전하여 북한의 전방배치 장사정포 사정권에 벗어나고 선제공격과 공중타격에 유리한 전략지대를 구축함으로써 한반도 전쟁위기가 더욱 고조되는 구조화가 이뤄진다. 여기에다 2004년 9월부터 이지스함의 MD체제를 동해에 배치하고 PAC3 요격용 미사일을 수원–오산·평택–군산–광주의 '서해안 MD 벨트'에 배치해 북한은 물론 중국과 러시아를 겨냥한 미국의 미사일방어체제를 한반도 해안에 집중 배치함으로써 한반도와 동북아가 더욱더 전쟁위협에 노출된다.

수 있는 '전략적 유연성'을 갖추기 위한 미래한미동맹의 기존 골격을 부정하는 폭탄선언이다. 이러한 해외주둔 미군의 전략적 유연성은 미국의 해외주둔미군재배치계획(GPR)에 의한 포괄적 전략에서 나왔고, 용산기지 이전협상도 마무리되었기에 과연 한국이 이를 거절할 수 있을지 의문이다. 사전협의체 수준의 보완조치는 NSC가 밝힌 것처럼 일본의 경우에도 유명무실로 끝나 아무런 해결책이 되지 못한다. 전략적 유연성은 주한미군기지를 제2의 청일전쟁과 같은 동북아사태에 개입하는 침략기지화 할 우려가 높아 결코 허용해서는 안 된다. 그러나 주한미군을 존재시키면서 이를 막을 수 있는 여지는 별로 없을 것 같다. 더구나 대미 자발적 노예주의에 매몰된 한국사회 기성 주류와 외교안보관료들을 그대로 둔 상태에서는 더욱 그렇다. 집권 2기를 맞아 이들 관료 팀을 전면 교체하고, 미국과의 자주적 외교원칙을 확고히 세워 장기적으로 주한미군을 철군시키는 장기적 구도에서 추진되어야 할 긴요한 정책 방향이다.

셋째, 주한미군의 동아시아 및 지구촌 전체의 지역군화, 역할 재조정, 전력증강 등은 MD체제 추진과 더불어 미국의 동북아 패권 물적 토대를 구축하는 것으로 동북아 군비경쟁과 군사적 긴장을 고조시키고 한반도 평화와 통일의 걸림돌로 작용한다.

넷째, 주한미군을 보병 중심의 전통적 지상군에서 신속기동군으로 재편하고, 110억 달러를 투입해 전력을 증강함으로써 미군의 전력투사능력을 강화시켜 한반도 역내나 역외에 군사적 긴장을 고조시키고 한반도 및 동북아에 전쟁위험성을 증가시킨다.

다섯째, C17 수송기나 군함 수송이 쉬운 공군기지와 항만을 끼고 있는 오산·평택을 기지화함으로써 북한의 전방과 후방을 동시에 타격할 수 있는 이상적 기지를 확보했으며, 동시에 중국을 겨냥한 동북아지역군으로서 주한미군의 기동성과 유연성을 현격히 높여 주한미군기지가 대만사태 등 미국 침략전쟁의 발진 및 지휘·통제기지가 된다.

여섯째, 미 합참비전(Joint Vision 2020)은 동맹국과의 연합합동작전이 가능하도록 무기체계와 작전·조직체계의 상호 호환성을 꾀하고 있어 현존의 한·미연합지휘체제보다 더 강도 높게 한국군이 군사하위체제로 편입될 가능성이 높다. 이로써 한국군이 미국의 동북아지역군에 예속·편입되어 군사 구조적으로 자주권과 평화권의 심각한 제약을 받게 된다.

일곱째, 자주국방이란 명분으로 한국군의 대대적 전력증강을 꾀하는 것은 남한군이 대북과잉억지력을 견지하고 있는 실정을 감안하면 하등 필요없는 조치이다. 이럼에도 불구하고 천문학적 군사비로 전력증강을 꾀하는 것은 미국 동북아지역군의 보조 역할로 재편성될 위험성을 높이고, 이 결과 주한미군과의 연합합동작전이 가능하도록 무가-작전-조직체계의 상호 호환성을 위해 첨단병기의 구입이 강요되었다고 볼 수 있다.

여덟째, 미래한미군사동맹은 미국의 신군사전략과 해외주둔미군재배치계획(GPR)에 따른 것이므로 주일미군 재편·재배치와 연동되어 한·미·일군사동맹이 재강화·재통합화되고 있다. 미일동맹은 미·영동맹 수준으로 격상되어 미국과의 신방위협력체제가 구축되고, 주일미군과 일본 자위대가 '일체화'되는 통합과 연합이 이뤄지고 있다.

일본은 자체적으로도 세계 2위의 군사비를 쓰면서 이미 군사대국이 됐고, '유사법제 체제'에 의해 군사대국화가 되었고, 미국을 따라 선제공격을 법제화하는 등으로 21세기 중국을 포위하는 미국의 동북아신냉전 구상의 군사적 토대 구축에 '완벽할' 정도로 편입·통합되고 있다. 여기에 미래한미군사동맹을 매개로 한·미·일군사동맹 체제가 재강화·재통합화되고 있다. 이는 한반도 평화는 물론 동북아평화를 위협하는 근원이 될 것이다.

아홉째, 주한미군은 2030~2040년경에 도래할 것으로 예견되는 미국과 중국 사이 동북아신냉전의 군사적 토대로 활용되어 동북아 신냉전체제를 촉진하고 고착화시켜 한반도 평화와 통일의 결정적 걸림돌로 작용할 것이다.

이밖에도 미래한미군사동맹 체제는 여러 가지 헌법 및 법률적인 문제점을 가지고 있다. 평택기지는 그 역할이 "대규모 병력, 장비전개 근거지" 또는 "영구기지 역할로서 강력하고 튼튼한 군사력을 유지하면서 훈련도 가능하고 미군의 고위 상위랭크 사령부 존재로 규정하고" 있어 주한미군기지가 대만이나 남사군도 등 한반도 역외의 분쟁에 전쟁 사령부나 발진기지로 악용되는 셈이다. 곧 미국 침략전쟁의 사령탑과 발진기지가 되는 것은 평화를 규정한 우리 헌법과 한반도 역내의 방어를 규정한 한미상호방위조약의 법리에 배치된다(이정희, 2004).

근본적 문제점은 미국 신군사전략에 의한 미군 재편·재배치는 해외주둔 미군이 신속 전개군으로서 국경을 초월하여 '세계화된 유연성'을 발휘할 수 있도록 그 성격을 전환하는 데 있다. 이제 미국의 신군사전략과 밀접히 연동되어 추진되고 있는 미래한미군사동맹 체제가 우리 민족의 핵심과제인 자주─평화─통일의 역사행로를 원천적으로 가로막을 것은 분명하다. 기존의 예속적 한미동맹이 연령적으로는 환갑을, 시대적으로는 탈냉전-통일시대를 맞이하는 이 시점에서 또다시 더 예속적이면서 침략 동맹의 성격을 띠는 미래한미군사동맹 체제로 대체된다. 우리는 평화와 통일을 본질적으로 저해하는 규범적 범주가 되는 15세기 유럽의 '제2농노화의 길(Second Serfdom)'과 같은 미래동맹이 아니라 6·15공동선언 제1항의 합의에 따라 자주와 자존 지향의 민족사를 모색해야 한다.

4. 한미동맹 옹호론의 허구성

1절과 2절에서 살펴본 바와 같이 한미동맹은 통념과는 달리 그 본질적 속성이 전형적으로 반민족성, 예속성, 맹목성, 반평화성이라는 근본적 속성을 띠고 있다. 이럼에도 불구하고 한미동맹이 마치 절대적인 것으로 옹호하는 게 남한 주류 및 일반인의 보편적 평가이고 이러한 심성이야말로 전형적인 자발적 노예주의이다. 이에 이 장에서는 이 한미동맹옹호론의 허구성을 밝히려고 한다. 옹호론에는 무엇보다 북한전쟁위협론과 남한군열세론이 자리 잡고 있지만 이는 이미 1절 본질적 속성의 반평화성에서 언급되었기에 나머지 부문을 분석하겠다.[8]

1) 동북아세력균형론

1992년 한미안보협의회(SCM)의 합의에 따라 미국 RAND연구소와 한국 국방연구원(KIDA)이 공동으로 연구한 한미동맹보고서인 "새로운 동맹"과 역대 대통령들은 동북아 세력균형과 평화조정자로서 역할 때문에 현재뿐 아니라 통일 이후에도 한·미군사동맹과 주한미군이 불가피하

---

8) 주한미군불가피론은 네 가지 주된 요인을 제시한다. 북한전쟁위협론, 남한군열세론, 동북아세력균형론, 바짓가랑이론 등이다. 그러나 이는 모두 허구임을 필자는 이미 다른 논문에서 논증했다(강정구, 2004a).

다고 주장하고 있다.

동북아세력균형론은 해양세력과 대륙세력 간의 군사적 균형을 의미하는 것으로 각기 한·미·일과 중·러·북을 지칭한다. 세력균형론은 주로 군사력을 기준으로 하고 있기에 여기에 걸맞은 지표는 연간 군사비 비교일 것이다. 해양세력인 한·미·일 삼각군사동맹의 군사비는 미국 4,000억 달러(2004년), 일본 450~500억 달러, 한국 170억 달러로 총 4,600~4,700억 달러 수준이다. 그러나 대륙세력인 북·중·러 연대의 대륙세력 군사비는 중국 250억 달러, 러시아 200~250억 달러, 북한 14~17억 달러 정도로 총 500억 달러 정도에 불과하여 전형적인 불균형을 이루고 있다. 진정한 동북아 세력균형은 동북아에서 미국이 배제되어야만 이루어질 수 있음은 이 간단한 숫자에서도 쉽사리 확인된다.

미국의 동북아 신냉전 패권전략과 일본의 군사대국화가 한반도뿐 아니라 동북아의 군사적 긴장과 평화위협 요소이므로 응당 주한미군은 동북아세력균형을 위해서도 철군되어야 하고 한·미군사동맹은 해체되어야 한다. 이 공백은 동북아경제평화협력체와 남과 북의 세력균형-평화조정 역할 확대로 충분히 메워나갈 수 있다. 오히려 크지도 작지도 않은 적정규모의 남과 북이 또는 통일조국이 이 역할을 해야 하고 또 할 수 있다.

2) '바짓가랑이론(恐米論)'

한미동맹 옹호론이나 주한미군불가피론 가운데 북한전쟁위협론, 남한군열세론, 동북아세력균형론 등이 점차적으로 허구성이 드러나고 설득력이 떨어지니까 이제는 '바짓가랑이론'이 등장했다. 미국이 좋아서가 아니라 미국의 막강한 군사 및 경제 지배력 때문에 비록 내키지 않지만 어쩔 수 없이 주한미군과 한미동맹의 불가피성을 인정해야 한다는 주장이다. 곧, 한미동맹이 폐기 및 약화되면 초국적 자본의 철수, 신용평가 하락, 미국자본의 보복 등이 일어나 한국에서 경제적 파탄이 일어나기 때문에 한미동맹 그 자체가 국익이라는 주장이다. 그야말로 힘센 놈 앞에 서는 엎드려 길 수밖에 없다는 운명론이다. 이 바짓가랑이론은 2004년 5월 한·미정상회담 이후 노무현 대통령에 의해 개진됐다.

그러나 이 바짓가랑이론 역시 허구이다. 이론적으로 자본의 본질적 속성인 국경을 초월한 확대재생산성, 곧 자본은 돈만 되면 어느 곳이든, 누구에게든 움직이는 속성 때문에 바짓가랑이론은 성립될 수 없다. 한·미관계가 군사동맹에서 러시아나 일본과 같은 우호친선협력 관계로 바뀌지고, 주한미군이 철군되면, 한반도는 오히려 전쟁위협에서 벗어나기 때문에 외국 자본의 한반도 투자는 더 활기를 띨 것이다.

또 미국정부와 초국적 자본의 이해가 일치되지도 않거니와 자본분파 사이의 이해관계도 상충된다. 부시 정부와 밀착한 군수자본과 클린턴 정부와 밀착했던 금융자본의 이익은 첨예하게 대립되어 있어 결코 한 목소리로 우리를 옥죌 수 없다. 소로스라는 금융자본의 대부가 부시 낙선 운동에 거액을 내면서 앞장선 사실에서도 그대로 드러난다.

실제 경험적으로도 바짓가랑이론의 허구성이 밝혀지고 있다. 지난 대통령선거 때 부시 정부는 이회창 후보를 노골적으로 지원했지만 월가는 노무현 후보를 지지했다. 노 후보가 집권하면 재벌개혁을 단행해 초국적 자본이 한국의 알짜기업을 쉽게 사냥할 수 있었기 때문이다. 또 지난번 주한미군의 1개 여단 이라크 차출과 주한미군 1만 2,000 감축 발표가 있었지만 미국의 대표적 신용평가사인 무디스는 한국 신용등급(A3) 전망을 '부정적'에서 '안정적'으로 상향조정했다.

신용평가 때문에 김선일의 피살에도 불구하고 이라크 파병을 강행해야 한다는 주장 역시 허구임이 무디스와 S&P 관계자의 아래와 같은 언급에서도 드러난다. "외국 투자자들과 신용평가사에서 가장 중요하게 생각하는 것은 파병이 아니라 한국 경제의 구조조정이다." "S&P의 신용평가위원회에서는 미국 외에 여러 국적을 가진 애널리스트들이 참여해 국가신용등급을 결정한다. …… 한국의 이라크 파병이 신용등급 평가에 아무런 영향을 미치지 않는다.”

이런데도 이 땅의 기성 주류는 패배주의 및 비하주의 늪에서 벗어나지 못한 채 근거 없는 자폐증을 앓고 있다. 남북의 경제력이 총량 수준에서 세계 10위권이고, 군사력 또한 같은 수준이다. 이제는 우리 스스로에 대한 자긍심과 자존심을 가져 동북아에서 크지도 작지도 않은 우리 민족이 동북아세력균형이나 평화조정자로서의 역할을 자임할 때 동북아 역내에서 우리의 훌륭한 정체성을 확보하고 올바른 한반도 위상을 확립할 수 있을 것이다.

3) 한미 상호 이익균점론

미래한미동맹구상은 미국의 랜드연구소(RAND)와 한국 국방연구원(KIDA)의 공동연구물인『21세기를 지향한 새로운 한미동맹』의 구상에 따라 진행된다고 흔히들 말한다. 이는 1992년 한미안보협의회(SCM)에 따른 것으로 1996년에 영문판 보고서가 발행됐다. 이 연구는 통일 이후에도 양국의 사활적 이해가 걸린 동아시아지역의 미래 불안정성과 이 지역의 패권을 추구하는 어떤 국가의(중국을 상정함) 기도에 공동대응하기 위함이고, 동시에 특정군사위협(통일 전 북한)에 기반한 안보협력 수준을 뛰어넘는 지역안보동맹관계의 필요성을 역설하고 있다. 곧 한미동맹은 양국간의 이익균점을 위해 필요 불가결하다는 주장이다(차영구 외, 1996: xv).

이 연구는 통일 이후의 안보협력대안으로 ‘견고한 방위동맹’, ‘증원위주안보동맹’, ‘지역안보동맹’, ‘정치동맹’의 네 가지 유형을 제시했다. 물론 이 글에서 제시하는 ‘우호친선협력’의 한·미관계를 네 유형분류에서 원천적으로 배제하고 있다. 한국 측 연구원들까지 이 네 가지 가운데 중국겨냥 지역안보동맹을 이구동성으로 지지하고, 네 가지 가운데 우리의 자주권을 그나마 어느 정도 보장해줄 ‘정치적 동맹’을 선택에서 배제했다.

이에 대한 반론은 수없이 제시할 수 있지만 우리에게 화급한 문제인

'제2의 청일전쟁론'을 언급함으로써 이 이익균점론이 얼마나 허구적인지를 보여주겠다. 앞의 한미동맹의 반(反)평화성에서 한반도 전쟁위기는 북한에서 오는 것이 아니라 미국에서 온다는 것을 확인했다. 그뿐 아니라 주한미군은 한반도의 전쟁을 억지하기보다 오히려 미국의 전쟁에 한반도가 휘말려 그들의 대리전쟁터가 될 위험을 만들게 한다는 점을 직시해야 한다. 곧, 우리가 원치 않더라도 한미동맹 때문에 어쩔 수 없이 대리전쟁을 치를 수밖에 없는 기막힌 현실, 곧 미국의 대리전쟁터로서 우리 생명권이 위협받을 가능성이 점점 더 높아지고 있다.

미국의 "Joint Vision 2020" 보고서 등이 예측한 대로 대만이 독립을 선언하게 되면 중국은 이제까지 공공연히 주장해온 것처럼 통일을 위해 대만을 침공할 것이고, 이 경우 미국과 일본이 전쟁에 개입하게 된다. 이 때 주한미군은 자동적으로 중국과의 전쟁에 돌입하고 한반도는 곧바로 미국의 최전방이 되어 중국 공격의 제1표적이 될 수밖에 없다. 이에 대해 중국은 당연히 워싱턴이나 뉴욕을 공격하기 전에 먼저 용산이나 평택을 공격하는 대응을 할 것이다. 이 결과 한반도는 우리 의지와 상관없이 중·미전쟁의 불바다 한복판에 놓이게 될 것이다. 곧 한반도는 또다시 '제2의 청일전쟁'과 같이 주한미군 때문에 한반도가 대리전쟁터가 되어 민족생명권 전체가 위기에 처하게 될 것이다.

대만총통 첸수이벤은 2003년 10월 25일 대만광복절 기념사에서 "오는 2006년 새 헌법 초안을 마련하고 2007년 국민투표를 거쳐 2008년부터 실시하겠다"라고 공언했다. 실제로 최근 중국과 대만 사이는 이러한 우려가 현실로 나타날 조짐을 강하게 보여주고 있다. 대만은 독립선언에 따른 중국의 침공을 사전에 막기 위해 미국으로부터 미사일전역방어체제(TMD) 무기를 비롯해 182억 달러의 신형무기를 대거 구입한다. 지난 6월에는 대만 군당국이 중국의 대만침공 조짐이 있을 경우 베이징, 상하이 등 대도시와 싼샤댐 등 주요 목표들을 선제공격하여 중국의 반격능력을 마비시킨다는 '두세(전갈) 계획'을 수립한 것으로 보도되었다. 이에 대항해 중국은 대만해협의 둥산다오에서 대만 모의공격 등 군사훈련을 1996년 이래 최대 규모로 4개월 예정으로 실시했다. 2004년 1월 16일 마이어스 미국 합참의장이 대만이 먼저 도발하지 않은 공격을 받으면 미국이 대만을 방어할 것이라는 과거 약속을 재확인했듯이, 대만독립의 경우 중국과 미국 사이에 무력충돌이 일어날 가능성을 배제할 수 없다.

이수형 등도 한미동맹을 한반도 역외로 확대한 침략동맹이 이런 우려를 자아낸다고 우회적으로 역설하고 있다.9)

"한국의 방위영역의 확대는 필연적으로 국방비의 증액을 동반하면서 한국의 국방정책이 군비증강우선정책으로 변질될 가능성이 있으며, 또한 한국은 부상하는 중국을 견제 또는 봉쇄하고자 하는 미국의 동북아 동맹전략의 한 축을 담당하여 미-중의 안보적 갈등관계에 연루될 가능성도 있는 것이다. 이러한 상황은 기본적으로 한국의 국가이익에 상반될 뿐만 아니라 한반도 평화체제 구축이라는 한국외교의 지상과제와도 배치되는 것이다"(이수형·남창희·R. Dujarric, 2004).

이익균점론의 허구성은 2004년 8월 18일 결성된 '광주공항 패트리어트배치 반대 광주·전남 공동대책위(이하 공대위)'의 패트리어트 미사일(PAC3) 광주배치 반대운동에서도 그대로 드러난다. 공대위는 미군 미사일의 광주배치는 방어용이라지만 북한에 대한 선제공격을 용이하게 하는 조건을 만들고 있어 한반도 전쟁위기를 불러온다고 보았다. 또한 대만문제를 둘러싼 미·중 대결에서 미국의 기본 전략개념인 MD 방어망의 한 축으로 오산-평택-군산-광주로 이어지는 대중국 서해안MD벨트 역할을 하게 된다는 것이다.

이와 같이 이익균점론 논의는 전쟁과 평화라는 핵심쟁점에서 그 위험성이 노정되어 이를 근거로 한 한미동맹 강화론이나 존치론은 설득력을

---

9) 조성렬(2004)은 모호하게 사전협의제도 등으로 이런 위기를 해소할 수 있는 것처럼 서술하고 있지만 주한미군이나 한·미군사동맹 그 자체가 곧바로 제2의 청일전쟁으로 귀결될 가능성이 높기 때문에 근본적 처방이 되지 못한다.

잃게 된다.

5. 극미(克美)의 역사를 모색하며

역사는 궁극적으로 이성의 구현이고 이를 위한 투쟁의 산물이다. 그러나 단기적으로나 국면적으로는 야성이 지배하기도 한다. 예속성과 반민족성 및 반평화성을 강제해왔던 한미동맹 역시 이성보다는 야성의 발로였다. 그러나 이 야성도 궁극적으로는 우리 인간의 이성적 투쟁에 의해 극복되기 마련이다.

이성적 투쟁의 전형은 최근 효순·미선 여중생 압사사건에서 표면화된 반미촛불 시위일 것이다. 이 결과 미국에 할말은 하겠다는 한국주류에 역행하는 공약으로 노무현 후보가 대통령에 당선되었다. 비록 집권과 동시에 대미 자발적 노예주의를 노정하여 빛이 바래기는 했지만 노 후보의 당선은 한미동맹의 성역을 허무는 획을 그었음은 누구도 부인할 수 없다.

이러한 역사 순응적인 흐름과 더불어 한미동맹 예찬론이 점차 그 허구성을 드러내자 이제는 엉뚱한 공미(恐美)론을 꺼내어 한미동맹을 정당화한다. 이렇듯 이 땅의 주류는 패배주의 및 자기비하주의에 매몰된 채 근거 없는 자폐증을 앓고 있다. 이에 필자는 5·18항쟁과 6월항쟁의 역사를 되새기고 상호 대조함으로써 극미의 역사를 일굴 밑거름을 제시하고자 한다.

1979년 10월 26일 영구독재체제를 획책하던 박정희가 피살됨으로써 남한은 근 20년 만에 '서울의 봄'을 맞아 민주체제로 나아가는 듯했다. 이 시점에서 우리의 민족사적 핵심과제는 '서울의 봄'이라는 상징어가 말하듯이 군부독재를 청산하고 민주주의로 이행하는 것이었다. 5·18항쟁은 바로 이러한 민족사적 과제를 구현하기 위한 민중 중심의 민주항쟁이었다. 그러나 이 민주항쟁은 광주학살이라는 엄청난 비극으로 귀결되었고, 이 피 흘림의 과정을 딛고 군부독재 정권이 재등장하여 배반의 역사를 강제했다.

전두환을 비롯한 정치군부가 12·12쿠데타, 5·17비상계엄과 내란, 5·18광주학살로 민주화이행을 무산시키고 박정희의 유신체제에 버금가는 신군부독재체제를 출범시켰다. 그렇지만, 한미동맹을 기반으로 한국의 민주주의와 자유 및 평화를 위한다는 미국은 이들 유신잔당의 광주학살에 대하여는 주로 명시적인 지원을, 정권 찬탈기도에 대하여는 묵시적인 지원과 명시적인 지원을 병행했고, 군부정권이 공식적으로 출범한 1981년 2월에는 곧 바로 전두환을 미국으로 초대하여 축복을 내리는 반역사적이고 반민족적인 행위를 저질렀다.

그러나 1987년 6월항쟁 때의 미국은 달랐다. 미국은 신군부에게 제한적 지원에 그치면서 대통령 직선제인 6·29를 강요했고 전두환의 계엄령 선포를 막으려는 대조적인 정책을 구사했다. 이러한 변화를 어떻게 설명할 수 있을까? 물론 6~7년 사이에 미국의 제국주의적 본성이 바뀐 것은 분명 아니었다. 그 해답은 미국이 정책전환을 하지 않으면 안 되도록 강제한 우리 민족·민주세력의 폭발적인 힘에 있다.

한국사회의 반독재민주화투쟁은 5·18광주의 비극 속에서 잉태되고 발전되어 1985년쯤엔 급진이념과 반미투쟁으로 성장해 한국사회변혁의 기본 목표를 '민족자주', '진보적 민주주의', '평화적 조국통일'로 설정하고 이를 위한 투쟁이 총체적으로 전개되는 국면을 조성했다. 이에 위협을 느낀 미국은 신군부와 보수야당이 서로 권력을 공유하는 이원내각제를 추진했지만 우리 민중세력과 김영삼·김대중 등의 반대에 부딪쳐 무산되었다. 이어 미국은 '평화적 정권교체'라는 사탕발림의 처방으로 전두환에서 노태우로 군부독재의 계승을 시도했다. 이 결과가 전두환의 4·13호헌조치였다. 후속조치로 신군부는 6월 10일 잠실체육관에서 노태우를 후계자로 선출했다. 이 대회에 참석한 주한미국대사는 박수갈채를 보냈다.

그러나 대회장 밖에서는 수십만의 시위대가 운집했었고 며칠 후 수백만으로 불어나 6월항쟁의 열기가 폭발지점에 이르게 되었다. 이에 미국은 황급히 6·29라는 예방혁명 성격의 대통령직선제를 추진했다. 이렇게 미국이 5·18 때와는 달리 신군부를 견제하는 방향으로 정책전환을 하지 않을 수 없었던 것은 바로 우리 민족·민주세력의 폭발적인 항쟁력 때문이었다. 또한 매향리 사격장의 폐쇄, 광화문 반미 촛불시위, 눈도장 찍으려 미국에 가지 않겠다는 노무현 후보의 대통령 당선 등도 역시 우리 민족민중진영의 대미투쟁의 결과물로 획득된 것이다.

이는 아무리 무소불위와 같은 미국일지라도 우리의 역량에 따라 미국이라는 존재를 변화시킬 수 있다는 사실을 말한다. 한미동맹의 예속성이나 반민족성도 남한주류와 같이 한미동맹 맹신주의로 개선될 수 있는 것은 아니다. 오직 우리 민족–민중–시민 사회의 역동적 실천력에 의해 가능해지기 마련이다.

6. 맺음말: 탈미 동북아세력균형자 및 평화조정자로서의 한반도의 새로운 위상

2003년 7월 24일 KBS 여론조사는 61%의 응답자들이 한반도의 전쟁 요인으로 미국의 선제공격을 택했다. '민중의소리'와 씨앤리서치가 2004년 광복절을 맞아 실시한 정기 여론조사에서 응답자의 62.9%가 민족공조를 선택했다. 반면에 한미동맹을 선택한 유권자는 25.8%에 그쳤다 (http://www.cnresearch.net 2004년 8월 16일 ⓒ 민중의 소리). 2004년 6월 6일 전국의 초중고생 4천 명을 대상으로 국가보훈처가 발표한 「청소년 호국·보훈 의식 여론조사」에 따르면 친근한 국가로 북한(26.4%)이 미국(17.8%)을 앞섰다. 2004년 6월 30일 대전평화통일포럼 창립 학술심포지엄에서 연세대 고상두 교수는 주제발표를 통해 리서치&리서치와 한국갤럽이 실시한 설문조사 결과를 분석하면서 "한국사회가 이념적으로 상당히 유연해졌으며 상당수 국민이 혈맹인 미국을 제1의 주적국가로 간주할 만큼 반미 성향은 크게 증대하고 있다"고 결론지었다. 우리나라의 주적국가가 어디인지를 묻는 설문조사(리서치&리서치, 2004년)에서 20~40대는 미국(20대 57.9%, 30대 46.8%, 40대 36.3%)을 가장 많이 꼽았으며 50대 이상만 북한(52.2%)을 주적국가로 지목했다(≪연합뉴스≫ 2004. 6. 30.).

이러한 변화는 해방과 분단 60주년, 한미동맹 60주년, 탈냉전·통일시대의 출범을 맞아 민족사적 핵심과제인 자주·평화·통일을 모색하는 역사의 흐름과 함께 하는 역사 순응적 행보이다. 우리 일반 민중과 시민수준에서의 이러한 순역(順歷)과는 달리 미국, 참여정부 및 친일친미에 뿌리를 둔 이 땅의 주류들은 환갑이 다된 한미동맹을 미래한·미군사동맹이라는 예속-침략동맹으로 변환시켜 한반도의 자주·평화·통일을 더욱 가로막는 반역(反歷)의 행보를 강행하고 있다. 이러한 미래한·미군사동맹이 구축될 경우 한반도는 영구분단체제로 나아가고 끊임없이 전쟁의 위협에 시달리게 되어 민족의 미래는 참담한 행보를 띨 수밖에 없을 것이다.

한미동맹 맹신주의와 대미 보은론을 빌미로 이라크 파병과 같은 야만적 범죄행위를 자행해 우리 민족사를 오염시키는 남한주류의 대미 자발적 노예주의를 더 이상 방치할 수 없다. 자주·평화·통일의 민족적 대의를 위해서는 대미 예속-침략동맹을 특징으로 하는 미래한·미군사동맹을 막는 것이 시급한 역사적 과제이다. 더 나아가 주한미군의 전면 철군, 한·미관계를 한·일, 한·중, 한·러 관계와 같이 군사동맹이 아닌 우호친선 협력 관계로 바꿔야 한다. 이 '새판짜기'야말로 21세기 초입을 맞은 우리 민족이 진정 나아가야 할 한·미관계의 올바른 역사지향이다. 이를 위한 화두를 우리의 지배적 담론으로 이끌어야 할 것이다. 이 책은 이를 위한 정책적 대안을 제안할 것이다.

이미 우리는 경제규모에서 세계 11위, 군사비가 10위, 거기다 북측과 합치면 모두 10위 안에 들 정도이다. 더 이상 남과 북은 조선조 말의 나약한 대한제국이 아니다. 우리 스스로가 자긍심과 자주성을 가진 민족으로 거듭나 우리의 크지도 작지도 않은 물적 토대를 바탕으로 동북아 세력균형과 평화조정의 역할을 우리 스스로가 걸머지는 역사행보를 개척해야 한다. 이러할 때 한반도의 진정한 자주·평화·통일 구도는 구축되고, 더 나아가 동아시아와 지구촌의 평화에 기여하는 올바르고 새로운 한반도위상은 제자리를 찾을 수 있을 것이다.

▌참고문헌

강정구. 1989, 『좌절된 사회혁명: 미점령하의 남한·필리핀과 북한 비교연구』, 열음사.
_____. 1996, 『분단과 전쟁의 한국현대사』, 역사비평사.
_____. 2000, 「한국전쟁과 민족통일: 전쟁의 통일을 넘어 평화와 화해의 통일로」, 한국산업사회학회, ≪경제와 사회≫ 48호 2000년 겨울호
_____. 2000a, 「한미관계사: 38선에서 IMF까지」, 강치원 엮음, 『미국은 우리에게 무엇인가』, 백의.
_____. 2002, 「한국 보수지배체제 확립의 역사적 기원」, ≪진보평론≫ 통권11호 2002년 봄호
_____. 2002a, 『민족의 생명권과 통일』, 당대.
_____. 2003, 「미국의 신패권주의와 한반도 전쟁위기 및 새로운 안보패러다임」, ≪민주사회와 정책연구≫ 3권 1호
_____. 2004, 「참여정부 자주국방의 전망과 과제」, 한국산업사회학회, ≪경제와 사회≫ 62호 2004년 여름호
_____. 2004a, 「주한미군불가피론과 미래한미동맹에 대한 근본적 재평가」, ≪역사비평≫ 통권 68호, 2004년 가을호
_____. 2004b, 「이라크전쟁과 파병: 미국의 야만성과 한국의 자발적 노예주의」, 한국산업사회학회, ≪경제와 사회≫ 63호, 2004년 가을호
김진환. 2004, 「故김선일씨 피살사건과 한미동맹의 재검토」, 민주노동당 정책위원회 주최, 2004년 7월 1일, 국회도서관 강당.
양석원. 2003, 「탈식민주의의 정신분석학: 마노니와 파농을 중심으로」, 고부응 엮음, 『탈식민주의 이론과 쟁점』, 문학과 지성사.
연효숙. 2003, 「식민·탈식민시대의 주체와 타자」, 학술단체협의회, 『우리 학문 속의 미국』, 한울출판사.

윤상철. 1997, 「6월민주항쟁의 전개과정」, 학술단체협의회, 『6월민주항쟁과 한국사
      회 10년 1』 당대.
이경원. 2003, 「탈식민주의의 계보와 정체성」, 고부응 엮음, 『탈식민주의 이론과 쟁
      점』 문학과 지성사.
이삼성. 1993, 『미국의 대한정책과 한국민족주의』, 한길사.
_____. 1997, 「광주를 통한 한국민주주의의 유혈통로와 미국의 위치: 1979~80년 미
      국 대한정책의 치명적 비대칭성』 한국정치학회 주관, 「5.18학술심포지움」
      발표문.
이수형·남창희·R.Dujarric. 2004, 「미국의 안보전략 변화에 따른 주한미군 재배치와
      동맹의 안보 딜레마』 인하대학교 개교 50주년 기념 국제관계연구소 제57차
      학술회의, 「미국의 신 안보전략과 동북아 동맹관계의 재편」 발표문, 2004년
      3월29일, 인하대학교 본관 중강당.
이정희. 2004, 「주한미군 재배치와 한미동맹의 법적 고찰」, 통일연대 학술특별위원
      회 주최 8.15 59주년 기념 토론회, 「주한미군재배치: 한미동맹의 변화에 대
      한 종합적 고찰과 향후전망 및 대안」 발표문 2004년 8월 14일 연세대 장기
      원기념관.
이철기. 2003, 「주한미군 문제에 대한 새로운 인식과 한국의 새로운 안보패러다임을
      위하여」, 민언련 주최 주한미군과 반미담론 그리고 언론 토론회 발표문,
      2003년 3월 28일.
이홍환 편저. 2002, 『부시 행정부와 북한』, 삼인.
임동원. 2002, 「한반도 안보정세와 남북관계 전망」, 미래전략 제13회 포럼, 2002년
      4월 20일.
장성민 편역. 2001, 『부시행정부의 한반도 리포트』, 김영사.
정용욱. 1995, 「1942-47년 미국의 대한정책과 과도정부형태 구상」, 서울대 대학원
      국사학과 박사논문.
정지환·배윤기·김종석. 1997, 『실록 6월항쟁』, 《월간 말》.
조성렬. 2004, 「주한미군 감축과 미래 한미동맹의 과제」, 미 발간 논문 2004.6.30
차영구·폴락. 1996, 『21세기를 지향한 새로운 한미동맹』, 영문판은 Pollack, Jonathan
      D. and Young Koo Cha, eds., 1996. "A New Alliance for the Next Century
      : The Future of U.S.–Korean Security Cooperation" Santa Monica, CA: Rand
청와대 공직기강 비서관실. 2003, 「용산기지 이전 협상 평가 결과보고」, 2003. 11월
      18일 발행.
Elich, Gregory. 2002, "Targeting North Korea", Centre for Research on Globalisation
      (www.globalresearch.ca/globaloutlook/orderforml3.html), 31 December 2002.

Fanon, Frantz. 이석호 옮김. 1998, 『검은 피부 하얀 가면』, 인간사랑.

Halloran, Richard. 1998, "Soft Smile... But Carry a Big Stick", Far Eastern Economic Review. 1998. 12. 3.

Harrison, Selig. 이홍동 외 옮김. 2003, 『코리안 엔드게임』, 삼인.

Johnson, Chalmers. 2003, "Korea, South and North, at Risk"(www.tomdispatch.com) 2003. 4. 18.

______. 2004, *The Sorrows of Empire: Militarism, Secrecy and the End of the Republic*(안병진 옮김, 『제국의 슬픔: 군국주의, 비밀주의 그리고 공화국의 종말』, 삼우).

Oberdorfer, Don. 1998, *The Two Koreas: A Contemporary History*(『두 개의 코리아: 북한 국과 남조선』, 중앙일보사, 1998).

O'Hanlon, Michael and Mike Mochizuki. 2003, *Crisis on the Korean Peninsula*. McGraw-Hill.

Shorrock, Tim. 1996, "The U.S. Role in Korea in 1979 and 1980," *A Special Report* by Tim Shorrock.

Sigal, Leon. 구갑우 외 옮김. 1999, 『미국은 협력하지 않았다: 북한과 미국의 핵외교』, 사회평론

U. S. Chairman of the Joint Chiefs of Staff. *Joint Vision 2010.*

U. S. Department of Defense. *Quadrennial Defense Review Report* Washington, D.C., 2001.

______. 2003, "Annual Report on the Military Powers of the Peoples Republic of China(중국국방보고서 2002년)", (www.defenselink.mil/news/Jul2002/d20020712china.pdf)

1부

한미동맹의 폐기와
민족자주 다지기

1장

탈냉전기 미국의 신군사전략

주한미군 재배치가 급물살을 타고 있다. 연합토지관리계획과 미래한미동맹정책구상회의를 통해 주한미군의 전반적인 재조정에 관해 논의를 계속해오고 있는 한·미 양국은 2004년 7월 워싱턴에서 열린 미래한미동맹정책구상 10차회의에서 용산기지 이전을 위한 법적 체계인 포괄협정과 이행합의서에 잠정합의, 실질적인 협상과정은 끝난 것으로 보인다. 이 협상은 통상 주한미군의 재배치로 알려져 있고 이 협상에서 부각된 주요 의제도 이전부지의 규모와 이전비용의 부담에 관한 것이었다. 그러나 현재 진행되고 있는 주한미군 재배치는 단순한 기지 이전이 아니라 주한미군과 한국군의 역할뿐만 아니라 한미동맹의 성격까지 근본적으로 변화시키는 과정의 일환이다.

주한미군 재배치와 주한미군 기지의 재조정으로 나타나고 있는 한미동맹의 변화는 미군의 세계적 재편과정의 한 부분이다. 미국은 21세기 신전략을 이행하는 동시에 미군을 21세기형 미래군으로 변환하는 작업을 추진하고 있으며 이러한 작업의 일환으로 세계에 배치된 미군 재조정 작업도 추진하고 있다. 현재 진행 중인 주한미군 재배치는 한국에 국한된 변화가 아니라 △ 미국의 세계전략, △ 군사변환, △ 세계 미군 재배치라는 세 가지 변화에 종속된 한 부분에 불과한 것이다. 따라서 주한미군의 재배치를 제대로 이해하고 적절한 대응책을 마련하기 위해서도 미군의 대대적인 구조조정을 정확히 이해해야 할 필요가 있다.

미국은 9·11 이후의 변화된 세계안보환경에 대응하여 '1-4-2-1 군사전략'을 21세기 신전략으로 채택했다. 이것은 90년대 탈냉전시기 전략으로 채택되었던 '양대전쟁전략'을 대규모 전쟁 2곳에서의 "신속한 승리"와 이중 한 곳에서의 "결정적 승리"로 보다 공세화한 것에 덧붙여 △ 4개 지역에서의 전쟁억제, △ 미국본토방위를 추가한 것이다. 동북아시아는 전쟁억제를 위해 미군을 전진배치하기로 한 4개 지역의 하나일 뿐만 아니라, "신속한 승리"를 추구하는 주요전쟁 두 곳의 하나이다. 이 두 곳의 주요전쟁 예상 지역 중 "결정적 승리"를 거두겠다는 "1"의 지역이 한반도가 될지의 운명은 미국 대통령이 결정하도록 되어 있다.

미군은 '1-4-2-1 전략'을 좀더 효율적으로 이행하는 동시에 현재의 군사력을 21세기형 미래군으로 전환시키기 위하여 '군사변환(military transformation)'을 추진하고 있다. 군사변환은 단기적으로는 군인수를 늘리지 않고도 현 전략을 효과적으로 수행할 수 있는 수단으로 제시되고 있다. 이러한 군사변환의 일환으로 미군 군편제를 독립 여단들이 자유롭게 결합해 임무를 수행하는 '모듈형(규격화된 조립단위) 군'으로 재편하고 합동군 조직을 강화하고 있다.[1] 장기적으로는 미군을 첨단과학 무기로 무장된 신속기동군으로 전환하여 21세기형 네트워크 전쟁을 수행할 능력을 구비함으로써, 미국의 압도적인 군사력을 21세기에도 유지하겠다는 것이다. 이러한 '군사변환'은 미군의 규모와 배치에도 혁신적인 변화를 가져올 것으로 전망되고 있다.

2001년 채택되고 2002년 정식화된 '1-4-2-1 전략'을 충실히 이행하

---

1) 럼스펠드 국방장관은 독립적 형태의 모듈형 여단들은 어느 사단에 배속되더라도 작전이 가능하기 때문에 전투력이 30% 이상 향상될 뿐만 아니라 해·공군과의 합동작전 능력도 향상될 것으로 기대하고 있다. Donald Rumsfeld, "New Model Army," *The Wall Street Journal*, February 4, 2004.

는 과정에서 군사변환의 성과를 극대화하기 위해 미군은 전세계에 걸친 군사력 재배치 작업을 하고 있다. 유럽과 아시아 등 전세계에 주둔 중인 미군의 재배치를 본격 시작하겠다는 '해외주둔 미군 재배치계획'(Global Posture Review, GPR)을 조지 부시 미 대통령이 2003년 11월 25일 공식 발표한 데 이어 2004년 8월 16일 앞으로 10년간 독일과 한국 등의 대규모 미군기지에서 6만~7만 명의 미군을 감축하겠다고 선언한 것은 이러한 움직임의 일환이다. 냉전의 유물인 현 미군 배치상태는 21세기 신전략에도 맞지 않고 군사변환의 성과도 수용하지 못하므로, 유럽과 동북아시아에 집중된 미군을 신전략에 부합하도록 분산배치하고, 신속기동성을 극대화하는 군사변환의 성과를 적극적으로 수용하는 방식의 미군재배치가 되어야 한다는 것이다.

한미동맹 재조정과 주한미군 재배치는 이러한 거대한 미국의 변화를 한국에 적용시키는 것이다. 미국이 원하는 한미동맹의 미래상과 주한미군의 역할을 이해하기 위해서도 △ 미국의 군사전략, △ 군사변환, △ 미군 재배치라는 '삼위일체'를 이해해야 한다. 이 장은 이러한 세 가지 주요한 변화를 차례로 분석하려고 한다. 다음 장은 이러한 변화가 한반도 및 동북아에 미치는 영향을 분석하고, 이러한 변화의 의미를 평화의 입장에서 새겨보고자 한다.

1. 미국의 21세기 군사전략

탈냉전 시기 미국의 전략은 정권의 변화에 따라 세 차례의 변동을 거쳤다. 1990년대 초 부시 행정부는 냉전 종식에 따라 세계적 규모의 '봉쇄전략'을 '지역방위전략'으로 수정하고, 이에 걸맞은 전반적인 군사력 감축과 핵전력 삭감을 추진했다. 그 일환으로 한국과 아시아에서 3단계 감군안을 마련했고, 부분적인 감군을 이뤘다. 클린턴 행정부는 '지역방위전략'을 계승하여 이를 '양대전쟁전략'으로 정식화하는 한편 이의 이행을 위해 아시아와 유럽에 미군 10만씩을 주둔시킨다는 군사계획을 채택했다. 이에 따라 한국에서는 추가감군이 이뤄지지 않고 양대전쟁전략을 동북아시아에서 이행하기 위한 군사계획이 추진된다.[2]

이어 등장한 부시 행정부는 9·11 사태 이후 '양대전쟁전략'을 확대하고 보다 공세적으로 전환시킨 '1-4-2-1 전략'을 채택하고, 클린턴 행정부에서 추진하던 '군사혁신'을 '군사변환'으로 바꾸어 군사력 강화를 도모하는 한편으로 미군의 세계적 재배치를 모색하게 된다. 중동과 동북아시아에 국한되었던 90년대의 제한적 지역방위전략은 이로써 유라시아 대륙 전체를 감싸안는 21세기 세계전략으로 확장되는 동시에 이 전략을 이행하는 방식도 보다 공세적으로 변화했다.

9·11 사태가 터진 지 20여 일 만에 부시 행정부가 발표한 2001년 「4개년국방검토(QDR)」는 양대전쟁의 계승과 확대강화를 잘 보여준다. 이 문서는 "미군은 중첩되는 시간대에 어느 두 개의 전장에서도 미국의 우방과 우호국에 대한 공격을 신속히 격퇴할 수 있는 능력을 보유할 것"이라며 양대전쟁 전략을 다시 한번 채택했다. 또한 전쟁시 "(적국의) 영토를 점령하거나 정권교체의 조건을 조성할" 수 있는 군사력이 필요하다고 주장했다. 부시 행정부 이전의 양대전쟁전략이 걸프전에서와 같이 전쟁을 도발한 적국과 싸워 원상회복을 목표로 하는 봉쇄정책의 성격이 강했다면, 새로운 양대전쟁전략은 적국의 점령과 정권교체까지도 목표로 하는 롤백정책이라고 할 만하다. 또 전쟁을 수행하기 위해 시간을 들여서라도 군사력을 집중시키기보다는, 신속하게 군사력을 이동해서 곧바로 전쟁에 투입하여 조기에 전쟁을 끝낸다는 전술을 지향하고 있다. 이러한 신속성과 점령/정권교체라는 공격성은 클린턴 행정부의 양대전쟁전략에는 없던 것으로, 그 호전성은 2년 후인 2003년 이라크전쟁에서 그대로 드러난 바 있다.

---

2) 김일영, 조성렬, 『주한미군: 역사, 쟁점, 전망』, 한울출판사, 2003.

이러한 전략은 적국이 공격을 하지 않더라도 안보위협을 사전 봉쇄한다는 차원에서 미국이 선제공격을 할 수도 있다는 능동적 선제공격적 예방전쟁 정책이다. 이는 9·11사태 이후 테러리스트의 공격 가능성에 대해 미국인의 위기감이 고조되자, 미국을 '안전한 요새'로 만들기 위해서 취할 수밖에 없는 방어책으로 정당화되고 있다. 2001년 럼스펠드 장관이 나토 동맹국들을 방문하면서 선제공격의 필요성을 시사하고, 부시 대통령이 육사 졸업식에서 선제공격을 위한 몸과 마음의 준비를 하라는 축사에 이어 선제공격은 2002년 공식화됐다. 9·11 사태 일주기를 맞는 2002년 9월 발표된 「국가안보전략(National Security Strategy)」에서 부시 행정부는 "필요하다면 미국은 선제(공격)를 할 것"이라고 공표를 한 것이다.

부시 행정부는 2002년 5월 「방어계획 지침(Defense Planning Guidance)」을 채택하여 「4개년국방검토」에서 제기된 국방목표를 이행하기 위한 방안으로 기존의 양대전쟁 전략을 '1-4-2-1 계획 개념'으로 정식화했다. 여기서 △ "1"은 미국 본토의 완전한 방어, △ "4"는 4개 지역에서의 전진억제, △ "2"는 2개 지역전장에서의 "신속한 승리", △ "1"은 1개 전장에서의 "결정적 승리"를 의미한다. 기존의 양대전쟁은 "2"로 유지하면서, "1-4-1"을 추가하여 미군의 역할을 크게 확대한 것이다. 이것은 4개년국방검토에서 제기된 다음의 과제들을 정식화하여 미군사력 운용을 위한 지침으로 삼기 위한 것이다.

△ 미국 본토 방어: "미국 영토 밖에서 가해진 공격으로부터 미국민과 영토 및 사활적 국방기간시설을 방어한다." 미국 본토 방어는 9·11 이후 그 중요성이 급격히 증대되어 북미주를 관할하는 사령부와 본토방위국의 신설을 가져왔고, 미사일방어도 본격적으로 추진되고 있다.

△ 4개 지역에서의 전진억제: "유럽과 동북아시아, 동아시아 도서, 중동/서남아시아에 그 지역에 맞는 미군을 전진·주둔 배치하여 동맹국과 우방국을 안심시키고, 적의 강제를 막아내며, 미국과 미군 및 동맹국과 우방국에 대한 공격을 억제한다." 4개 지역에 미군을 전진배치함으로써

이 지역에서 있을지 모를 침략 및 위협을 사전에 억제하겠다는 것뿐만 아니라 적국이 자신의 의사를 관철시키는 것을 힘으로 좌절시키겠다는 것이다. 미군의 전진배치는 '안심'을 담보로 하여 동맹국과 우방국을 미국의 영향력 안에 두는 것도 목표로 한다.

△ 2개 주요전쟁 승리: "두 곳의 작전지역에서 중첩되는 시간대에 미국의 동맹국이나 우호국에 대한 공격을 신속히 격퇴한다." 미군이 전진배치되는 4개 지역 중 2개 지역에서 전쟁이 일어날 경우 전진배치되어 있는 미군을 두 곳에 집중하여 단기간에 승리를 거둔다는 것이다. 이전의 양대전쟁전략과는 달리 이 2개의 전쟁이 동시에 일어나는 것이 아니라 한 곳에서 전쟁이 일어난 수주 후 두번째 전쟁이 발발하는 것을 상정, 첫번째 전쟁에 투입됐던 조기기동 미군을 두번째 전장에 투입할 수 있도록 계획한 것이 이전과 다른 점이다. 전쟁 지역에 배치된 미군만으로 전쟁을 수행하는 것이 아니고, 미군을 신속기동군으로 변환하여 배치지역에 상관없이 분쟁지역에 군사력을 투입하고 집중하는 방식으로 군사력을 운용하려는 '군사변환'과 맞물려 있는 변화이다.

△ 1개 결정적 승리: "미군이 군사작전을 펼치는 두 개의 전구(戰區) 중 한 곳에서는 미국의 의지를 관철시키고 장차 있을 수 있는 미래의 위협을 제거함으로써 적을 결정적으로 패퇴시킨다. 명령을 받는다면 영토를 점령하고 정권교체를 위한 조건을 구축할 수 있는 능력을 포함한다." 마지막으로 이 두 개의 전쟁 중 미국이 선택하는 한 곳에서는 군사력을 집중하여 '정권교체'와 '점령'을 수행함으로써 "결정적 승리"를 거둔다는 계획이다. 그리고 결정적 승리를 위해 군사력 추가투입도 최소화할 수 있어야 하고 군사력을 집중하는데도 오랜 시간이 걸리지 말아야 한다고 요구하고 있다.3)

4개 지역에 전진배치되는 미군은 이 지역에서의 미국 이해를 지키는

---

3) U.S. Department of Defense, *Quadrennial Defense Review Report* (Washington, D.C. September 30, 2001), pp.17-21. 이 보고서는 또 "가능한 한 동맹국 및 우방국과 협력하여 평화시 소규모 작전을 수행할 수 있는 군사력"도 필요하다고 적시하고 있다.

역할뿐만 아니라 2와 1을 위해 동원될 수 있는 군사력으로서도 기능한다. 또한 전진지역에 미군을 배치하여 미국에 대한 위협을 사전에 포착하고 봉쇄함으로써 '1'의 본토방어에도 기여하기 위한 것이다. 본토방어를 위한 첫번째 방어막은 해외에 주둔한 미군이 형성하는 것이며 가능한 한 본토에서 멀리 떨어진 지역에서 이러한 위협에 대응하는 것이 유리하다는 입장이다.[4]

이러한 계획을 이행하기 위해 미군은 육·해·공·해병의 변혁과 합동화를 추진하고 있고, 정규군과 특수군 및 CIA와의 결합을 도모하고 있다. 특히 핵전력을 통상전력의 상위군사력으로 구분하던 것을 폐기하고 핵전력과 통상전력의 통합적 운용을 추구하고 있어 실전에서 핵무기가 사용될 가능성이 더욱 높아지고 있다. 미 국방장관실을 위해 작성된 한 보고서는 1-4-2-1에서는 "전략핵무기가 통상전력과 구분되는 것이 아니라 전세계의 테러리즘과 불량국가들에 대한 다양한 전략적 대응 능력의 한 부분일 뿐"이라고 지적하고 있다.[5]

동북아시아는 미군이 전진배치되는 4개 지역의 하나일 뿐만 아니라 '신속한 승리'를 지향하는 "2"가 이라크와 북한을 지칭하고 있다. 특히 양대전쟁전략이 수립될 때부터 지목된 양대주적 중 이라크에서는 정권교체와 점령까지 이루었으므로 이제는 북한만 남은 셈인 것이다. "결정적 승리"를 지향하는 마지막 "1"과 관련하여 QDR과 「국방계획지침」은 미 대통령이 그 대상을 선택만 하면 이를 실행할 수 있는 군사력을 보유해야 한다고 지적하고 있다. 현재는 이라크전쟁이라는 '사막의 늪'에 미군이 빠져 있기 때문에 북을 상대로 결정적 승리를 거두겠다고 나서기는 어려운 상황이다. 그러나 미국의 세계군사전략이 북을 겨누고 있는 한 한반도는 "2"와 "1"의 대상으로 상시적으로 남아 있는 것이다. 이에 반

---

4) United States Army Transformation Roadmap 2003, Department of Army, November 1, 2003, p.6-2.

5) William M. Arkin, "U.S. Military: War Plans Meaner, not Leaner," *LA Times*, March 21, 2004.

해 러시아는 군사적 위협으로 지목되고 있지 않으며 중국은 현재로서는 "계획을 짜기 어려운 상대"로 인식되고 있다.

이 '1-4-2-1 전략'을 좀더 효율적으로 이행하기 위해 미국은 군사변환(military transformation)과 미군기지 재조정 작업을 동시에 추구하고 있다. 첨단과학무기를 이용한 비선형적 첨단전을 지향하는 군사혁신을 이룩하여 미군을 21세기의 첨단군으로 환골탈태하자는 것이 군사변환의 내용이다. 이를 위해서 △ 정보 및 군사결정의 우위, △ 정밀타격, △ 군사력 신속투사, △ 전술적 신축성, △ 군대 방어력 제고, △ 지상, 해상, 공중 및 우주 전장 지배능력 등을 추구하고 있다. 이러한 변환이 이뤄진다면 군사력의 규모는 현재보다 축소되더라도 '1-4-2-1 전략'을 이행할 수 있다는 것이다. 또한 세계적 규모로 진행되고 있는 미군 재배치 및 미군기지 재조정 작업도 바로 이 '1-4-2-1 전략'을 이행하기 위한 것이다. 미군을 4개 지역에 전진배치하되 이 중 두 지역에는 신속하게 군사력을 집중할 수 있도록 하는 것이 핵심목표이기 때문이다. 이러한 군사변환과 재조정의 상승작용이 나타나면, 보다 작은 군대로도 군사력을 극대화할 수 있기 때문에 '1-4-2-1 전략'을 효율적으로 이행할 수 있다는 것이 현 부시 행정부 군사전략의 요체라고 하겠다.

2. 미군의 군사변환

"전쟁기술의 혁명은 점차 크기나 무게보다는 기동성과 신속성으로 규정된다. 영향력은 정보로 측정되며, 안전은 은폐술로 증대되고, 군사력은 정확한 유도무기의 긴 포물선을 따라 투사된다. 이러한 혁명은 우리 국가의 능력과 우리 국민의 기술, 우리 기술의 우월성과 완벽히 일치한다. 평화를 수호하는 최상책은 전쟁을 우리가 원하는 대로 재정의하는 것이다"(조지 부시 대통령, 1999년 9월 연설).

"부시 대통령은 국방부의 변환을 구체적으로 지시하셨습니다. 다시 말해서

국방부를 20세기에서 21세기로, 산업시대에서 정보시대로 전환시키라는 것입
니다. 치명적이면서도 기민하고, 신속 전개가 가능한 군사력을 보유해야 한다
는 것입니다"(도날드 럼스펠드 국방장관, 라디오 데이즈, 2004년 3월 16일).

부시 대통령이 선거유세 기간에 했던 위의 연설과 럼스펠드 국방장관
의 발언은 미군 재조정의 지향점을 명확하게 보여준다. 미국은 양보다는
질을 앞세우는 방향으로 군을 개혁, 냉전시기의 구식군에서 21세기 최첨
단군으로 환골탈태하는 작업에 본격적으로 나섰다. 앤드류 마셜 국방장
관 고문이 내세운 '군사혁신'은 애초에 첨단과학무기 개발에 초점을 맞
추었다가, 최첨단 과학기술에 새로운 작전개념, 이에 걸맞은 군사조직이
라는 3박자를 결합해 군사력을 혁신적으로 강화하겠다는 개념으로 확장
되었다. 이러한 혁신에서 한걸음 더 나아가 사고방식과 군사문화까지도
바꿔서 전혀 새로운 형태의 군을 만들겠다는 것이 '군사변환'이다.[6] 럼
즈펠드 국방장관의 말대로 "생각하는 방식, 훈련하는 방식, 연습하고 싸
우는 방식을 변혁하지 못한다면, 어떠한 최첨단 무기들도 미군사력을 변
혁하지 못할 것"[7]이라는 것이다. 그러나 군사변환의 핵심은 첨단무기+
신작전+신조직의 삼위일체로 미군의 전투력을 혁명적으로 강화한다는
데 있는 것으로 보인다. 이러한 미군 개혁은 이미 2001년 발표된 「4개
년국방검토」에서 그 청사진이 제시됐으며, 수차례의 워게임에서 검토를
거치고 아프가니스탄과 이라크의 실전에서 검증을 받은 후 힘을 받아 탄
력 있게 추진되고 있다.

군사변환의 궁극적인 목적은 "냉전시기에 확보했던 적에 대한 근소한

---

6) 「합참비전 2020」은 「합참비전 2010」에서 변환의 주요 도구로 적시된 '군사기술의
   혁신'을 군사력 전분야에서의 혁신으로 확대시켰다는 점이 특징이다. 밑에서 설명하
   는 변환의 6대 과제와 4대 능력을 구현하기 위해서는 군사기술만의 혁신으로는 부
   족하고, 전략과 군사조직, 훈련, 병참, 지도력, 군인, 기지 및 군사시설 등 모든 분야
   에서 혁신이 이뤄져야 한다는 것이다.

7) Donald Rumsfeld, "Secretary Rumsfeld Speaks on '21st Century Transformation'
   of U.S. Armed Forces(transcript of remarks and quesiton and answer period)," 200
   2. 1. 31(http://www.defenselink.mil/speeches/2002/s20020131-secdef.html).

우월성으로부터 21세기 군사작전의 모든 영역에 걸친 우월(합동대응군으로 전영역의 우월성 확보)로 이동"하는 것이며 "대규모 전쟁에서부터 평화유지 작전에 이르기까지 모든 영역에 걸쳐 작전할 능력을 구비하는 것"이다.[8] 부시 행정부가 추진하고 있는 군사변환의 이러한 목적은 클린턴 행정부에서 합동참모부가 작성한 '합참비전 2010'이 21세기 군사력의 지향점으로 제시했던 '전방위 우위'와 대동소이한 내용이다. 이는 21세기에도 대규모 전쟁은 물론 적의 비대칭 전략 및 소규모의 테러 등 모든 종류의 전쟁, 분쟁에서 승리를 거둘 수 있는 압도적 군사력을 보유해야 한다는 합의가 공화당과 민주당 사이에 있었다는 점을 시사하는 대목이다.

미 국방부는 '변환'의 목적을 6가지로 정리하고 있다. 즉 21세기에는 군의 작전환경도 급격하게 변화하고 미군이 대응할 적의 군사력과 작전방식도 이전과는 혁명적으로 달라지고 있으므로 21세기에도 미군이 압도적 군사력을 보유하기 위해서는 다음과 같은 목적을 달성해야 한다고 보고 있다. 즉 △ 미 본토와 핵심적 기지 보호, △ 적 안신처 거부, △ 접근 불가능 지역에서의 군사력 보호와 유지, △ 정보기술을 이용하여 군인과 작전을 연결, △ 정보네트워크의 향상과 공격으로부터의 보호, △ 우주작전 향상이라는 목적을 달성하기 위해서 군대도 변해야 한다는 것이다.[9]

이러한 목적을 완수하기 위해 미군은 각 군별로 향후 20여 년을 내다보며 각군을 어떻게 변환시킬 것인지에 대한 청사진을 마련하고 이를 이행하고 있다. 합동참모부는 미군 변환의 청사진으로써 '합참비전 2010(Joint Vison 2010)'을 채택한데 이어 이를 갱신한 '합참비전 2020(Joint Vision 2020)'을 최근 발표했다. '합참비전 2020'은 미국이 대처해야 할 21세기의 전략적 배경으로써 △ 미국의 이해가 전지구적 규모이며 △

---

8) Transformation Study Group, *Transformation Study Report: Transforming Military Operational Capabilities*(2001. 4. 27.), 5면과 7면.

9) "DOD's six transformation goals," http://www.defenselink.mil/transformation/ dodsixgoals.html(accessed on April 19, 2004).

대량살상무기 및 컴퓨터 통신 기술 등이 전세계적으로 확산되고 있고 △ 이러한 변화 및 미국의 대응에 대한 적응력이 있는 적이 등장할 것으로 보고 있다. 이러한 상황에서 미군이 변환의 6대 목표를 달성하기 위해서는 △ 압도적 기동, △ 정확한 교전, △ 집중적 병참지원, △ 전방위 보호라는 4가지 기본적 능력을 구축해야 한다고 전망하고 있다. 그래야 미군은 21세기에도 대규모 전쟁은 물론 적의 비대칭 전략 및 소규모의 테러 등 모든 종류의 전쟁, 분쟁에서 승리를 거두는 '전방위 우위(full spect-rum dominance)'를 누릴 수 있다는 것이다.

'합참비전 2020'은 '합참비전 2010'이 군사변환의 주요 도구로 적시한 '군사기술의 혁신'을 군사력 전 분야의 혁신으로 확대시켰다는 점이 특징이다. 이 문서는 변환의 6대 목표와 4대 능력을 구현하기 위해서는 군사기술만의 혁신으로는 부족하고, 전략과 군사조직, 훈련, 병참, 지도력, 군인, 기지 및 군사시설 등 모든 분야에서 혁신이 이뤄져야 한다고 강조하고 있다.

이 군사변환은 우선 발달된 과학기술을 적극적으로 무기체계 개발에 도입하여, 정확하면서도 살상력이 높고 신속한 이동배치가 용이하며 아군의 생존율을 높여주는 무기체계를 개발하는 것을 목적의 하나로 삼고 있다. 이러한 신 무기체계 중 대표적으로 알려져 있는 것이 미사일방어체제이며, 육군은 '미래전투시스템(FCS)'을 개발 중이다. 공군은 차세대 전투기로 잘 알려져 있는 F/A-22 랩토를 개발하고 있을 뿐만 아니라 초음속폭격기 개발도 추진하고 있다. 음속의 8배에 달하는 속도로 날게 될 이 폭격기는 5.5톤의 무기를 싣고 미국 본토에서 발진해 전세계 어느 곳이나 2시간 이내에 치명적인 폭격을 가할 수 있는 능력을 보유하게 된다. 이에 비해 현재 미군이 운용 중인 B-2폭격기는 전세계 폭격이 가능하지만, 이라크 전에서 보듯이 미주리주 화이트맨 공군기지를 이륙해 폭격이 이뤄지기까지 37시간이 걸렸다.[10] 해군은 적에 대한 노출을 최소

---

10) 유재훈, "미, 초음속폭격기 개발 추진", 《한겨레신문》 2003. 11. 28.

화하고 항해속도는 향상시킨 신형 항공모함과 구축함을 개발하고 있다. 호주에서 제작한 '조인트 벤처'라는 신속수송선은 군인 400명을 싣고 40노트로 운항할 능력을 구비하고 있으며 스트라이커 장갑차 30~40대를 수송하는 것이 가능하다. 미국은 2003년 12월 지하사령부와 통제센터, 숨겨진 무기 창고를 파괴하기 위한 '벙커-버스터' 소형 핵무기 개발 연구에 750만 달러, 초정밀 공격에 유용할 것으로 평가되는 저준위 핵무기 연구에 600만 달러를 각각 배정하는 등 신형 핵무기 개발에도 박차를 가하고 있다.[11]

이러한 첨단무기 개발과 함께 작전개념도 혁신적으로 개혁하고 있다. 적과의 대치선을 중심으로 전선을 형성해서 싸우는 기존의 개념을 버리고, 적의 지휘부와 지휘통제 체제를 우선적으로 공격한다는 작전으로 이행하고 있다. △ '순차적 점진적 작전'에서 '동시적, 병행적 작전'으로, △ '파괴에 기반한 작전'에서 '효과에 기반한 작전'으로, △ '적 군사력 공격'에서 '적 능력 공격'으로 작전개념이 변화한 것이다. 이제 전쟁은 전선에서 싸우는 것이 아니라 적의 핵심부와 후방, 측면 등을 동시에 입체적으로 타격하는 것이다. 정보력과 살상력, 기동력의 우위가 주는 장점을 극대화하는 작전개념을 미 합동사령부는 '신속결전(RDO)'이라고 부르고 있는데, 이러한 작전의 모습은 2003년 이라크전쟁에서 보여준 바 있다.[12]

미국은 현재 분산적이고 동시적이며 비대칭적인 군사작전인 '신속결전'을 더욱 강화 발전시키고 있다. 적의 반격에 의한 피해 가능성을 최소화하면서 적을 입체적으로 공격하기 위해 미군은 분산된 상태에서 정보 네트워크로 연결되어 전쟁을 수행한다는 '네트워크 전쟁' 개념을 발전시키고 있는 것이다.[13] 이렇게 함으로써 미군의 피해는 최소화하고 적

---

11) "부시, 차세대 핵무기 연구 허용 법안 서명", 워싱턴 AFP/연합뉴스 2003. 12. 2.

12) 김성한, "해외주둔 미군 재조정과 한미동맹" 2003. 10. 17.에서 재인용.

13) Director, Force Transformation, Office of the Secretary of Defense, *Network-Centric Warfare Primer*, Winter 2003. http://www.oft.osd.mil/library/library_files/document_

군을 단시간에 와해시킨다는 것이다. 이러한 작전개념의 변화를 도모할 수 있는 것은 정밀무기와 정보통신 및 신속기동 기술의 발달 덕분에 적군에 대한 정보의 우위를 확보할 수 있고, 이러한 정보를 적 타격에 쓸 수 있는 정밀무기와 실시간 정보시스템의 통합이 가능해졌기 때문이다.

미군 구조도 이와 걸맞은 형태로 변화하고 있다. 가장 대표적인 것이 스트라이커 여단이다. 이 부대를 무장하는 주요 무기체계인 스트라이커 장갑차 계열은 가볍기 때문에 C-17 수송기나 고속수송선에 탑재되어 신속전개가 가능하다. 여단전투팀은 96시간 안에 세계 어느 곳이든지 파견이 가능하며, 1개 사단 파견에는 120시간, 5개 사단에는 30일이 걸리도록 만든다는 계획이다.[14] 그뿐만 아니라 스트라이커 장갑차는 기본적인 몸체에 어떤 무기체계를 설치하느냐에 따라 통상적인 장갑차의 기능 외에도 전차, 대전차 미사일포, 지휘소 등 10가지의 기능을 수행할 수 있다. 하나의 무기체계를 기본으로 하여 조립식 다목적 부대를 만든다는 변환의 목적에 부합하는 것이다. 육군은 스트라이커여단전투팀 6개 팀을 신설하여 기존의 경무장병력과 중무장병력 사이의 공백을 채우는 동시에 기존군사력을 미래형 '목적군'으로 변환시키는 디딤돌로 이용할 계획이다.[15]

육군은 장기적으로는 모든 종류의 작전에서 압도적인 우위를 누릴 수 있으며 위협에 즉각적으로 대응할 수 있고, 신속전개가 가능하며, 기민하며, 다목적이고, 치명적이면서도 다양한 환경에서도 생존·유지성이 높은 '목적군'으로 재편하는 것을 추구하고 있다. 이를 위해서 코만치 헬리콥터와 '미래전투시스템(FCS)' 등 신무기체계를 개발하는 중에 있으며

318_NCW_GateFold-Pages.pdf

14) 에릭 신세키 육군 참모총장이 1999년10월 이와 같은 계획을 발표했다. Global Security.org, Stryker Brigade Combat Team, http://www.globalsecurity.org/military/agency/army/brigade-ibct.htm(accessed May 22, 2004)

15) Striker Brigade Combat Team (SBCT), http://www.globalsecurity.org/military/agency/army/brigade-ibct.htm(accessed May 22, 2004)

미래전투시스템에 대한 최종결정은 2006년에 내려질 예정이다.[16) 2008
년에는 1개 구식여단을 '미래전투시스템'으로 무장된 미래형 부대로 전
환하는 것을 필두로 하여 매년 2개 이상의 구식여단을 미래형 부대로 전
환할 계획이다. 신무기체계로 무장된 첫번째 미래형 부대는 2010년부터
운용되기 시작할 계획이다. 현재 가장 첨단화된 부대인 제4보병사단과
제1기갑사단은 변화과정에서 발생할지 모르는 고강도 분쟁에 투입될 가
장 강력한 부대 역할을 수행한 후 2012년까지 제일 마지막으로 미래형
부대로 전환된다.[17)

미래형 목적군이 형성되면 기본 단위 편제도 현재의 사단 중심에서
독립적인 작전수행이 가능한 '미래형 전투여단'(Unit of Action, UA)으로
바꿀 예정이다. 미래형 전투여단은 △ 적의 움직임을 탐지하는 무인지상
센서, △ 적의 목표물을 찾고 동시에 파괴시키도록 프로그램된 무기, △
휴대가 용이한 상자 형태의 로켓, △ 자동화 곡사포 등 4개의 미래전투
시스템으로 무장함으로써 전력면에서는 기존 여단을 능가한다. 미 육군
은 '모듈형 군'인 미래형 전투여단을 기본으로 장기적으로는 기존의 여
단-사단-군단 중심 편제마저도 개편한다는 방침이다.[18)

해군은 '해군력 21', 해병은 '해병대 전략 21'에서 기존의 해군·해병
력을 보다 결정적이며 기민하며 장기적 유지가 가능하고 위협에 신속하
게 대응할 수 있도록 변환을 추구하고 있다. 해군·해병력 변환은 △ 해

---

16) U.S. Army, On Point for Readiness Today: Planning for Security Tomorrow, Arm
    y Modernization Plan 2003, Annex B: Force Structure (Organization), page B-1.

17) Megan Jans, "LTG Dick Cody: Combat Commander-Army G-3, calls it as he
    sees it," *Base Camp Briefs*, March 2003, page 4. http://www.gwcausa.org/bcb/BCB
    Mar03FINAL.pdf

18) 국내 언론 보도에 따르면 미래 목적군은 실제 전투부대인 UA와 이를 운영 지휘하
    는 증강된 사단급인 UEx(Unit of Employment-x), 증강된 군단급인 UEy(Unit of E
    mployment-y)로 구성된다. UEx에는 기갑 UA 2개, 보병 UA 1개, 스트라이커 여단
    1개, 항공 UA 1개, 지원 UA 1개 등 총 6개의 여단급이 소속된다. 1개의 UA는 대
    대급 수준인 미래전투체계 6~8개로 구성된다. "주한미군, 사단급 부대만 남는다"
    ≪중앙일보≫ 2004. 8. 19.

양기지, △ 해양타격, △ 해양방패, △ 군사력네트워크 등 네 가지 축을 중심으로 해서 진행되고 있다. 해양기지는 적의 화력이 미치기 어려운 해양에 떠 있는 기지를 구축하여 작전지휘와 화력, 병참지원을 제공한다는 것이다. 이러한 기지는 외국에 고정적으로 배치되어 있는 기지에서 통상적으로 발생하는 현지인들과의 마찰을 피할 수 있을 뿐만 아니라 필요한 지역에 신속하게 이동배치할 수 있다는 이점도 갖게 된다. 이러한 해양기지는 이지스함을 기반으로 한 미사일방어 등 해양에 다층으로 구축된 보호망으로 안전을 확보한다. 해양기지뿐만 아니라 미국본토 및 작전지역에까지도 보호망을 제공한다는 것이 해양방패의 개념이다. 해양타격은 보다 향상된 지휘통제력, 정보력, 정확성, 은밀성 등을 최대한 이용하여 해양에서 적진 깊숙이 공격할 수 있는 능력을 추구하고 있다. 마지막으로 군사력 네트워크는 해양기지, 해양타격, 해양방패 등 세 가지 요소를 서로 결합시키는 접착제의 역할을 하는 것으로 첨단 정보통신 기술을 이용하여 군인과 무기체계, 감지장치, 병참 등을 서로 연결하여 네트워크화되어 있으면서도 분산된 군사력 운용을 가능하게 하는 것이다.[19]

이러한 계획의 일환으로 트라이던트 잠수함 4척을 유도미사일과 특수작전부대용 잠수함으로 개조하고 있으며, 기존의 함단을 '항공모함타격그룹(CSG)'과 '기동타격그룹(ESG)' 등으로 재편하는 중이다. 그 첫번째 기동타격그룹은 중동근해와 서태평양에서의 임무를 성공리에 마쳤다는 자체 평가를 받고 있다.[20] 기동타격그룹은 해상에서 자유롭게 이동하며 필요에 따라 적절한 공군력을 투입할 수 있는 능력이 있어 장차 다양한 작전에 동원될 가능성이 높은 것으로 보인다.

공군은 차세대 전투기 F/A-22 랩토를 시험비행단계에서 실전배치단계로 발전시키고 있는 한편, '세계타격전담반(GSTF)'이라는 작전개념을

---

19) Chapter 1 The Marine Corps: Ready and Responsive Today…… More Capable and Decisive Tomorrow, *Marine Corps Concepts and Programs 2004*, page 6. http://hqinet001.hqmc.usmc.mil/p&r/concepts/2004/PDF/CP04%20CHAP%201.pdf

20) Fargo, p.60.

개발하고 있다. 이 개념은 기습공격과 해외기지 이용 제한이라는 문제점에 대응하여 작전지역 밖에서 항공모함 및 잠수함과 합동으로 B-2전폭기와 유도미사일로 무장된 B-1, B-52로 전쟁 초기에 적을 공격한다는 개념으로써, 다양한 정보장치들과 전폭기, 작전지휘본부를 실시간으로 연결해주는 네트워크로 통합하여 운영하는 것을 지향하고 있다.

이러한 군 조직의 변화와 함께 중요하게 등장한 것이 합동전 조직이다. 미국은 이미 합동군사령부를 창설하여 육해공군을 통합한 조직을 운용하고 있을 뿐 아니라 QDR에서 제시한 과제를 이행하기 위해 '상비합동전담반'이라는 작전개념을 개발하고 있다. 이 개념은 전투지역의 전후좌우를 망라하여 이동 및 고정된 목표물을 정확하고도 집요하게 추적하여 신속하고 정확하게 타격함으로써 적이 안전하게 피신할 수 있는 시간과 공간을 허용하지 않는다는 것이다. 이러한 과제를 수행할 수 있는 합동군사력 투사능력은 '변환'을 주도하는 개념이 되고 있다.

미군의 이러한 '변환'의 모습은 아프가니스탄전쟁과 이라크전쟁에서 부분적으로 감지되고 있다. 아프가니스탄전쟁에서는 전혀 사전준비가 없었던 상태에서 9·11 사태 한 달 만에 작전계획과 군사력 구성, 배치, 작전이 모두 이뤄질 정도로 신속한 적응력을 보여주었다. 미군은 특정지역에 고정 배치된 '붙박이 군대'가 아니라 다양한 지역에서 다양한 임무를 신속히 수행할 수 있어야 한다는 기민성과 적응성을 보여준 것이다. 아프가니스탄전쟁에서 나타난 특징 중의 하나는 특수부대가 해군의 F-14 또는 공군의 B-52와 합동으로 작전을 펼친 것으로 합동전의 중요성을 다시 한번 과시한 사례로 인식되고 있다.

이라크전쟁에서도 육·해·공군의 작전이 유기적으로 결합된 합동작전이 주요역할을 했는데, 서부 이라크에서는 특수부대의 작전, 북부에서는 바다와 전략적 거리에서의 작전, 남부에서는 엄청나게 빠른 속도의 전격전(마하4 전격전)이 거의 동시적으로 이뤄졌다.[21] 군대의 진격속도만 빨

---

21) Paul Stone, "Cebrowki sketches the face of transformation," American Forces Info

라진 것이 아니라 센서로 표적을 획득하여 무기를 발사해서 파괴시키는
데까지 걸리는 시간도 엄청나게 줄어들고 있다. 1991년 걸프전에서는
이 과정에 24시간이 걸렸으나, 아프간전쟁에서는 45분, 이라크전쟁에서
는 11분으로 감축됐다. 센서와 지휘통제, 공격무기가 실시간 정보네트워
크로 연결되기 때문에 가능한 일이었다.

한편 변환을 둘러싼 논쟁은 이라크전쟁을 계기로 더욱 본격화되는 양
상이다. 군사혁신과 변환을 지지하는 세력은 이라크전쟁이 변환의 성과
와 필요성을 보여주었다고 주장하는 반면 변환에 비판적인 세력은 이라
크전쟁이 변환의 성과를 입증하기에는 이르다고 반박하고 있다. 이라크
전쟁은 특히 해외기지의 필요성에 대한 논쟁을 가속시키고 있다. 터키정
부가 미군의 통과권을 허용하지 않기로 결정한 것 때문에 미국은 남북에
서 동시에 이라크로 진격하려던 작전계획을 대대적으로 수정해야 했고,
사우디아라비아 정부가 자국 기지를 사용하지 못하게 한 것도 미군의 작
전에 큰 영향을 미쳤다. 따라서 일부에서는 미래군은 해외기지에 대한
의존도가 낮은 형태로 재편돼야 한다고 주장하고 있다. 이들에 따르면
△ 무인장거리 비행기, △ 짧거나 열악한 활주로에서 이착륙할 수 있는
비행기, △ 공해 상에서 작전을 전개할 수 있는 해군이나 해병, △ 원거
리에서 적을 공격할 수 있는 유도미사일과 레이저무기 등 신형무기체계
를 중심으로 미군을 재편해야 한다는 것이다. 또한 현재 해군이 추진하
고 있는 '해상기지'를 육군과 공군도 활용하는 방안도 고려되고 있다.22)
이렇게 미군을 재편하면 해외미군기지 필요성도 줄어들고 해외에 배치
된 미군의 규모도 감축할 수 있다는 주장이다.

이라크전쟁은 미 육군의 적정규모를 둘러싼 논쟁도 가속화시키고 있
다. 현재 육군의 공식입장은 현역 10개 사단으로 "1-4-2-1 전략"과 변

---

rmation Service, December 28, 2003. http://www.defenselink.mil/news/Dec2003/n1
2282003/n12282003_200312281.html(accessed on April 19, 2004).

22) Ronald O'Rourke, Iraq War: Defense Program Implications for Congress,(Washin
gton, D.C.: Congressional Research Service June 4, 2003).

환을 동시에 수행하는 것이 가능하다는 것이다. 또 2008년까지 6개 스트라이커여단전투팀을 구성하는 것이 필요하다고 보고 있고, 이라크전쟁은 육군의 입장이 옳았음을 확인해주었다는 것이다. 그러나 럼스펠드 국방장관은 육군 규모를 8개 사단으로 감축하는 것을 고려하는 것으로 알려져 있으며, 국방장관실 관리들은 육군의 규모를 6개 사단까지 감축하는 것도 가능하고 스트라이커 여단도 4개면 충분하다는 입장이다. 이들에 따르면 양대전장에 각각 2개 사단을 배정하고, 그 외의 소규모 작전에 2개 사단을 배정하는 것으로 충분하다는 것이다. 반면 이전부터 10개 사단으로는 양대전쟁전략을 이행하기에 부족하다고 주장하던 세력은 "1-4-2-1 전략"과 이라크전쟁으로 말미암아 육군규모가 확대되어야 한다고 주장하고 있다. 신세키 육군참모총장이 임기보다 일찍 퇴임하게 된 것도 육군과 국방장관과의 이러한 입장 차이에서 비롯된 갈등 때문인 것으로 알려져 있다. 이라크전쟁은 이러한 입장 차이를 해소하기보다는 더욱 확대시키고 있는 것으로 보인다.[23]

3. 미군 재배치

미군은 이렇게 첨단무기＋신작전＋신조직의 삼위일체를 통하여 21세기 첨단군으로 다시 태어나고 있다. 동시에 세계적인 미군 재배치도 이뤄지고 있는데, 이러한 구조조정으로 미국이 성취하려는 목적은 '10-30-30 군사모드'인 것으로 알려지고 있다.[24] 즉 미국은 세계 어느 곳이든지

---

23) 앞의 글, p.24.

24) 陳愛玉 & 萬剛, "美軍開始向 '10-30-30 軍事戰略模式過渡." 新華網, 2004년 5월 11일. http://big5.xinhuanet.com/gate/big5/news.xinhuanet.com/mil/2004-05/11/content_1462194.htm; U.S. House of Representatives Committee on Armed Services, "House Armed Services Committee Approves Fiscal Year 2005 Defense Authorization Bill," May 13, 2004, p.39.

10일 이내에 미군을 파견하여, 30일 이내에 승리를 거두고, 이후 30일 이내에 다른 전쟁지역에 군대를 파견할 준비를 완료할 수 있는 능력을 구비해야 한다는 것이다. 이러한 능력을 갖추는 경우 미국은 산술적으로 1년에 5개의 지역전쟁에 개입하여 승리를 거둘 군사력을 보유하는 셈이 된다.

이러한 군사모드를 갖추기 위해서도 미군의 재배치는 필수적이라고 미 국방부는 보고 있다. 독일과 한국에 '붙박이형' 군대를 배치해 놓은 것은 냉전시기의 전략과 20세기형 군사력 운용방식에는 적합한 것이었지만 21세기 전략 및 군사변환과는 맞지 않기 때문이다. 즉 냉전시기에는 소련을 정점으로 한 공산권을 봉쇄하기 위한 군사배치가 필요했고, 20세기의 군사력 수준으로는 '붙박이형' 군대가 봉쇄전략을 이행하기 위한 최적의 수단이었다. 전쟁이 일어날 가능성이 높은 지역에 군대를 사전배치하고 그 지역에 적합한 군사력과 전술, 작전계획을 적용하는 것이 20세기형 군사력 운용방식이었기 때문이다. 그러나 군사변환을 통해 여러 가지 작전환경에서 활동할 수 있는 다목적·모듈형 군대가 개발되고, 장거리 작전지역에 신속히 투사될 수 있는 능력이 강화되면서 이러한 '붙박이형' 군대는 구시대의 유물이 되고 있다.

또한 냉전시기의 기본적 세계전략은 공산권의 봉쇄였는데 비해 탈냉전기, 특히 9·11 이후에는 불특정위협에 대한 대응능력이 중요한 전략적 과제로 제기되고 있다. 이에 따라 미국의 전략이 '1-4-2-1 전략'으로 변화했음은 앞에서 설명한 바와 같다. 이러한 전략의 변화도 미군 세계배치의 재조정을 요구하고 있다. 특히 4개 핵심지역 미군 전진배치를 위해서도 유럽 중앙과 동북아시아에 집중된 미군을 분산시킬 필요성이 제기되고 있다.

이러한 미국의 전략변화와 군사변환에 발맞추어 진행되고 있는 「해외주둔 미군 재배치계획」(Global Posture Review, GPR)의 특징은 △ 미군이 차지하고 있는 하부구조 면적의 축소, △ 동맹국을 보호하고 적국을 막

아내기 위한 해외주둔의 지속, △ 유사시 필요한 장비와 보급물의 사전
배치, △ 세계적 차원에서의 군사력 운용, △ 유사시 필요한 지역에 군사
력 집중 능력 등이다.[25] 다시 말해서 해외주둔 미군 수와 기지 면적은
축소하되, 미군의 기동성과 유연성을 극대화하여 필요한 지역에 군사력
을 신속하게 집중시킨다는 구상인 것이다. 이와 함께 무거운 무기체계와
보급물은 현재 한반도 해역과 인도양 등에 배치해놓은 것과 같은 방식으
로 사전에 전진배치, 미군의 이동과 집중을 쉽게 한다는 방침이다.

「해외주둔 미군 재배치계획」이 지적하는 바와 같이 이러한 미군 재배
치에서 우선 눈에 띄는 부분은 '군인 수'가 중요한 것이 아니라 '군사력'
이 중요하다는 점이다. 군대의 이동·작전 속도와 기민성, 조합성, 능력을
향상시킨다면 군인 수는 줄어도 오히려 가용 군사력은 강화될 수도 있
다. 예를 들어 현재 미 해군의 규모는 이전보다 감소했지만, 유사시 이용
가능한 해군력은 오히려 증가했다.[26] 육군의 경우 군인 수를 6%가량 증
대시킬 계획으로 있지만, 군사력 운영방식의 혁신덕분에 전투력은 30%
가 향상될 것으로 보인다. 추가된 군인으로 사단을 신설하는 대신 다양
한 군사작전에 투입될 수 있는 독립적 여단으로 재편할 계획이기 때문이
다. 그 결과 육군 여단 구조의 75%는 위기에 대응할 능력을 항상 갖추
게 될 것이다.[27]

「해외주둔 미군 재배치계획」이라는 과정을 통해서 미국이 성취하고자
하는 것은 세계에 펼쳐져 있는 미군기지를 그 중요성에 따라 ① '전력투

---

25) Jim Garamone, "Global Military Posture's Part in Transformation," American Forc
es Press Service, Washington, December 2, 2003.
http://www.defenselink.mil/news/Dec2003/n12022003_200312022.html

26) "Navy Tests New Operational Construct: Seven Carrier Strike Groups Underway
for Exercise 'Summer Pulse 04'," Department of Defense News Release No. 538-04, June 2,
2004.

27) Defense Secretary Donald H. Rumsfeld testimony before the U.S. Senate Armed
Services Committee hearing on the FY 2005 Department of Defense budget, Febr
uary 3, 2004.

사 중추기지'(Power Projection Hub), ② 주요작전기지(Main Operating Base), ③ 전진작전거점(Forward Operating Site), ④ 안보협력지역(Security Cooperation Site) 등 4가지로 재편하는 것으로 알려져 있다. 이중 ① 허브로 불리는 '전력투사 중추기지'는 항구적 기지로서 전략적 중추 기능을 수행하며 여타 지역에 대규모 병력과 장비를 투사할 수 있는 근거지의 기능을 수행한다. ② 주요작전기지는 전략중추기지보다는 중요성이 떨어지지만 대규모 병력이 가족과 함께 2~3년 장기주둔할 수 있는 상설기지로 초현대식 지휘체계를 갖추게 되고 군사작전이 예상되는 지역에 인접한 지역에 설치된다. 나머지 ③ 전진작전거점과 ④ 안보협력지역은 전통적 기지로 보기는 어려우나 필요에 따라 언제든지 미군의 병력투입이 가능한 여건을 갖추는 지역들이다. 이중 전진작전거점은 소규모 상주 간부와 교체근무 병력을 유지하여 군사작전을 위한 직접적 거점의 역할을 하고, 안보협력지역은 필리핀이나 싱가포르와 같이 소규모 연락요원을 두어 미군의 일시적 기항과 훈련이 가능한 지역을 지칭한다.[28]

현재 진행되고 있는 미군 재배치계획에 따르면 태평양에서 하와이나 괌이 전력투사 중추기지 역할을 하고, 동북아시아에서는 일본이 전력투사 중추기지가 될 가능성이 농후하다. 한국은 전력투사 중추기지와 주요작전기지의 중간정도나 주요작전기지로 재편될 것으로 알려지고 있다.

미국은 주일미군 육해공군을 모두 '아시아 전선 사령부'로 격상시키는 방향으로 주일미군 재배치를 원하고 있다.[29] 미국은 2004년 7월 샌프란시스코에서 열린 미일 실무자협의에서 주일미군을 '아시아 안전보장의 사령탑'으로 삼겠다는 구상을 밝혔다. 이 회의에서 제안된 미국 쪽 재편안의 핵심은 △ 주일미군이 아시아 전역과 중동의 위기에 즉시 대응할 수 있는 사령탑 기능을 갖추도록 하는 것, △ 기지 공동사용 등을 통한

---

28) 박신홍, "첨단 기동군 …… 언제 어디서든 전투: 美 신군사전략 실체," ≪중앙일보≫ 2004. 5. 21.

29) "미 해군 미사와기지 '아시아 사령탑' 격상, 아사히신문 보도 주일미군 재배치 추진중," ≪연합뉴스≫ 2004. 7. 27.

주일미군과 자위대의 일체화, △ 미-일 안보협력의 효율화 등으로 알려져 있다.30) 같은 달 리차드 아미티지 국무부 부장관이 군보유와 교전권을 부인한 일본 헌법 9조의 개정을 노골적으로 요구한 것도 이 같은 구상의 일환인 것으로 보인다. 이미 클린턴 행정부에서도 일본이 전략적 중추역할을 해야 한다며 일본의 지역적 군사역할 확대를 요구한 바 있다.

이러한 구상은 '동북아사령부'를 일본에 설치하여 21세기 미국의 동북아 안보전략을 수행하는 중심적 역할을 맡게 한다는 계획으로 구체화되고 있다. 이를 위해 미국에 있는 미 1군단 사령부와 미 13공군사령부 등을 일본으로 이전하고, 주일미군과 일본 자위대를 한 기지 안에 배치하여 양국군의 통합을 강화하는 방안 등을 추진하고 있다.

우선 미국은 미 육군 제1군단 사령부를 현재의 워싱턴주 포트 루이스에서 일본 가나가와현 자마기지로 이전하는 방안을 검토 중이다. 1군단 사령부는 일본으로 이전한 후 주한 미 2사단을 포함해 아시아 태평양 전역의 미 육군을 지휘통제하는 전선사령부가 될 것으로 알려지고 있다. 이와 함께 주일미군 사령부를 요코다기지에서 자마기지로 이전하고, 이를 계기로 주일미군 사령관을 주일공군이 아니라 주일육군 사령관이 맡도록 할 것으로 전해졌다. 아울러 일본 국내에 주둔하는 육해공군과 해병대를 통괄 지휘할 수 있는 독자적 작전지휘권을 주일미군사령부에 부여할 방침도 검토되고 있다.

이와 함께 현재 괌에 있는 미 제13공군사령부를 요코다기지로 이전하여 미 제5공군사령부와 통합하는 계획도 추진되고 있다. 미 공군 작전· 운용부대는 그대로 괌에 집중돼 있지만 사령부 기능은 주일 미 공군에 흡수된다는 것이다. 이럴 경우 제5공군사령부는 태평양 괌에 있는 제13공군사령부를 흡수해 작전범위를 아시아태평양 전역으로 넓히게 된다.31)

---

30) 박중언, "주일미군, 아·태·중동 사령탑화 추진," ≪한겨레신문≫ 2004. 7. 15.
31) 제5공군과 제13공군사령부를 괌에 통합 설치할 가능성도 있다. 미국은 요코다기지를 선호하는 것으로 알려져 있으나 통합사령부의 관할범위가 미일상호방위조약이 규정한 극동의 범위를 넘는 경우 이 부대는 일본 밖에 설치되어야 한다고 일본 정부

그뿐만 아니라 일본 항공자위대 항공총사령부를 요코다기지로 이전하는 것도 고려되고 있다. 요코다기지에 주일 미 공군사령부와 일본 항공자위대 사령부를 효율적으로 통합운영하려는 것이다. 이 사령부는 북한 등의 탄도미사일에 대처하기 위한 '지상배치형 미사일 요격시스템'을 운용할 예정이기도 하다.

가나가와현 요코스카기지에 거점을 둔 미 해군 제7함대를 포함하면, 아·태지역을 관할하는 미 육·해·공군 사령부가 모두 일본에 집중하게 된다. 이와 함께 미국은 미군기지가 몰려 있는 오키나와 지역의 부담을 줄이고 자위대와의 통합도를 높인다는 차원에서 해병대의 일부를 일본 본토로 분산시킬 방침이다. 오키나와 해병대 1만 6,000명 가운데 20~30%를 자마기지와 홋카이도 육상자위대 훈련장 등으로 이전시키는 방안이 검토되고 있다.

주일미군 미사와기지에 있는 해군태평양함대 초계정찰부대의 사령부는 서태평양에서 걸프만에 이르는 아시아 전체의 해군정찰 사령부 기능을 하와이로부터 넘겨받을 전망이다. 미사와기지에는 해군소장을 사령관으로 한 '제5, 7함대 초계정찰항공사령부'가 2003년 10월 설치됐다. 5함대는 걸프지역, 7함대는 서태평양과 아프리카 동쪽의 인도양을 관할한다. 그러나 미국의 재배치 계획에 따르면 미사와기지에 P3P초계기와 EP3전자정찰기 등 모두 10기의 전투기가 순차적으로 추가배치될 예정이다. 이 기종은 하와이와 미국 서해안에서 이동배치되는 것으로 배치가 완료될 경우 미사와기지는 주일미해군의 명실상부한 정찰사령탑으로 변모, 아시아 전역과 중동지역까지 관할할 것으로 보인다.[32] 또 해군력을 강화하기 위해 가나가와현 요코스카 기지를 거점으로 하는 미국 제7함대 외에 괌이나 하와이에 함대 하나를 더 배치할 계획도 있다.

가 요구하고 있기 때문이다. "Yokoda command functions may be moved to Guam," *The Japan Times*, July 30, 2004.

32) 박중언, "미군 아시아사령부 기능 일 미사와기지로 집중, 아사히 '하와이 기지서 넘겨받아'", ≪한겨레신문≫ 2004. 7. 27.

이러한 구상에서 중요한 점은 미국이 이제 더 이상 해외주둔 미군을 국가별·지역별로 분리해서 고려하지 않는다는 점이다. 즉 주한미군과 주일미군의 역할분담 및 재배치가 서로 맞물려 있다는 것이다. 이 때문에 4성 장군이 지휘하는 동북아사령부가 도쿄 인근의 자마기지에 설치된다는 것은 일본이 동북아시아의 핵심 중추기지가 된다는 것을 의미할 뿐만 아니라 그 산하에 한미연합사를 제외한 주한미군, 주일미군 등이 배속될 가능성을 시사하기도 한다.[33]

이 사령부와 한미연합사의 지휘관계, 주한미군 및 주일미군을 지휘해 온 태평양사령부의 관계설정은 아직까지 합의되지 않고 있으나 동북아사령부가 설치되면 한국에 미국의 4성 장군이 남을 가능성은 희박한 것으로 보인다.[34] 서울에 두려고 했던 동북아 워게임센터를 일본에 설치하는 방향으로 미국의 구상이 변하고 있는 것도 이러한 변화를 염두에 둔 것으로 보인다. 헬로란에 따르면 미국은 하와이의 태평양 사령부에 아·태지역 지상군을 총괄하는 4성 장군직을 신설하고, 공군과 해군을 지휘하는 4성 장군직을 신설할 계획도 검토 중인 것으로 알려졌다. 이 계획에 따르더라도 한미연합사를 지휘하는 4성 장군은 한국에서 철수하게 된다.[35]

그러나 이러한 구상은 아직은 현실의 문제를 고려하지 않은 구상의 차원에 머물고 있는 것으로 보인다. 이 구상이 미 2사단의 축소에서 끝나지 않고 미8군사령부 약화 및 한미연합사의 해체까지도 이어질 수 있

---

33) 교도통신(2004. 3. 2.)은 '펜타곤이 주한미군 사령부·유엔사령부·한미 연합사령부를 해체하여 (자마에 들어 설) 미 1군단의 직접통제를 받게 하려 한다'고 보도했다. 교도통신은 '미 국방부는 주한미군 사령부 폐지도 검토 중이어서 제1군단 사령부가 일본으로 이전하면 주한미군 보병 사단도 제1군단 아래로 편입될 가능성이 있다'고 전했다. 강정구, 「주한미군 재배치 관련 워크샵 자료집」 연세대학교 주한미군 대책기획단(2004. 5. 28), 44쪽.

34) "'미, 동북아사령부 창설 구상, 주한미군 소식통' 미 본토 1군단 일 이전과 맞물려," ≪중앙일보≫ 2004. 6. 14.

35) 리차드 헬로란, "미군 완전 철수 가능성도," ≪중앙일보≫ 2004. 6. 10.

기 때문이다. 이것은 한국군의 전시작전지휘권 문제 및 유엔사령부 문제까지도 파급을 미칠 가능성을 안고 있다. 또 한편으로는 △ 한미연합지휘체제 아래 있는 한국군이 주일미군 지휘를 받는다는 데 대한 한국군의 거부감, △ 주일미군의 역할을 아시아 태평양은 물론 중동까지 확대하는 것은 "일본 영토의 공동방위와 극동의 평화와 안전을 위한 기지제공"을 규정하고 있는 미일안보조약의 범위를 넘어선다는 일본의 우려, △ 기지가 확장될 예정인 지역의 지자체와 주민들의 반발 등의 문제도 남아 있다. 따라서 북한이 핵무기, 생화학무기 등 대량살상무기를 포기하거나 재래식 군사력 위협이 해소될 때까지는 동북아사령부와 한미연합사가 병립적인 관계를 유지할 가능성이 있다.36)

한국 내 미군기지의 재편은 이러한 미군 재배치 계획에 맞춰 진행되고 있다고 할 수 있다. 2002년 연합토지관리계획 협정에 서명해 경기 문산, 파주 지역의 6개 2사단 기지를 1단계로 의정부, 동두천을 중심으로 통합 이전하기로 했으며, 2단계로 2사단 기지를 오산-평택으로 재이전하기로 합의한 상태이다. 이전이 완료되면 주한미군 기지는 오산-평택과 대구-부산에 들어설 2개의 중심기지와 △ 핵심시설이 잔류할 용산기지, △ 한강 이북의 연합훈련센터, △ 군산공군기지 등 3개의 기지 등 이른바 '2+3체제'로 재편될 예정이다.

90년대 초부터 지난 11년간 중단된 용산기지 이전이 2003년부터 갑자기 힘을 받고 추진되는 것도 이러한 변화의 일환으로 봐야 할 것이다. 한미 양국은 2004년 7월 워싱턴에서 열린 10차 미래한미동맹정책구상 회의에서 용산기지 이전협상과 관련해 그동안 걸림돌로 작용했던 대체부지 면적과 전술지휘통제체계의 이전방법 등에 대한 이견을 해소하고, 지난 90년 합의서를 대체할 새로운 합의서인 포괄협정과 이행합의서에

---

36) 김민석, "무게 더해가는 일 핵심기지화," ≪중앙일보≫ 2004. 6. 14. 1군단 사령부를 자마기지로 옮기더라도 주한미군은 1군단사령부 밑에 두지 않고 하와이에 있는 태평양군 사령부 직할부대로 운영하는 방안도 검토되고 있는 것으로 알려져 있다. "주한미군, 태평양군사령부 직할로 운영 <産經>," ≪연합뉴스≫ 2004. 8. 22.

잠정 합의했다. 이 합의에 따르면 한국은 용산기지 대체부지로 오산-평택기지 일대에 주한미군용 임대주택 부지를 포함해 349만평을 미군 측에 제공하고 이전비용 30억~50억 달러(3조 6,000억 원~6조 원)을 전액 부담하는 것으로 알려져 있다.

4. 결론

지금까지 살펴본 바와 같이 미국은 9·11 사태 이후 '1-4-2-1 전략'이라는 신전략을 채택하고, 21세기 전략환경에서도 미군의 압도적 군사력을 유지하기 위해 군사변환과 해외주둔 미군 재배치계획을 추진하고 있다. 그런데 군사변환을 추진해 미국 군사력을 혁명적으로 신장하지 않더라도 미국은 이미 세계 최첨단의 군사력을 보유하고 있다. 스톡홀름국제평화연구소(SIPRI)가 지적한 바와 같이 현재 국방비가 전세계 국방비의 절반에 육박할 정도로 군사력에 많은 투자를 하는 미국이 국방예산을 지속적으로 증액하고 군사변환과 미군 재배치를 추진하고 있는 것은 무엇 때문인가?

'힘'을 강조하는 현실주의가 미국 대외정책의 사상적 기반이라는 점을 우선 지적할 수 있다. 미국의 대외정책은 전통적으로 국제법과 국제기구를 중시하는 자유주의, 국가주의적 군사력을 중시하는 현실주의를 양대 축으로 전개되어왔다. 그러나 9·11 이후 미국의 대외정책을 결정하는 논의구조는 공세적 현실주의와 방어적 현실주의를 중심으로 전개되는 양상을 보이고 있다.

이러한 변화는 경제정책에서는 신자유주의, 안보정책에서는 현실주의를 사상적 기반으로 받아들인 클린턴 행정부에서부터 나타나기 시작한 것으로, 9·11 이후 더욱 뚜렷한 흐름으로 자리잡고 있다.[37] 1990년대

---

37) 앤드류 바세비치도 클린턴 행정부에서부터 이미 부시 행정부의 제국주의 전략의

초에 시작되었던 아시아 주둔 미군의 감축을 중단시킨 것이 민주당 클린턴 행정부였고, 클린턴 행정부에서도 대표적인 자유주의자라고 할 만한 조지프 나이 당시 국방부 차관이 "미국의 사활적 이해를 지키기 위해서 아시아·태평양 지역에 미군의 강력한 전진배치가 필요하다"고 발언했다는 사실을 보아도 군사력이 미국 대외정책의 주요한 도구라는 인식은 공화당과 민주당 사이에 광범위하게 공유되고 있는 것으로 보인다.

9·11 이후 본격화되고 있는 국방비 증액에 대해서도 민주당은 강력히 반대하지 않고 있다. '개입과 확장'이라는 국가안보전략을 채택하고 자유주의적 정책을 추진한 클린턴 행정부에서부터 이러한 변화가 시작되었다는 것은 앞에서 인용한 나이 차관의 발언에서도 확인될 뿐더러, 클린턴 행정부 핵전략의 핵심을 다음과 같이 정리하고 있는 데서도 확인된다.

잠재적 적국이 가장 중요하게 여기는 핵심적 자산과 능력을 위협할 수 있는 능력을 보유하고 있을 뿐만 아니라 이러한 능력의 보유사실을 적국이 알 수 있도록 해야 한다는 것이 미국의 전반적 핵정책이다(월터 슬로콤 정책담당 국방부 부장관 , 미 상원 군사위원회 미국 전략 핵군사력 요구에 관한 청문회, 워싱턴 디씨, 2000. 5. 23.).

미국이 '전방위 우위'라는 압도적 군사력을 추구하고 있는 이유는 미국의 경제 이해와도 맞물려 있다.[38] 미국이 현재 군사력 유지·강화에 4천억 달러가 넘는 막대한 예산을 지출하는 이유를 「4개년국방검토」 보고서는 세 가지로 명료하게 정리하고 있다. 첫번째가 "미국의 안보와 행동의 자유를 확보"하는 것이다. 두번째는 "사활적 지역, 특히 유럽과 동북아시아, 동아시아 도서, 중동 및 서남아시아를 적대적 국가가 압도하는 것을 방지"하는 것을 목적으로 하고 있다. 마지막으로 "경제적 복리에의 기여"를 위해 ① "세계경제의 역동성과 생산성" 보호, ② "국제 해

기초가 다져졌다고 분석하고 있다. Andrew Bacevich, *American Empire: The Realities and Consequences of U.S. Diplomacy*(Cambridge: Harvard University Press, 2002).

38) Carl Boggs, ed., *Masters of War: Militarism and Blowback in the Era of American Empire* (New York: Routledge, 2003) 참조.

상, 공중, 우주 수송로와 정보 통신망의 안보", ③ "주요 시장과 전략적 자원의 확보"에 기여하는 것이다.[39]

'무장화된 세계화'와 '미국 중심의 세계화'를 지향하는 이러한 안보정책에 대해서는 민주·공화 양당간 근본적인 의견 차이가 없는 것으로 보인다. '1-4-2-1 전략' 중 '1-4-2'에 대해서는 암묵적인 합의가 존재하는 한편 영토점령 및 정권교체를 의미하는 마지막 '1'에 대해서 이견이 있고, '선제공격'에 대한 비판만이 존재하는 셈이다. 대량살상무기에 대한 정책에 있어서도 대량살상무기의 개발·확산·사용을 저지해야 한다는 목적에 대해서는 민주당과 공화당 양당간 이의의 여지가 없는 것으로 보이고, 단지 이러한 목적을 이행하는 수단으로 선제공격 등의 공세적 군사수단이 효율적인가를 둘러싼 차이가 있을 뿐이다.

신(新)세계전략에 대해 미 정치사회에서의 합의가 있다고 하더라도 이러한 전략이 미국의 의도대로 관철될 수 있는 것은 아니다. 한편으로는 부시의 일방주의적 정책이 유럽 동맹국들의 반발을 사고 있을 뿐만 아니라 2003년 칸쿤회의에서 나타난 것과 같이 세계민중세력의 반대에 직면해 있기 때문이다. 또 한편으로는 미국이 선제공격 운운하면서도 다른 지역과는 달리 한반도에서는 이를 실행에 옮기지 못하고 베이징 6자회담이라는 회담의 틀을 받아들이고 있는 데에는 북한의 선군정책 및 한국과 중국의 입장이 일정하게 작용하고 있기도 하다. 따라서 미국의 전략이 뜻대로 관철될 수 있을지 판단하기 위해서는 신세계전략의 안정성과 불안정성을 총체적으로 분석해야 할 것이다.[40]

신세계전략의 미래는 국가주의 연합과 선진국 연합의 안정성에 의존하고 있는 반면 국가세력과 비국가 세력(non-state actors) 및 부시 대통령이 '악의 축'으로 지칭한 국가군이 미국의 일방주의·군사주의에 반대하고 있다. '1-4-2-1 전략'과 군사변환, 해외주둔 미군 재배치를 통해 '팍

---

39) Quadrennial Defense Review(2001), 2면.

40) 이에 대한 자세한 논의는 서재정, 「미국의 세계전략 변화와 한반도 안보」, 『한반도 평화는 가능한가?』, 아르케, 2004, 67쪽 ff 참조.

스 아메리카나'를 구축하려는 미국의 21세기 신세계전략이 미국의 의도대로 이행될지의 여부는 이상과 같은 요소들과 미국의 국내정치가 맞물려서 나타나는 결과일 것이다.

2장

주한미군 재배치와 한미동맹의 성격 변화

　1장에서 지적한 것과 같이 미국은 9·11 이후의 변화된 세계안보환경에 대응하여 '1-4-2-1 군사전략'을 21세기 신전략으로 채택했다. 한편 미군이 전진배치되는 4개 지역이 중국을 반원형으로 둘러싸고 있다는 사실은 미국의 장기적인 전략지향점을 시사하고 있다. 미국의 이러한 전략은 한국 민주화 및 동북아시아 냉전구조의 와해가 열어놓는 새로운 질서의 가능성을 견제하는 힘으로 작용하고 있다.

　2001년 채택되고 2002년 정식화된 이러한 전략을 충실히 이행하기 위해 미군은 현재의 군사력을 21세기형 미래군으로 변환시키는 작업을 추진하는 한편 전세계에 걸친 군사력 재배치를 하고 있다. '군사변환'과 '해외주둔 미군 재배치계획'(Global Posture Review, GPR)은 미국의 신전략을 이행하기 위한 양대 축인 셈이다. 전략적 유연성과 신속한 군사력 투사능력을 특징으로 하는 미군 구조조정은 아시아에서는 장거리 타격 능력을 강화하고 사령부를 합리화·통합화하는 한편 태평양에 원정해군 능력을 추가하고 서태평양에 고성능 타격 능력을 배치하는 것으로 나타나고 있다.[1]

---

1) The White House, "Fact Sheet: Making America More Secure by Transforming Our Military,"

이러한 미군의 구조조정은 주한미군 재조정과 미군기지 재배치를 규정하는 전략적 지침이 되고 있을 뿐만 아니라 한국과 일본을 미국의 구도 속으로 더욱 깊숙이 끌어들이는 힘이 되고 있다. 그 결과 이러한 일련의 변화는 단기적으로는 북에 대한 군사적 압박을 강화, 한반도 안보 상황을 불안하게 만들 것이며, 장기적으로는 중국과 아시아·태평양 일대에 대한 미군의 개입능력을 강화, 미국과 아시아 사이의 군사력 불균형을 가속화하고 군비경쟁을 부추길 가능성이 높다. 첨단과학기술을 이용한 압도적인 군사력으로 21세기 '팍스 아메리카나'를 이루려는 구상의 일환으로 진행되는 미군 재배치는 단기적으로 보나 장기적으로 보나 21세기 한반도 안보에 심각한 영향을 줄 것이다. 이 글은 미국은 군사전략 변화와 군사변환, 미군 재배치라는 전면적 변화가 한반도와 아시아에 미치는 영향을 분석한 후 바람직한 한국의 대응방안을 모색하려고 한다.

1. 대북 군사력 강화

미국의 동북아 미군 재편 방안에 따르면 미국은 한국에 미래형 사단급 사령부만 유지하고, 현재 군단급의 주한 미 8군사령부는 하와이의 태평양사령부 내 육군사령부로 통합될 가능성이 큰 것으로 알려져 있다. 이와 함께 주한 미 2사단 사령부는 미래형 사단급 사령부로 개편되고, 태평양사령부의 지휘통제를 받게 될 가능성이 검토되고 있다. 한편 보유 무기체계가 기존의 사단보다 크게 강화될 뿐만 아니라, 현재의 여단을 개편해 만든 '미래형 전투여단'(Unit of Action, UA) 1~2개가 고정 배치된다. 일본에는 주한미군보다 규모가 큰 미래형 군단급 사령부가 1~2개 들어서고, 주한미군에 대한 지원 역할을 대폭 확대한다. 한반도에 전쟁이 발발하면 하와이와 주일미군 등에서 미래형 전투여단(UA) 4~5개 이

___

August 16, 2004.

상을 즉각 한국으로 이동시켜 전투력을 보강한다는 구상이다.[2]

미군을 신속기동군으로 전환하면서 해외주둔 미군의 재배치 계획에 따라 오산 비행장과 평택항을 통해 이동이 용이한 점을 고려해 전체 이전을 추진하고 있는 것으로 알려져 있다. 여기서 한 가지 유의할 점은 신속기동군의 타격 목적지가 반드시 동남아시아 등의 해외만은 아니라는 점이다. 항만과 공항이 있는 평택 지역은 해외에 있는 미군을 한국에 투입하기에도 유리할 뿐 아니라, 투입된 부대를 작전을 위해 적진 깊숙이 투사하기에도 편리한 지역인 것이다. 전장에서 설명한 것과 같이 신속기동군이라는 군사조직의 변화는 변화된 무기체계와 작전개념을 효율적으로 이행하기 위한 군사변환의 일환이며, 신속기동군의 한강 이남 배치는 미군 수의 감축에도 불구하고 대북 군사력 강화라는 결과를 가져오게 된다. 그러면 왜 미군의 후방배치가 대북 공격력 강화라는 역설적인 결과를 가져오는 것인가?

1) 주한미군 생존성 강화와 공격력 증대

우선적으로 지적되어야 하는 점은 미군의 후방 배치가 미군의 생존능력을 높인다는 사실이다. 1994년 '북핵위기'가 한참이었을 때 미국이 군사력 사용을 검토했으나 엄청난 피해가 예견되기 때문에 군사작전을 포기했다는 것은 잘 알려진 사실이다.[3] 즉 북한이 전방에 배치해 놓은 1만여 기의 장거리포가 미군을 볼모로 잡고 있기 때문에 군사력 사용을 포기

---

2) 언론보도는 한국에 남게 될 주한미군의 '미래형 전투여단(UA)' 수에서 차이를 보이고 있다. 중앙일보는 한국에 1개의 'UA'가 남고 유사시 5개의 UA를 증원한다고 보도한 반면 한겨레신문은 한국에 2개의 'UA'가 배치되고 유사시 4개의 UA가 증원 병력으로 신속배치된다고 보도했다. 김민석 & 채병건, "주한미군, 사단급 부대만 남는다", 《중앙일보》 2004. 8. 19.; 강태호, "미 육군, 여단급 '행동부대'로 재편," 《한겨레신문》 2004. 8. 20.

3) Leon Sigal, Disarming Strangers: Nuclear Diplomacy with North Korea(Princeton: Princeton University Press, 1998).

해야 했던 것이다. 특히 서울 이북에 배치되어 있는 미2사단을 북의 장
사포로부터 보호할 수단이 없다는 것이 세계 최강 미군의 아킬레스건이
었던 것이고, 북의 입장에서는 미국의 선제공격을 억제할 수 있는 안전
판이었던 것이다.

이러한 상황에서 미군을 보호할 수 있는 가장 확실한 방법은 북의 장
거리포가 미치지 못하는 후방으로 재배치하는 것이다. 이와 관련해 더글
라스 페이스 국방부 정책차관도 주한미군을 남쪽으로 이전시키면 "북한
이 장거리포에 쏟아부은 '엄청난 투자'의 사정거리 밖으로 나오게 된다"
고 밝힌 바 있다.4) 오산·평택이 미 2사단의 재배치 지역으로 주목받는
이유이다. 뉴욕타임즈도 2004년 7월 용산기지 이전협상의 타결을 보도
하며 익명의 미국 관리들을 인용하며 한국에서 미군을 재배치하는 것은
"북한이 휴전선에 배치해 놓은 1만기의 대포와 미사일 사정거리 안에 있
는 미군이 (북한의) 1차공격의 좋은 목표물이 된다는 평가를 반영한 것"
이라고 보도했다.5) 콜린 파월 국무장관도 2004년 8월 18일 국무부 웹사
이트에 게재된 신시내티 인콰이어러 신문과의 인터뷰에서 비무장지대
근처의 주한미군 병력을 남쪽으로 이동함으로써 "전략적 깊이를 얻고 그
(미군) 병력이 전쟁의 가장 첫 단계에서 압도될 가능성을 줄이고 있다"며
이러한 견해를 뒷받침했다.6)

이러한 재배치는 미군의 생존성을 높이므로 미국에게 여러 가지 작전
상의 이점이 있다. 우선 부시 행정부의 선제공격 독트린 이행이 용이해
진다. 전면적인 선제공격이 아니더라도 작전계획 5027 등을 이행하는
데 있어 미군의 피해를 최소화하며 작전을 전개하는 것이 가능하다. 또

---

4) Kathleen T. Rhem, "Policymakers 'Plan to be Surprised' in New Global Posture,"
   American Forces Information Services, 2004. 6. 30(http://www.defenselink.mil/ ne
   ws/Jun2004/n06302004_200406308.html).

5) Thomas Shanker, "In Agreement with South Korea, U.S. to Move Troops from Se
   oul," The New York Times, July 24, 2004, A4.

6) "파월 '북한은 깨기 힘든 단단한 호두'," ≪중앙일보≫ 2004. 8. 19.

한 북의 특정 시설에 대한 정밀폭격에 대한 보복으로 북한이 전방에 배치된 미군을 공격할 수 있는 가능성을 차단하므로 정밀폭격도 보다 현실적 제재수단이 된다. 한편 북의 입장에서는 미국의 공격 또는 정밀폭격 등을 억지할 수단의 하나를 잃게 되는 셈이다. 북의 미사일 위협은 여전히 남아 있으나, 우선 이 위협은 현재 전방배치된 미군이 받고 있는 장거리포 위협에 비하면 현저하게 낮은 것이다. 그리고 미국은 패트리어트와 이지스함 등을 이용한 미사일방어를 본격적으로 가동시키면 북의 미사일 위협도 대부분 제거할 수 있을 것으로 보고 있다.7)

이와 함께 중요한 점은 사실 미군의 후방 배치라는 위치변화보다, 군사작전이 공세적으로 변화했다는 점이다. 부시 행정부가 선제공격을 공식적으로 채택, 필요하다면 예방전쟁 차원에서 상대방을 먼저 공격하고 정권교체와 영토점령을 하겠다고 나선 것은 이미 잘 알려져 있다. 이러한 침략적 전쟁이 아프가니스탄과 이라크를 상대로 이뤄진 것이다. 이러한 공격적 정책과 전략을 이행하는 군사전술도 공격적이다. 미군은 적군과 전선을 형성해 전면전을 벌이는 대신 적군의 지휘부를 최우선 순위로 공격하는 전술을 구사하고 있다. 즉 이라크전쟁에서 '충격과 공포'라고 불렀던 작전과 같이, 전쟁 초기에 막강한 공군력과 미사일 능력을 동원하여 적의 지휘부와 지휘통제 시스템을 파괴·교란시킨다는 전술이다. 수뇌부와 중추신경계를 파괴하여 적군을 마비시킨 후에도 적군과 일일이 정면전을 하기보다는 우월한 기동성과 정보능력을 이용하여 핵심적인 거점을 장악하는 첨단 기동전을 구사하고 있고 네트워크 전쟁을 지향하고 있다.8)

---

7) 미국은 알래스카 그릴리 기지에 최초의 미사일방어(MD) 체제 기지를 완공한데 이어 2004년 7월 3단계 요격미사일의 첫 배치를 완료, 동북아에서 미 본토를 겨냥하고 발사한 대륙간탄도미사일을 요격할 준비를 본격적으로 갖추기 시작했다. 미 국방부는 2004년 말까지 그릴리 기지에 요격 미사일 5기를 추가배치하는 데 이어 캘리포니아 반데버그 공군기지에 요격 미사일 4기를 배치한다. 2005년 말까지는 그릴리 기지에 요격 미사일 10기가 추가로 배치될 예정이다.

8) 제1장 "탈냉전기 미국의 군사전략 변화, 군사변환과 미군 재배치" 참조

미군 재배치가 완료될 시점이면 미2사단 휘하 부대는 '미래전투시스템'으로 무장된 미래형 '목적군'으로 재편되기 시작할 것이다. 이러한 미래형 부대는 기존의 여단보다 군인 수는 적을지 몰라도 최첨단 무기로 무장되므로 살상성과 생존성 등이 크게 향상되어 기존의 중무장 여단보다 강한 전투력을 가지며, 여러 가지의 작전에 투여될 수 있는 신축성을 가진다. 이 여단의 또 다른 특징은 가벼운 무기체계로 무장이 되어 C17 수송기나 군함으로의 수송이 쉬운 신속전개군이라는 점이다. 2함대사령부가 있는 항만과 공군 기지가 있는 오산·평택은 북한의 전방과 후방을 동시에 타격한다는 작전계획을 이행하기에 이상적인 기지인 셈이다.

밑에서 지적하겠지만 한미동맹은 한반도 내의 역할에서 세계적 규모의 활동으로 그 성격이 근본적으로 변화하고 있다. 그러나 이러한 변화에만 주목하는 것은 미국의 현 군사전략을 놓칠 위험을 안고 있다. 군대는 미래의 위협에 대비도 해야 하지만 최우선의 사명은 현재의 전략을 이행해야 한다는 점이다. 미국의 현 군사전략이 북한을 '주적'으로 지목하고 "신속한 승리"와 "결정적 승리"를 요구하는 한 미군의 최대임무는 이러한 전략을 이행할 능력과 준비태세를 갖추는 것이다. 현재 진행되고 있는 주한미군 재조정은 일차적으로 '1-4-2-1전략'의 이행을 위한 것이라는 사실이 간과되어서는 안 되는 이유이다.

이러한 점은 한미연례안보협의회의에서도 확인할 수 있다. 2003년의 안보협의회의에서 한·미 국방장관은 주한미군의 "전략적 유연성" 및 한미동맹의 세계적 역할에 공감을 표시하고, 군사변혁과 군사력 증강을 추진한다고 합의를 하면서 그 목적을 다음과 같이 명시했다.

> 향후 3년에 걸쳐 한국 방위와 직접 관련된 약 110억 달러 상당의 군사력 증강계획을 이행할 미국의 공약을 재확인하였다. …… 한미연합사의 연합작전능력을 향상시킬 수 있도록 미국의 군사변혁을 참조하면서 한국 군사력의 발전적 변화를 추진한다는 의지를 재확인하였다.[9]

---

9) 제35차 한미연례안보협의회의 공동성명, 2003. 11. 17., 대한민국, 서울.

전장에서 지적한 것과 같이 전 미군에 걸쳐 진행중인 '군사변환'은 주한미군에도 예외 없이 적용되어 '주한미군 변환'으로 나타나고 있다. 레온 라포테 주한미군 사령관은 2004년 4월 1일 미국 상원에서 증언하며 주한미군 변환의 내용으로 △ "최첨단 군사기술과 작전개념을 한반도에 적용하는 것", △ 주한미군의 역할과 임무 재정의, △ 지속적 주둔을 위한 기지와 병력의 재배치 등 세 가지를 적시했다.[10] 이중 첫째는 군사변환을 주한미군에 적용하여 장비 현대화와 신 작전개념 실행을 통해 전투력을 향상시킨다는 것이다. 위에서 지적한 것과 같이 110억 달러를 투입해 개량 장갑차와 방공시스템, 고등정밀무기 등을 도입하고 C-17과 고속 수송선 등으로 신속한 군사력 투입능력을 강화하는 한편 한미연합사의 작전계획 5027-04를 공격적으로 강화한 것 등으로 나타나고 있다.

이외에도 미국은 2004년 9월 미사일요격시스템을 갖춘 이지스함을 동해에 배치하며, 패트리어트 미사일 방어시스템을 추가 도입할 계획으로 있다. 최근 개발에 성공한 지하 군사시설 파괴용 신형 지하관통 미사일 탄두를 우선적으로 주한미군에 배치하기로 하기도 했다. 또 2004년 7월부터는 레이더에도 잡히지 않는 최첨단 스텔스 전폭기 대대가 한반도 지형을 익힌다는 명목으로 몇 달간 군사훈련을 벌이기도 했다.

미국은 주한미군 수는 감축하면서도 '군사변환'의 성과를 반영한 첨단무기와 첨단작전 개념을 도입하여 오히려 군사력은 강화하고 있다. 군사력의 신속투사능력이 향상됨에 따라 유사시 한반도에 투입할 수 있는 미 군사력이 증강되고 있다는 것도 이에 기여하고 있다. 럼스펠드 국방장관이 2004년 8월 17일 상원 군사위 청문회에서 "8개의 폭탄을 대신할 수 있는 한 개의 스마트 폭탄이 있다고 할 때 10개의 폭탄을 5개의 스마트 폭탄으로 바꾸는 게 군사력을 감축하는 걸 의미하진 않는다"고 강조한 것처럼 주한미군 감축이 한반도에 동원할 수 있는 미 군사력의 약화를

---

10) Hearing of the Senate Armed Services Committee on Defense Authorization Requ
    est for Fiscal Year 2005, April 1, 2004.

의미하지는 않는 것이다. 리처드 마이어스 합참의장도 "미국의 군사력이 (정밀유도 무기들에 의해) 나날이 증강되고 있다"고 럼스펠드 국방장관의 견해를 뒷받침했다.[11]

2) 미국의 핵전략과 북한

북한에 대한 군사력을 이토록 강화하는 것은 앞장에서 지적한 것과 같이 북한이 '1-4-2-1 전략'에서 '2-1'의 타깃이기 때문이다. 그런데 북한은 '1-4-2-1 전략'의 대상 중 하나일 뿐만 아니라 미국 핵전략과 반확산전략의 주요 목표물이기도 하다. 미국의 세계전략과 대량살상무기 전략이라는 십자포화의 화점 한 가운데 놓여 있는 것이 북한이라는 사실은 한반도와 동아시아 안보의 가장 시급한 현안이다.

냉전시기 내내 대량살상무기, 특히 핵무기는 '공포의 균형'을 통한 억제가 전략의 근간을 이루었고 비핵국가들과의 관계는 이들이 핵무기를 획득하는 것을 방지하기 위한 비확산 정책이 주축을 이루고 있었다. 그러나 2000년 9·11 사태 이후 이러한 억제전략과 비확산 정책을 근본적으로 재검토한 부시 행정부는 새로운 정책으로 핵태세검토와 반확산 전략을 제시했다. 핵태세검토보고서가 미국이 핵무기를 어떻게 사용할 것인가를 검토한 문서라면 반확산 전략은 핵무기의 확산을 막기 위한 미국의 정책을 제시한 문서이다.

(1) 핵태세검토

미국의 대량살상무기정책이 근본적으로 변화되었다는 것을 가장 극적으로 보여주는 것이 2001년말 채택되고 그 구체적인 내용이 2002년 초 언론에 공개된 「핵태세검토보고서」(NPR)라고 할 수 있다.[12] 이전의 억

---

11) 박찬수, "케리 '반격': '미군 재배치' 부시 전략 전면 대립각; 미의회서 주한미군감축 열띤 공방," ≪한겨레신문≫ 2004. 8. 18.

제전략은 지상 발사 탄도탄, 잠수함 발사 탄도탄, 장거리 폭격기라는 세 가지 핵무기로 이루어지는 '3원 전략 핵전력'을 근간으로 구체화되어 있었다. 그러나 핵태세검토에서 미국의 핵전략은 공격, 방어, 사후처리라는 '신 3원전략'으로 전환됐다. 지난 50년간 핵전략의 근간이었던 억제는 이제 '신 3원'의 하나인 방어의 한 구성원에 불과한 처지로 전락하게 되었고 공격이 '신 3원'의 한 축으로 부상하게 된 것이다. 부시 행정부가 예방전쟁 독트린에 따라 선제공격 가능성을 열어놓은 데 이어 핵무기를 공격에 사용할 수 있다는 전략변화를 채택한 것은 핵선제공격의 가능성을 시사하는 것으로도 해석될 수 있다. 즉 부시 행정부 하에서 진행된 미국의 안보전략 변화를 총괄하여 볼 때 미국은 미국의 안보에 필요하다면 핵무기를 동원하여 선제공격을 할 수도 있다는 해석이 가능하기 때문이다.

2002년 초 공개된 「핵태세검토보고서」는 2001년 9·11 사태 이후 급증한 안보위기감 속에서 새로운 안보위협은 과거의 억제태세로는 해소가 되지 않는다는 상황인식 속에서 작성됐다. 현재의 핵전력 태세를 검토하고 향후 지침을 제시하는 이 이 보고서는 핵무기가 사용될 수 있는 상황을 당면위기, 잠재적 위기, 예기치 않은 위기 등으로 분류하고 있는 바 이라크와 북한은 이 세 가지 상황에 모두 적용되는 "만성적인 군사적 우려"라고 지적하고 있다. 특히 북한에 대해서는 핵무기를 사용할 구체적 시나리오를 제시하는 등 대북 핵전쟁의 가능성을 구체적으로 천명하고 있다.

미국은 이러한 "만성적 군사적 우려" 대상에 대한 전쟁 시나리오를 검토하고 있을 뿐만 아니라 이를 이행하는 데 필요한 핵무기 또한 개발 연구하고 있다. 특히 주목할 무기는 지하 깊숙이 있는 기지를 파괴하기

---

12) 「Nuclear Posture Review」(excerpts) submitted to Congress December 31, 2001. www.globalsecurity.org/wmd/library/policy/dod/npr.htm. Global Security는 2002년 1월 8일 이 문서의 내용일부를 공개했으나 국가안보 기밀문서를 공개했다는 비난에 부딪혀 이를 홈페이지에서 제거했다.

위한 신형 핵무기로서 북한과 같이 지하 깊숙이 묻어 놓은 군사기지와 시설물을 파괴할 수 있는 핵무기를 연구개발하고 있다. 북한은 이러한 신형 핵무기인 벙커 버스터의 '잠재적 표적'으로 핵태세검토(NPR) 보고서에 올라 있는 것으로 알려져 있다.13) 부시 행정부는 '벙커 버스터' 핵무기 개발비용으로 1,500만 달러 외에도 '미니 뉴크'로 불리는 차세대 소형핵무기 개발비용으로 600만 달러, 지하 핵폭탄 실험 재개에 필요한 준비기간을 단축하기 위한 비용 2,500만 달러, 기존 핵무기용 플루토늄 기폭장치 제조시설을 위한 환경평가 연구비용 2,200만 달러 등을 2004 회계연도 예산에서 요청하는 등 핵무기 개발에 박차를 가하고 있다.

미국은 1994년 제네바기본합의에서 "북한에 대해 핵무기를 사용 및 사용 위협을 하지 않겠다"라는 '소극적 안전보장'을 한 바 있다. 핵태세검토에서 북한 등 7개국에 대해 핵무기 사용을 준비할 필요가 있다고 밝힌 것은 기본합의의 위배일 뿐만 아니라 그 동안 NPT 등 국제사회에서 비핵국가들에 미국이 약속한 소극적 안보보장을 스스로 깨는 것이기도 하다.

 (2) 반확산 정책

부시 행정부는 핵태세검토를 채택한 데 이어 2002년 12월 10일에는 「대량살상무기 퇴치 국가전략」을 발표했다. 전자가 미국의 핵전략을 포괄적으로 검토하며 전략의 근본적인 수정을 제시했다면, 후자는 대량살상무기의 확산에 대한 대응책을 제시한 것이다. 전자가 억제라는 기본 핵전략을 공격으로 수정했다면, 후자는 비확산이라는 소극적인 정책을 적극적이면서도 공격적인 반확산 정책으로 수정했다는 유사점을 갖는다. 즉 미국의 안보를 위해서라면 유사시에는 핵무기를 이용한 공격도 가능하다는 것이 핵태세검토의 주요내용이었던 것처럼 이제 대량살상무기의

---

13) Doug Struck. "U.S. Focuses On N. Korea's Hidden Arms; Nuclear 'Bunker-Busters' Could Damage Deterrence, Some Say," The Washington Post. Washington, D.C.: Jun 23, 2003, p.A.16.

확산을 방지하기 위해서는 공격도 마다하지 않겠다는 것이 대량살상무기 퇴치 국가전략의 주요내용인 것이다.

이 「대량살상무기 퇴치 국가전략」은 화물선 통행 저지(interdiction)를 반확산 정책의 중요한 도구의 하나로 적시하고 있다. 이 문서는 핵무기나 화학무기 등의 대량살상무기에 대처하기 위한 미국의 전략을 반확산, 비확산, 사후 관리능력 등 세 가지로 분류하여 포괄적인 대응책을 제시하고 있다. 대량살상무기의 확산을 능동적으로 막겠다는 반확산 대책에는 "대량살상무기 원료나 기술, 전문가의 이동을 방지할 능력"을 제고할 필요가 제시되어 있다. 이러한 능력을 'interdiction'이라고 표현했는데 이는 군사용어에서 포격과 폭격을 동원해서 상대방의 행동을 저지한다는 행위로서 나포나 억류보다도 훨씬 강력한 군사행위이다. 뿐만 아니라 반확산의 일환으로 "대량살상무기가 목적지에 이동하는 동안 이를 방해, 무용화, 파괴한다"는 '능동적 방어'를 채택하고 있다.

이러한 「대량살상무기 퇴치 국가전략」은 2002년 5월 부시 대통령이 서명한 「국가안보 대통령명령(National Security Presidential Directive) 17호」와 「본토안보 대통령명령(Homeland Security Presidential Directive) 4호」의 내용 중 일부를 공개한 것인데 공개되지 않은 명령서에는 보다 공격적인 내용들이 포함되어 있는 것으로 알려지고 있다.14) 워싱턴포스트지의 보도에 따르면 비밀 대통령명령은 대량살상무기나 장거리미사일 확보에 근접한(close to acquiring) 국가나 테러리스트 조직에 대한 '선제공격'을 승인한 것으로 알려지고 있다.15) 이러한 선제공격의 정식채택은 냉전시기 내내 핵무기의 선제공격은 자제하면서 막대한 보복공격의 능력만으로 전쟁을 억제하겠다는 억제정책을 근본적으로 뒤엎는 중요하면서도 위험한 변화이다.

---

14) The White House, 「National Strategy to Combat Weapons of Mass Destruction」, December 2002.

15) Allen, Mike, and Barton Gellman, "Preemptive Strikes Part of U.S. Strategic Doctrine; 'All Options' Open for Countering Unconventional Arms," The Washington Post, December 11 2002, A.01.

부시행정부는 이미 「핵태세검토」에서 북에 대한 핵공격을 고려하고 있음을 밝힌 바 있다. 단지 지금까지의 문서들은 미국이나 동맹국이 공격을 받은 경우에 대한 대응책으로서 '공세적 방어'를 채택했는데 비해 반확산 정책에서는 적국의 구체적인 군사행위가 없어도 선제공격을 하겠다는 점에서 질적으로 다르다. 「국가안보 대통령명령 17」은 적국이 미국이나 동맹국에 대한 공격은커녕 공격을 위한 군대이동 등의 준비작업을 하고 있지 않더라도 선제공격을 할 수 있는 길을 열어놓고 있는 것이다. 지난 2002년 말 북한 화물선 나포사태는 부시 행정부의 이러한 공세적 반확산 정책이 실행에 옮겨졌음을 선언한 것이다.

특히 우려되는 것은 이 명령서의 비밀 부록이 북한을 이란, 시리아, 리비아와 함께 반확산 정책의 중심대상이라고 적시하고 있다는 점이다. 명령서에서 지적한 국가 중 미사일과 핵 능력에 있어 북한이 가장 앞서 있다는 점에서 북은 미국의 '방지', '능동적 방어' 및 '선제공격' 등의 집중포화를 맞는 목표가 될 가능성이 어느 곳보다도 높은 것이다. 부시 정부의 이러한 군사전략 변화에 비추어볼 때 지금까지 북의 핵무기 프로그램을 동결시켜온 제네바합의가 파탄으로 몰려가고 북의 미사일이 국제적 문제로 부각되고 있는 상황은 매우 우려스럽다.

한편 2003년 삼국조정회의(TCOG)에서 마약과 위조화폐를 구실로 북에 대한 봉쇄를 조이는 것도 반확산 정책의 일환이다. 미국은 대북봉쇄를 위한 국제공조의 일환으로 최근 '북한 불법행위방지 구상(DPRK Illicit Activities Initiative)'뿐만 아니라 '대량살상무기 확산방지 구상(Proliferation Security Initiative)' 등을 추진하고 있다. 존 볼튼 국무부 부장관이 2003년 의회 청문회에서 밝힌 바와 같이 미국은 이러한 일련의 '구상'을 통해서 "해상과 공중, 지상에서 벌어지는 (대량살상무기) 확산을 방해할 새로운 수단"을 확보하고 있다.

북한 불법행위방지 구상은 북한이 마약거래, 위조지폐, 돈세탁 등 불법적인 방법으로 해외에서 외화를 벌어들이는 것을 차단하기 위한 것이다. 지난 4월 오스트레일리아 당국이 헤로인을 밀반입한 혐의로 브리스번에서 북한의 선박을 나포한 것이나 일본이 북한에서 들어오는 선박에 대한 검색을 강화한 것도 이러한 구상의 일환인 것으로 알려지고 있다. 또 지난 8월 초에는 타이완 당국이 통관절차의 기술적인 위반을 이유로 북한 선박을 검색, 화학무기에 사용될 수 있는 물질을 발견, 압수하기도 했다.

그뿐만 아니라 2003년 10월 27일 도쿄에서 열린 회의에서 미국과 한국, 일본을 비롯하여 중국, 홍콩, 태국, 오스트레일리아, 싱가포르 등 태평양 연안 8개국이 제3국을 통해 군사적인 용도의 물품이 북한으로 반입되는 것을 막기 위해 협력하기로 결정했다. 회의에 참가한 수출통제정책 관리들은 대량살상무기 물품을 제3국을 경유해 북한으로 운반하는 것으로 의심되는 선박에 대해 서로 정보를 공유할 수 있도록 시스템을 구축하고, 수출통제를 강화할 법적 장치를 마련하기로 한 것으로 알려졌다. 이러한 합의를 실현하기 위한 방안의 하나로 일본은 대량살상무기 확산방지를 위한 국제협약에 가입하지 않은 아시아 각국과 개별 협정을 맺을 방침으로 알려져 있다.[16]

한편 대량살상무기 확산방지 구상(PSI)은 2003년 5월 폴란드 크라코우 회의에서 발표된 것으로 미국과 영국, 일본을 비롯해서 스페인과 독일, 프랑스, 오스트레일리아, 이태리, 네덜란드, 폴란드, 포르투갈 등 11개국이 참가하고 있다. 미국은 이후 스페인 마드리드와 오스트레일리아 브리즈번에서 대량살상무기 확산방지 구상(PSI) 회의를 연이어 개최, 미국의 군사적 반확산 정책을 국제적인 협약 및 기구로 발전시키려는 움직임을 구체화하고 있다. 이어 2003년 7월 브리즈번 회의에 미국 대표단장으로 참석한 존 볼턴 미 국무부 군축담당차관은 "미국은 공해 상에서 PSI국가들의 병력이 북한 선박을 요격하도록 할 법적 권한을 이미 갖고

---

16) "무기부품 북한 유입 막으려 일본, 홍콩 등과 협정 추진", 《한겨레신문》 2004.
   1. 4.

있다"며 반확산을 위한 군사력 사용을 적극적으로 촉구했다. PSI가 노리는 대상국가는 명시되고 있지 않지만 비공식적으로는 북한이라고 공공연히 언명되고 있다. 예를 들어 요미우리신문은 일본정부가 이와 같은 일련의 훈련이 북한에 대한 포위망 강화로 이어지길 기대하고 있다고 보도한 바 있다.[17]

즉 북한은 미국이 핵심적 안보사안으로 여기고 있는 반확산 정책의 최우선 타깃이며 북한이라는 '확산위협'에 대처하기 위해 미국은 핵무기 사용, 선제공격, 군사적 봉쇄, 외교적 압박 등 다양한 수단을 동원하고 있다. 여기에 '1-4-2-1 전략'의 주요 목표가 한반도라는 사실은 미군변환과 군사력 재배치의 현재적 타깃의 하나가 북한임을 반증하고 있다.

2. 주한미군의 성격, 지역방위군으로 전환

주한미군의 변환과 재배치는 일차적으로 북한을 겨냥한 것이지만 장기적으로는 주한미군의 활동범위를 한반도 이외의 지역으로 확대하는 것을 목표로 하고 있다.[18] 이러한 재편과정은 주한미군의 역할 확대로 끝나는 것이 아니라 한미동맹이라는 틀에 묶여 있는 한국군의 역할도 한국방어에서 미군의 작전지원으로 확대될 가능성을 열어두고 있다. 이렇게 될 경우 한국은 대만해협이나, 동남아시아, 심지어 중동에 파견되는 미군을 위한 기지와 후방지원 역할을 하게 되는 것이다. 최근 진행되고 있는 주한미군 재조정은 한국을 미국의 해외전쟁에 자동적으로 끌어들

---

17) "'WMD 확산저지 11개국 훈련, 7차례 실시' <讀賣>" 연합뉴스, 2003. 11. 4.(http://www.yonhapnews.co.kr/news/20031104/0402010100020031104073258K2. html accessed on 11-4-03).

18) Richard E. Hawley, Michael B. Donley, and John R. Backschies, "Enhancing USAF's Pacific Posture: How the Air Force can Transform to Support a New Joint Warfighting Architecture," *Armed Forces Journal International*, September 2002, p.54.

일 수 있는 방향으로 추진되고 있다.

지난 2004년 5월 25일 기자간담회에서 찰스 캠벨 미8군사령관 및 한미연합사 참모장은 "주한미군은 앞으로 역내(아시아 태평양지역)에서 우발상황이 발발할 경우 이를 조정하기 위해 투입될 수 있을 것"이며 "역내가 아니더라도 전세계적으로 필요한 곳에는 언제든지 투입될 수 있다"고 말했다. 나아가 그는 "21세기 한·미 연합군은 인도주의 작전이나 동북아 평화 유지 작전에도 투입될 수 있을 것"이라며 한국군의 작전영역도 확대될 수 있음을 시사했다.[19] 즉 주한미군의 작전반경이 전세계로 확대될 뿐만 아니라 한국군마저도 한미동맹의 이름 아래 전세계적인 분쟁에 투입될 수 있다는 발언이었다. 이 발언이 물의를 일으키자 한국 국방부는 "한미연합군의 역할 확대는 사실이 아니며, 지금까지 어떠한 논의도 없었다"고 이를 부인했다.

그러나 밑에서 입증하는 바와 같이 한·미 국방부 당국자들은 한미연합사의 작전반경을 지역적 내지 세계적으로 확장하고 한미동맹의 성격을 한국 방어에서 세계분쟁 개입으로 전환하려는 논의를 1990년대 초부터 진행시켜 왔다.[20] 부시 행정부에 들어와서 미국의 군사전략이 공격적으로 변화하고 군사변환에 힘이 실리면서 이러한 논의는 한·미 국방부간의 합의를 거쳐 본격적인 실행에 들어간 것으로 보인다.

1) 미국의 전략변화와 한미동맹의 역할 확대

미 육군은 '1-4-2-1전략'을 효과적으로 수행하기 위한 기지 및 주둔

---

19) 김민석, 박신홍. " '전세계 어디든지 주한미군 투입가능', 캠벨 한미연합사 참모장…… '활동범위 확대' 처음 밝혀," 《중앙일보》 2004. 5. 25. 문관현, "캠벨 '한미연합군 동북아평화유지군 활동'(종합) '주한미군 일방적 재배치 없을 것' ", 《연합뉴스》 2004. 5. 25.

20) 이혜정은 한미동맹의 재조정이 1988년부터 논의되었다며 3단계 변화를 지적하고 있다. 이혜정, "한미동맹의 변화," 제2차 한국학술연구원 코리아포럼: " '한반도평화체제 구축'을 위한 우리의 전략" 발표논문, 2003년.

재조정을 하고 있으며 이를 위해 '통합 세계기지 및 주둔 전략'(Integrated Global Basing and Positioning Strategy)을 채택하고 있다. 이 전략에 따라 '육군무기 사전배치(APS)' 재조정과 '육군 지역 함단(ARF)' 개념 및 '원정기지(expeditionary basing)' 개념 등이 개발되고 있다. 미군은 '1-4-2-1 전략' 채택 후 지역에서의 위기에 더 적절하게 대응하기 위해 사전배치 무기의 구성과 위치를 조정했다. 육상 사전배치 무기뿐만 아니라 해상 사전배치무기도 '육군 지역함단' 개념에 따라 재조정되고 있다. 이 개념에 따라 해상 사전배치무기는 3개 집단으로 분할되어 배치되었으며, 작전지역 사령관의 필요에 따라 신축적으로 배합이 가능하도록 조합식 능력을 기반으로 하고 있다. '원정기지'는 전방 해상에 "떠 있는 기지"를 배치하여 육군의 집결지 및 공중공격 출발기지로 사용한다는 개념이다.[21] 미군이 어디에 배치되든지 상관없이 여타 지역에 언제라도 파견되어 신속한 작전이행을 할 수 있도록 변하고 있는 것이다. 이러한 변화는 주한미군의 작전반경이 한반도에서 전세계로 확대되고 있음을 시사하는 것이다.

미국은 해외에 배치한 미군의 작전반경을 확대하고 있을 뿐만 아니라 동맹국이 미국의 전략이행에 도움이 되고 군사변환과 보조를 맞출 수 있다는 전제 아래 동맹의 활동범위 확대도 적극적으로 추진하고 있다. 동맹조약에 규정되지 않은 지역이라고 하더라도 전략을 이행하는 데 필요한 지역에서 동맹군이 활동할 수 있도록 하라고 동맹국에 압력을 행사하고 있다. 「아미티지 보고서」가 밝힌 것과 같이 일본이 '아시아의 영국' 역할을 하기를 바라는 미국은 「신방위가이드라인」 등을 통해 미일동맹의 활동범위를 이미 확대한 바 있다. 나토의 활동범위도 북대서양조약의 규정을 넘어서고 있는데, 미국이 나토라는 동맹의 틀을 이용해서 유럽군의 변환과 활동범위 확대를 유도하고 있다는 것은 다음과 같은 럼스펠드

---

21) United States Army Transformation Roadmap 2003, Department of Army, November 1, 2003.

국방장관의 발언에서도 확인된다.

"특히 나토가 나토 조약에 규정된 지역과 유럽을 벗어나서 아프가니스탄에서 국제안전지원군 역할을 담당하고 있고 아프가니스탄 재건과 관련한 역할을 확대하고 있다는 사실은 대단한 성과이다."22)

한국도 이러한 역할확대 및 동맹활동범위 확장 요구를 받고 있음은 물론이다. 용산기지 이전을 둘러싼 협상이 비용협상에 국한되어서는 안 되는 이유도 여기에 있다. 미래한미동맹정책구상은 한미동맹의 성격 및 주한미군과 한국군의 역할, 한국의 신 무기체계 도입 계획 등 국가안보의 핵심적 사안에 근본적 변화를 가져올 수 있기 때문이다. '용산기지 이전'은 용산기지를 서울시민에게 돌려주고 "주한미군의 안정적 주둔여건을 보장"하는 것일 뿐만 아니라 동맹군을 미국의 전략·군사변환·군대 재배치에 맞도록 재조정하는 전반적인 변화의 일환이다.23)

1990년부터 진행된 용산기지 이전협상의 굴곡과정도 미국의 전략변화와 밀접하게 맞물리며 진행되어 왔다. 즉 미군의 세계적인 감축계획이 본격화한 1990년 6월 한미 양국은 용산기지 이전과 관련한 합의각서를 체결했고, 미국의 전략변화에 따라 주한미군 감축계획이 중단된 1990년대 중반 사실상 추진중단 상태에 들어갔다. 2001년 말 한미양국이 주한미군 아파트 건립과 연계하여 용산기지 이전문제를 재검토하기로 합의한 것은 부시 행정부의 신군사전략 채택 직후인 것이다.

한미연례안보협의회의 공동성명은 '북핵문제'를 이유로 1991년 2단계 주한미군 감축을 '연기'하기로 한 이후 1992년부터 1994년까지는 2단계 감축을 '유보'한다는 기조를 유지했다. 그러나 1995년부터는 2단계 감축에 대한 언급 자체가 사라진다.24) "주한미군이 한반도에서 전쟁

---

22) Donald Rumsfeld, News Conference with NATO Seretary-General, April 6, 2004. http://www.defenselink.mil/transformation/what_is_transformation.html(accessed on April 19, 2004).

23) 「미래 한미동맹 정책구상」 제1차 회의 결과 보도자료(2003. 4. 9.).

24) 한미연례안보협의회의 공동성명, 1991년~1995년.

을 억지하고 평화와 안정을 유지하는데 기여한다고 한·미 양국정부와 국민이 믿는 한, 주한미군은 한국에 계속 주둔하여야 한다"는 내용도 1990년부터 되풀이되다가 1995년부터 한미연례안보협의회의 공동성명에서 사라진다. 앞에서 지적한 것과 같이 미국이 1995년 2월 발표한 「동아시아전략검토」 보고서에서 아시아·태평양 지역 주둔 미군의 수를 10만 명으로 정하고 더 이상의 감군이 없을 것이라고 발표한 직후 이러한 변화가 나타난 것이다. 1990년부터 시작됐던 용산기지 이전논의도 이 시기 자취를 감춘다.

2002년 12월 제34차 한미연례안보협의회의에서 "동맹을 강화하고 현대화할 방안을 개발하기 위한 정책토론"의 장으로 미래한미동맹정책구상을 구성하기로 한 결정은 미국의 전략이 2001년 9월 「4개년국방검토」와 2002년 5월 「방어계획지침」에서 '1-4-2-1전략'으로 정식화된 직후에 나온 것이다. 조성렬은 주한미군 재조정 협상틀로 기능한 미래한미동맹정책구상회의는 2002년 11월 6일 미 피터 페이스 국방차관이 이준 국방장관을 방문하여 제의했고, 이 제안은 미국의 해외주둔 미군 재배치계획의 일환이었다고 평가하고 있다.[25]

차영구 국방부 정책실장과 리차드 롤리스 미 국방부 아태부차관보는 2003년 2월 미래한미동맹정책구상 예비회담에서 '동맹관계의 강화'가 가장 중요한 원칙이라고 확인하고, "미래한미동맹의 역할은 지역안정에 기여하여야 한다"고 합의했다.[26] 한국 방어를 위해 형성된 한미동맹의 성격을 이렇게 근본적으로 바꾼다는 중대한 사안은 정책실장이나 부차관보 차원에서 합의될 수 없는 것이다. 그런데도 불구하고 이러한 엄청난 합의가 이들 사이 면담에서 도출되었다는 것은 양국 국방부간 오랜 논의와 합의가 있었다는 것을 시사한다.

예비회담에서 확인된 이러한 원칙들은 미래한미동맹 정책구상의 기본

---

25) 조성렬, "주한미군 감축과 한미동맹의 과제," 2004. 6. 30.

26) 국방부, 예비회의 결과 보도자료 '국방부 정책실장-美국방부 아태부차관보 면담결과', 2003. 2. 27.

적 지침이 되고, 협상은 이러한 원칙을 이행하기 위한 방법에 국한된다. 대체기지의 규모, 이전비용, 이전시기 등 세부적 방법에 관한 협상이 1년 이상 걸려 진행된 것이지 "한미동맹이 장차 한반도 내외의 안정에도 기여하는 방향으로 발전되어야 한다"는 원칙과 "한반도 안보에 있어서 한국의 역할이 증대되고 주한미군의 역내 안정에 대한 기여가 강화되어야 한다"는 원칙은 불가침의 성역이었던 것이다.[27] 2차회담에서도 "미군을 지역안정에 기여하는 방법으로 재조정하는 것의 중요성에 합의했다"고 밝히고 있다.[28]

그렇다면 한미동맹의 목적을 '한국방어'에서 '지역방어'로 바꾼다는 엄청난 합의는 도대체 언제 이뤄진 것인가? 이러한 변화가 나타나기 시작한 것은 1992년으로 거슬러 올라간다. 90년대 초 미국의 전략이 '지역방위전략'으로 전환된 직후에 이에 걸맞은 변화가 나타나기 시작한 것이다. 1992년 한·미 국방장관은 이미 세계적 냉전이 종식되었고 이어서 한반도에서도 긴장이 완화되는 경우 한미동맹의 존재이유가 없어진다는 인식 아래 21세기의 한미동맹에 대한 연구를 시작하기로 합의했다. 이에 따라 미국의 랜드연구소와 한국국방연구원이 2년 이상에 걸친 공동연구 끝에 1995년 한미동맹은 장차 '지역방어'의 목적으로 변화되어야 한다고 권고했다.[29]

이러한 권고는 1995년과 1996년에 개최된 '중장기 한미안보대화'에서 재확인된다. 1996년 28차 연례안보협의회의에 보고된 '안보대화' 결과는 2단계의 한미동맹 변화를 전망했다. 즉 1단계인 남북대치단계에서는 한미연합 방위체계를 유지하지만, 북 위협이 소멸하는 단계에서는 연

---

27) 국방부 대변인실, '미래 한미동맹 정책구상' 제1차 회의 결과 보도자료, 2003. 4. 9.

28) Ministry of National Defense, Result of the Second Meeting of Future of the RO K-US Alliance Policy Initiative, MND News Release, June 5, 2003, p.2.

29) Jonathan D. Pollack and Young Koo Cha, eds., A New Alliance for the Next Century : The Future of U.S.-Korean Security Cooperation(Santa Monica, CA: Ran d, 1996). 한글판 국방연구원 보고서는 1995년 발표.

합지휘체제 및 주한미군의 구조조정이 필요하다고 전망했다. 이 단계에
서 한반도 방위는 한국군이 주도하고 미군이 지원하며, 지역방위는 미군
이 주도하고 한국군이 지원해야 한다는 것이다. 1999년에서 2001년까지
도 '한미동맹 미래발전 공동협의'를 통해 이러한 인식이 재확인된 것으
로 보인다.

한편 한·미 당국자간의 이러한 합의는 한미연례안보협의회의 공동성
명에도 반영되어왔다. 이 연구가 시작된 93년부터 한미 국방장관은 "주
한미군이 한반도 전쟁억제와 동북아지역 안정유지에 크게 기여"했다며
주한미군의 역할에 '동북아지역'을 명시적으로 추가하기 시작한 것이다.
이어 2000년에 개최된 제32차 한미연례안보협의회의에서 양국은 "한반
도 내 안정에 대한 당면한 위협이 감소된 후에도 이러한 양국 동맹관계
는 동북아 및 아·태 지역 전체에서의 평화와 안정유지에 기여할 것"이라
며, 한미동맹의 성격을 근본적으로 변화시키는 중대한 결정을 내렸다.[30]
한미동맹의 활동범위를 아시아 태평양 전체로 확장하겠다는 의지는 이
후 한미연례안보협의회의에서 매년 확인되며, 2003년의 한미연례안보협
의회의도 "한미동맹은 동북아와 아시아태평양 전반의 평화와 안정을 증
진하는 데 기여할 것"이라며 한미동맹의 지역동맹적인 역할을 재확인하
였다.[31]

2002년 연례안보협의회의 결정에 따라 2003년부터 진행되고 있는
'미래한미동맹정책구상'은 이러한 합의에 따라 한국군과 미국군 사이의
역할분담과 실천내용을 구체화하는 과정이다. 즉 주한미군은 휴전선 일
대의 작전과 관련한 10개의 군사임무를 한국군으로 이전하여 전방에서
한국군의 역할을 증대하는 동시에 미군은 후방으로 이동하여 북의 장거
리포가 미치지 않는 안전한 곳에서 북을 타격할 수 있는 역할에 집중한
다는 역할분담이 구체화되고 있는 것이다. 이러한 역할 재조정은 90년대

---

30) 제32차 한미연례안보협의회의 공동성명, 2000. 9. 21., 서울.
31) 제35차 한미연례안보협의회의 공동성명, 2003. 11. 17., 서울.

초부터 제시되었던 구상대로 한반도 방위는 한국군이 주도하고 미군이 지원하며, 지역방위는 미군이 주도하고 한국군이 지원하는 방식으로 한미동맹이 실질적으로 재편되고 있다는 것을 의미한다.

2) 한미동맹의 변화와 한국의 군비증강

이러한 재편과정에서 과학기술을 이용한 군사변환이 중요한 역할을 할 것이라는 점은 미국의 '군사변환'으로 미루어 짐작할 수 있다. 미국은 군사변환을 주한미군에 적용하기 위한 과정의 일환으로 '주한미군 군사변환'을 추진하며 향후 3년 동안 약 110억 달러 상당의 군사력 증강계획을 이행하고 있다. 주목할 점은 이러한 군사변환이 주한미군에 국한되지 않고 한국군에도 군비증강 압력으로 작용하고 있다는 사실이다. 한·미 양국은 이미 2002년 "연합방위태세를 개선하기 위해 군사기술 및 과학의 발전을 활용할 필요가 있다"며 한국군도 첨단과학군으로 변환시켜야 한다는데 이해를 같이 한 데 이어 2003년에는 "한미연합사의 연합작전능력을 향상시킬 수 있도록 미국의 군사변혁을 참조하면서 한국 군사력의 발전적 변화를 추진한다"는 의지를 조영길 국방장관이 공식화했다.[32] '협력적 자주국방'을 내세운 참여정부의 안보정책이 군 현대화 명분으로 국방비 증액과 군사력 강화 및 한국군의 전방역할 증대로 나타나고 있는 것은 미국의 전략변화 및 군사변환과 정확히 일치하고 있는 것이다.

미국의 전략이 변화하고 미군변환이 추진되고 있지만, 그것이 자동적으로 동맹국에 대한 무시나 경시를 의미하는 것은 아니다. 일방주의를 내세우고 있는 부시 행정부이지만 '1-4-2-1전략'과 변환을 원활하게 이행하기 위해서도 동맹국과의 긴밀한 협조를 원하고 있다. 「합참비전2020」이 이전의 「합참비전2010」과 다른 주요한 부분의 하나는 군사동

---

32) 제34차 및 35차 한미연례안보협의회의 공동성명.

맹 및 연합군과의 작전을 중요시한다는 점이다.[33) 합동작전이 변환의 중
요한 요소이며 이에 따라 합동사령부가 설치되었다는 사실은 위에서 지
적한 바와 같다. 여기서 특히 주목할 부분은 합동작전에서 동맹군 등 다
국적군의 참여를 중시하고 있다는 것이다. 이에 따라 합동 및 연합 작전
에서의 상호호환성이 강조되고 있는데 이 호환성은 무기체계 등의 기술
적 호환성에 국한되는 것이 아니라 군사조직과 과정, 전문영역 등에까지
적용되는 개념으로 발전되고 있다.[34) 동맹국에 대한 첨단과학무기 구입
압력 및 동맹군의 첨단과학군화를 촉구할 수 있는 조건인 것이다.

동맹국의 역할이 확대되어 미군과 연합작전을 원활히 수행할 수 있게
되는 것이 미국이 희망하는 바이다. 이를 위해서도 동맹국이 미국의 군
사변환에도 보조를 맞춰주어야 할 필요가 있다. 미군은 최첨단무기로 무
장된 21세기 과학군으로 변했는데 동맹군이 20세기형 구식군으로 남아
있으면 상호운용성에 문제가 생길 여지가 많기 때문이다. 따라서 미국은
미군과 상호운용성을 유지하기 위해 나토 회원국들에게 군사비를 증액
하고 군사변환에 나설 것을 요구하고 있다. 나토 국가들이 이러한 미국
의 압력에 불편함을 표시하고 있는 반면에 한국은 '협력적 자주국방'이
라는 구호 아래 군사비 증액과 군사변환을 '자주적'으로 추진하여 미국
의 군사변환에 협력하고 있다.

1장에서 지적한 것과 같이 미국은 일본을 '전력투사 중추기지'로 만들
어 아시아 태평양에 미국 군사력을 투사하기 위한 핵심거점으로 삼으려
하고 있다. 또한 주일미군을 '아시아 전선 사령부'로 격상시켜 이 지역에
대한 군사적 개입능력을 강화하고 있다. 이와 함께 일본의 군사력 강화
와 군사활동 범위확대도 요구하고 있으며, 일본은 신 미일안보가이드라
인 및 유사법제 등의 채택으로 이에 부응하고 있다. 2004년 7월과 8월
아미티지 국무부 부장관과 파월 국무부 장관이 번갈아 가며 일본 평화헌

---

33) Chairman of the Joint Chiefs of Staff, *Joint Vision* 2010.

34) General Henry H. Shelton, Chairman of the Jonit Chiefs of Staff, *Joint Vision 2020*(U.S. Go
  vernment Printing Office, June 2000), pp.16~17.

법의 개정 필요성을 언급한 것도 이러한 일련의 변화와 맞물려 있다. 일본의 군사적 역할 확대가 중국을 염두에 둔 것이 아니냐는 의혹은 2004년 일본 방위백서에서 중국이 일본의 안보를 위협할 수 있는 가상 적이라고 적시하면서 한층 높아지고 있다.

미국의 세계전략 변화와 군사변환 및 미군 재배치와 맞물려 진행되는 한미동맹 및 미일동맹의 이러한 역할확대가 지역불안정에 기여할 것이라는 점은 최근 진행되는 일련의 사태가 반증해주고 있다. 미국이 아시아 태평양에서 벌이는 군사훈련과 거의 동시에 중국과 대만이 상대방을 염두에 둔 군사훈련을 실시한 것이다.

미군의 구조조정과 함께 미군의 군사훈련도 활발해지고 있는데 예를 들어 2004년 7월 미 키티호크호는 '여름의 맥박 04'라는 대규모 훈련에 참가했다. 이 훈련은 항공모함 전단이 동시에 1~2개 전쟁지역에 신속배치될 수 있는지를 점검하는데 초점이 맞추어진 것으로 미 해군은 명령하달 30일 이내에 6개 항공모함 전단을 작전지역에 배치하고 90일 이내에 2대 전단을 추가로 배치할 능력이 있는지를 훈련을 통해 점검한 것이다. 이 훈련의 일환으로 키티호크호는 항공모함 스테니스호와 공동훈련을 실시했는데, 항공모함 두 척이 태평양에서 동시에 공동훈련을 하는 것은 유례없는 일이었다. '여름의 맥박' 훈련 직전에 미국은 '2004 환태평양 훈련'을 6월 29일부터 7월 27일까지 일본, 한국 등 6개국과 함께 하와이 해역에서 실시했으며 이 기간 중 중국의 대만 침공에 대비한 가상훈련인 '용의 천둥'을 실시하기도 했다.[35]

중국은 이러한 미국의 움직임에 대응해 2004년 7월 3발의 탄도미사일 시험발사를 한 것에 이어 대규모 상륙작전 훈련을 실시했다. 장거리 미사일인 둥펑-31과 중거리 미사일 둥펑-21을 포함한 이 시험발사는 대만 독립에 대한 경고의 의미가 있는 것으로 분석되고 있다. 미사일 발사

---

35) John M. Gliona, "China, U.S. each hold major exercises: some analysts say the timing of the maneuvers is linked to rising tensions over Taiwan," The LA Times, July 20, 2004.

시험에 이어서 중국은 7월 말 대만에서 300km도 떨어지지 않은 둥산다오라는 섬에서 대공우위를 장악하기 위한 SU-27 전투기 훈련과 육해공 공동상륙작전을 지원하는 모의공격을 실시했다. 군 1만 8천 명을 동원한 이 공동상륙작전 훈련은 대만 상륙작전을 상정한 훈련이었던 것으로 추정되고 있다.[36)

대만도 둥산다오 훈련에 대한 대응으로 8월 연례전투대비훈련을 계획하고 7월에는 26년 만에 전투기의 고속도로 비상착륙훈련을 실시하는 등 긴장이 높아가고 있다. 이 훈련은 대만 연례군사훈련인 '한광 20'의 일환으로 실시된 것으로 대만 남부 타이난의 고속도로 8km를 이용해 실시됐다. 대만 공군 소속 전투기 2대가 비상활주로에 착륙하여 급유 및 탄약탑재를 받고 본대로 귀환한 이 훈련은 양안분쟁이 발생했을 경우 중국이 대만 공군기지를 미사일 등으로 공격할 경우에 대비한 것으로 알려졌다. 중국은 양안분쟁이 발생하면 초반에 미사일과 폭격기로 공군 활주로를 파괴, 마비시킴으로써 중국에 비해 우세하다고 평가를 받고 있는 대만 제공권을 마비시키는 계획을 가지고 있는 것으로 알려져 있다.

이와 관련하여 둥싼신문은 "대만 국방부는 '국가최고통치권자 철수계획'을 수립하고 있다"며 "공교롭게도 '한광 20' 훈련기간에 미 키티호크호가 대만 해협을 통과한다"고 그 연관성을 지적했다. 신문에 따르면 '국가최고통치권자 철수계획'은 비상시에 최고통치권자를 안전하게 대만 밖으로 이송하는 것인데 공교롭게도 한광 훈련기간 중 미 키티호크호가 대만 동부연안을 통과하는 것은 바로 이 훈련과 관계있는 것이 아니냐는 것이다.[37)

대만과 중국 사이에 군사적 긴장이 높아지고 있는 것은 물론 대만과 중국 내부의 정치상황에 기인한다. 그러나 미국이 군사변환을 통해 미군

---

36) 하성봉, "'중, 대만 겨냥 미사일 발사 훈련': 로이터 '이달 안 중장거리 3발'… 양안 긴장 고조," 《한겨레신문》 2004. 7. 14.

37) 김한규, "대만, 26년 만에 전투기 비상착륙 훈련: 中 군사훈련 맞서 '한광(漢光)' 훈련," 《프레시안》 2004. 7. 21.

을 신속기동군화하고 미일동맹과 한미동맹을 지역동맹화하는 등 대만해협에 대한 군사적 개입능력을 강화하고 있다는 사실이 중국의 불안감을 자극하고, 이에 대한 중국의 대응이 또다시 대만의 대응을 불러오는 양상을 보이고 있는 것이다. '1-4-2-1 전략' 중 미군이 전진배치되는 4개 지역이 중국을 반원형으로 포위하는 모습이 된다는 것도 중국의 우려를 사고 있다. 미국의 동맹 지역화가 한국과 일본의 군비증강을 가속화하고 있다는 것도 동북아의 불안정을 가속화시키는 요인이다.

3. 결론

특정지역이나 특정위협을 구체적으로 거명하기보다는 '능력에 기반한' 안보정책을 추구하는 부시 행정부 하에서 '지역안보'라는 내용은 '전략적 유연성'이라는 표현으로 나타나고 있다. 그러나 실질적으로는 부시행정부의 '1-4-2-1전략'과 '군사변환'이 맞물리면서 한미동맹의 목적 자체가 변화하고 있으며, 이러한 변화의 일환으로 주한미군 재배치와 기지 재조정이 급물살을 타고 있다.

한국군이 이미 아프가니스탄과 이라크전쟁에 파견되어 미군과 함께 작전을 전개하고 있으며, 주한미군 일부가 한국기지에서 이라크전쟁 훈련을 받은 후 2004년 8월 이라크전쟁에 바로 투입됐다는 사실은 한미동맹의 현주소를 그대로 보여준다고 하겠다. 미국의 ≪디펜스뉴스≫도 주한미군의 이라크 차출을 보도하며 "한국을 다른 임무를 위해 병력을 발진시키는 중심축으로 이용하는 것은 전세계에 미군이 임무수행을 위해 사용할 수 있는 장소들을 구축한다는 새 목표의 전조가 되는 것"이라고 지적하고, 이러한 변화는 "소련의 위협을 다루기 위해 취했던 정적인 자세에서 새롭고 역동적인 위협을 다룰 수 있는 적극적인 자세로 전세계 미군을 이동시키는 것"이라고 분석했다.[38] 주한미군을 신속기동군으로 재편하고 한미동맹을 전세계적인 군사소요에 대응할 수 있도록 하겠다는 것은 미래의 청사진이 아니라 한국에서는 이미 현실로 나타나고 있는 것이다. 한국과 미국이 이미 2004년 2월 24일 '한미상호군수지원협정'을 개정하여 한반도와 북미지역에 한정된 한국과 미국의 상호 군수지원 대상지역을 전세계 모든 국가로 확대했다는 사실도 이를 반증한다.[39)]

한미동맹의 역할을 이렇게 전세계적으로 확대하는 것은 한미상호방위 조약을 명백하게 위배하는 것이다. 한미상호방위조약 제3조는 대한민국이 외부로부터 공격을 받았을 경우에만 조약당사국이 행동하도록 되어 있다. 또 1954년 1월 19일 미 상원이 한미방위조약을 비준하면서 추가한 양해사항도 "타방국에 대한 외부로부터의 무력공격을 제외하고는 그를 원조할 의무를 지는 것이 아니다"고 한미상호방위조약의 적용조건을 엄격히 제한한 바 있다. 한국군과 주한미군이 한국에 대한 외부로부터의 공격이 아닌 다른 사안으로 작전을 하는 것은 한미상호방위조약을 위배하는 것이다.

또 동 조약 제3조는 그 적용범위를 "각 당사국은 타당사국의 행정지 배하에 있는 영토와 각 당사국이 타당사국의 행정지배하에 들어갔다고 인정하는 금후의 영토"로 엄격히 한정하고 있다. 현 한미상호방위조약은 한국군이나 미군이 한국의 영역을 벗어나서 작전을 하는 것을 금하고 있는 것이다. 한미상호방위조약에 근거하여 한국의 방위를 위해 주둔하는 주한미군이 그 작전범위를 한국 이외의 동북아시아나 다른 지역으로 확대하는 것은 한미상호방위조약을 위배하는 것이 될 것이다.

현재 양국 국방부가 추진하고 있는 한미동맹의 역할변화와 활동범위 확대가 한미동맹의 법적 근거인 한미상호방위조약을 위배하는 것인데도 불구하고 한국군을 이라크전쟁에 파견하고, 주한미군을 역시 이라크전쟁에 차출했다는 것은 양국군이 이미 한미상호방위조약은 그대로 두되 실

---

38) "디펜스뉴스, 한국 신속배치 중심축 사용," 《연합뉴스》 2004. 6. 2.

39) "한·미 군수지원 범위 전세계로 확대- '한미상호군수지원협정' 개정안 서명," 《연합뉴스》 2004. 2. 27.

질적 내용은 변화시키는 작업에 착수했다는 것을 의미한다. 한미상호군수지원협정의 적용범위를 전세계로 확대한 것도 상위법인 한미상호방위조약은 그대로 둔 채 하위법을 수정하여 상위법이 규정하고 있는 한미동맹의 성격과 적용범위를 변경시키는 방식이 관철되고 있음을 보여준다.[40]

현재 미국 측은 오산·평택지역의 시설공사가 2008년까지 완공되기를 희망하고 있는 것으로 알려져 있는데 이는 미군 변환 계획과 밀접하게 맞물려 있는 것으로 보인다. 즉 2008년부터 구식군을 미래형 '목적군'으로 전환하는 작업이 본격화될 예정이므로 이때까지 시설이 완공되면 목적군으로의 변환이 그만큼 손쉬워지는 것이다. 그런데 앞에서 지적한 바와 같이 미래 육군의 규모에 대해 미 군부 안에서조차 뚜렷한 합의가 이뤄지고 있지 않은 상황에서 오산·평택에 건설할 기지의 규모를 어떻게 산정할 것이냐는 문제가 제기된다. 더욱이 미 육군조차 '해양기지'의 가능성에 관심을 기울이고 있어 장차 해외에 유지될 미군기지의 규모는 더욱 축소될 가능성이 높다는 점도 문제를 더욱 어렵게 만드는 요소이다. 오늘날의 기준으로 규모를 추정하여 기지와 시설을 건설할 경우 정작 미군이 이전할 시점이나 그 이후에 '시설과잉' 사태가 벌어질 가능성도 농후하다.

용산기지 이전과 관련한 논점 중의 하나는 숙소와 기지 등의 건설비용이다. 정확한 비용을 추산하기는 아직 이른 것으로 보이나 9·11과 1-4-2-1 전략, 군사변환 등을 놓고 볼 때 신시설물들이 기존 시설물 건설비용보다 훨씬 더 비쌀 것이라는 점은 거의 확실하다. 자재비와 인건비의 상승 때문이 아니라 9·11 사태 이후 미국은 해외주재 공관과 기지의 안전규정을 강화했기 때문이다. 또 '군사변환'의 일환으로 첨단군이 활동할 수 있는 첨단시설이 준비되어야 하는 것도 건설비용을 높이는 또 다

---

40) 이러한 움직임은 일본이 헌법은 개정하지 않은 채 '창조적 헌법해석론'에 근거하여 유사법제 등 하위 법체계를 정비하여 실질적인 '보통국가화'를 추진하고, 미일 신방위가이드라인 등을 채택하여 미일상호방위조약의 성격과 적용범위를 확대하는 것과 유사성을 보인다.

른 이유이다.

이러한 문제도 중요하지만 가장 본질적인 문제는 미군 재조정이 한국의 안보를 오히려 저해할 수도 있다는 점이다. 주한미군이 한반도 이외의 분쟁에 투입되고, 한국이 이러한 미군의 후방기지 역할을 담당하는 것이 한반도 평화에 기여하리라는 것은 상상하기 어렵다. 오히려 미국의 분쟁에 한국이 끌려 들어갈 가능성만 높이는 결과를 초래할 것이다. 한국군이 미군을 쫓아 아시아나 타지역의 분쟁에 개입하는 것이 한국의 안보에 도움이 되리라는 것도 상상하기 어렵다.[41] 더욱이 이러한 변화의 결과로 한국의 국방비 지출이 늘어나고, 한국과 미국의 연합군사력이 대폭 강화된다는 것은 한반도의 군사적 긴장을 오히려 강화시킬 위험성을 내포하고 있다.

현재 진행되고 있는 한미동맹 변화는 한반도의 안보뿐만 아니라 동북아시아의 평화를 위해서도 위험한 방향으로 진행되고 있다. 한미동맹의 이러한 변화는 한반도 평화를 위한 군축 및 동북아 평화를 위한 다자적 협력안보에 장애가 될 가능성도 높다. 한미동맹의 변화를 주동하는 미국의 전략과 군사변환에 대한 정확한 이해 위에서, 이러한 변화가 한국 및 동북아에 미치는 장단기적 안보영향을 면밀히 검토하고 공론화하는 작업이 절실히 요청되는 이유이다. 이러한 과정 없이, 기존 한미상호조약을 위배하면서까지 진행되고 있는 현재의 한미동맹 변환작업은 즉시 중단되어야 할 것이다.

한반도와 동북아시아의 평화는 '협력적 자주국방'이라는 수사 밑에서 미국 주도의 군사력 재편을 따라가는 것으로 이뤄질 수 없다. 한국은 우선적으로 작전지휘통제권을 돌려받고, 자주적 입장에서 협력할 수 있는 구조를 만드는 것이 최우선과제가 되어야 한다. 따라서 한미상호방위조

---

41) 미국과 중국 간 대만을 둔 전쟁이나 중국과 일본 간 댜오위댜오/센카쿠 분쟁에 한국이 끌려 들어갈 위험성을 김영희 기자는 "미사일을 든 고래들의 싸움에 새우가 부엌칼 들고 나서는 꼴"이라며 경고하고 있다. 김영희, "한국이 중국을 공격한다?", ≪중앙일보≫ 2004. 5. 28.

약도 쌍방간의 평등과 우호, 평화라는 원칙에 따라 개정되어야 한다. 이와 함께 '합리적 방어충분성'을 한국적 전략개념화하고,[42] 이에 따라서 작전계획도 미국 주도의 선제공격 및 공세적 억제작전을 전선 방어적 작전계획으로 전환해야 한다.[43] 주한미군 재편을 동등하고 우호적인 한미관계로 발전시킬 기회로 삼는 한편으로 협력안보 개념에 기초한 동북아 다자간 안보체제의 구성을 위한 외교도 전개해야 할 것이다.

---

42) 전략개념과 작전계획 양자가 모두 변화해야 한다. 이중 하나만 변화시킬 경우 기존 군사력 증강 계획을 정당화시키는 결과를 초래할 수 있다. 예를 들어 함택영은 '합리적 방어 충분성'을 한국의 전략개념으로 제시하면서도 작전계획의 전수방어 전환을 고려하지 않은 결과 "정보화전력과 항공우주전력의 투자 및 연구개발이 절실히 요구"되고 "RMA와 함께 국방경영의 혁신과 인사관리의 혁신이 요구된다"며 미국의 군사변환을 한국에 적용하는 듯한 논리를 전개하고 있다. 함택영, 「21세기 한국 국방정책의 도전과 선택」, ≪한국과 국제정치≫ 19권 4호(2003년).

43) 새로운 전략개념의 모색이 필요함을 역설한 논문으로는 이수형, 「노태우·김영삼·김대중 정부의 국방정책과 군사전략개념: 새로운 군사전략개념의 모색」, ≪한국과 국제정치≫ 18권 1호(2002년) 참조

3장

예속적 한미연합군사지휘체계 해체의 당위성

1. 글을 시작하며

한미동맹이 전환기를 맞고 있는 지금 대등하고 수평적인 한미관계로 나아가기 위한 가장 중요한 과제 중 하나가 작전지휘권 환수를 통한 군사주권의 회복이다.

한미동맹은 세계 어느 동맹에서도 유례를 찾을 수 없는 예속성을 특징으로 한다. 그런데 이것은 다른 무엇보다도 1차적으로 우리 군의 작전지휘권을 미국이 틀어쥐고 있는 것에서 비롯된다. 우리나라처럼 전시는 물론이고 평시조차 작전지휘권을 반세기 넘게 다른 나라에 넘겨준 예가 없다.

작전지휘권은 군사주권의 핵심이기 때문에 그것이 미국의 손에 장악되어 있는 한 한미관계는 원천적인 불평등에서 벗어날 수 없으며 노무현 정부가 내세우는 '자주국방'도 공염불일 수밖에 없다. 이 점에서 작전지휘권의 환수는 한미관계의 불평등성을 바로잡기 위한 대전제이자 출발점이라 할 수 있다.

한편 한미 양국 사이에서도 한미연합군사지휘체계 개편이 논의되고 있다. 한미 양국은 2003년 한미연례안보협의회의(SCM)에서 미래 한미연합지휘관계의 공동연구를 위한 약정을 체결하고 그 연구 결과를 2005년 SCM에 보고하기로 하였다(≪국방일보≫ 2003. 11. 21.).

그런데 이와 같은 한미연합군사지휘체계 개편 논의는 미국의 해외미군재배치(GPR)나 주한미군의 아시아태평양기동군화, 한미동맹의 지역동맹화 등 미국의 신군사전략에서 출발하고 있다. 그 결과 한미연합군사지휘체계가 더욱 종속적인 구조로 재편되는 것은 필연이다.

그러나 이러한 한미연합군사지휘체계의 종속적 재편은 작전지휘권의 환수를 통해서 군사주권 회복을 위한 최소한의 전제를 마련하고 나아가 우리의 힘으로 한반도 평화와 통일을 개척해가기를 바라는 우리 국민의 기대를 저버리는 것이다.

그럼에도 불구하고 우리 정부나 관변 연구자들은 작전지휘권(통제권) 환수의 당위성을 부인하지 않으면서도 작전통제권 환수를 먼 미래의 일로 치부하고 있다. 그런가 하면 친미적인 연구자들이 한미동맹을 퇴행적으로 전환하려는 미국의 기도에 발맞춰 미일의 병렬형 지휘체계 또는 미일형 지휘체계와 나토형 지휘체계를 절충시킨 안을 한미연합지휘체계의 대안으로 제시하고 있는 실정이며 작전통제권을 환수하되 전쟁이 일어날 경우 이를 다시 미국에 넘겨야 한다는 주장을 펴는 논자들도 있다.

이 글은 미국의 작전통제권 장악과 한미연합지휘체계의 문제점, 미국의 한미연합지휘체계 개편 기도의 문제점을 살펴보고 미일의 병렬형 지휘체계나 나토형 지휘체계가 대안이 될 수 없음을 밝히고 이에 기초하여 작전통제권 환수와 한미연합지휘체계의 해체야말로 군사주권 회복의 출발점임을 제시하고자 한다. 그와 함께 작전통제권 환수가 군사주권을 회복하는데서 실질적인 의미를 갖기 위한 주체적 조건도 제시한다.

2. 군사주권의 상징인 작전지휘권의 미국 장악과 그 변천

1) 작전지휘권의 미국 장악 의미

군통수권은 국가주권의 핵심을 이룬다. 군의 통수권을 미국이 쥐고 있음으로써 독자적인 외교를 펴지 못하고 미국에 철저히 종속되어 있는 우리의 외교적 처지는 군사주권이 주권의 핵심임을 잘 말해준다. 그런데 군통수권의 본질적인 부분을 차지하고 있는 것이 바로 작전지휘권이다.[1] 이런 의미에서 작전지휘권은 군사주권의 상징으로 불린다.

작전지휘권이 미국에 있다는 것은 우리 군의 실질적인 통수권자가 곧 미국임을 뜻한다. 주권의 핵심인 작전지휘권을 미국이 쥐고 있다는 것은 우리나라가 독립주권 국가가 아니라 미국의 지배하에 있다는 가장 직접적인 증거이다. 작전지휘권을 미국에 빼앗긴 것은 일제가 1905년 을사5조약으로 통감부를 설치하고 여기서 군통수권과 외교권을 행사한 것에도 비견된다.

"미군과 이라크군의 관계는 한국군과 미군의 관계와 같다"[2]는 미국 국방부 부장관 울포위츠의 발언도 작전지휘권을 미국에 빼앗긴 우리의 비참한 군사적 처지가 피점령국 이라크와 다를 바 없음을 확인해준다.

---

1) 이성덕, "미국의 군사작전통제권하의 한국군 : 1977년 추가의정서 I 과의 관계"(국제법학회 논총 제48권 제2호, 2003년) p.167 참조. 군통수권은 군정권과 군령권을 포괄한다. 군령권은 군사력을 운용하는 용병기능으로서 군사작전권이 그 주요한 내용을 이룬다. 군정권은 군사력을 건설, 유지, 관리하는 양병기능으로서 국방정책의 수립, 국방관계법령의 제정·개정 및 시행, 자원의 획득배분과 관리, 작전지원 등에 관한 권한을 의미한다. 이 점에서 군정권은 전투와 관련한 군사활동의 본질적인 부분은 아니며, 군 작전통제권이 군통수권의 핵심을 이룬다고 할 수 있다.

2) 폴 울포위츠 미국 국방부 부장관은 2004년 6월 22일 이라크 주권이양 문제를 다룬 미국 하원 군사위 청문회에서 "주권이양 이후 누가 (이라크군의) 지휘권을 갖느냐"는 민주당 의원의 질문에 대해 "한국과 같은 나라의 경우가 (그 문제를) 이해하는데 도움이 된다"면서 "6월 30일 주권이양 이후 이라크군과 미군의 관계가 한국군과 주한미군의 관계와 비슷할 것"이라고 대답하였다. ≪한겨레신문≫ 2004. 6. 24.

군의 작전지휘권을 미국이 행사함으로써 우리 군은 한반도 평화와 통일에 복무하지 못하고 미국의 패권적인 군사전략 실현의 도구로 전락되어왔다. 우리 군이 미국의 지휘통제에 따라야 하는 지난 반세기의 역사는 군사에 관한 모든 결정이 미국의 손에 맡겨짐으로써 우리 운명이 미국에 의해 좌지우지되었으며 남북간 군사적 적대와 대결로 점철되었다.

그런데 국방부는 지휘권이란 "국가주권 기능의 일부로서 자국군대에 행사하는 인사, 정보, 작전, 군수 등 모든 분야를 총망라한" 것이며 "국가주권이 존속하는 한 그 본질상 임의로 타국에 양도 또는 위임할 수 있는 성질의 것이 아니다"[3]고 주장하면서 군사주권에 속하지 않는 작전통제권을 이양한 데 불과하다는 주장을 펴고 있다.

작전지휘권과 작전통제권은 같은 개념으로 혼용되기도 하지만 보통 부대편성, 교육, 훈련, 정보, 작전 등을 포함하는 작전지휘권이 작전통제권보다 더 넓은 개념으로 쓰인다. 작전통제권은 정보, 작전을 주요 내용으로 하며 작전지휘권의 핵심을 이룬다. 그렇기 때문에 작전지휘권과 작전통제권을 자주권에 속하느냐 아니냐로 따지는 것 자체가 무지의 소치이거나 아니면 의도적인 사실 왜곡이라 할 수 있다. 더욱이 미국이 한국군의 작전통제권을 쥐고 있고 한국군이 군사전략으로나 정보 및 무기체계에서나 미국에 종속되어 있기 때문에 한국군 자체의 인사나 훈련 등도 미국의 입김이나 군사전략에서 벗어날 수 없다.

따라서 작전지휘권은 국가 주권에 속하지만 작전통제권은 그렇지 않다는 주장은 미국의 작전지휘권 장악을 합리화하는 억지 주장에 지나지 않는다.

2) 미국의 작전지휘권 장악의 반세기 역사

이승만 대통령이 1950년 7월 15일 한국군에 대한 지휘권을 맥아더

---

3) 국방부, ≪국방소식≫ 2003년 3월호, 18쪽.

유엔군사령관에 이양한다는 공한을 보내고 이를 수락하는 맥아더의 공한이 다음날 우리 정부에 접수됨으로써 공식적으로 한국군에 대한 작전지휘권이 국제연합군사령관(사실상 미국)에게 넘어갔다.

그런데 작전지휘권이 미국에 실제로 넘어간 것은 그 이전이었다. 1950년 6월 29일 전황을 파악하기 위해 수원에 온 맥아더 극동군사령관은 미군 투입의 전제조건으로 이승만에게 국군의 작전지휘권을 요구하였다. 이승만은 이 같은 미국의 강요에 따라 1950년 7월 1일 정일권 육해공총사령관 겸 육군참모총장에게 맥아더 사령관의 지휘를 받도록 지시함으로써[4] 그때부터 작전지휘권이 미국에 넘어갔다. 이와 같은 사실은 애초의 작전지휘권 이양이 한국의 자발적인 의사가 아니라 미국의 요구에 의한 것임을 말해준다.

군 통수권의 핵심적 내용을 이루는 작전지휘권의 이양은 독립국가로서의 주권을 포기한 행위였을 뿐만 아니라 헌법을 위반한 불법이었다. 당시 헌법 42조는 입법사항에 관한 조약의 경우 국회비준 동의를 받도록 규정하고 있었다. 그뿐 아니라 "군사에 관한 주요사항에 대하여 국무회의의 의결을 거쳐야 한다"는 당시 헌법 72조 7항을 어겼다. 또 그것은 국민 개개인의 권리를 제한하거나 의무를 부과하는 국민의 권리와 의무에 관한 사항이므로 국회의 동의를 받아야 마땅했으나 이 같은 헌법적 절차를 거치지 않은 채 이승만의 독단에 의해 이뤄졌다.

이승만이 공한에서 "현 적대행위의 상태가 계속되는 동안" 지휘권을 이양한다고 하였지만 한국전쟁이 끝난 뒤에도 미국은 지휘권을 돌려주지 않았다. 거기에는 이승만의 독자적인 군사행동(북진)을 견제하기 위한 미국의 의도도 작용했다.

한국군에 대한 유엔군사령관의 작전지휘권 장악은 "국제연합군사령부가 대한민국의 방위를 위한 책임을 부담하는 동안 대한민국 국군을 국제

---

4) 백봉종, 「국군의 작전통제권과 한국방위」, ≪부산정치학회보 2≫(부산정치학회, 1989년 2월), 100쪽 참조

연합군사령부의 작전지휘권하에" 두기로 한 1954년 11월의 '한국에 대한 군사 및 경제원조에 관한 한미합의의사록'에 의해 재확인되었다.

한국군에 대한 작전통제권의 행사 주체는 1978년 한미연합사 창설을 계기로 유엔군사령관에서 한미연합사령관으로 바뀌게 되며[5] 유엔사는 한반도 정전협정 유지에 관한 임무를 수행하게 되었다.

한미연합사의 창설로 외형적으로 한국군과 주한미군이 연합적인 지휘체계를 형성한 듯이 보이나 이 또한 한국군에 대한 미국의 수직적이고 일방적인 지휘통제를 보장해주기 위한 기구에 지나지 않았다. 주한미군사령관이 한미연합사령관을 겸하고 있기 때문에 미국의 작전지휘권 장악에는 변함이 없었다.

한미연합사가 한국군에 대한 지휘통제 기구라는 것은 그 창설 배경에서도 드러난다. 1975년에 유엔사 해체에 관한 서방측 및 공산측 결의안이 유엔총회에서 통과되고 또 카터 미 대통령이 주한미군 철수 방침을 표명하였다. 이에 유엔사 해체와 주한미군 철수에 대비하여 미국은 한국군에 대한 새로운 지휘통제 기구로서 한미연합사를 창설한 것이다.

한미연합지휘체계의 또 한번의 변화 계기는 1994년의 평시 작전통제권 반환이다. 한미양국은 1994년 10월 6~7일 열린 제26차 한미연례안보협의회의와 제16차 군사위원회의에서 개정된 권한위임사항과 전략지시 제2호에 서명함으로써 1994년 12월 1일을 기해 한미연합사령관이 행사해오던 평시작전통제권을 한국 합참의장에게 반환하였고, 이에 따라 한국군 합참의장은 평시에 한국군의 경계 및 초계활동, 부대이동, 전력

---

5) 1978년 외무부장관과 주한미국 대사 간에 교환한 한미연합사령부 설치에 관한 교환각서는 "……제11차 한미연례안보협의회의에서 대한민국 국방장관과 미합중국 국방장관 간에 합의된 군사위원회 및 한미연합군사령부에 관한 권한위임사항(TOR)에 언급하는 영광을 가지는 바입니다. …… 상기 권한위임사항이 상호방위조약 및 합의의사록 중 한국 측 정책사항 제2항의 규정의 범위 내에서 정당하게 이루어진 약정이며, 또한 동 약정은 한미연합군사령관이 미군 4성 장군으로서 국제연합군사령관 및 주한미군사령관을 겸임하는 동안 효력을 갖는 것으로 이해함을 통보하는 영광을 또한 가지는 바입니다"고 쓰고 있다.

운용 등을 독자적으로 통제하게 되었다.

평시작전통제권 반환은 대북 방위의 중심 역할을 한국군이 맡고 주한미군은 보조역할로 전환한다는 미국의 군사전략상의 변화(1990년 동아시아전략구상)에 따른 것이다. 하지만 그것은 광주민중항쟁과 6월항쟁을 통해서 비등한 우리 국민의 반미여론을 무마하고 주한미군의 영구 주둔을 꾀하기 위한 의도도 갖고 있었다. 그러나 평시작전통제권 반환은 작전통제권의 본질적 부분인 전시작전통제권을 제외한 반환이어서 애초부터 큰 의미를 갖기 어려웠다.

그런데 그나마 미국의 평시작전통제권 반환은 주요 권한을 유보함으로써 알맹이 없는 기만적인 것이었다. 한미연합군사령관은 전쟁억제에 대한 궁극적인 책임을 지고 있다는 명분하에 평시작전통제권을 반환 받은 한국군 합참의장이 다시 한미연합사령관에게 권한을 위임하는 형식으로 — 이것이 이른바 연합권한위임사항(CODA)이다 — "① 전쟁억제, 방어 및 정전협정 준수를 위한 한미연합위기관리, ② 전시작전계획 수립, ③ 한미연합 3군 합동 교리발전, ④ 한미연합 3군 합동훈련 및 연습의 계획과 실시, ⑤ 조기경보를 위한 한미연합정보관리, ⑥ C4I(Command Control Communication Computer & Intelligence) 상호운용성"[6]의 권한을 계속 행사하기로 한 것이다.

더욱이 위기상황이 고조되어 데프콘 3가 발령되면 한국군 합참의장이 행사하던 평시작전통제권이 한미연합사령관에게 넘어가기 때문에[7] 평시작전통제권 반환은 그야말로 생색내기에 지나지 않았다.

---

6) 윤태영, 「한미연합위기관리체제 : 실제 문제점 및 발전방향」, 《국제정치논총》 39집 3호, 1999, 268쪽.

7) 윤태영, 위 논문, 268쪽. 5단계로 구분되는 데프콘은 데프콘5(전쟁 위험이 없는 평화시), 데프콘 4(평시 또는 정전상태로서 국지적 긴장의 존재로 군사적 경계요구), 데프콘 3(군사적 개입의 가능성 존재, 경계태세 강화, 추후명령 대기, 휴가 외출 금지), 데프콘 2(적의 공격 임박, 전투를 위한 병력 준비), 데프콘 1(전시체제 돌입, 즉각적인 전투에 병력전개)이 있다. 한국군은 1953년 정전 이후 평시에 데프콘 4를 유지하고 있다.

3. 한미연합군사지휘체계의 실상과 문제점

1) 한국군에 대한 미국의 일방적인 지휘 및 통제 기구로서의 한미연합사

한미연합사는 한미군사위원회로부터 전략지시와 지침을 받는다. 또각 참모 조직의 부장 또는 차장이 '양국 동수 편성'의 원칙에 따라 구성되어 있다. 이처럼 한미연합사는 외형상 연합의 형태를 취함으로써 마치한미 양국이 공동으로 작전통제권을 행사하는 것처럼 보인다.

그러나 한미연합지휘체계의 골간을 이루는 한미연합사는 이름만 연합사이지 사실은 한국군에 대한 주한미군사령관의 작전통제권 장악, 지휘통제 대상 부대가 주한미군은 거의 배제된 채 한국군 전력뿐인 점, 참모장을 비롯한 핵심 참모 등 주요 보직의 주한미군 장악, 미군의 절대적인정보력, 미군 주도의 위기관리체계 등 모든 면에서 한국군에 대한 미국의 일방적이고 수직적인 지휘 및 통제를 보장해주는 기구에 지나지 않는다. 이 때문에 한미연합사 내에서 한국군과 미군의 관계는 수평적인 관계가 아니라 상명하복의 관계가 될 수밖에 없다.

먼저 주한미군사령관이 한미연합사령관을 겸직하고 있다. 작전통제권을 행사하는 것은 한미연합사령관인데 그는 형식적으로는 한미연례안보협의회의와 군사위원회로부터 전략지침과 지시를 받지만 주한미군사령관을 겸직하고 있기 때문에 실질적으로는 미 태평양사령관, 나아가 미국대통령의 직접 지휘를 받는다. 데프콘(방어준비태세)의 발령권을 갖고 있는 한미연합사령관이 데프콘 발령 시 한미 양국의 국가통수 및 군사지휘기구의 승인을 받는 형식을 취하지만 실질적으로는 미국의 군사지휘체계의 규정을 받으리라는 것은 물어볼 필요가 없다. 결국 한미연합사는주한미군사령관을 통해서 한국군에 대한 미국의 작전통제권이 행사되는기구이다.

또 미국은 연합사 사령관 이외에도 참모장, 7개 참모부서 가운데 핵심적인 기획 및 작전참모부장 등 주요 보직을 차지함으로써 연합사의 운영과 의사결정을 좌지우지하고 있다. 가령 한미연합사의 위기조치계획절차와 관련하여 사소한 위기상황 때 구성되는 '초기대응반'의 책임을 지고 있는 사람도, 위기상황이 고조되어 초기대응반의 작전 능력을 초과할 경우 구성되는 위기조치반의 반장을 맡는 사람도 작전참모부장이다.

또한 명색이 한미연합사령부이지만 작전 지휘 및 통제의 대상이 되는 부대는 미육군 38방공여단과 공군의 고공정찰임무 중 비상대기하고 있는 2대의 F-15전투기를 빼면 전부 한국군 전력이다. 미군의 주 전력인 2사단이나 전투비행대대전력은 한미연합사 지휘체제에서 제외되어 있다.8) 주한 미8군 및 주한 미7공군은 한미연합사가 아니라 미 태평양사령부의 작전지휘를 받는다. 이와 같이 한미연합사령부 예하 부대가 전적으로 한국군만으로 되어 있다는 것은 한미연합사가 연합작전의 효율적 수행을 위한 것이라는 주장이 허위이며 어디까지나 한국군에 대한 미국의 지휘통제를 보장함으로써 미국 자신의 동북아 군사전략을 실행하기 위한 기구에 지나지 않는다는 것을 말해준다.

한미연합사의 구성군사령부의 경우 한국장성이 지상군구성군과 해군구성군 사령관을 맡고 있으나 작전통제권이 없으며 해군구성군사의 경우 그나마 전시에는 미7함대 사령관이 사령관을 맡는다. 이 점에서도 한미연합사는 한국군에 대한 주한미군의 지휘 및 통제를 위한 기구라는 것이 드러난다.

한미연합사의 예속적 지휘체계는 C4I체계에서도 비롯된다. 한미연합사의 C4I체계로 GCCS-K(한국전구지휘통제체계)가 운용되고 있다. 그런데 이것은 미국이 C4I체계의 개발을 맡고 한국이 탱고(TANGO)지휘소를 건설하여 1991년에 구축한 전구자동화지휘통제관리체계(TACCIMS)를 미국의 범세계 지휘통제체계(GCCS)에 연결시킨 것이다. 운용유지비율이 한국

---

8) 조남풍, 「한미군사동맹체제에 관한 연구」, 박사학위논문, 동국대, 1998, 67쪽 참조.

15, 미국 85로 되어 있는 1999년 TACCIMS 운용합의서처럼 한미연합사 C4I의 운용은 주한미군이 권한과 책임을 지고 있다. 또 C4I의 소프트웨어를 미국이 장악하고 있고 그에 제공되는 주요 정보들이 정찰위성 등 미국의 정보수집수단들로부터 나오기 때문에 C4I운용에서 한국은 절대적으로 미국에 의존할 수밖에 없다. 타킴스운용비용 분담협상을 벌이던 1998년 미국이 독수리훈련 때 타킴스지원을 중단한 것은 미국이 C4I를 한국에 대한 압력행사 수단으로 이용한 실례이다. 한미연합사 C4I에 한국 합참과 해공군의 C4I가 연결되어 있다는 점에서 한미연합사 C4I는 한국군을 효과적이고 전면적으로 통제하기 위한 좋은 수단이 되고 있다. 더욱이 정보수집 수단이나 소프트웨어 등 다른 어떤 분야보다 더 미국에 종속되어 있는 것이 바로 이 C4I이다. 한미연합사가 성능 향상 및 개선을 이유로 C4I체계를 바꾼다면 그에 통합되어 가고 있는 한국 합참과 육해공군의 전술C4I체계도 바꾸지 않을 수 없으며 그때마다 엄청난 비용 소모가 불가피하게 된다.[9]

2) 미국의 요구가 일방적으로 관철되는 한미군사협의기구

한미군사협의기구에는 한미연례안보협의회의와 군사위원회가 있다. 그러나 이들 기구는 형식상 상호 협의체 위상이나 실제로는 미국의 군사전략과 대북 적대정책, 미국 무기 구매 등을 강요하는 기구의 성격을 띠고 있다.

(1) 한미연례안보협의회의(SCM)

한미 국방장관이 대표로 되어 있는 SCM은 형식적으로는 대북한 군사

---

9) 우리나라는 2004년 용산 미군 이전 협정(UA)에서 C4I의 기반시설 및 이전비용을 대기로 하였다. 또 용산 협정에는 주한미군사의 C4I 성능향상 비용은 미국이 부담한다고 되어 있으나 미국은 방위비 분담금 협상에서 이 비용을 한국이 부담할 것을 요구하였다.

정세인식, 북핵문제, 방위비 분담, 주한미군 관련 주요정책 변경사항 등 한·미간의 주요 안보현안을 논의하는 한·미 군사당국간 최고 정책협의 기구이다.

그러나 SCM은 이 회의의 설치 근거가 되는 "본 조약을 실행하고 그 목적을 추진할 적절한 조치를 협의와 합의하에 추진"하기로 한 한미상호 방위조약 제2조의 규정이 미국에 의해 일방적으로 무시되어온 것처럼 미국의 한반도 군사전략을 한국에 강요하는 기구에 지나지 않는다.

미국의 군사전략을 전달하는 자리로서의 SCM의 성격은 한미동맹을 지역동맹으로 전환하고 주한미군의 역할을 아시아태평양으로 확대하려는 미국의 정책변화에서 두드러지게 나타나고 있다.

냉전이 종식된 1990년대 초부터 한미동맹의 지역동맹으로의 전환을 꾀해온 미국은 2003년에 이어 2004년에도 SCM에서 "주한미군의 전략적 유연성이 지속적으로 중요함을 재확인"함으로써 주한미군의 아태지역군화에 관한 미국의 요구를 관철시켰다. 또한 미국은 SCM의 결정으로 FOTA(미래 한미동맹정책구상)회의와 그에 이어 SPI(안보정책구상)회의를 가동시킴으로써 주한미군의 아태기동군화 및 한미동맹의 지역동맹화를 실행에 옮기기 위한 구체적인 작업에 착수하였다.

SCM은 미국이 자국 무기의 판매를 강요하는 자리이기도 하다. 2001년 SCM에서 럼스펠드 국방부 장관은 한미연합전력의 상호운용성을 내세워 차세대전투기(F-X) 기종으로 F-15K를 선정하도록 한국을 압박하였다. 또 SCM은 미국이 주한미군의 주둔경비를 한국에 부담시키는 자리로서의 성격도 갖고 있다. 미국은 SCM을 통해서 1989년부터 방위비 분담금 명목으로 주한미군 주둔경비를 우리나라에 분담시키기 시작하였고 1991년부터는 한미주둔군지위협정에도 어긋나는 주한미군 주둔경비 분담에 관한 특별조치협정 체결을 강요하였다.

이처럼 SCM은 한반도 안보에 대한 한미간 협의라는 미명하에 실제로는 미국의 패권적인 대한반도 군사전략을 일방적으로 강요하고 그에 따르는 정치군사적, 경제적 부담을 우리 국민에게 전가하는 기구로서 기능하고 있다.

(2) 한미군사위원회(MC)

한미연합사를 통제하는 상부기구로 1978년 창설된 한미군사위원회는 형식적으로 보면 한미 양국의 국가통수 및 군사지휘기구(NCMA)의 실무적인 최고 군령기구의 위상을 갖는다.

군령권은 평시에 한국 대통령이 한국 합참의장을 통해서 행사하지만 데프콘 4에서 데프콘 3으로 바뀌면 한국 대통령으로부터 한미군사위원회로 넘어가며 한미군사위원회는 전쟁에 관한 주요 결정사항을 양국의 국가통수 및 군사지휘기구에 품신하여 양국 대통령의 재가하에 한미연합사 전투부대에 하달한다.

그러나 양국 합참의장과 한국 합참 전략기획본부장, 미 태평양사령관, 한미연합사령관 등 5명이 대표로 참석하는 한미군사위원회 본 회의(MCM)는 그 인적 구성이 보여주듯이 미국 위주로 되어 있다. 한국 합참의장과 미 합참의장을 대리하는 주한미군사령관이 참석하는 한미군사위원회 상설회의가 있지만 이 역시 대등하게 운용될 수 없다. 왜냐하면 이 회의 또한 한미간의 불평등한 지위에 의해서 규정되기 때문이다.

작전계획 5026의 작성 과정은 한미군사위원회가 한반도 전쟁과 관련한 미국의 결정사항을 한국에 하달하는 기구에 지나지 않음을 보여주는 예이다.

2002년 9월 선제공격을 국가안보전략으로 공식화한 부시 정권은 그 해 첨단정밀타격과 지상군 최소화의 작전개념을 적용한 대북한 선제공격계획(작전계획 5026)을 작성할 것을 한국에 요구하였다. 한국이 이를 완강히 반대하였지만[10] 결국 2003년 1월 한미군사위원회는 그 해 7월까지 대북 선제공격계획을 수립하기로 결정하였다. 2003년 11월 25차 한

---

10) 《중앙일보》 2003. 1. 17. 보도

미군사위원회의(MCM)에서는 미국 합참의장이 기동력과 첨단정밀무기를 이용한 미국의 대이라크전쟁의 교훈을 한반도에 적용할 필요가 있음을 노골적으로 한국에 주문하였다. 그에 따라 이라크전쟁을 모방한 대북한 속전속결전략인 작전계획 5026이 2003년 말 작성되었다.

또 2003년 25차 한미군사위원회의에서 한국과 미국은 군사임무전환, 연합군사능력발전(주한미군 전력강화에 110억 달러 투자 및 그에 상응하는 한국 국방비 증대), 바람직한 미래 한미지휘관계 공동연구 등에 합의하였는데 이것은 주한미군의 아태지역군화, 한미동맹의 지역동맹으로의 전환이라고 하는 미국의 신군사전략을 실행하는 데 요구되는 사항들이다.

이처럼 한미군사위원회는 미국이 자신의 대한반도 전쟁계획과 군사전략을 한미연합사에 지시, 하달하는 기구에 지나지 않는다.

3) 미국의 한반도 전쟁시나리오인 한미연합사 작전계획

한미연합사 작전계획을 보면 한미연합사가 미국의 군사전략을 집행하는 미 태평양사령부의 하위기구임이 드러난다.

우선 한미연합사 작전계획은 그 작성 권한이 미국에게 있으며 한국은 완전히 배제되어 있다. 작전계획 5026이 2003년 말에 한국의 완강한 반대에도 불구하고 미국의 일방적 요구로 작성된 것이나 작전계획 5027-02가 한국과 상의 없이 북한과 전쟁을 치르게 되어 있는 것은 한미연합사 작전계획이 한국을 배제하고 미국에 의해서 작성되는 것임을 입증해준다.

한미연합사 작전계획이 미국의 세계군사전략의 일환으로 작성되는 미국의 전쟁계획이라는 것은 숫자 '50'이 이 작전을 주관하는 미 태평양사령부를 의미한다는 점에서도 엿볼 수 있다.

한미연합사 작전계획이 미국의 군사전략을 한반도에 적용한 것에 지나지 않는다는 것은 그것이 미국의 군사전략과 군사교리를 그대로 베끼

고 있다는 점에서도 드러난다.[11]

북한과의 전면전을 상정한 작전계획 5027은 1974년에 개성을 점령하는 공세적 방어전략을 채택하였다. 미국은 이어 1976년에 대북한 핵 공격훈련인 팀스피리트훈련을 시작하였다. 그런데 이 팀스피리트훈련은 1975년 유럽안보협력회의(OSCE)의 창설로 나토가 바르샤바동맹을 상대로 한 전쟁급 훈련을 더 이상 할 수 없게 되자 한반도로 옮겨와 실시한 것이다. 1991년 걸프전 뒤 미국은 걸프전에서 시행했던 시차별 부대전개목록(TPFDD) 개념을 적용한 작전계획 5027을 작성하였으며[12] 5단계로 나누어 북한에 대한 방어작전을 편 뒤 적극적인 반격작전을 펼쳐 북한 정권을 무너뜨린다는 공세적인 계획을 세웠다.

미국 국방부가 1993년 BUR(Bottom Up Review) 보고서에서 2개 지역 분쟁에서 모두 승리한다는 윈-윈전략을 채택하자 작전계획 5027도 이 같은 기조를 반영하였다. 작전계획 5027 상의 미 증원전력(시차별 부대전개목록 내의 전력)은 1990년대 초반에는 48만여 명이었으나 1990년대 중반 이후 63만여 명으로 크게 늘어났고 2000년 판 작전계획 5027에서는 이보다 더욱 늘어나 전쟁이 일어날 경우 90일 이내에 69만여 명의 병력과 함정 160여 척, 항공기 1,600여 대를 전개하는 것으로 되어 있다.[13]

한국군과 같은 규모의 미 지상군 69만 명을 포함하는 미군 증원전력은 그 규모로 볼 때 단순히 방어가 목적이 아니라 미국 주도로 북한 전역을 공격, 점령하는 것을 목표로 하고 있음을 말해준다.

작전계획 5027-92는 한미 해병대의 원산 상륙작전계획을 포함함으로써 더욱 공세적으로 되었다. 작전계획 5027-96은 1995년 미일안보공동

---

11) 이하의 내용은 군사안보 인터넷사이트인 글로벌시큐리티의 기사 및 이를 보도한 연합뉴스(2003. 7. 22.)와 동아일보(2003. 7. 18.)를 참조했음.

12) 한미 양국 정부는 이와 같은 작전계획을 뒷받침하기 위해 1991년 11월 21일 '한미 정부간 전시지원에 관한 일괄협정(WHNS)'을 체결하였다. 이 협정은 전시증원부대에 대한 한국의 지원을 규정하고 있다.

13) 국방부, 『2000년 국방백서』, 63쪽.

선언과 그에 이은 96년 미일신가이드라인을 반영하여 일본의 기지 제공 역할을 추가함으로써 소련 붕괴 뒤 미일동맹의 주 표적이 북한으로 바뀌었음을 보여준다. 선제공격과 평양점령, 북한정권의 제거를 주 내용으로 포함한 1998년 판 작전계획 5027은 북한붕괴를 위해서는 선제공격도 서슴지 않겠다는 것으로 한반도에서 일촉즉발의 전쟁위기를 고조시켰다. 특히 2002년 판 작전계획 5027은 김정일 위원장의 암살작전을 포함하고 있어 수단과 방법을 가리지 않고 북한을 붕괴시키려는 부시 정권의 호전성을 그대로 보여준다.

한미연합사 작전계획에는 북한과의 전면전을 상정한 5027 이외에도 작전계획 5026이 있다. 1차 북한 핵 위기 때인 1993년 처음 작성된 작전계획 5026은 북한 영변 핵시설에 대한 초정밀 공습을 내용으로 하는 것이었다. 그런데 이 작전계획 5026은 이라크전쟁을 거치면서 북한 지휘부와 핵심 군사시설을 선제공격하여 속전속결로 마무리 짓는 전쟁계획으로 바뀌게 된다.

작전계획 5030은 군사적 도발을 계획적으로 자행함으로써 북한의 군사적 자원을 소모시켜 내부적으로 붕괴시키기 위한 것으로 한국을 배제한 미국의 일방주의적 태도와 수단방법을 가리지 않는 모험주의적인 군사노선이 그대로 드러나 있다.

경제난이나 쿠데타로 인한 북한 난민의 대량유입 등 북한 체제의 붕괴에 대한 구체적인 대처방안을 포함하고 있는 작전계획 5029는 미국이 경제난을 조장해 북한붕괴를 유도하고 있는 상황에서 그에 대비하기 위한 것으로 작성된 것이다. 또 서해교전처럼 평시 작전통제권이 한국군에 있는 상태에서 발생하는 우발사태에 대비한다는 명목하에 미 태평양사령부가 작성한 작전계획 5028도 그 자세한 내용이 아직 알려지지 않고 있지만 예측하지 못한 상황에서 미국의 군사적 개입을 보장하기 위한 것이다.

이처럼 한미연합사는 미국의 대북한 전쟁계획을 수행하기 위한 미국

국방부의 하위 집행기구에 지나지 않는다.

4) 미국의 작전통제권 장악이 갖는 문제점

우선 미국의 대북한 전쟁 결정권을 사실상 용인하고 있는 문제를 들 수 있다.

한미연합지휘체계상 전쟁에 관한 주요 결정사항을 한미 양국의 군 통수기구에 건의하게 되어 있는 한미군사위원회 및 한미연합사가 미국에 의해 장악되어 있다. 또 대북한 정보관리 권한을 갖고 있는 미국은 북한 위협을 조작하거나 왜곡함으로써 한반도에서 의도적으로 긴장을 고조시키고 자신의 주도하에 위기조치계획 절차를 밟을 수 있다. 작전계획 작성과 그에 의거한 한미연합훈련 실시도 미국의 권한으로 되어 있다. 특히 북한 군사력을 압도하는 한국군을 자신의 작전지시에 따라 전쟁에 동원할 수 있는 미국의 권한은 미국으로 하여금 자신의 희생을 최소화하면서 전쟁 목적을 이룰 수 있게 해주는 실질적인 전쟁 담보력이 되고 있다.

북한 핵 1차 위기 때인 1994년 미국이 당시 김영삼 정권도 모르게 대북한 전쟁을 추진했던 것이나 작전계획 5027-02에 의하면 한국과 상의 없이 전쟁을 치르게 되어 있는 것은 작전통제권을 장악한 미국이 우리 민족에게 무한정의 피와 희생을 요구하기 위해, 우리 민족을 동족상잔의 참화로 몰아가기 위해 그 권한을 어떻게 이용하고 있는가를 잘 보여준다. 반면 "막상 전쟁이 나면 국군에 대한 지휘권도 한국 대통령이 갖고 있지 않다"[14)]는 노무현 대통령의 발언은 통수권이 없어 실질적으로 전쟁을 막을 수 없는 한국 대통령의 비참한 처지를 토로한 것이다.

미국의 작전지휘권 장악은 또한 미국이 자신의 패권적인 군사전략과

---

14) 노무현 대통령은 당선자 시절 한국노총을 방문한 자리에서 이 말에 이어 "(한국과 미국의 이해관계가) 다른 것은 달라야 하고, 다른 것은 조율해 전쟁 위기를 막아야 한다"고 말했다. ≪한겨레신문≫ 2003. 2. 14.

정세인식을 우리나라에 강요하는 근거로 되고 있다. 우리나라는 미국의 대북한 군사전략인 작전계획 5027을 곧 우리의 군사전략으로 받아들여 왔다. 따라서 우리 민족의 이익에 기초한 자주적인 군사전략이 들어설 틈이 없었다. 미국의 세계패권전략에 지나지 않는 대테러전쟁에 대한 미국의 협조 요구를 수용한 것도 미국의 군사전략이 곧 우리나라의 군사전략이 되는 한 예이다. 미국은 또한 자신의 패권적인 군사전략과 이를 구체화한 작전계획 5027을 정당화하기 위해 핵 문제 등 북한을 안보상의 최대 위협으로 보는 정세인식을 한국에 강요해왔다. 이처럼 미국의 군사전략과 정세인식, 작전계획이 곧 자신의 군사전략과 정세인식, 작전계획이 되는 한국군은 민족군대로의 발전을 원천적으로 봉쇄당한 채 미국에 의해 친미사대적인 군대로 육성돼왔다.

또한 미국은 한국군은 지상군 위주의 역할을, 주한미군은 해공군 위주의 역할을 맡는 작전계획을 운용함으로써 한국군을 비대한 육군 중심의 기형적 구조로 고착시키는 등 한국군의 균형적 발전을 가로막았다.

미국은 또 김대중 정권이 추진한 국방개혁 5개년 계획을 무산시키는 데서도 결정적 역할을 하였다. 김대중 정권은 집권한 직후인 1998년 국방개혁추진위원회를 설치하여 2015년까지 육군병력을 56만 명에서 35만 명으로 감축하고 지상작전사령부를 창설하는 대신 군사령부를 없애고 전방 군단을 강화하여 지휘구조의 단순화를 꾀하는 등의 국방개혁 5개년 계획을 수립했다. 하지만 지상작전사령부 창설안이 한미연합사령관의 반대로 무산되는 등 미국은 국방개혁을 좌초시키는데 앞장섰다(≪한겨레신문≫ 2004. 8. 20. '한국군 개혁해야 산다' 참조). 이와 같은 사실은 미국이 어떻게 한국군의 구조 개편에 대해서도 결정권을 행사하고 있는가를 보여준다.

그뿐 아니라 작전통제권을 가진 미국은 무기체계의 상호운용성을 명분으로 자국 무기판매를 강요함으로써 우리나라는 무기체계에서 대미 종속성을 심화시켜왔을 뿐만 아니라 막대한 국민혈세를 낭비하고 과도

한 국방비 부담에 따른 경제적인 어려움을 겪어왔으며 북한에게도 군비 경쟁을 강요하였다.

또 우리나라가 작전통제권을 갖지 못함으로써 남북관계에서나 국제법적으로 군사상의 실질적인 주체로 인정받지 못한다는 점을 들 수 있다. 자기 군대의 작전지휘권이 없는 남한이 정전협정의 당사자로 되지 못하고 현재에도 정전협정 관리 임무에서 배제되어 있음은 바로 이런 예이다. 남한은 정전협정 관리 임무에서 배제됨으로써 군사분계선을 통한 남북간 왕래와 교류마저 일일이 미국의 허가를 받아야 하는 처지에 있다.

또 자기 군대에 대한 작전지휘권이 없기 때문에 남한은 평화협정이나 군축 등 한반도 평화체제 구축을 위한 당사자로서의 능력과 권한을 원천적으로 제약받고 있다. 이는 우리 운명과 관련된 중대한 군사적 사안을 우리 스스로 결정하지 못하고 미국의 간섭과 통제에 내맡기고 있다는 것을 뜻한다. 가령 작전지휘권이 없는 남쪽 정부로서는 설사 북쪽과 군사적 합의를 한다 하더라도 그 이행을 실질적으로 담보할 수 없기 때문에 군축마저도 미국의 눈치를 봐야 하는 것이다.

4. 미국의 한미연합지휘체계 개편 기도와 그 문제점

1) 미국의 한미연합지휘체계의 종속적 개편 기도

(1) 주한미군 및 주일미군의 역할 확대를 뒷받침하기 위한 동북아 미군의 지휘체계 개편

아시아태평양의 군사패권 공고화를 21세기 세계유일패권의 관건으로 보는 미국은 주한미군의 아태지역으로의 작전반경 확대 및 한미동맹의 지역안보동맹으로의 전환을 추진하고 있다. 아울러 미국은 주일미군이 아시아태평양사령부로서 역할을 하도록 하는 한편 미일동맹의 영미동맹으로의 격상을 꾀하고 있다. 그와 함께 미국은 주일미군과 일본 자위대의 통합운영, 나아가서는 한국군과 일본 자위대의 공동작전체제까지도 추구하고 있다.

그런데 주한미군 및 주일미군의 역할을 아태기동군으로 전환하고 한미동맹과 미일동맹을 통합적으로 운용하자면 미군의 지휘체계 변화도 당연히 뒤따르게 될 것이다. 바로 이와 같은 동북아 미군의 지휘체계 개편 방안의 하나로 검토되고 있는 것이 미국의 동북아사령부 창설구상이다.15)

미국이 오래전부터 구상해온 동북아사령부 창설은 미 태평양사령부가 반발하는 등 미국의 세계군사전략 차원의 조정이 필요하고 또한 한국 및 일본 정부의 협조, 한일관계, 중국의 반발 등 고려해야 할 요인들이 있기 때문에 이른 시일 내에 현실화하기는 쉽지 않을 것이다.

그에 따라 미국은 미육군 제1군단 사령부의 일본 자마 이전을 통해 주일미군이 아시아태평양사령부의 역할을 하도록 하는 방안을 추진 중이다. 주한미군사령부, 한미연합사, 미8군, 주일미군사령부를 해체하고 그 대신 미 2사단을 1군단사령부 휘하에 편제하고 태평양사령부에 육군 4성 장군직을 신설하여 이 1군단사령부를 지휘토록 하는 방안이 검토 중인 것으로 언론에 보도되었는데(≪중앙일보≫ 2003. 2. 5.) 이 방안은 미 1군단사령부로 하여금 주일미군은 물론 주한미군, 미일동맹군과 한미동맹군까지 지휘하면서 아시아태평양에서의 작전을 관장하게 하는 방안이라고 여겨진다.

그러나 이와 같은 방안은 지휘체계의 중복을 없애고 주한미군 및 주일미군의 통합운영을 기할 수 있으므로 미국으로서는 가장 선호하는 방안일 수 있으나 한국으로서는 한국군에 대한 작전통제권을 보유한 주한미군이 주일미군의 직접 지휘하에 들어가는 것은 받아들이기 어려우므로 당장은 실현 가능성이 높지 않다. 또 일본 내에서도 주일미군의 아시

---

15) 미국은 주한미군, 주일미군, 괌의 해공군, 태평양의 미7함대 등의 전력을 태평양사령부에서 분리하여 동북아사령부를 창설하는 방안을 구상하고 있다. ≪문화일보≫ 2003. 2. 18.

아태평양사령부로서의 역할 심지어는 미육군 1군단의 자마 이전 자체를 반대하는 목소리가 높다. 따라서 동북아 미군의 지휘체계 개편이 실제로 어떤 형태를 띠게 될지는 미국의 의도와 한국 및 일본의 여론 등에 의해서 규정될 것으로 보인다.

(2) 전시작전통제권 반환 및 한미연합사 해체 가능성

2003년 및 2004년의 한미지휘관계 개편 논의는 1994년 평시작전통제권 반환 이후 10년 만의 일이다. 앞으로 전시작전통제권 반환을 포함한 한미연합지휘체계의 개편 가능성은 다음 네 가지 요인에 의해 규정될 것으로 보인다.

첫째, 대북 방위에서 한국군과 주한미군의 역할 변화와 주한미군 지상군의 대규모 감축을 들 수 있다.

대북 방위에서 한국군이 중심 역할을, 주한미군이 지원 역할로 바뀌고 주한 미 지상군이 대규모로 감축되기 때문에 미국이 대북 방위에서 작전통제권을 계속 행사하는 것은 설득력이 떨어진다. 따라서 이 점에서 최소한 지상군의 경우 전시작전통제권이 반환될 가능성이 있다.

둘째, 한미동맹의 지역안보동맹으로의 전환에 따른 지휘체계 변화 가능성을 들 수 있다. 한미동맹의 지역안보동맹으로의 전환은 한미상호방위조약의 체결 목적인 대북 방위 임무가 사실상 소멸했다는 전제에서 출발하는 것이기 때문에 미국이 한국군에 대한 작전통제권을 계속 보유하는 것은 설득력을 가질 수 없다. 또 한국군에 대한 작전통제권을 계속 보유한 상태에서 지역안보동맹으로 전환하는 데는 한국의 동의도 구하기 쉽지 않고 중국이나 러시아 등 한반도 주변국의 더 큰 반발을 부를 것이다. 그렇기 때문에 한미동맹의 지역동맹화에 대한 반발을 무마하기 위해 미국은 작전통제권을 반환할 가능성이 있다.

셋째, 한미동맹의 종속성에 대한 한국민들의 비판이 매우 크다는 점을 들 수 있다. 남북간 화해협력이 본격화되면서 북한위협에 대한 남한

민중들의 인식이 점차 바뀌고 있기 때문에 미국으로서는 한미동맹의 불
평등성에 대한 변화 압력을 더욱 받을 수밖에 없다. 이런 속에서 미국
은 반미여론을 누그러뜨리고 한미동맹의 지역동맹화에 대한 한국민의
반발을 희석시키기 위한 일환으로 전시작전통제권을 반환할 가능성이
있다.

넷째, 북미 관계의 변화 가능성을 들 수 있다. 만약 북한과 미국 사이
에 북핵 문제가 해결되어 2000년의 조미공동코뮤니케가 이행되는 정세
가 조성된다면 미국으로서는 지금의 일방적이고 수직적인 한미연합지휘
체계를 더 고집하기는 어려울 것이다.

미국은 비록 중단되기는 했으나 전시작전통제권의 반환과 한미연합사
의 해체를 1990년대 계획한 적이 있다. 주한미군의 3단계 철수계획을
밝힌 1990년의 동아시아전략구상(EASI)에 의하면 2단계(1993~1995년)에
서 한미연합사를 해체하고, 3단계(1996년~2000년)에서 주한 미 지상군을
철수하고 해공군 위주로 주둔하는 가운데 전시작전통제권은 반환하는
것으로 되어 있다.[16)]

정세 변화에 따라서는 가까운 장래에 이와 같은 동아시아전략구상대
로 미국이 전시작전통제권을 반환하고 한미연합사도 해체할 가능성이
있다. 하지만 종속적 한미동맹을 고수하려는 미국이 쉽게 작전통제권을
포기하지는 않을 것이다. 특히 미국이 북한 붕괴정책을 고집하는 한에서
는 전시작전통제권 반환을 가능한 한 미루려고 할 것이다.

이런 점을 감안한다면 미국이 지상군의 경우 육군에 대한 전시작전통
제권을 한국에 반환하되 해공군의 경우 주한미군의 지휘통제를 받도록
함으로써 실질적으로 한국군을 작전통제할 가능성도 있다. 또 평시에는
전시작전통제권을 한국에 넘기되 전쟁이 발발할 경우 다시 작전통제권
을 미국이 가져갈 가능성도 있다. 이런 경우라면 평시에 전시작전통제권
을 한국에 반환한다 하더라도 그것은 아무런 의미를 가질 수 없으며 그

---

16) 정옥임, 『한반도 평화와 주한미군』, 세종연구소, 35쪽 참조

야말로 생색내기에 지나지 않게 될 것이다.

2) 미국의 한미연합군사지휘체계 개편 기도가 갖는 문제점

(1) 한미연합지휘체계 종속성의 전면화 가능성

대북 방위 동맹으로서의 기능을 상실한 한미동맹을 아태지역에서 미국의 패권적 이익을 뒷받침하는 지역동맹으로 전환시키는 것을 90년대 초부터 구상해온 미국은 이를 실행에 옮기기 위해 2003년부터 미래한미동맹정책구상(FOTA)회의를 가져왔다. 미국은 2004년 9월까지 모두 12차례 열린 이 회의를 통해서 한미동맹의 지역동맹화에 대한 한국정부의 동의를 받아냈으며[17] 이를 실질적으로 뒷받침하기 위해 용산 및 미2사단의 평택 이전을 추진하는 한편 한미상호방위조약 개정 등을 통한 법제화를 한국정부에 강요하고 있다.

한미동맹의 지역안보동맹으로의 전환은 기존의 대북 방위 중심의 안보전략은 물론이고 군 작전범위 및 작전계획, 군지휘체계, 무기체계, 군수지원 범위 및 체계 등 모든 면에서 전면적인 수정을 요구한다. 한국 국방부가 이른바 '불특정 위협'으로 위협의 대상을 북한만이 아니라 한반도 주변국가로 확대한 것이나 한미상호군수지원협정의 적용범위를 남한 영역에서 전세계로 확대한 것, 작전반경이 350~400km에 이르는 공중조기경보통제기와 KDX-Ⅲ를 도입하기로 한 것은 바로 이 같은 한미동맹의 전환에 대비한 안보전략이나 무기체계의 변화를 예시해주는 것이다.

한미동맹이 이처럼 모든 면에서 전면적인 수정을 요구하는 지역안보동맹으로 전환된다면 그 때의 대미 종속성은 대북 방위 위주의 한미동맹체제 때와는 그 범위나 깊이에서 비교할 수 없게 될 것이다. 우리 국민과 군은 한반도 방위를 넘어서 아시아태평양 지역에서까지 미국의 군사전략의 도구로 전락하게 될 것이며 그로 인해 우리 민족 전체가 짊어져

---

17) 미래한미동맹정책구상공동협의회의 예비회담 보도자료, 2003. 2. 27.

야 할 부담 또한 헤아리기 어렵게 될 것이다.

한편 한미동맹의 지역안보동맹으로의 전환은 불가피하게 기왕의 한미연합군사지휘체계의 재편도 수반하게 된다. 대북 방위를 목적으로 편성된 현재의 한미연합사 체계로는 동북아 지역의 공동작전지휘가 불가능하므로 새로운 지휘체계 수립이 불가피하게 된다. 동북아 지역을 범위로 하는 새로운 작전계획의 수립, 지역 작전을 지휘통제할 지역사령부의 창설, 지역안보 차원에서의 한미간 새로운 협의기구 등이 바로 그것이다.

1994년 SCM에 보고된 랜드연구소와 한국국방연구원의 공동연구 보고서 「21세기를 지향한 새로운 한미동맹」은 지역안보동맹으로의 전환 시 지휘체계로서 한국군과 주한미군을 각자가 개별지휘하되 한미지역사 또는 광역지역사를 두는 것으로 상정하고 있다. 여기서 한미지역사나 광역지역사에 대한 구체적인 설명은 없지만 동북아 또는 아시아태평양 지역을 한미연합군의 작전범위로 하는 지역사령부의 창설을 설정하고 있다.

한미동맹의 지역안보동맹으로의 전환 시 작전통제권 반환은 두 가지 경우, 즉 미국이 전시작전통제권을 반환하는 경우와 한반도 내에서는 작전통제권을 한국이 갖되 지역안보 차원에서는 미국이 연합군에 대한 작전지휘권을 행사하는 경우로 예상해볼 수 있다.

그러나 한미 지역동맹하의 연합지휘체계는 한국군에 대한 작전통제권을 미군이 행사하는 경우는 말할 것도 없고 한국군과 미군이 각자 작전지휘권을 가지고 상호 협의하는 형식(이른바 미일의 병렬식 지휘체계)을 취하는 경우에도 대미 종속성은 피할 수 없다. 이 점에서 작전통제권을 환수해야 하지만 한미동맹의 지역안보동맹으로의 전환도 용인해서는 안된다.

(2) 미일의 병렬형 지휘체계 및 나토형 지휘체계의 대미 종속적 구조

많은 보수적 연구자들이 작전통제권 환수 뒤의 한미간 군사협력체제로서 미일형 작전협력체계나 나토형 체계를 대안으로 제시하고 있다.[18]

그러나 어느 경우든 미국에 대한 종속적 지휘체계를 본질로 한다는 점에서 우리의 대안으로 될 수 없다.

① 아시아태평양지역의 미국 군사작전을 뒷받침하는 미일 군사협력체계

주일미군과 일본 자위대는 각각 독자적인 지휘권을 행사하는 가운데 상호 협력하는 군사협력체계를 구축하고 있다.

미일방위협력지침에 의하면 "자위대와 미군은 각자의 지휘계통에 따라 행동한다"고 되어 있다. 이와 같은 병렬적인 지휘체계는 집단적 자위권을 금지한 일본 헌법의 규정을 받기 때문이다.

하지만 자위대의 독자적인 작전지휘권 행사는 겉모습에 지나지 않으며 철저히 대미 종속적인 지휘체계를 본질로 하고 있다. 왜냐하면 연합사령부를 구성하지 않는다 뿐이지 각종의 협의구조를 통해서, 또 '미리 정해진 절차'에 따라서 미국의 군사전략과 군사작전을 지원하는 미일 공동작전의 지휘체계가 구축되어 있고 더구나 이와 같은 공동의 지휘체계가 갈수록 더욱 강화되어가고 있기 때문이다.

미일방위협력지침에 따르면 "자위대와 미군은 공동작전을 효과적으로 수행하기 위해 역할분담을 결정하고 작전활동의 정합성을 확보하기 위한 절차를 미리 마련해둔다"[19)]고 되어 있다. '절차를 미리 마련해둔다'는 것은 일본 자위대가 형식상으로는 미군의 지휘를 받지 않지만 내용적으로는 미국의 작전지시 밑에 미국의 작전목표를 위해 움직인다는 것을 의미한다.

또 미일은 군사전략 및 정책 협조, 공동작전을 위해 포괄적 메커니즘과 조정 메커니즘을 운용하고 있다.[20)]

---

18) 백종천이나 조남풍 등의 연구자와 2003년 국회통일외교통상위의 정책연구보고서 「한미동맹관계 변화 가능성과 한국의 대응방안」, 또 2004년 국회통외통위에 제출된 김태우의 「미국의 세계안보전략과 주한미군 재배치 등 한미동맹관계의 발전방향」 보고서 등을 예로 들 수 있다.

19) 아시아국제법연구회편 『현대국제조약집』, 아시아 사회과학원 발행, 2000.

20) 일본 방위청, 『日本の防衛』(2004년 발행) 106~107페이지 참조 포괄적 메커니즘은 계획의 검토와 공동의 기준 및 실시요령의 확립을 목적으로 하며 미일안전보장

포괄적 메커니즘의 임무는 일본 유사의 공동작전 계획과 일본 주변사태의 상호협력계획을 책정하고 '준비를 위한 공통기준'(방어준비태세)과 '공동의 실시요령'(교전규칙)을 작성하는 것이다. 포괄적 메커니즘은 작전계획과 동원계획을 입안·작성하는 미국 주도의 연합군사기구라 할 수 있다. 조정 메커니즘은 유사에 대비하여 평시부터 구축되어 있는 기구로서 특히 미일공동조정소는 미일연합사령부의 역할을 한다.

또 주변사태의 판단권 및 개전결정권, 공동작전시 최고사령관 역할을 사실상 미국이 쥐고 있는 것이 미일 병렬형 지휘체계의 실상이다.[21] 일본 총리에게도 보고하지 않은 채 자위대 창설 직후부터 미일공동작전계획을 작성·운영해온 것(《연합뉴스》 2004. 7. 1.)이나 2002년에 한반도 유사시 자위대가 미군의 작전을 지원하는 미일연합작전계획 5055를 작성한 것은 대미종속적인 미일 지휘체계의 좋은 예다.

한편 냉전 종식 이후 미국의 요구로 1996년 미일안보공동선언이 채택되어 미일동맹의 역할이 아시아태평양으로 확대되었다. 1997년에는 이 선언에 의거한 미일신방위협력지침이 제정되고 이를 법제화한 주변사태법이 1999년에 제정됨으로써 자위대의 활동범위가 일본 주변지역으로 확대되었으며 이로써 한반도와 동북아시아에서의 주일미군의 작전을 자위대가 후방지원할 수 있게 되었다. 이어 일본은 9·11 테러를 계기로 2001년 테러대책특별조치법, 2003년 이라크특별조치법, 2003~2004년의 무력공격사태대처법과 자위대법, 안전보장회의설치법, 개정국민보호법 등의 유사관련입법의 제·개정을 통해서 세계 어느 지역으로나 일본 자위대의 파병을 가능하게 하였으며, 전시국민총동원체제를 갖추고, 자위대가 공격받을 시 무력대응을 용인하고 나아가 일본이 공격받을 우려

협의위원회(SCC) 및 그 보좌기관인 방위협력소위원회(SDC), 공동계획검토위원회(BPC) 등의 협의기구를 두고 있다. 조정 메커니즘은 일본유사나 주변사태 등 긴급사태 때 미일 양국의 활동을 조정하기 위한 것인데 평시부터 합동조정그룹, 미일공동조정소 등을 구축해놓고 있다.

21) 후지이하루오, 『密約—日米安保大改惡の陰謀』, 創史社, 2000.

가 있는 경우 선제공격도 허용하였다. 이와 같은 유사법 제정은 자위대의 작전범위 확장과 공격적 군대로의 전환을 통해서 아시아태평양지역에서의 미국의 군사작전을 뒷받침하는 데 그 목적이 있다.

결국 자위대의 작전지휘권 행사가 이처럼 미국의 군사작전을 후방에서 또는 전면에서 지원하고 뒷받침하기 위한 것이 될 수밖에 없다는 점에서 미일 병렬형 지휘체계 역시 대미 종속성을 본질로 하고 있다.

더구나 미국은 주일미군에 아시아태평양사령부의 역할을 부여하고 주일미군과 자위대의 통합운영을 높이기 위한 주일미군 재편을 추진하고 있다.22) 그렇게 되면 미일 병렬형 지휘체계의 대미 종속성은 지금과 비할 바 없이 커지게 될 것이다.

그러나 일본은 주일미군 재편을 통한 미일 공동작전체제의 강화 기도를 순순히 용인하지 않고 있다. 일본 외무성은 주일미군의 아시아태평양지역으로의 역할확대 및 미1군단사령부의 아시아태평양사령부 역할에 대해서 미일안보조약 제6조의 극동조항에 어긋난다며 반대한다는 입장을 강하게 밝히고 있다. 또 미1군단사령부가 이전할 가나가와현 자마기지 주변의 지방자치단체장을 비롯한 주민들도 "기지 기능의 강화를 용인할 수 없다"며 미1군단의 자마 이전 자체를 강력히 반대하고 있다(≪한겨레신문≫ 2004. 7. 20.).23)

미일 병렬형 지휘체계는 그 대미 종속적 본질로 보나 주일미군의 아태사령부로서의 역할확대 및 주일미군과 자위대의 통합운용에 대한 일본의 강한 반대 여론으로 보나 한미연합지휘체계의 대안이 될 수 없다.

---

22) 미국은 괌의 제13공군사령부의 요코다기지이전 및 제5공군사령부통합, 항공자위대 항공총사령부의 요코다기지 이전, 미 1군단의 자마기지 이전 등을 추진하고 있는 데서 보듯이 미일 공동작전을 위해 주일미군과 자위대의 통합운용을 본격적으로 추진하고 있다.

23) 미국은 일본 주민들의 반대로 항공자위대 항공총사령부의 요코다기지 통합, 오키나와 주둔 해병대 병력 일부의 본토 이전 배치 등 주일미군 재배치 안을 백지화한다는 입장을 일본에 통보하였다. ≪한겨레신문≫ 2004. 7. 28.

② 나토 군사지휘체계를 둘러싼 미국과 유럽의 갈등

나토는 한미연합지휘체계와 같이 연합사령부를 구성하여 작전지휘권을 행사하는 통합형 지휘체계이다. 나토의 최고군사기관은 군사위원회[24)로 그 산하에 각급의 통합사령부를 두고 있다. 나토군의 대부분은 특정 작전에 참가하기 전까지는 각 회원국이 작전지휘권을 가지며 전시 등 필요시에는 사전 합의된 조건과 절차에 따라 나토군사령부의 작전통제를 받는다.

나토의 군사지휘구조는 냉전종식 이후 개편되어왔다. 1999년에 발족한 신군사기구를 보면 군사위원회 산하에 전략사령부로서의 유럽연합군사령부 및 대서양연합군사령부가 있으며, 이밖에 캐나다·미국지역계획그룹이 있다. 전략사령부 밑에는 전술지휘본부의 위상을 갖는 지역사령부, 요소(구성군)사령부, 합동하위지역사령부(JSRC)가 있다. 유럽연합군사령부 밑에는 지역사령부로서 남유럽사령부와 북유럽사령부가 있다. 유럽연합군 최고사령관(SACEUR)과 대서양연합군 최고사령관(SACLANT)은 미군 장성이 맡으며 전통적으로 유럽연합군사령관이 나토군최고사령관을 겸임한다.

그런데 이와 같은 나토의 신군사기구도 2003년 나토 국방장관 회의에서 기왕의 20개 사령부의 11개 사령부로의 축소, 유럽연합군사령부와 대서양연합군사령부 2개의 전략사령부를 하나로 줄이되, 연합군전력강화최고사령부를 미국 노폭에 신설하는 것 등을 내용으로 하는 나토 혁신안이 의결됨으로써 더욱 간소화되고 기동성이 높은 체계로 개편될 예정이다(≪조선일보≫ 2003. 6. 14.).

나토의 군사지휘체계 개편은 기본적으로 냉전종식 이후 변화된 미국의 세계적 및 지역적 군사전략에 의해 규정되고 있다. 1991년 및 1999년에 각각 채택된 나토의 '신전략개념'[25)]은 나토를 유럽의 대소련 전선

---

24) 군사위원회는 회원국의 참모장으로 구성되며 북대서양 이사회 및 방위기획위원회(DPC)에 대해 군사적 조치를 건의하고, 산하 사령부에게 방위지침을 제공한다. 군사위원회 위원장은 회원국 대표가 돌아가며 맡는다.

에 고착된 방위조직에서 세계 각지의 분쟁에 신속하게 개입할 수 있는 유연한 군사동맹으로 전환시키려는 미국의 신군사전략을 반영하고 있다.

1991년 신전략개념의 채택과 함께 나토는 전력범주를 즉각대응전력과 신속대응군단, 주방위전력, 보강전력으로 구분하였다. 1994년에는 여러 나라가 참여하고 육해공군으로 구성되며 기동성이 뛰어난 다국적합동전력(CJTF) 개념26)을 도입하였으며 2003년에는 신속대응군을 창설하였다. 신속대응전력에 초점을 둔 나토의 전력 및 지휘체계 개편은 나토군을 세계 어느 지역에나 신속히 파견함으로써 군사패권을 전세계적 범위에서 뒷받침하고자 하는 미국의 요구가 주로 작용한 결과이다.

그러나 나토의 군사지휘기구 개편과정에서 유럽의 자율성 확대에 대한 요구 또한 강하게 제기되고 있다. "나토를 유럽이 주도하고 미국을 유럽안보의 틀에 넣는 방향으로 나토를 개혁해야 한다"는 독일의 주장(《한국일보》 1996. 5. 8.)은 그 좋은 예이다. 미국의 간섭을 받지 않고 서유럽동맹(WEU)의 정치전략적 통제를 받는 독자적 작전 능력을 갖는 다국적합동전력(CJTF)을 창설하기로 한 1996년 나토 외무장관 합의(《국민일보》 1996. 6. 4.)나 미국의 참여 없이 유럽 독자적으로 작전을 추진할 수 있는 유럽안보방위조직(ESDI)을 창설하기로 한 1994년 및 1997년 나토 정상회담 합의(《한겨레신문》 1997. 7. 10.)는 나토 내에서의 자율성 확대에 대한 유럽의 강한 요구를 반영한다.

---

25) 1991년의 신전략개념은 "유럽전선 전체에 대한 동시전면공격의 위협은 사라졌으며 이제 더 이상 동맹전략의 중심이 아니다"고 선언하면서 "민족적 대립이나 영토분쟁 등 심각한 경제적·사회정치적 곤란에 의해서 발생하는 불안정"을 예측할 수 없는 위협으로 간주하고 북대서양조약 6조상의 지역적 방위범위를 벗어나 '역외작전'을 천명하였다. 1999년의 신전략개념은 나토의 지역적 방위범위를 '유럽 대서양 지역 및 주변'으로 확장하고 인권침해나 테러, 개혁 노력의 실패, 국가의 해체 등을 위협으로 간주함으로써 위협 인식도 더욱 포괄적으로 규정하였다. 모리하라 키미도시, 『NATOは どこへゆくか』, 新日本出版社, 2000년, p.55.

26) CJTF는 1991년 신전략개념에서 제기된 평화유지, 정전집행, 난민보호 등의 특정 임무를 수행할 수 있도록 구성된 전력을 말한다. 이수형, 『북대서양 조약기구와 유럽안보』, 한울출판사, 2004, 203쪽.

2003년 10월 나토의 신속대응군 창설 또한 미국의 요구에 의한 것이었지만 프랑스와 독일은 신속대응군의 지휘권을 자신들이 가져야 한다고 주장하였다. 그러나 결국 미국은 그 지휘권을 영국에게 넘겨주었다.[27]

나토 밖에서도 미국 중심의 나토에 반발하면서 유럽의 독자성을 강조하는 목소리가 갈수록 높아지고 있다. 1991년부터 나토로부터 독립하기 위한 노력을 꾸준히 기울여온 유럽연합은 1992년 유럽연합의 독자적인 군사력인 유럽방위군을 창설하였다.[28] 1999년 12월 유럽연합 정상회담에서는 5~6만 명의 신속대응군 창설, 유럽연합 상설 정치군사위원회 신설 등을 내용으로 하는 유럽안보방위정책에 관한 선언을 채택하였다. 이어 2003년 4월에 독일, 프랑스, 벨기에, 룩셈부르크 4개국 정상은 유럽 신속대응군을 지휘통제할 유럽다국적군사령부를 2004년까지 설치하기로 합의하였으며 그 해 11월에는 영국이 유럽신속대응군 창설에 동의하였다. 2003년 12월 유럽연합 정상회담에서는 테러, 대량파괴무기, 지역분쟁 등의 전지구적인 위협에 대해 유럽연합의 독자적 대응능력을 강화하는 유럽연합의 안보전략을 채택하였다.[29]

나토 안팎에서 미국으로부터 독립하려는 유럽연합의 끈질긴 노력에 비추어서도 한미연합지휘체계의 대안으로 나토형 지휘체계를 제기하는 것은 시대착오적이라고 할 수 있다.

---

27) 이 신속대응군은 육·해·공군 및 특수전 부대를 단일지휘체계에 두는 나토 산하 최초의 부대로 출동명령 5일 이내에 전세계 분쟁지역에 즉각 투입할 수 있는 기동성과 작전능력을 보유하게 된다. 나토 회원국에서 차출된 다국적군의 구성을 갖추게 되는 신속대응군은 영국이 총사령관을 맡고 있다. 《한겨레신문》 2003. 10. 16.

28) 이 유럽방위군은 독일·프랑스 등 5개국만 참여하는 1,000여 명의 소규모 군대로 상징적인 의미를 갖는 것이었다.

29) 시바야마 겐타로, '歐洲聯合(EU)の安全保障戰略', 賃金と社會保障 2004년 2월 하순호(勞動旬報社) p.4~12 참조

5. 자주적인 한미군사관계를 지향하며

1) 군사주권 회복을 위해 작전통제권을 즉각 환수해야 한다

(1) 작전통제권 즉각 환수의 필요성

무엇보다도 미국의 대북한 전쟁기도를 막기 위해서 작전통제권 환수는 시급하다. 작전통제권 환수를 통해서 미국의 일방적인 대북한 전쟁결정권의 여지를 원천적으로 봉쇄해야 한다.

작전통제권 환수는 또한 민족의 이익보다도 미국의 군사적 요구와 이익을 우선시하는 친미군대의 오명을 씻고 민족의 요구와 지향에 복무하는 민족군대로 거듭나기 위해서 반드시 필요하다. 민족 이익에 기초하여 북한에 대한 자주적인 안보전략을 펴고 통일을 평화적으로 이루기 위해서 작전통제권을 환수해야 한다. 나아가 우리나라가 중국, 러시아, 일본 등 한반도 주변국에 대한 자주적인 안보정책을 통해 동북아 평화의 주도자가 되기 위해서 작전통제권 환수를 통한 군사주권의 확보가 필수적이다. 작전지휘권을 환수하여 미국의 군사전략 실현의 도구라는 오명에서 벗어날 때 비로소 동북아평화체제의 추진자로서의 당당한 역할이 가능하기 때문이다.

작전통제권 환수는 또한 한국이 남북간 신뢰구축과 평화군축, 평화협정, 동북아 다자간 안보협력 등의 당당한 국제법적 주체로 되기 위해서 반드시 실현되어야 한다.

남측으로서는 자기 군대에 대한 작전지휘권을 갖지 못한 조건에서 북측에 대해서 적극적으로 신뢰구축이나 군축, 평화선언과 같은 제안들을 하기 어렵다. 그동안 한국군대에 대한 작전통제권을 가진 미국은 남쪽이 북쪽과 군사 분야에서 제안이나 협상을 할 경우 미국과의 협의(사실상의 승인)를 해야 한다고 주장해왔다. 따라서 미국의 간섭과 통제에서 벗어나 자주적으로 남쪽이 북쪽과 긴장완화와 신뢰구축, 평화군축, 평화선언 등의 합의를 하기 위해서라도 작전통제권을 즉각 환수해야 한다.

작전통제권 환수는 "대통령은 헌법과 법률이 정하는 바에 의하여 국군을 통수한다"고 규정한 헌법 74조 제1항을 정면으로 부인하고 있는 현재의 위헌적 사태를 종식시키고 동시에 국회 동의 없이 지휘권을 미국에 넘긴 이승만의 불법성을 뒤늦게나마 바로잡는 것이다.

작전통제권 환수는 또한 미국에 의해 강요된 지상군 중심의 기형적인 군 구조를 탈피하여 군의 균형적 발전을 꾀하기 위해서도 필수적이다. 무기체계의 상호운용성을 빌미로 한 미국의 무기구입 강요를 막기 위해서도 작전통제권 환수가 시급하다.

작전통제권 환수와 함께 한미연합지휘체계도 해체되어야 한다. 우리 군에 대한 미국의 작전통제권 장악을 전제로 창설된 한미연합사는 작전통제권이 환수되면 자연히 해체되지 않을 수 없을 것이며 그 군령기구로서의 한미군사위원회 또한 필요없게 될 것이다.

 (2) 시기상조론 비판

국방부 및 정부는 한국군이 정보전력의 취약으로 아직 독자적인 작전수행능력을 갖추지 못하고 있으므로 작전통제권 환수가 시기상조라는 입장을 밝히고 있다.

다음과 같은 노무현 대통령의 발언은 바로 이 같은 인식을 보여준다.

"우리 국군은 …… 능히 나라를 지킬 만한 규모를 갖추고 있습니다. 그러나 아직 독자적인 작전수행능력과 권한을 갖지 못하고 있습니다. ……저는 저의 임기동안, 앞으로 10년 이내 우리 군이 자주국방의 역량을 갖출 수 있는 토대를 마련하고자 합니다. 이를 위해 정보와 작전기획능력을 보강하고, 군비와 국방체계도 그에 맞게 재편해나갈 것입니다."(2003년 8.15 경축사)

"굳건한 안보태세를 갖추기 위해서는 첫째, 앞으로 10년 이내 자주국방의 역량을 갖추어나가야 합니다. ……군의 정보와 작전기획능력을 보강하고, 국방운영체계도 개선해야 합니다."(2003년 10월 1일 국군의 날 연설)

그러나 대북 정보전력의 취약과 그에 따른 독자적인 작전능력 결여에 관한 주장은 허구적인 것으로 전시작전통제권 환수를 미루기 위한 핑계에 지나지 않는다. 현재 남한은 북한과 비교해 정보전력에서 압도적인 우위를 차지하고 있으며 이 점에서 대북 정보의 자주화를 이룬 지 이미 오래이다.

한국국방연구원의 자료에 따르면 남한은 무려 58대의 정찰기를 갖고 있는데 반해 북한은 한 대도 없다.[30] 또 영국 국제전략문제연구소(IISS)의 자료에 따르더라도 북한은 정찰기가 한 대도 없는 반면 남한은 전자신호 정찰기인 호커 800XP 7대와 그 밖에 RF-4C 18대, RF-5A 5대, 호커 800RA 3대를 보유하고 있는 것으로 나타나고 있다.[31] 그런데 '참여정부의 국방정책'(국방부 2003년 발행)에 따르면 RF-4C만 20여 대를 운용하고 있는 것으로 되어 있기 때문에 국제전략문제연구소의 자료는 오히려 실제보다 남한의 정보전력을 저평가하고 있다. 다른 글에 따르면 한국군은 RF-4C만 모두 27대를 운용하고 있다.[32]

특히 2000년부터 도입돼 현재 8대가 운용 중인 호커 800XP는 영상정보시스템과 통신감청 장비인 원격조종감시체계 등을 갖추고 있어 군사분계선 남쪽 40~50㎞ 상공에서 신의주 이북지역까지 감청할 수 있으며 평양~원산선 이남까지 영상촬영을 할 수 있는 첨단 전자첩보기이다(≪세계일보≫ 1999. 8. 9.).[33] 이는 남한이 거의 북한 전역에 걸쳐서 신호정보와 영상정보를 독자적으로 수집하고 있다는 것을 말해준다.

또 독자적인 작전능력 문제도 작전통제권 환수를 미룰 명분이 될 수 없다. 이미 정보력에서 북한을 압도하고 있는 남한은 1999년 서해교전

---

30) 국방연구원, 2003-2004 동북아군사력(2004년 발행), p.560. 이 책은 밀리터리 밸런스 2002-2003자료에 의거한 것이다.

31) IISS, NORTH KOREA'S WEAPONS PROGRAMMES, 2004년 참조.

32) "육군 과대 비만, 해 공군은 허약", 김태경, ≪오마이뉴스≫ 2003. 6. 30. 기사 참조.

33) 신호정보는 백두산, 영상정보는 금강산까지 수집할 수 있다는 의미에서 일명 백두금강사업으로 불린다.

당시 북을 압도하는 작전능력을 보여준 바 있다. 남한 해군은 해상에서 작전 중인 해군함정 및 주요 도서의 레이더기지에서 포착한 각종 정보를 취합, 종합 분석하여 실시간으로 지휘본부의 컴퓨터 스크린에 일목요연하게 보여주는 첨단전술지휘통제체계(KNTDS)를 갖춤으로써 1차 서해교전에서 북에 일방적으로 승리를 거뒀다. 이와 같은 경험은 한국군이 독자적인 작전능력을 결여하고 있다는 주장이 아무런 근거가 없다는 것을 말해준다. 공중상황과 항공기의 이동을 실시간 추적, 분석한 정보를 제공해주는 공군방공지휘통제체계(MCRC)도 이미 10년 넘게 운용되고 있다.

또한 한국군 전략C4I체계의 중심인 합참과 육해공군의 지휘통제기능을 통합한 지휘소자동화체계(CPAS)가 1999년 8월 구축되어 실시간 전장상황 파악 및 작전지휘통제가 가능해졌다.[34]

한국군의 작전능력을 제약하고 있는 것은 정보전력의 취약이 아니라 미국이 작성해준 작전계획을 맹목적으로 따르고 미국이 제공하는 전술을 익히기에 바쁘기 때문이다. 미국의 작전통제권 장악이야말로 한국군의 독자적인 작전능력을 원천적으로 제약하는 근본적인 요인이라는 점에서 작전능력을 높이기 위해서도 작전통제권 환수는 시급한 과제가 아닐 수 없다.

2) 무기체계 및 정보의 대미 종속성에서 벗어나야 할 필요성

군사주권을 상실한 비참한 처지에서 벗어나기 위해서는 반드시 작전통제권을 조속히 환수해야 한다. 그러나 작전통제권 환수의 전향적 의의가 살아나려면 무기체계 및 정보의 대미 종속성에서 벗어나야 한다.

(1) 군사주권 확보의 전제로서의 무기체계의 대미 종속성 탈피 필요성

지금처럼 미국 무기체계에 절대적으로 종속되어 있어서는 설사 작전

---

34) 윤태영, 위의 글, p.269.

통제권을 환수하더라도 대미 군사적 종속을 피할 수 없다.

미국 무기도입의존율은 1991년부터 2000년까지 전체 해외 무기도입 가운데 미국 무기가 73.1%를 차지할 만큼 절대적이다.[35] 대부분의 무기를 미국에 의존하는 우리나라로서는 미국의 눈치를 보지 않을 수 없다. 미국의 후속 군수지원(부품을 비롯한 각종 운용·정비지원)을 받지 않으면 도입 무기가 고철로 되기 때문에 터무니없이 비싼 부품 가격을 요구해도 울며 겨자먹기로 그에 응하지 않을 수 없으며 미국은 부품공급을 무기로 한국군을 길들일 수 있다.

대미 종속성은 첨단무기에서 특히 심하게 나타난다. 첨단무기의 경우 그 컴퓨터 시스템과 소프트웨어가 무기 공급국인 미국에 노출됨으로써 군사력을 자주적으로 운용하는 것이 불가능하게 되고 소프트웨어 운용과 부품 공급을 놓고 사실상 공급국에 통제당하는 구조에 놓이게 된다. "미국은 한국에 무기를 공급하면서 최신장비의 제한뿐만 아니라 현대무기의 핵심을 이루는 소프트웨어와 기술이전은 절대 기피했습니다. 특히 정보와 관련되는 전자전 장비의 소프트웨어는 미국의 지원에 의지하도록 만들어, 현재 공군에서도 그동안 미국에서 구입한 장비를 유지하기 위해 매년 막대한 소프트웨어 유지비용을 지불하고 있습니다"[36]라는 조주형 대령의 증언은 미국이 어떻게 무기체계에서 한국을 기술적으로 종속시켜 왔는지를 말해준다.

미국이 한국의 차세대전투기(F-X)사업에서 성능이나 기술에서 라팔

---

35) 김종대, '미국산 무기도입 실태'(2001년 7월 21일 평통사 주최 '미국산 무기도입 저지와 한반도 평화통일' 토론회에서 발표한 글) 참조. 이것은 주 장비 도입을 기준으로 산출한 금액이며 각종 정비지원과 후속 군수지원(부품 도입)에 따른 대미 국부 유출, 즉 무기 운용 과정에서의 대미 종속과 각종 군사기술 도입에 따른 로얄티 지급 액수를 제외한 것이다. 또한 국내 방위산업체와 미국업체간의 상용계약 중 상당 부분을 누락한 것이기 때문에 실제 규모는 이보다 훨씬 더 클 것으로 예상된다.

36) 조주형, 'F-X외압 폭로 조주형 대령 법정 최후진술' ≪신동아≫ 2002년 8월호. 조 대령은 이 최후진술에서 1980년대 미국에서 도입한 레이더경보수신기를 예로 들어 미국이 소프트웨어 개량 명목으로 얼마나 터무니없는 비용을 요구하였는가를 증언하고 있다.

등 다른 기종에 뒤지고 단종될 처지에 있던 F-15K를 구매하도록 한국에 강요하였던 것은 바로 이처럼 한국이 미국 무기로 일색화되어 있고 기술적으로 종속되어 있는 약점을 이용한 것이었다.

작전통제권 환수의 의의를 살리기 위해서는 미국 무기에 대한 의존을 과감히 포기해야 하며 그를 위해서는 불필요한 미국 무기들 특히 대북 선제공격용 무기들이나 작전반경이 한반도 주변국들을 겨냥한 무기들, 미국 군사전략에의 편입을 뜻하는 MD무기들의 도입을 중단하는 것이 급선무이다.

 (2) 군사주권을 확보하는 데서 정보의 대미 종속성 탈피의 중요성

대북 정보전력의 절대적인 미국 의존을 극복하지 않고서는 작전통제권 환수의 의미를 살릴 수 없다.[37] 대북 정보전력의 미국 의존은 정보의 해석이나 판단권을 미국에 맡기고 있다는 것을 뜻하기 때문이다.

그러나 현재의 대북 정보전력의 높은 대미의존은 불가피한 것이 아니다. 앞서 본 것처럼 남한은 이미 북한에 비해 정보전력에서 압도적인 우위에 있고 정보전력의 자주화를 이룬 지 오래이다. 국방부는 대미 정보 의존율이 얼마인지 밝히지 않고 있지만 백두금강사업을 시작하면서 이 사업이 끝나면 미국에 의존하고 있는 대북 정보의 40%를 독자적으로 수집할 수 있다고 스스로 밝힌 바가 있다(≪국민일보≫ 1999. 8. 9.). 이런 점들로 미루어 국방부가 국방예산 확보를 위해 정보전력을 의도적으로 저평가하고 있다는 강한 의혹을 갖게 된다.

대미 군사정보 의존율이 높다는 국방부의 주장을 액면 그대로 믿을 수도 없지만 비교기준 자체가 잘못 설정되어 있다는 점에서도 타당성을 상실하고 있다. 즉 그것은 대북한 선제공격과 한미동맹의 지역동맹화라고 하는 미국의 군사전략을 기준으로 한 대미 군사정보 의존율을 지칭하

---

37) 오래된 자료이지만 정보의 대미의존율은 신호정보의 경우 99%, 영상정보의 경우 98%에 이르는 것으로 보고 있다. 김당, 「정보 자주화 없는 자주 국방은 공염불」, ≪시사저널≫ 1996. 10. 7., 36쪽.

기 때문이다.

현재 주한미군은 헬멧이나 올림픽 게임 등의 암호명으로 4대의 첩보위성과 U-2기, OVID 등 각종의 전략·전술 정찰기를 운용 중이며 이것도 모자라 오키나와 기지에서 발진하는 탄도미사일관측용 RC-135S, 핵실험 때 대기중의 미립자를 확보할 수 있는 WC135W, 전자정찰기 EP3, 공중조기경보기 E-3C 등을 운용 중이다.

이와 같은 미국의 정보수집 수단들은 작전계획 5027이나 5026 등 대북한 선제공격을 위해 필요한 정보전력이며 한반도 주변의 중국, 러시아까지를 작전반경으로 한다. 이들 정보전력은 한국에는 전혀 필요없으며 한반도와 동북아에서 군사적 긴장과 군비경쟁을 촉발시키는 과잉 정보전력이다.

따라서 국방부가 정보전력을 강화하고 독자적인 작전능력을 갖춘다는 명목으로 천문학적인 예산을 들여 무인비행기나 공중조기경보통제기, 정찰위성 등 각종 무기를 도입 중이거나 계획하고 있는 것, 그리고 실시간 전장관리체계구축을 명분으로 위성통신의 도입과 합동전술지휘통제체계 구축을 추진하고 있는 것은38) 불필요한 예산 낭비이다. 또한 그것은 한미동맹을 대북 방위역할에서 지역안보 역할로 확대함으로써 미국의 아시아태평양 군사패권의 도구로 삼으려는 미국의 군사전략에의 편입을 의미한다.

이와 같은 미국 무기체계는 특히 고도의 기술을 요구하기 때문에 이를 독자적으로 운용할 수 있는 기술이 없는 한국으로서는 대미 군사적 종속이 더욱 심화될 수밖에 없다. 정보자주화를 명분으로 한 미국 무기의 도입이 도리어 미국에 대한 예속을 강화시키는 모순을 가져온다는 점에서도 정보관련 미국 무기 도입은 그 정당성을 상실하고 있다.

또 조기경보통제기의 경우 그 기능이 대북 첩보수집이 아니라 대북 선제공격을 실행할 수 있는 공중지휘 기능이기 때문에 대북 정보전력 확

---

38) 국방부, 『한국의 국방비』, 2004, p.30 참조.

충이라는 명분과도 맞지 않는다.

이는 한미연합사 작전계획의 폐기 없이는 미국에 대한 정보의존에서 벗어날 수 없으며 우리 힘으로 한반도 평화를 개척해 나갈 수 없다는 것을 말해준다.

결국 정보전력의 대미 종속을 탈피하기 위해서는 작전계획 5027 및 5026을 폐기시키고 한미동맹의 지역동맹화에 대한 미국의 강요에 응하지 말아야 한다. 그와 함께 한반도 및 동북아에서 끊임없이 군사적 긴장을 높이고 군비경쟁을 촉발하는 미국의 초과잉 정보전력을 한반도로부터 전면적으로 철수시켜야 한다.

6. 결론: 우리 독자적인 안보관을 정립해야 한다.

대미 종속적인 군사지휘체계에서 벗어나기 위해서는 작전지휘권 환수와 한미연합지휘체계의 해체에 그쳐서는 안 되며 미국의 군사전략에서 벗어나 자주적인 안보관을 정립해야 한다. 우리나라가 자주적인 안보관을 갖지 못하고 미국의 군사전략을 그대로 우리 자신의 안보전략으로 삼는다면 작전지휘권을 반환 받더라도 대미 예속성은 떨쳐버릴 수 없다.

북한에 대한 압도적인 군사력 우위를 추구하는 안보 전략은 상대방의 희생을 통해서 안보를 확보한다는 절대안보 개념에 기초해 있다. 작전계획 5027도 이와 같은 절대안보에 입각해 있다. 절대안보전략은 북한과의 끊임없는 소모적 대결을 불러오고 우리 국민에게 무한대의 부담을 강요하며 우리 민족의 화해와 통일에도 역행한다. 이와 같은 안보전략은 북한을 군비경쟁에로 내몲으로써 안보를 더욱 위태롭게 하며 남쪽 혼자 힘으로는 북한을 압도할 수 없기 때문에 대미 군사적 종속을 자초하게 된다.

‘불특정 위협’을 명분으로 작전반경이 한반도를 훨씬 벗어나는 무기를 도입하고 있는 것 역시 절대안보 개념에서 벗어나지 못한 소치이다. 불특정위협론은 중국, 러시아, 일본을 군사경쟁 대상국으로 간주함으로써 스스로 감당할 수 없는 군사비 부담과 대미 군사적 종속을 자초하는 안보전략이다. 그것은 우리나라를 앞세워 중국, 러시아를 견제, 포위하려는 미국의 군사전략에 휘둘린 결과일 뿐이다.

군사강국들로 둘러싸인 한반도의 지형은 절대적인 군사력 우위를 통한 안보의 확보란 사실상 불가능할 뿐만 아니라 어리석은 생각이며 상대의 안보와 체제를 인정하고 공존하는 가운데 전쟁을 예방하기 위한 적극적인 조치를 상호 합의함으로써 안보를 꾀해 나가는 협력안보만이 유일한 대안임을 웅변해준다.

협력안보로의 이행을 위해서는 북한에 대한 공격적인 방어전략 및 선제 공격전략과 한반도 주변국을 겨냥한 불특정위협론을 폐기해야 한다. 대신 전수방위와 방어적 충분성에 입각하여 '최소한의 방위력'을 갖추는 안보전략을 채택해야 한다.

여기서 말하는 최소한의 방위력이란 국토(영토·영해·영공) 밖으로 나가지 않고, 또 나갈 수 없는 최소한의 방어력을 일컫는다.

이와 같은 안보전략하에서는 외세의 힘을 빌릴 필요도 없고 불필요한 자원의 낭비를 막을 수 있으며 북한의 의구심을 지울 수 있으므로 훨씬 더 주동적으로 군사적 신뢰와 평화군축, 통일을 주도해나갈 수 있다. 나아가 우리나라는 외세의존에서 벗어나 중립적인 위치에 서게 되고 동북아세력균형자로서의 지위를 확보하게 됨으로써 한반도 평화를 공고히 하는 데 필수적인 동북아 다자간 협력안보를 주도해나갈 수 있게 된다.

4장

한미상호방위조약의 불평등성과 우호협력적 한미관계의 모색

1. 한미상호방위조약과 한미동맹

1) 한미군사동맹의 성격

한반도의 자주적 평화달성을 가로막고 있는 주한미군은 한미상호방위조약에 법적 근거를 두고 있다. 한미상호방위조약에 의한 미래한미동맹정책구상회의는 최근 미국의 '해외주둔미군재배치계획(Global Posture Review)'에 따라 한반도를 '전투력투사중추기지'와 '주요작전기지'의 중간급 기지로 역할을 전환하고[1] 최소한 50년 더 나아가 영구적인 미군의 한반도주둔을 모색하고 있다. 한반도를 미국의 군사기지화하는 논의가 한미동맹이라는 미명하에서 이루어지고 있다.

사실 동맹관계는 공동의 이익과 목표를 추구하기 위하여 동맹에 참여한 국가들이 자국의 모든 수단과 자원을 투입할 것을 약속하는 잠재적 공동체로 정의된다.[2] 공동의 적을 전제로 하여 성립되는 동맹관계는 당

---

1) 《연합뉴스》 2004. 5. 19.

사국간의 문서에 의한 명시적인 합의로서 상호간에 구속력을 갖는 동맹
조약에 의하여 공식화된다. 따라서 군사동맹조약은 구체적으로 당사국간
의 상호의존성을 천명하고, 공동의 적대세력에 대한 외교정책의 조화,
군사계획의 조정, 군비부담의 분배, 위기시의 협력 등을 약속하는 법적
문서이다. 이러한 군사동맹조약은 냉전시대에 패권국가간 세력권 형성과
비밀외교를 위한 법적 도구로 이용되었다.

한국과 미국 간에도 한미상호방위조약을 통하여 군사동맹관계가 법제
도화되었다. 하지만 한미상호방위조약은 단순한 군사동맹관계를 문서화
한 것이 아니었다. 한미상호방위조약을 통하여 한국의 지배층은 외교적
곤란이나 국내 정치적 위기 시에 미국에 보호와 지원을 요구해왔으며,
미국은 주한미군을 지렛대로 하여 군사 분야뿐만 아니라 정치·경제·사
회·문화의 모든 분야에서 한국정부의 정책적 자율성을 제한하는 행태를
보여왔다.[3]

2) 한미동맹관계의 변화

남한의 대북포용정책과 북핵문제에 대한 대응의 변화를 계기로 한반
도에서 한미 양국이 추구하는 공통의 이익에 괴리가 확인되고 있다. 대
북교류협력정책을 적극적으로 추진하고 있는 한국정부와 국민의 대북인
식변화[4]가 한미상호방위조약의 변화를 압박하는 가장 큰 표면적 요인으

---

2) Robert E. Osgood, *Alliances and American Foreign Policy*, Johns Hopkins Press, 196
   8, p.19.

3) 미국은 한국에서 미군을 철수하겠다는 명시적 또는 암묵적 위협을 통하여 한국을 지
   배하는 수단을 확보하고 있으며, 한국의 경우 미국의 동맹철수 위협은 국내적으로
   국가안보와 관련된 정치적 위기뿐만 아니라 경제적으로도 큰 타격이 되기 때문에
   미국의 의지를 받아들이지 않을 수 없었다.

4) 2003년 한국 갤럽여론 조사에 의하면 북핵위기가 최고조에 달했던 2003년 2월 북
   한의 전쟁도발을 우려하는 한국 사람은 37.1%였으며, 이는 1992년의 69.2%에 크
   게 대비되는 수치이다.

로 지적될 수 있지만 그 본질은 한미간의 관계가 자본주의의 중심국과 주변국 사이의 불평등 관계에서 벗어나야 할 뿐만 아니라 한반도의 냉전체제 해체와 평화공존의 지향이라는 새로운 패러다임을 반영하여야 한다는 당위성에 있다.[5]

세계경제에서 한국이 차지하는 위상의 극적인 변화와 대북안보에 대한 한국 국민의 인식변화는 미국의 안보보장을 전제로 유보하였던 국내외적 문제대응에 있어서 정책적 자율성을 회복하여야 한다는 논리로 이어질 수밖에 없다. 과거 미국과 미군이 한반도에서 했던 역할을 일방적으로 폄하하지는 않는다고 할지라도 미국의 일방주의에 의한 한미관계와 주한미군에 대한 특권적 지위보장이라는 수직적 국가간의 계급관계를 더 이상 존속시켜서는 안 된다.

미국 또한 대소(對蘇)봉쇄와 민주주의의 확산, 그리고 동북아 평화유지라는 명분에 근거한 구시대적인 동맹형태를 고집하지 않는다. 보다 평등한 한미관계를 형성하려는 한국 국민의 노력에 대응하여 미국은 한국을 위해 일방적으로 비용을 부담하지 않으려고 한다. 미국은 한국의 군사안보를 보장하기 위한 보험국가의 역할을 더 이상 지속하지 않겠다는 의지를 보이고 있다. 미국은 장래에 있어 미국의 안보요구를 혈맹이나 우호라는 감정적인 수사가 아니라 국가이익이라는 이성적 판단에 근거하여 결정하고자 한다.

이는 한미군사동맹의 토대에 의미 있는 변화가 이루어져 있으며, 한미군사동맹에 대한 한미 양국 정부의 이해와 국민의 정서 또한 매우 깊은 곳에서 균열이 발생하고 있음을 반영하는 것이다.[6] 조약의 일방당사국이 갖고

---

5) 국제법 변화압력의 근본 이유는 첫째, 관련국가간의 위계질서 변화욕구, 둘째, 세계국가의 건설과 같은 새로운 패러다임의 형성추구, 셋째, 세계질서를 사회경제적으로 재편성하기 위한 노력 등으로 나눌 수 있을 것이다. 벤둘카쿠발코바·알버트 크릭샹크 공저, 김성주 옮김, 『마르크스주의와 국제관계론』, 한길사, 1990, 227쪽 참조.
6) 미국 내에서는 '한국이 더 이상 미국의 동맹국이 아니라 중립국'이라는 인식도 존재한다. W. Safire, "The Asia Front," New York Times, March 10, 2003.

있는 정체성(identity)의 변화는 국가이익에 대한 인식을 변화시키고 그에 따라 동맹에 대한 인식을 변화시키게 됨은 당연한 것이다. 정체성의 변화는 국가의 목표와 이해구도를 새롭게 규정하고 국익을 확보하기 위해 취해야 하는 조치와 상황에 대한 인식변화를 가져오기 때문이다.[7]

3) 한미동맹관계의 성격 전환 요구

동맹국가간에 발생하는 갈등은 동맹에 대한 의지의 위기를 표현하는 것이 아니라 상황의 변화를 표현하는 것으로 이해할 수 있다.[8] 그러나 이는 동맹관계의 타방당사국 국민이 가지는 자결권을 지속적으로 제한하려는 해석이다. 한미 양국이 인정하여야 하는 눈앞의 현실은 한미동맹의 직접적 체결동기가 된 한미양국의 군사적 이익과 목적이 달라지고 있다는 것이다. 한미동맹체결의 직접적 원인이 된 북한에 대한 인식이 상충되고 있으며, 한미동맹의 배경이 된 한국의 미국경제에 대한 절대적 의존관계가 완화되었다. 그리고 국제사회에서 국가간의 평화공존이라는 새로운 패러다임이 요구되고 있는 현실에서 한미상호방위조약은 반민족적이고, 시대착오적이며, 반평화적 군사동맹조약으로 변질되고 있다.

동맹은 그 기반이 되는 정치적 인식이 변화하거나 국제환경의 변화에 따라 해소될 수 있는 것이므로[9] 이하에서는 시대적, 국제정치적 그리고 한미간의 경제원조관계의 측면에서 한미상호방위조약의 비대칭성을 살펴보고, 비대칭성에 근거한 동맹조약으로서 한미상호방위조약의 불평등성과 한계를 분명히 함으로써 주권평등의 원칙에 입각한 한미간의 수평성과 평화공존을 위한 새로운 조약체결의 필요성을 검토하고자 한다.

---

7) Colin H. Kahl, "Constructing A Separate Peace: Constructivism, Collective Liberal Identity and Democratic Peace," *Security Studies*, Vol. 8, No. 2/3, 1999, p.107.

8) Earl C. Ravenal, "Nato: A Crisis of Will or Situation?," *Cato Policy Report* 7, no. 6(Nov./Dec. 1985), p.12.

9) 이기택, 「한미동맹의 현실과 전망」, 《군사논단》 제25호(2001년 겨울호), 16쪽.

2. 한미상호방위조약의 비대칭성

1) 한미상호방위조약의 체결

1950년 6월 25일 한국전쟁 발발 후 미군이 중심이 된 국제연합군이 한국전쟁에 참여하였다. 미군은 국제연합의 목적달성을 위한 국제연합군이라기보다 자국이 후견하였던 남한 및 동북아에서의 자국이익을 확보하기 위해 미국의 군대로 한국전쟁에 개입하였다.[10] 당시 한국과 미국은 공식적인 군사동맹조약을 체결하지는 않았지만 한국정부의 성립에 있어 미국의 역할과 한미간의 상호군사원조협정을 고려하면 한미 양국은 사실상(de facto)의 군사동맹관계에 있었다.

미국은 대소봉쇄(對蘇封鎖)라는 미국의 국가이익을 반영하여 한국전쟁에 참전하였지만 중국군의 개입에 따라 한국의 통일보다는 한반도에서 조속한 미군철수를 위해 휴전협정에 관심을 두게 되었다. 처음 미국의 휴전전략에 반대하던 한국정부는 정전협정체결에 협조하는 대신에 한미상호방위조약을 체결하고자 하였다. 동 조약을 통하여 북한의 남침을 억제하고 전쟁발발 시 생존이라는 사활적 이익과 무력북진통일을 위한 미국의 군사적 보증을 확보하려는 의도였다.[11] 이와 달리 미국은 자국의 국가이익에 도움이 되지 않는 한반도에 군사적으로 직접 개입하게 되는 한미상호방위조약의 체결보다는 군사경제원조를 통한 간접적인 개입을 원했다.

결국 미국은 한국의 반공이념이 미국의 기본이익과 부합된다는 판단

---

10) 김계동, 「한미관계의 재조명」, ≪국제정치논총≫ 제41집 2호, 2001, 8쪽 주 2 참조. 한국에 참전한 국제연합군에 대하여 국제연합군이 아닌 다국적군으로 이해하는 견해는 Michael Akehurst, *A Modern introduction to International Law*, George Allen and Unwin, 1984, 185~186쪽.

11) 이영희, 「1953년 한미상호방위조약-북진통일과 예속의 이중주」, ≪역사비평≫ 17권(1992 여름), 45쪽.

과 미국의 휴전협정체결의사에 반대하는 한국정부를[12] 설득하기 위해 한국이 요구하는 한미상호방위조약의 체결을 약속하고 정전협정(停戰協定)을 체결하였다. 한미상호방위조약의 체결에 있어 한국정부는 반공포로의 석방이라는 벼랑 끝 전술까지 동원하여 미국을 강제하여야 하는 절박한 입장이었으며 미국은 휴전협정의 체결이라는 정책목표의 달성을 위해 한국의 요구를 최소화하는 범위 내에서 상호방위협정의 체결을 받아들이자는 입장이었다. 따라서 협상의 칼자루는 미국이 쥐고 있었으며 그 결과 조약은 한국보다는 미국의 입장을 반영한 불평등한 내용을 포함하게 되었다.

이러한 배경에서 체결된 한미상호방위조약은 한반도 내에서 그 기능이 시대에 따라 달라졌다. 즉, 동 조약의 체결 이후 1960년대와 70년대까지 냉전기에 있어서 한미관계는 미국의 압도적인 영향력으로 특징 지워지며, 이 기간 동 조약은 동서간의 이념대립에서 대공산권 무력시위의 첨병으로서의 기능을 하였다.[13] 1980년대의 탈 냉전기에 한미상호방위조약은 미국의 세계전략에 차질을 줄 수 있는 한반도 무력충돌 억지기능, 냉전구조해체기에 있어서는 정통성이 허약한 한국정부의 정책적 자율성 제한 기능을 수행하였다. 1990년대 이후 남북교류협력기에 한미상호방위조약은 남북의 적극적인 대화와 협력을 통해 이루어지고 있는 교류협력과 군사적 신뢰형성을 방해하며 한반도에서의 긴장고조와 민족이익 이간기능 등으로 그 기능이 변화하였으며, 한국군의 이라크 파병과 같이 미국의 세계전략상 필요에 따라 한국군을 동원하기 위한 압박수단으로 작용했다.

---

12) 위의 글, 31쪽 참조.

13) 한국은 미국의 군사원조를 받기 위해 1954년 2월 한국군을 '반공십자군'으로 인도차이나에 파병할 것을 제안했고, 1958년에는 인도네시아에, 1959년에는 라오스 내전에 파병할 것을 제안하였다. 한홍구, 「한국의 군대와 사회」, 『한국과 일본의 치안법과 형사사법제도의 비교검토』 세미나 자료집(서울대 BK21 법학연구단 공익인권법센터 주최, 2003. 10. 25), 9쪽. 그리고 브라운 주한 미 대사의 요청에 의해 1964년 비전투병파견을 시작으로 1973년까지 한국은 베트남전쟁에 한국군을 파병하기에 이른다.

2) 한미관계의 비대칭성과 한미상호방위조약의 불평등성

(1) 비대칭조약으로서 한미상호방위조약

한미상호방위조약의 체결 배경이 된 해방 이후 1950년대 말까지의 시대는 '원조의 시대'로 언급된다. 경제원조는 1950년대 일반적 국제경제 현상이며 미국이 주도하였고 한국은 미국의 수많은 원조대상국의 하나였다.[14] 원조는 그 자체로서는 원조 제공국 자원의 실질적 비용이지만 장기적으로 수출을 촉진시키고 군사·정치적 연결을 강화함으로써 영향력을 확대하는 투자이다. 원조는 비이윤적이고 협력적인 것이 아니라 선진국의 국가독점자본이 생존과 확대를 위한 운동방식이기 때문이다. 그리고 미국의 대한(對韓) 경제원조는 기본적으로 그 동기와 성격에 있어 군사적 목적을 위한 원조였다.[15] 미국은 한국전쟁의 종전 이후 1951년 제정된 상호안전보장법(Mutual Security Act)에 의거하여 한국에 방위지원원조를 하였다.[16] 이러한 동기와 목표에서 원조가 이루어지기 때문에 원조받는 국가는 자본주의를 수출하려는 원조국의 세계시장의 일부로 재편성되고 국가의 자율적 재생산구조와 정책결정권이 형성되지 않으며 대외의존성이 확대된다. 결국 원조를 받는 국가는 경제적으로나 군사적으로 원조국의 종속적 지위로 전락하는 과정을 밟게 된다.[17]

구체적으로 해방 이후 1953년까지 미국은 한국에 10억 달러의 경제원조를 제공하였으며, 1954년부터 1961년까지는 21억 달러를 제공하였

---

14) 한미상호방위조약이 서명된 1953년 미국의 대한 원조액은 1억 9,417만 달러였다.

15) 박찬일, 「미국의 경제원조의 성격과 그 경제적 귀결」, 『한국경제의 전개과정』, 돌베개, 1981, 70쪽.

16) 방위지원원조는 미국의 군사원조를 받는 국가 중에서 당해 국가의 경제력 이상으로 방위계획을 수행함에 따라 인플레이션 위기에 직면해 있거나 산업구조의 개편이 저해되고 있는 국가에게 지원되는 원조이다. 홍성유, 『한국경제의 자본축적과정』, 고려대학교출판부, 1965, 257쪽.

17) 박찬일, 앞의 논문, 73쪽, 정일용, 「6.25 동란후 미국원조의 성격과 그 귀결」, 『한국경제론』, 까치, 1987, 78쪽.

다. 그리고 해방 이후 1961년까지 약 16억 달러의 군사원조가 이루어졌다.[18] 1953년 한국의 총수입에서 원조가 차지하는 비율은 55.5%였으며, 1956~58년간에는 82~85% 수준으로 상승하였고, 1960년 전후에는 90%에 달하였다.

따라서 한미 양국간의 조약체결에 있어 한국과 미국은 협상의 대등한 능력을 기대할 수 없는 관계였다. 한미상호방위조약 체결당사자간의 비대칭성을 실증하는 한국에 제공한 미국의 원조는 필연적으로 조약내용의 불평등으로 귀결될 수밖에 없었다.

(2) 한미상호방위조약의 불평등성 심화

지금까지 한미관계는 비대칭성을 특징으로 하는 동맹의 논리에 의해 유지되어왔다. 초강대국과 약소국 간의 후견-피후견 관계로서 비대칭적 동맹관계는 과거 미·소 양 대국의 군사적 대립체제 속에서 일반화된 형태이다. 비대칭적 국가간의 동맹관계는 국가정책결정의 자율성에 제한을 가져오며 이는 한미동맹관계에도 그대로 적용된다. 이른바 안보와 자율성의 상호교환은 특히 한국과 미국처럼 국력에 현저한 차이가 있는 비대칭 동맹관계에서 두드러진다.[19] 결국 한미간의 안보동맹은 당사국간의 힘의 차이(비대칭성)만큼 그 내용에 있어 안보와 자율성의 상호교환의 폭과 깊이가 확대될 수밖에 없었다. 즉 동맹조약을 통하여 자국의 안보를 타국에 의존하는 대신 포기하여야 하는 자국의 군사적, 외교적, 더 나아가서는 국내정치적 자율성의 폭과 깊이는 동맹조약 체결당사국간의 힘의 차이에 비례한다고 할 수 있다.

---

18) 휴전 이전 미국이 한국에 제공한 원조의 종류를 보면 구호성의 GARIOA원조, ECA원조, CRIK원조였으며, 휴전 이후에는 준군사적인 FOA-ICA원조, 경제부흥성의 잉여농산물원조, DLF원조, UNKRA원조 등이었다. 이러한 다양한 한국에 대한 원조의 종류는 한국의 대미의존도를 반증하는 것이다. 구체적인 내용은 정일용, 위의 논문, 91~95쪽 참조.

19) 장노순, 「교환동맹모델의 교환성:비대칭 한미안보동맹」, ≪국제정치논집≫ 제36집 1호, 1996, 79쪽 이하 참조.

하지만 한국의 국력은 한미상호방위조약을 체결하던 당시와 비교하여 극단적인 상승이 이루어졌다. 현재 한국은 세계에서 13번째의 교역국가이며,[20] 2002년 현재 국내총생산(GDP)은 4,704억 달러로서 세계 11위이다. 미국의 경제원조를 받지 않음은 물론이며 미국의 주요 교역당사국이다. 미국은 한국의 경제발전을 이유로 주한미군의 방위비 분담을 요구하고 있다. 그동안의 일방적인 안보지원의 수혜자로서 무임승차(free rider)의 위상을 탈피하여 주한미군의 운영비 일부를 부담하라는 것이다. 이에 따라 한국정부는 1989년부터 방위비를 분담하고 있으며 1991년 방위비분담특별협정을 체결하였다. 1999년 현재 방위비 분담률은 일본에 비하여 낮은 편이지만 독일에 비해서는 높은 편이다.[21] 이렇듯 한미관계의 비대칭성은 개선되었으나 한미상호방위조약의 불평등성은 1953년이라는 시간에서 정지되어 있으며 이때 이루어진 안보와 정책적 자율성의 상호교환 내용은 개선되지 않고 있다. 결국 현재의 한미상호방위조약은 체결당시와 달리 미국의 이익을 더 많이 보호하는 조약이 되었다. 즉 주한미군을 통해 미국은 한국 내에서 거대한 정치경제적 이익을 확보하고 있음에도 한국이 주한미군의 주둔비용을 부담하고 있다. 더 나아가 한미상호방위조약을 매개로 하여 미국은 동북아에 있어서 중국과 러시아에 대응하는 자국의 입지를 강화하고 있다. 한미상호방위조약을 통해 한미 양국이 얻는 국가적 이익은 그 균형을 상실하고 있다. 한미간의 비대칭성의 폭이 과거와 다르게 현격히 개선되었음을 고려할 때 한미상호방위조약은 형평성과 호혜성을 상실하고 있는 것이다. 하지만 미국이 한미상호방위조약의 개정에 응하지 않는 한 그 효력은 무기한으로 인정되고, 그렇다고 동 조약을 폐기하기에는 맹목적이기는 하나 국민적 불안이

---

20) WTO, Leading exporters and importers in world merchandise trade 2002. http://www.wto.org/english/res_e/statis_e/its2003_e/section1_e, 2003. 12. 30. 참조.

21) 1999년도 방위비분담내역은 직접지원 3.25억 달러, 간접지원 3.97억 달러 총 7.21억 달러로서 주한미군의 총주둔비용의 35%를 차지하고 있다. 대한민국 국방부, 『한미동맹과 주한미군』, 2002, 71쪽.

존재하며 한국정부의 자주적 한반도 평화달성 의지도 부족하기에 시대착오적 불평등성이 유지되고 있다.

3) 한미동맹관계의 변화요구

(1) 한미동맹관계의 변화

동맹은 국익에 기초한 것이며 국익의 변화에 따라 동맹도 변화한다. 공동의 이해는 가상의 적을 설정하고 그에 대응한 안보라는 차원에서의 이해만을 의미하는 것은 아니다. 군사적 동맹관계는 경제적, 사회적, 정치적 이해와 득이 상호간에 각각 존재한다는 것을 상징하는 것이다. 탈냉전 시대의 국내외적 안보상황의 변화 속에서 미국의 부시행정부는 자국중심주의적 국가이익의 관점에서[22] 한반도 문제를 보고 있으며, 한국은 민족주의적 국가이익의 관점에서 주한미군과 한미동맹관계를 보기 시작하였다.[23] 양자간에 북한에 대한 이해에 틈이 발생하고 그 틈이 확대되고 있다. 북한에 대한 한미간의 인식의 틈이 확대된다고 할지라도 남북간의 신뢰가 완전히 회복되지 않은 현실에서 한국정부는 명백하게 현존하는 불안요인으로서 북한으로부터 완전히 자유로울 수 없다. 또한 안보의 불안은 국가경제와 정치에 심각한 영향을 주기 때문에 한미상호방위조약의 즉각적인 폐기는 현 단계에서의 대안일 수 없다. 미국의 입장에서도 대량살상무기를 확산하는 테러 지원국으로 북한을 지목하고 냉전 이후 최대의 위협요인으로 인식하고[24] 있는 현실에서 북한과 지근

---

22) 한반도에서 미국의 이익은 민주주의와 시장경제체제의 확산과 유지에 있으며, 통일 후에도 한반도가 미국이 영향권에 남아 동북아지역에서의 미국의 경제, 안보 이익을 관철시키는 데 있다. CSIS Working Group Report, A Blueprint for U.S. Policy toward a Unified Korea, CSIS, August 2002, 15쪽.

23) 강성학, 「주한미군과 한미관계: 중년의 위기인가 황혼이혼인가?」, ≪IRI 리뷰≫ 제7권 제1호, 2002년 가을호, 18~19쪽.

24) 미국 여론조사기관 Zogby가 2003년 3월 10일 공개한 조사결과에 따르면 미국인의 30%가 북한이 미국에 가장 위험하다고 응답하여 32%인 알 카에다에 이어 두

거리에 있는 한국에 미군을 배치하는 것은 현실적인 최선의 대북압박수
단이기에 한미상호방위조약의 즉각적인 폐기에 쉽게 동의하기 힘들다.
또한 세계11위의 경제대국으로 성장해 있는 한국과의 경제적 이해, 그리
고 넓게는 중국 및 러시아, 그리고 일본을 포함하는 동북아에 있어 미국
의 영향력 유지를 위해 주한미군을 철수하는 결정을 쉽게 내릴 수는 없
을 것이다.[25] 이러한 미국의 중대한 이익이 한국에 존재하는 한 한국정
부가 주도적으로 한미상호방위조약의 불평등성을 해소하고 보다 수평적
인 한미관계를 형성하기 위한 고리는 형성되어 있는 것이다.

(2) 동맹관계형성의 요인변화

동맹은 영속적인 것이 아니며 필요에 의하여 탄생한 만큼 언젠가는
해체되거나 포기될 수밖에 없다. 한미동맹의 경우 불평등한 동맹관계의
변화를 요구하는 여러 요인들이 존재하고 있다.

첫째, 동맹의 목표인 북한이 많이 약화되었고 상대적으로 한국의 국력
및 군사력이 크게 발전하였다. 북한은 1980년대 후반부터 시작된 경제
난, 식량난, 에너지난 등으로 국가운영이 어려워지기 시작하였고, 이에
따라 군사력의 확충도 거의 이루어지지 못하였다.[26]

둘째, 한국의 대북한 관계개선정책으로 남북간의 긴장관계가 많이 완
화되었다. 김대중 정부 이후 대북화해협력정책은 남북간의 적대감 해소
와 평화적 공존을 위한 냉전체제의 해체에 중점을 두었다. 이에 따라 남
북정상회담과 공동선언문이 발표되었고, 한국의 참여정부는 한반도 평화
체제의 구축과 북한이 참여하는 동북아번영정책을 표명하고 있다. 이는

번째로 위협적인 존재로 인식하고 있다. 김일영 외, 『주한미군』, 한울, 2003, 12쪽.
25) Joseph S. Nye, Jr., "The Case for Deep Engagement", *Foreign Affairs*, July/August 1995,
    95쪽.
26) 북한의 1985년 국방비 지출은 59억 달러였으나 97년 23억 달러, 98년 20억 달러
    로 대폭 축소되었다. 이에 비하여 한국은 85년 90억 달러에서 98년 129억 달러로
    증가하였다.

한미상호방위조약의 목표인 북한으로부터의 위협제거를 한국과 미국이 연합하여 형성한 힘이 아닌 남북의 민족간 대화와 협력으로 달성하고 있는 것이다. 이 경우 한미동맹은 해체되지 않더라도 동맹의 성격변화는 불가피하다.

셋째, 북미간의 관계개선도 한미동맹의 변화에 큰 동인(motive)이 될 수 있다. 미국은 1988년부터 북한과 참사관급 회담을 시작하였으며 1992년 이후에는 차관급의 고위회담이 개최되었다. 클린턴 행정부 시절에는 올브라이트 국무장관의 방북과 김정일 국방위원장 면담이 성사되기도 하였다. 현재의 부시 정부는 클린턴 정부보다 강경한 대북정책을 수행하고 있지만 북한에 대한 개입정책과 영향력을 제고시키는 기본전략은 변하지 않을 것으로 관측되고 있으며, 북한도 미국과의 관계개선을 원하고 있는 것으로 이해된다.[27]

넷째, 한국 내 미국에 대한 비판세력의 확대는 한미동맹관계의 개선에 강력한 압력요인이 되고 있다.[28] 한국에서 발생한 미군장갑차에 의한 두 명의 여중생 사망사건, 주한미군의 한강독극물방류사건, 매향리 미군부대폭격훈련사건, 한국전쟁 당시 노근리에서 발생한 미군의 민간인학살사건 등은 한미동맹의 존속에 부정적 역할을 하는 요인들이다. 여론에 기초하여 한국의 정치적 결정권자가 한미동맹을 파기함으로써 소요되는 안보비용보다 국내정치적 이익이 크다고 생각되는 경우 동맹은 파기될 수 있다.[29]

다섯째, 해외주둔 미군에 대한 부시행정부의 인식변화이다. 미행정부는 미군이 해외에 과다배치되어 있다는 인식하에 주한미군을 포함한 해

---

27) 북한의 핵무기개발 위협이나 미사일 등 대량살상무기 등은 대미 협상의 중요한 카드로 사용되고 있으며, 직접적으로 미국을 위협하려는 것으로 보이지는 않는다.

28) 미국정부에 대한 호감도를 묻는 2003년 2월 12일자 중앙일보의 여론조사보도에 의하면 전체적으로 47.4%가 '싫다', 36.7%가 '중립', 15.9%가 '좋다'고 응답하였다.

29) Stephen M. Walter, "Why Alliances Endure or Collapse", *Survival* Vol.39, No. 1, Spring 1997, 158~161쪽; 김계동, 「한미동맹관계의 재조명」, ≪국제정치논총≫ 41권 2호, 2001, 14~15쪽.

외주둔 미군의 조정과 감축 및 재배치를 추진하고 있다. 주한미군은 한미동맹의 중심고리이기 때문에 주한미군의 기능 변화는 한미동맹의 변화로 귀결된다.

3. 한미상호방위조약의 내용 검토

1) 조약적용의 범위

(1) 조약적용의 영토적 범위

한미상호방위조약의 제3조는 조약이 적용되는 한국의 영역에 관하여 "당사국의 행정지배하에 있는 영토"라는 표현을 통하여 한반도 38도선 이남의 한국정부를 규정하고, "각 당사국이 타당사국의 행정지배하에 합법적으로 들어갔다고 인정하는 금후의 영토에 있어서"라는 표현으로 남북통일 이후 한국의 영토로서 한반도를 표현하고 있다.

하지만 1953년 7월 9일 미국정부에 제시한 한국 측의 협정초안은 제2조에서 "대한민국의 영토는 한국의 전통적 영역 전체로서 특히 북방에서는 압록강과 두만강을 경계로 함을 확인한다"고 규정하고 있었다.[30] 이는 한국정전협정이 성립된 후 한국에 의한 '무력북진통일' 전쟁을 합법화하고 이에 대한 미국의 지원을 이끌어내기 위한 의도를 내포한 것이다. 한미상호방위조약에서 한국의 영토를 한반도 전체로 하는 경우 한국이 침략당했을 때 미국이 부담하여야 하는 의무는 38선 이남이 아닌 한반도 전역에서 침략군을 몰아내야 완수되는 것이 된다.

다른 측면에서 현재의 한반도 상황이 준(準)전시이며 한국의 법현실이 북한의 국가성을 부정하고 반국가단체로[31] 규정하고 있는 상황에서 중

---

30) 이영희, 「1953년 한미상호방위조약-북진통일과 예속의 이중주」, ≪역사비평≫ 17권, 1992 여름, 43쪽.

국이나 러시아 등 외세가 개입하지 않은 한반도 내 분쟁에 대하여 미국이 간여할 의무나 권리가 있는지는 검토해봐야 한다. 왜냐하면 한미상호방위조약의 미합중국 양해사항은 체약당사국에 대한 '외부'로부터의 무력공격의 경우에만 원조의무를 부담한다고 명시하고 있기 때문이다. 만약 북한을 외부로 이해하지 않는다면 한미상호방위조약을 통해 미국이 한국에 대하여 부여하고자 하는 보장의 내용이 무엇인지 모호해진다. 분명 한미상호방위조약에 의해 한국에 주둔하는 미국은 북한의 무력남침을 방어하기 위한 것이기 때문이다. 따라서 '외부'라는 용어는 현재 한국정부의 실효적 통치지역 이외의 지역을 말하는 공간적 의미와 함께 한반도 내에서 남한과 별개의 북한이라는 정치군사적 실체를 인정하는 것으로 이해된다.

또한 이 규정은 한반도의 통일 이전과 통일 이후에도 한반도 내에 한미상호방위조약을 적용할 수 있는 통로로 이해될 수 있으나 한반도의 통일과정에서 남북한 정부가 공식적으로 예정하고 있는 남북연합이나 연방제하에서 북한영역은 한국의 행정지배하에 있는 영토가 아니기 때문에 한미상호방위조약의 작동이 논리적으로 불가능하게 된다. 제3조는 한미상호방위조약의 체결목적을 규정하는 가상적대세력 조항이며 명시적 언급은 없지만 그 배경을 고려할 때 현재 북한만이 가상적대세력으로 특정되어 있다. 한미상호방위조약은 북한으로부터의 공통의 위협에 대처하기 위하여 체결되고 존속하고 있는 것이다. 따라서 가상적대세력이나 공통의 위협이 소멸될 때 즉, 통일 이전이라도 한반도에 평화체제가 공고화된 경우 한미상호방위조약의 체결목적이 해소되었으므로 동 조약이 종료되어야[32] 함을 말하는 것이다.

---

31) "북한은 조국의 평화적 통일을 위한 대화와 협력의 동반자임과 동시에 적화통일노선을 고수하면서 우리의 자유민주주의 체제를 전복하고자 획책하는 반국가단체라는 성격도 아울러 가지고 있다고 보아야 하고, 남북정상회담의 성사 등으로 북한의 반국가단체성이 소멸하였다고 볼 수는 없다." 대법원 2003. 5. 13. 선고, 2003도 604 판결.

(2) 조약적용범위의 확대문제

한미상호방위조약에 근거하여 이루어지고 있는 미래한미동맹정책구상(FOTA) 회의는 최근 주한미군을 동아시아 지역군으로 재편하는 데 합의하였다. 이는 미국의 '해외주둔미군재배치계획(GPR)'에 따른 것으로 한미상호방위조약에 예정하고 있는 주한미군의 역할범위를 넘어선 것이다.

앞에서 살펴본 바와 같이 한미상호방위조약은 남한영역이 외부로부터 무력공격을 받은 경우에 방어적인 집단적 자위권의 발동을 목적으로 체결되었다. 미군이 한국의 영토와 그 주변에 배치되어 기지와 시설을 이용하는 권리는 남한에 대한 무력공격을 방지하기 위한 목적으로만 '허여'된 것이다. 그럼에도 불구하고 주한미군을 아시아지역의 기동군으로 변화시키는 한미당국의 합의는 한미상호방위조약의 체결목적이나 적용범위를 넘어서서 아시아지역 주변국들과 한국 간의 긴장관계를 형성하게 될 것이다. 주한미군의 한국주둔은 아시아지역의 군사적 사태에 대응하기 위한 목적이 되고 이 경우 한국 내 주한미군의 증강과 이동이 이루어지는 행위는 한미상호방위조약의 체결목적을 벗어난 군사력의 운용이며 인정될 수 없다. 한미상호방위조약은 주한미군이 한반도에 평화상태가 정착될 때까지 제한적인 목적으로만 주둔하는 것을 허용하고 있기 때문에 한반도의 평화와 직접적인 관계가 없는 사태와 관련하여 주한미군이 작전을 수행하는 것은 명백하게 조약에 위반되는 행위이기 때문이다. 이는 한미간에 주한미군의 이동과 관련한 사전협의 절차를 마련하고 한국의 동의하에 이루어진다고 하더라도 마찬가지이다. 더욱이 한국 헌법은 국제평화주의를 기본원리로 하고 있으며 침략적 전쟁을 부인하는 명문의 규정을 두고 있으므로 한국정부가 주한미군의 방어적이지 않은 군사력 운용을 허용하는 것은 위헌적 권한행사가 된다. 또한 국제연합의 결의가 없는 상태에서 한국군이 미국의 GPR과 관련하여 남한의 영역을

---

32) 비엔나조약법협약의 제61조는 조약의 후발적 이행불능의 사유로 '그 조약의 시행에 필요한 대상의 영구적 소멸 또는 파괴'를 인정하고 이러한 경우 그 조약을 종료시키거나 탈퇴를 위한 정당한 사유로 인정하고 있다.

넘어서서 동원된다면 이는 국제평화주의와 침략전쟁의 금지조항뿐만 아니라 국가의 안전보장과 국토방위가 국군의 의무라고 규정하고 있는 헌법규정[33]을 위배하는 행위가 된다.

2) 조약적용의 조건 및 절차

(1) 조약적용의 조건

한미상호방위조약 제3조는 각 당사국의 영토에 대한 무력공격만을 보호대상을 규정하고 있다. 그러나 NATO조약과 ANZUS조약은 당사국이 개입하게 되는 무력공격의 개념을 영토뿐만 아니라 체약국의 군대, 공해상의 체약국 국적 선박, 항공기 등에 대한 무력공격을 포함하고 있다. 그만큼 한미상호방위조약에 의한 미국의 의무는 소극적이고 제한되어 있다. 사실 한국이 미국에 제안한 상호방위조약의 초안에는 "체약국에 대한 무력공격은 각기 체약국의 본토는 물론, 태평양에서 각기 행정관할권 하에 있는 도서 영토들 또는 각기 체약국의 태평양에 있는 군사력, 공용 선박, 공용항공기 등을 포함하는 것으로 간주한다"고 규정하고[34] 있었다. 이 초안의 규정이 유지되었다면 1968년 1월 푸에블로호 사건이나, 1969년 4월 정보정찰기 EC-121 사건 등에[35] 한미상호방위조약이 적용되는 것은 물론 2001년 4월 일본 오키나와 공군기지에서 출발한 EP3E 정찰기가 중국의 해남도 앞 상공에서 중국전투기와 충돌하여 해남도에 불시착한 사건에도 적용될 수 있었을 것이다. 이 경우 미국과 중국 간의 국지적 무력충돌에 한국이 참여하게 되고 결국 한중간의 무력충돌로 확산된다. 중국이 한국과 국교를 정상화하고 최대 교역당사국으로 등장해

---

33) 헌법 제5조 제2항.

34) 대한민국측 한미상호방위조약 초안 제6조.

35) 김한택, 「국제법상 북·미 군사충돌사례연구: 푸에블로호와 EC-121기 사건을 중심으로」, 『국제법규범의 발전적 변화를 위한 새로운 과제』, 2003. 10. 18. 제3회 한국 국제법학자대회 자료집, 179쪽 이하 참조

있는 현실을 고려하면 이러한 결과는 한국의 국가이익에 치명적인 결과를 가져오게 된다. 그나마도 이는 한국의 국방능력이 미국을 지원할 수 있을 경우이며 현실적으로 한국의 군사력으로는 미국 본토와 태평양 상의 미군기지, 선박 및 항공기를 보호할 능력이 결여되어 있기 때문에 이러한 규정의 삽입은 비현실적인 조약상의 의무규정이 될 수밖에 없다. 미국은 이러한 부담의 가중을 회피하기 위한 대안으로 한미상호방위조약에서 조약상의 의무이행 범위를 양당사국의 영역에 대한 무력공격으로 제한한 것으로 보인다. 따라서 상호원조의무는 체약당사국의 영토적 자존권을 위협하는 심각한 안보의 위협이나 안전의 파괴에 대하여만 발생한다.

(2) 조약적용 절차

한미상호방위조약은 조약적용의 절차와 관련하여 당사국의 정치적 독립 또는 안전이 외부로부터의 무력공격에 의하여 위협받고[36] 있는 경우 "서로 협의"하며,[37] 타당사국에 대한 태평양 지역에서의 무력공격에 대하여는 "각자의 헌법상의 절차에 따라 행동"한다는[38] 제한을 두고 있다.

이는 북한이 중국과 체결하고 있는 조·중간 그리고 조·소간 상호원조조약의 당사자간 자동개입조항과[39] 달리 '무력공격의 위협' 및 '무력공격'으로[40] 상황을 분리하여 각각 "적절한 조치를 협의와 합의"와 "각자의 헌법상 절차를" 거쳐 대응하도록 하고 있어 동맹적 성격을 약화시키

---

36) 한미상호방위조약의 미국 측 초안은 제2조에서 '공격의 위협'으로 규정하고 있었다.

37) 한미상호방위조약 제2조.

38) 한미상호방위조약 제3조.

39) 예컨대 조소상호원조조약은 제1조에서 "체약일방이 어떠한 국가 또는 국가연합으로부터 무력침공을 당함으로써 전쟁상태에 처하게 되는 경우에 체약상대방은 '지체없이' 자기가 보유하고 있는 온갖 수단으로써 군사적 및 기타 원조를 제공한다."고 규정하고 있다.

40) 한미상호방위조약이 말하는 '무력공격'은 국제연합헌장 제51조에서 자위권의 행사 요건의 하나로 규정되어 있는 '무력적 공격'과 동일한 의미로 이해된다.

는 규정으로 이해되고 있다. 체약상대방국가에 대한 무력공격이 발생했다고 하더라도 양국간에 협의 및 합의가 이루어지지 않거나 의회의 동의와 같은 국내 헌법상 절차를 거치는 과정에서 상대방국가에 대한 지원이 거부될 수 있기 때문이다. 다른 측면에서 이는 동맹조약의 체결 당시와 다른 시대적 상황에서 상호간에 국익이 상충되는 경우 동맹조약에 의한 구속으로부터 자유롭게 이탈할 수 있는 회피조항으로 이용될 수 있는 조항이다.

이를 동맹조약의 성격에 맞도록 자동개입조항으로 변경하는 방안이 있으나 이를 위해서는 체약당사국간의 공동의 이익이 항구적이며, 상호간에 신뢰의 틈이 없어야 한다. 하지만 국제관계의 변화 속에서 자국의 이익을 우선적으로 추구하는 국가속성상 그러한 양자관계는 기대하기 힘들다. 따라서 미국은 상호원조를 위한 국내헌법상의 절차 조항을 그대로 두고 단지 신속한 대응이 필요하다고 인정되는 경우 대통령의 판단에 따라 잠정적인 군사지원을 할 수 있도록 하는 제도적 방안을 마련해놓고 있다. 1973년 11월 17일 미국 상하양원의 합동결의로 채택된 「전쟁권한부여결의」(War Powers Resolution)에[41] 의하면 미군에 대한 공격으로 국가긴급사태가 발생하는 특별한 경우 대통령이 의회의 승인 없이 48시간 이내에 의회에 통고하기만 하면 독자적으로 60일에서 90일간 군대를 동원할 수 있다.[42] 이러한 제도는 주한미군에 대한 북한의 공격이 발생하는 경우에도 그대로 적용되므로 주한미군은 미국의 자동개입을 위한 인계철선(trip wire)으로 이해되고 있다.[43]

---

41) 11/7/73, Public Law 93-148; 미국헌법은 의회에 전쟁선포에 대한 권한을 부여하고 있음에도 의회와 연방법원의 무관심속에 대통령이 사실상 전쟁선포권한을 행사하고 있다.

42) 표학길 외, 『미국의 대외관계: 법과 제도의 변화』, 서울대 출판부, 1990, 20~36쪽 참조

43) 이러한 의미에서 주한미군의 한강이남 배치나 철수가 이루어지는 경우 한미상호방위조약의 존속에도 불구하고 한반도의 안보는 매우 불투명해진다. 따라서 주한미군이 철수하게 되면 한미상호방위조약을 자동개입방식으로 개정하고 미군으로 구성된

결국 비대칭적 동맹조약에서 우월적 지위를 갖고 있는 미국은 조약적용절차를 번잡하게 만듦으로써 자국에 유리한 상황과 불리한 상황을 판단하여 개입여부를 결정할 수 있는 방어장치를 두고 있는 것이다.

3) 미군의 한국주둔

(1) 주한미군에 대한 인식과 역할의 변화

한국의 참여정부는 "주한미군 문제가 정치적으로 설왕설래했지만 우리가 원하든 원하지 않든 변화하게 되어 있고 우리 국군이 새롭게 맡아야 할 일"이 있으며, "이런 변화의 고비만 넘기면 우리 군은 스스로 나라를 보위하는 자주국방국가의 자주군대로 떳떳하게 자리잡을 것"이라고 하였다.[44] 또한 주한미군이 어떻게 되면 한국의 안보가 곧 무너지는 것 같은 상황은 바람직하지 않다며 주한미군의 전략변화와 상관없이 국민이 불안감을 느끼지 않도록 준비하여야 한다고 하였다.

현 정부의 주한미군의 위상변화에 대한 언급이나 인식의 변화촉구와 관련하여 주한미군을 둘러싼 국내의 논의는 세 가지로 정리할 수 있다.[45]

첫째, 현상유지론으로 남북정상회담 이후 남북한의 상황전개가 긍정적이긴 하지만 아직 군사적 측면에서의 변화는 없으며 북한의 진의 또한 불분명하기 때문에 주한미군은 유지되어야 한다는 입장이다.

둘째는 병력감축 및 지위변화 논의로서 주한미군의 존속을 전제로 하면서 한국 내의 반미감정, 남북화해분위기 등을 감안한 전향적인 재조정

군사협력단이나 군사연락단을 최전방의 한국군대에 파견하는 방안이 제시되기도 한다. 김명기, 「국방안보의 국제화법제정비」, ≪국제법학회논총≫ 제44권 제1호, 1999, 31쪽.

44) 2003년 5월 7일 청와대에서 열린 전군 주요지휘관회의, ≪동아일보≫ 2003. 5. 7.

45) 주한미군의 지위와 관련하여 북한의 입장을 중심으로 즉각적 철수론, 단계적 철수론, 한시적 주둔론, 무기한 주둔론 등 4가지로 분류하기도 한다. 이승현, 「주한미군에 대한 북한의 네 가지 주장과 한국의 대응논리」, 『국회도서관 입법정보』 제71호, 2002.12.21 참조.

을 강조하는 맥락이다. 이 논의는 주한미군이 점령군보다는 동반자적 역할로 전환하여야 한다는 내용도 담고 있다.

셋째는 철수를 강조하는 논의로서 남북한의 압도적 국력격차[46] 때문에 현재와 같은 주한미군의 존재는 한국의 국가적 자주성을 훼손하는 것이며 미군의 한국주둔 자체가 냉전적 발상에 기초한 시대착오적이라는 것이다.[47]

한미관계의 미래는 궁극적으로 미군의 철수에 목표가 놓여져야 하지만 현 단계에서는 두번째 입장에서 재조정되어야 할 것이며 이는 남북간 화해협력, 남북연합, 평화통일이라는 한반도 평화통일 프로세스를 고려하여 한미관계의 가변성을 확보할 수 있다는 장점이 있다.

(2) 미군주둔의 법적 근거

한미상호방위조약의 제4조는 미군의 한국 내 주둔을 위한 법적 근거이다. 동조는 "상호적 합의에 의하여 미합중국의 육군, 해군과 공군을 대한민국의 영토 내와 그 주변에 배비하는 권리를 대한민국은 허여(grant)하고, 미합중국은 이를 수락(accept)한다"고 규정하고 있다. 한미상호방위협정의 체결을 위한 한미간의 협상 당시 미국 측의 초안에는 한국영역 내의 미국군대의 주둔에 대한 규정이 없었다. 그러나 한국정부는 북한 및 중국과 소련의 위협을 대비하고 북진통일을 위한 한국의 군사력 동원 시에 신속하고 자동적인 지원을 얻기 위해 자발적으로 미군주둔을 요구하였다.[48]

---

46) 미국 CIA의 Worldfact Book에 의하면(http://www.cia.gov) 2002년 추정치 남과 북의 GDP는 구매력을 기준으로 각각 931억 달러, 22억 달러이며 군사비 지출은 각각 13억 달러와 5.2억 달러였다. 또한 미연방 에너지부의 자료에 따르면 (http://eia.doe.gov.) 남한의 2001년 에너지 소비량은 8.06인데 비하여 북한은 2.84로 남한의 3분의 1을 조금 넘는 수준이었다.

47) 정세진, 「주한미군 감축 및 위상변경에 대한 주요논의 분석」, 《국제정치논총》 제41집 2호, 2001, 29~34쪽.

48) 이영희, 앞의 논문, 44쪽.

따라서 이 조항은 미군의 주둔만을 규정하고 있을 뿐 인원 및 시설의 배치규모 및 철수와 관련해서는 어떠한 언급도 없으며 미국의 행정지배 하에 있는 영역에 대한 한국군의 주둔도 인정하고 있지 않다.49) 이 조항에 따르면 미국은 언제든지 미군의 한국주둔을 거절할 수 있으므로 한반도 안보에 대한 한국의 판단과 무관하게 미국의 판단만으로 주한미군이 철수할 수 있다. 이 경우 주한미군이 담당하고 있던 힘의 축이 상실됨으로써 일시적으로 남북한의 현 군사적 균형에 충격을 주게 되어 한국의 안보를 위험상태에 놓이게 할 수 있다. 동 조항의 불공평성은 미국의 필요에 의하여 주한미군을 증강시키는 경우에도 한국은 이를 인정하여야 하는 조약상의 의무가 부과되어 있다는 점에도 존재한다. 이는 한국의 영토주권에 대한 심각한 제한이며 한미관계의 불평등성을 상징적으로 의미한다.

제4조는 1951년 체결된 일미안보조약(日美安保條約)의 관련규정을 차용하여 규정되었지만 일미안보조약과 비교하면 불평등성이 분명해진다. 예컨대 일미안보조약은 미군의 일본주둔 목적으로 "일본의 안전과 극동의 국제평화 및 안전유지에 기여"함을 명시하고 있는 것과50) 달리 미군이 왜 주둔해야 하는지에 대한 목적이 명시되어 있지 않다.

(3) 미군의 한국 내 배치권리

한미상호방위조약 제4조는 미국이 군대를 대한민국의 영토 내와 그 부근에 배치하는 '권리'를 대한민국이 미국에 허여하고 미국은 이를 수락한다고 규정하고 있다. 하지만 태평양 전쟁의 전범국이며 패전국인 일본과 미국이 체결한 일미안보조약의 경우 제6조에서 "미국은 그의 육군, 공군 및 해군에 의한 일본 국내의 '시설 및 구역의 사용권'을 허여받는

---

49) 미국에 대한 주병권인정은 한미상호방위조약의 불평등 구조를 더욱 제도화하는 것이다. 이장희, 「한미군사관계의 법적 재조명」, ≪국제법학회논총≫ 제41권 제2호(1996), 148쪽.

50) 일미상호협력및안전보장조약 제6조.

다”고 하여 일본 주둔 미군의 권리가 ‘시설 및 구역의 사용권’임을 분명히 하고 있다. 더욱이 1960년 개정된 일미안보조약은 관련된 교환각서에서 “일본의 안전과 극동의 평화안전유지를 위해 주둔하는 미합중국 군대의 일본배치, 장비의 주요변경, 일본 국내의 시설과 구역의 기지화는 일본정부와 사전 협의한다”는 규정을 포함하고 있다. 그러나 한미상호방위조약의 제4조에 의하면 미국은 원칙적으로 육·해·공군을 한국정부와 사전협의 없이 한국의 어느 곳에든지 배치할 수 있는 ‘권리’를 갖는다. 핵관련 시설의 배치도 가능하며 주한미군의 규모나 수준, 부대이동, 작전 및 훈련실시에 대하여도 한국과 사전협의 및 동의를 받아야 할 법적인 의무가 없다.

1948년 대한민국의 정부가 수립된 이후 이승만대통령과 주한미군 총사령관 존 R. 하지 중장 간에 교환된 각서에 근거한 ‘통치권 이양 및 미군철수협정’은[51] 필요에 의하여 “매우 중요한 구역과 시설(이를테면 항구, 야영지, 철도, 통신망, 비행장 등)에 대한 관리권”을 미군이 보유한다고 규정하고 있다. 이는 좀더 수평적인 한미동맹관계에서 주한미군이 보유하고 있어야 할 권리의 내용이 미군기지에 대한 소극적 관리권임을 시사하는 것이라고 할 수 있다.

이러한 불평등을 개선하기 위해서는 주한미군의 감축, 재배치, 철수 또는 증강의 경우 반드시 한국정부와의 협의 및 합의를 거치도록 하는 좀더 대등한 내용을 조약에 포함시켜야 한다. 또한 미군의 주둔에 대하여 대한민국은 허여하고, 미국은 이를 수락한다는 표현은 한국의 미군주둔 요구를 미국이 수동적으로 받아들인다는 의미를 내포하고 있다. 이는 상호방위조약의 개정이나 폐기에 있어 한국의 협상력을 저하시키고 체결 당시와 달라진 한국의 국가적 자긍심에 흠을 남기고 있다. 일미안보조약의 경우 제6조에서 미국이 군대의 주둔을 일본으로부터 “허여받는

---

51) 「대한민국 정부와 아메리카합중국 정부 간의 대한민국 정부에의 통치권 이양 및 미국점령군대의 철수에 관한 협정」, 1948년 8월 11일 발효.

다"고만 규정하여 미국이 일본의 주둔요청을 수락한 것이 아니라 미국이 일본의 허락을 받아 일본 내에 미군이 주둔한다는 것을 명시하고 있다.

4. 한미상호방위조약의 수평화를 위한 대안의 모색

1) 안보와 주권평등

국가의 주권과 생존은 국제기구를 통한 집단적 안정보장을 통해 확보되는 것이 이상적이다. 동맹조약은 냉전시대 국제법체제하에서 적대국가로부터 위협에 대처하고 자국의 안보를 증진시키는 한 방법이었다. 한미상호방위조약은 한국과 미국이 소련과 중국을 배후로 하는 북한으로부터 침략을 공동방어하고 한반도에서의 전쟁을 억제한다는 전근대적 세력균형전략에 의한 국제법규범이다. 그럼에도 현재 한반도의 소극적 평화를 위협하는 북한과 미국의 갈등이나 충돌상황에서 한국이 어떠한 역할도 할 수 없다면 상호방위조약은 그 근본적인 체결목적을 달성할 수 없는 조약이다. 따라서 한미상호방위조약은 변화된 한반도 현실에서 소극적이며 상징적인 한미상호방위협력을 위한 조약으로 기능이 축소조정되어야 한다.

하지만 한반도의 궁극적 평화를 달성하기 위해서는 구시대적인 군사동맹 조약으로서 한미상호방위조약이 폐기되어야 한다. 적극적인 의미에서의 평화는 평화의 당사자들이 군사적 억제력에 의해서가 아니라 상호간의 신뢰와 공동의 이익추구를 통한 주민의 복지향상을 목적으로 평화를 유지하는 것이다. 이는 자국의 안보를 위해 외국군대를 자국 영역 내에 주둔시키면서 달성될 수 없다. 자주적이며 항구적인 평화를 이룰 수 없기 때문이다. 새로운 시대의 한미관계는 상호간의 실질적인 주권평등원칙에 근거하여 한반도 문제를 비롯한 세계평화에 관하여 대등한 협력자로서 논의하는 관계가 되어야 한다.

2) 한미상호방위조약: 존속인가 폐기인가?

한미상호방위조약은 전문(前文)에 "태평양 지역에 있어서 더욱 포괄적이고 효과적인 지역적 안전보장조직이 발생할 때까지" 기능하기 위한 조약이라고 밝히고 있어 과도기의 잠정조약인 듯하면서도, 동 조약의 제6조에서는 "본 조약은 무기한으로 유효하다"고 하여 항구성을 부여하고 있는 조약이다. 물론 동조의 후단은 "어느 당사국이든지 타당사국에 통고한 일년 후에 본 조약을 종지시킬 수 있다"고 하여 조약의 종료를 위한 당사국의 결정권을 인정하고 있는 듯하나 한반도에서 견고한 평화체제가 형성되지 않은 상황에서 한국은 주권의 제한을 전제로 한 안전보장인가 아니면 국가안보에 대한 국민적 불안과 경제위축을 감내하는 한미상호방위조약의 폐기인가 하는 양자택일을 강요받게 된다. 이에 따라 한미상호방위조약의 존속과 폐지를 위한 각각의 논거가 존재한다.

(1) 한미상호방위조약의 존속근거

① 한반도평화체제의 미실현

한미상호방위조약은 태평양지역에서의 평화가 달성되고 이를 법제도적으로 보장하기 위한 지역적 안전보장조직이 발생할 때까지 존속하게 된다. 동 조약의 전문이 언급하고 있는 태평양 지역에서의 평화는 조약의 본문을 고려할 때 한반도의 평화를 의미한다. 그러나 현재 한반도는 항구적 평화를 위한 정치적 및 법적 체제를 형성하고 있지 않으므로 한미상호방위조약은 존속되어야 한다.

그런데 현재 한반도의 평화는 남북간의 갈등이 아니라 북미간의 갈등, 그리고 초강대국 미국의 대북강박에 의하여 위협받고 있다. 국가란 국익을 먹고사는 동물이라는 현실주의적 이해를 기초로 보면 미국은 자국의 이익을 극대화할 수 있다면 한반도와 태평양에서의 평화를 얼마든지 지연시킬 의지와 능력을 가지고 있는 국가이다. 더욱이 태평양 지역에서의 지역적 안전보장조직이 미국 중심의 기구라면 미국이 주도적으로 나서지 않는 한 태평양 지역에서의 안전보장기구는 설립되지 않는다. 또한 미국에 의하여 조성된 한반도 긴장이 존재하는 상황에서 주한미군 중심의 군사체계를 갖고 있는 한국이 즉각적인 미군의 철수와 국가안보의 공백이 발생할 수 있는 한미상보방위조약의 종지를 일방적으로 통지할 수도 없다.

② 동맹조약의 속성

한미상호방위조약의 존재이유와 관련되어 있는 제반 여건의 변화에도 불구하고 한번 체결된 동맹은 다음과 같은 이유로 쉽게 와해되지 않고 있다.

첫째, 한미동맹은 미국의 패권적 리더십(hegemonic leadership)에 의하여 유지되는 측면이 있기 때문이다. 한미동맹의 주도국인 미국이 동맹을 파기하려는 생각을 하지 않는 한 한미동맹은 계속 유지된다. 북한의 대남 군사 위협이 줄어들고, 한국의 군사적 능력이 북한의 전쟁 수행능력을 억지할 충분한 수준이 되더라도 한미동맹은 미국에게 있어서 아시아 지역에 개입하는 중요한 수단이기 때문에 미국은 한미동맹을 포기하지 않을 것이다.

둘째, 한미동맹은 체계적으로 제도화(institutionalization)되어 있기 때문이다. 한미동맹은 양국의 군사력을 통합·운영함으로써 한반도에서의 전쟁을 억지하고 유사시 효과적인 연합작전을 수행하기 위한[52] 안보협력 체계를 통하여 제도적으로 공고화되어 있다. 그리고 이를 뒷받침하기 위해 1953년 한미상호방위조약, 1954년 한미합의의사록, 1966년 한미주둔군지위협정(SOFA), 1988년 한미상호군수지원협정, 1991년 전시지원

---

52) 대한민국 국방부, 『국방백서』, 1999, 85쪽.

협정 등의 법체계가 마련되어 있다. 또한 한국군의 전시작전통제권이 한미연합사에 귀속되어 있다는 점도 한미동맹이 쉽게 해체되기 어려운 이유 중의 하나이다.[53]

③ 자주적 시민의식의 미숙

한미상호방위조약의 폐기를 위해서는 한국민의 뇌리에 박혀 있는 미국에 대한 오해가 해소되어야 한다. 한국 국민은 해방 이후 미군정에서부터 지금까지 한국정부의 미국에 대한 정치, 경제, 사회, 군사적 의존관계로 인하여 미국이 우리나라의 이익을 해치는 '적국'이 될 수 있다는 가능성은 '감히' 상상도 하지 않는다.[54] 한미상호방위조약은 단순한 군사동맹조약 이상의 의미를 가지고 한국에 작용하고 있으며 이로 인해 동조약의 폐기는 일시적으로 대미의존적 한국의 사회체제에 아노미적 상황을 가져올 수 있다. 즉 한미상호방위조약의 폐기는 미국과 대등한 입장에서 독자적인 길을 가겠다는 선언이고 이로 인하여 기존의 관계와는 사뭇 다른 한미관계가 형성되게 된다. 이 과정에서 미국이 가할 수 있는 정치, 경제적 보복이나 지금과는 다른 불리한 상호관계의 조건부과로 인하여 발생하게 될지도 모르는 물질적 불편을 받아들일 자주적 시민의식이 형성되어야 한다. 이러한 기초 위에서 이행기적 한미상호방위조약의 부정적 측면을 인식하고 이를 개선하고자 하는 의지와 그 같은 이행과정에 동참하고 있다는 참여의식이 확고히 형성된다면 한미상호방위조약의 폐기가 가능할 것이다.

---

53) 그 의미는 반감되었지만 이외에도 동맹조약이 존속하게 되는 이유로서 신뢰성(credibility), 이념적 결속(ideological solidarity) 등이 언급된다, 김계동, 「한미동맹관계의 재조명」, ≪국제정치논총≫ 제41집 2호, 2001, 15~16쪽.

54) 강정구, 앞의 글, 7면.

(2) 한미상호방위조약의 폐기근거

① 남북간의 평화공조와 신뢰형성

현재 남북간의 관계는 과거 어느 때보다 희망적이다. 1990년 남북교류협력법이 제정된 이후 남북관계는 남북간의 합의를 문서화하고 이를 이행하고자 하는 법적·실천적 관계로 변화하였다. 1992년에 체결된 '남북기본합의서'는[55] 남북한간의 자주적이며 한반도 평화를 위한 실천의지를 구체화한 준 법규범적인 합의문서로서 의미를 갖는다. 남북기본합의서의 채택 이후에도 남북 양측은 한반도의 비핵화에 관한 공동선언 및 남북화해공동위원회 구성·운영에 관한 합의서 등 각종 부속합의서와 관련 합의서를 채택하고 그와 관련하여 빈번한 접촉을 가졌다. 그리고 남한의 대북포용정책에 의한 남북관계의 개선이 이루어지면서 남북정상회담 개최 합의서, 남북공동선언문, 남북경협 4대 합의서, 남북경제협력추진위원회 구성·운영에 관한 합의문, 부산아시안게임 관련 남북합의서, 남북간 식량차관 제공에 관한 합의서, 남북장관급회담 공동보도문, 경의선철도 및 도로연결공사에 따른 군사적 보장합의서, 군사분계선지역에서의 선전활동 중지 및 선전수단 제거합의 등을 통해 남북간의 합의내용은 구체적으로 문서화되어 공표되고 실질적으로 이행되고 있다.

남북간의 합의문서 채택은 남북간의 관계가 과거와 달리 보다 투명해졌으며 합의내용의 이행에 대한 예측가능성이 높아졌다는 점에서, 남북관계가 더 이상 남에게 보여주기 위한 관계가 아닌 실천하기 위한 관계로 전환되고 있음을 입증하고 있다. 특히 남북정상회담 이후 남북간의 장관급회담이 정례화되고 있으며, 남북군사 실무회담을 통하여 경의선철도 및 도로연결공사에 따른 군사적 보장합의서를 체결하고,[56] 북핵문제라는 현안이 제기된 상태에서 남북주민간의 교류를 촉진하기 위한 남북해운협력에 관한 해운합의서와 인원통행 및 물자수송에 관한 통행합의

---

55) 「남북사이의화해와불가침및교류·협력에관한합의서」는 1992년 2월 19일 발효되었다.
56) 「동해지구와 서해지구 남북관리구역 설정과 남과 북을 연결하는 철도, 도로작업의 군사적 보장을 위한 합의서」, 2002. 9. 17.

서의 채택을 위한 협의일정을 수립한 것은 남북관계가 더 이상 한반도 주변의 정치논리에 의해서 결정되지 않는 안정적인 법률적 관계로 진입하고 있음을 보여주는 것이다.

남북간에 실질적이며 광범위한 교류와 협력이 축적되고 상호 가시적인 신뢰보장조치가 이루어지고 있는 현실에서 한미상호방위조약은 존재의의를 상실하게 된다.

② 한미동맹의 불평등성 심화

2003년 이래 한국과 미국 사이에 진행되고 있는 '미래한미동맹정책회의'는 현재의 한미상호방위조약이 가지고 있는 불평등성이 명확해지자 이를 개정하여 수평화하기 위한 논의가 아니라 현재 지적되고 있는 문제들을 새로운 전략으로 위장하려는 논의로 볼 수 있다. 예컨대 한강 이북의 미군을 한강 이남으로 재배치하는 문제는 한편으로는 재래식 군사전략의 그늘 아래에 있는 한국의 정부와 주민에게 충격흡수장치의 상실로 인한 군사적 불안감을 야기하여 미국에 대한 의존의 강도를 유지하면서, 다른 한편으로는 아프가니스탄과 이라크에 대한 무력공격을 통하여 확인한 첨단군사전략의 유효성을 바탕으로 북한의 재래식 무기로부터 한국 내 주둔미군의 안전을 확보하면서 미국의 이익을 위해 필요하다면 언제든지 한반도 군사문제에 개입하겠다는 의도에서 이루어지고 있는 것이다. 미국이 주한미군의 한강 이남 배치와 함께 첨단 무기를 한반도에 배치하겠다는 것은 이를 반증하는 것이다.

이에 따라 만에 하나 미국의 북한에 대한 선제무력공격이 발생하는 경우 북한의 입장에서는 남한의 수도권에 대한 무력공격을 통하지 않고는 수도권 이남에 내려가 있는 미군에 대한 타격이나 미국에 대한 무력시위가 불가능하여 결국 서울과 수도권이 미군에 대한 충격의 흡수장치가 되어버리는 것이다. 한미상호방위조약과 관련하여 주한미군의 재배치는 이미 형평성을 상실한 동 조약에 의해 그나마 한국이 얻는 이익을 저하시키고 미국의 이익을 더욱 상승시키는 결과가 된다. 따라서 현재의 한미군사협력체제의 변화 없는 주한미군의 한강 이남 배치는 한미상호방위조약의 폐기를 요구하여야 하는 사유이다.

③ 자주적 국방능력

한국정부는 자주국방을 빌미로 군사장비첨단화를 추진하고 있다. 하지만 자주국방은 비싼 첨단 무기를 많이 들여옴으로써 달성되는 것이 아니다. 도리어 한국 내에 군사력증강은 북한의 입장에서 군사위기이며 결국 어려운 경제환경 속에서 체제의 생존을 위한 무기도입이나 개발을 촉진시키게 된다. 남북간에 긴장과 무기경쟁으로 희생되는 것은 남북한의 주민이며 이들의 생계이다. 더욱이 자주국방의 명분하에 민생예산을 희생하고 구입한 무기는 미국의 요구에 의해 외국에서의 전쟁에 미국주도의 연맹군의 일부로 우리 군을 파병을 하는 경우 사용되게 되어 미국은 한국의 돈으로 자국의 이익을 위한 전쟁을 할 수 있게 된다. 진정한 자주국방은 우리의 국익에 반하는 미국의 요구에 단호히 '아니오'라고 말할 때 이루어진다. 따라서 현재 추진되는 자주국방정책은 한미상호방위조약에 근거하여 미국이 가지고 있는 군사작전권의 실질적 이양을 전제로 해서만 가능하다. 물론 미국은 상대방국가의 작전통제권을 접수하기 위한 동맹조약은 유지해도 자국군의 통제권을 이양하는 동맹조약은 거부할 것이다. 결국 남북간의 신뢰에 기초한 진정한 자주국방정책이 수립된다면 한미상호방위조약은 폐기될 수 있을 것이다.

3) 이행기조약으로서 새로운 조약의 체결요구

법규범은 정의를 목적으로 한다. 정의는 각인에게 각인의 몫을 제대로 주는 것이다. 자신이 가져야 될 것보다 많이 가져도 안 되고 적게 가져도 안 될 것이다. 법규범이 규범의 당사자들간에 형평성을 잃고 일방이 타방에 대하여 더 많은 것을 제도적으로 보장하고 이행하도록 강제하기 위한 수단으로 이용된다면 이는 억압과 착취를 위한 노예문서가 되고 만다. 한미상호방위조약이라는 한미간의 국제법규범 또한 한국과 미국이 동 조약을 통해 상호 교환하는 안보와 자율성 간의 형평이 확보되어야 한다. 그럼에도 현재의 한미상호방위조약으로 인해 한미간의 안보와 정책의 상호교환에 있어 형평성 상실의 폭이 커지고 있으며 그만큼 한미상호방위조약의 폐기를 위한 논거도 확대되고 있다. 한미상호방위조약의 존재이유는 현격히 줄어들고 있다.

그럼에도 남북의 과도기적인 불안정한 정치군사적 신뢰관계, 한국정부와 국민의 근본적인 대미인식의 변화부재, 자주적 국방관리능력 결핍 등으로 인해 현 단계에서 한미상호방위조약의 즉각적인 폐기는 논의가 갖는 정당성과 별개로 시기상조라고 판단된다.

이러한 모순적 상황에서 우리가 선택할 수 있는 현실적 방안은 현재의 한미상호방위조약과는 전혀 다른 출발점에서 현 조약이 갖는 문제점을 개선하고 한반도의 평화공존을 지향하는 새로운 한미군사우호관계조약을 체결하는 것이다. 이는 구시대적인 군사동맹관계를 완화하며 한반도 평화를 지향하는 우리 민족의 의지에 부응하는 조약이어야 한다. 한반도의 평화가 공고화되는 시기까지 이행기적 조약으로서 효력을 갖는 새로운 조약은 한국의 국가안보를 보장하기 위한 법적 안전장치의 부재로 인한 국민적 불안을 최소화하면서 한미간의 이익을 균형화하고 상호 관계의 수평성을 확보함으로써 보다 정의(正義)에 근접한 조약이라는 의미를 갖는다.

□ 참고자료

신한미상호방위조약안

전문 대한민국과 미합중국은 한반도에서 평화체제를 구축하며, 동북아시아에서 군사적 대결을 해소하고 공동번영을 추구하고자 하는 공동의 결의를 선언하며, 국제연합의 목적과 원칙 준수를 확인하고 아래와 같이 합의한다.

제1조 쌍방은 상호 주권 존중과 내정 불간섭, 호혜평등의 원칙에 기초하여 우호협력을 촉진한다.

제2조 쌍방은 한반도 평화통일과 한반도 군비축소를 위해 적극 노력한다. 쌍방은 이와 같은 취지에서 교류협력과 평화통일에 관한 남북 사이의 합의를 존중한다.

제3조 쌍방은 모든 침략적인 무력공격을 반대하며, 관련될지도 모르는 어떤 분쟁에 대해서도 국제연합의 헌장에 따라 평화적으로 해결하는 것을 원칙으로 한다.

제4조 쌍방은 한반도에서 대한민국의 영역 및 관할 지역에 대한 침략 또는 무력공격이 발생할 경우 서로 협의하며, 상호 합의와 각자의 헌법적 절차에 따라 행동한다.

제5조 쌍방은 어느 일방에 대한 외부로부터의 명백하고 일방적인 무력공격이 발생하지 않는 한 무력으로 위협하거나 무력행사를 하지 않으며 무력행사를 하게 될 경우에도 방어적 목적에 한정한다.

제6조 대한민국은 대한민국의 안전과 한반도 평화를 위해 상호 합의에

따라 미합중국의 군대가 대한민국 내의 시설 및 구역을 사용하도록 할 수 있다. 전기한 시설 및 구역의 사용과 병력 및 무기체계의 반입·배치·이동·반출, 군사연습 및 작전에 대해서는 대한민국 정부와 사전에 합의해야 한다.

제7조 본 조약은 쌍방 각국의 헌법상의 절차에 따라 비준되어야 하며, 그 비준서가 양국에 의해 교환되었을 때 효력을 발생한다.

제8조 본 조약은 10년간 유효하다. 어느 일방이 다른 일방에게 통고하면 1년 뒤 본 조약은 효력을 상실한다. 단 쌍방은 필요에 따라 언제든지 본 조약의 발전을 위해 논의할 수 있다.

부칙 본 조약 이전에 체결된 한미간의 합의 또는 협정들은 본 조약에 맞게 개폐한다.

본 조약은 ○○○○년 ○월 ○일, 한글본과 영어본으로 각각 2통씩 작성되었으며, 두 원문은 동등한 효력을 갖는다.

* 신한미상호방위조약안은 한미관계연구회에서 작성하여 2003년 10월 15일『한미관계의 발전적 대안모색과 신한미상호방위조약안』 공청회에서 공식 발표되었다.

5장

주한미군의 아·태 기동군으로의 역할 변경의 위법성[1]

-한미상호방위조약의 적용 범위(제3조)와 발동 요건(제2조)에 근거하여-

1. 글을 시작하며

냉전 종결 직후부터 미국이 추진해온 주한미군의 이른바 아시아·태평양(이하 아태) 기동군으로의 역할 변경이 최근 들어 한미 양국에 의해 기정사실로 굳혀지고 있다. 한미 양국은 2003년 2월 미래한미동맹정책구상(FOTA) 예비회담에서 한미동맹의 지역동맹으로의 전환에 합의한 데 이어 이번 제36차 한미연례안보회의(SCM)에서 소위 "포괄적이고 역동적인 한미동맹"과 "주한미군의 전략적 유연성" 등을 재확인함으로써 한미동맹의 지역동맹으로의 전환과 주한미군의 아태 기동군으로의 역할 변경의 근거를 마련해가고 있다. 그동안 주한미군의 아태 기동군으로의

---

1) 이 글은 ≪평화누리 통일누리≫ 49호(2004. 7., '평화와 통일을 여는 사람들' 발행)에 실린 「주한미군의 동북아 기동군으로의 역할 변경의 위법성을 밝힌다」를 변화된 상황에 맞게 수정하고, 일부 내용을 보완한 글이다.

역할 변경에 대해 부정적 입장을 보여왔던 외교통상부도 언론과의 장관 인터뷰[2]를 통해 이를 기정사실로 받아들이고 있다.

다만 노무현 대통령은 "전략적 필요에 의해 주둔군 수를 줄이고 늘리는 문제를 미국이 융통성 있게 운용할 수 있게 한국이 협력해야 한다"면서도 그러나 "내가 말한 융통성은 동아시아에 있어서 주한미군 역할의 유연성을 의미하지 않는다"[3]고 주장함으로써 주한미군의 아·태 기동군으로의 역할 변경에 반대 입장을 밝혔다. 그러나 이러한 노 대통령의 입장이 외교통상부나 국방부 관료들에게 과연 어느 정도의 규정력을 갖게 될지는 미지수이다.

주한미군이 대한민국의 방위를 넘어서서 아태 지역으로 작전 반경을 넓히게 되면, 중국 봉쇄를 겨냥한 미국과 일본 주도의 군비경쟁과 군사적 대결이 더욱 첨예화되고, 양안과 남북간의 국지적 분쟁이 전역적 차원의 전쟁으로 비화될 가능성이 한층 커지게 됨으로써 동북아시아가 항시적인 전쟁 위협에 놓이게 된다는 것은 자명한 사실이다. 그 결과 한반도 평화와 우리 민족의 통일이 이전과 비교가 되지 않을 만큼 큰 난관에 처하게 되리라는 것도 명약관화한 사실이다.

주한미군의 아태 기동군으로의 역할 변경은 그 적용 범위를 대한민국 영토로 한정한 한미상호방위조약 제3조와 그 발동 요건을 외부로부터의 무력공격이 있을 경우로 한정한 제2조에 대한 명백한 위반이다.

그런데도 최근 한미상호방위조약의 적용 범위를, 의도적으로 혹은 무지에서, 태평양 지역으로 확대 해석하여 주한미군의 역할 변경이 마치 한미상호방위조약상의 법적 근거를 갖는 것인 양 국민을 오도하고 한미 당국의 불법적 행보에 힘을 실어주는 한편 이를 저지하려는 노력에는 재갈을 물리려는 일부 논자들의 무책임한 주장이 도처에서 제기되고 있다.

따라서 이러한 상황을 방치한다면 작금의 한미동맹 전환 과정에서 우

---

2) 반기문 외교통상부 장관은 11월 2일자 코리아 타임스와의 인터뷰에서 "미국의 전략적 유연성의 필요성을 인정한다"고 밝혔다. ≪조선일보≫ 2004. 11. 3.
3) 2004년 11월 13일, 미국 국제문제협의회(WAC) 연설, ≪동아일보≫ 2004. 11. 16.

리는 주동적 지위를 상실한 채 그 퇴행적 결과를 무기력하게 지켜보고만 있게 될 것이다.

그러나 한미상호방위조약을 구체적으로 따져볼 필요도 없이 몇 가지 정황만 가지고도 우리는 주한미군의 아·태 기동군으로의 역할 변경의 불법성을 쉽게 파악할 수 있다. 만약 현 한미상호방위조약의 적용 범위가 이미 동북아시아나 태평양 지역으로 되어 있다면 지금 미국 측이 새삼스럽게 주한미군의 역할 변경을 들고 나올 필요가 없으며, 한국정부의 동의를 구할 필요도 없을 것이다. 또한 동북아시아나 태평양 지역에서의 한국군의 작전도 한미상호방위조약상의 의무로 되며, 이를 반대해온 한국 당국의 입장이 오히려 불법적인 것으로 되고 만다. 그런데도 한미 당국이 주한미군의 역할 변경을 구태여 어려운 공론화 과정을 밟아 추진하고 있는 것은 그것이 현 한미상호방위조약에 위배되기 때문이다.

이에 그 불법성의 근거를 조약과 관련 문서를 토대로 밝혀보자.

2. 본 조약 및 관련 문서상의 규정

1) 본 조약의 규정

(1) 조약의 적용 범위는 각 당사국의 영토로 한정되어 있다

한미상호방위조약의 적용 범위를 규정하고 있는 조항은 제3조이다. 한미상호방위조약 제3조는 그 적용 범위와 관련하여 "각 당사국은 타 당사국의 행정 지배하에 있는 영토와 각 당사국이 타당사국의 행정 지배 하에 합법적으로 들어갔다고 인정하는 금후의 영토에 있어서……"라고 규정하고 있다.

여기서 "행정 지배하에 있는 영토"란 북한 지역을 제외한 남한만의 영토를 의미한다. 또한 "행정 지배하에 합법적으로 들어갔다고 인정하는 금후의 영토"가 의미하는 바는 당시 북진통일을 외치던 이승만 정권이 무력공격으로, 곧 불법적으로 북한 또는 그 일부 지역을 점령했을 때 미국이 이를 인정해주지 않는 한 이 지역 역시 한미상호방위조약의 적용 지역에서 제외된다는 뜻이다. 이는 대한민국 밖의 무력 충돌에 말려들지 않겠다는 미국의 의도가 반영된 것이다. 이와 같이 한미상호방위조약의 적용 범위는 대한민국의 영토로 한정되어 있다.

그런데 여기서 문제가 되는 것은 한미상호방위조약을 미국에 대해 적용할 경우 그 적용 범위를 어디로 볼 것인가 하는 점이다. 한미상호방위조약의 적용 범위에 대한 많은 논자들의 혼란과 확대 해석도 상당 부분 여기서 비롯된다. 한미상호방위조약 제3조를 미국에 적용할 경우 그 적용 범위는 미국 본토와 태평양 상의 미국 영토, 곧 하와이나 오키나와(1972년 일본에 반환되기 전), 괌 등이 해당된다. 이는 미국의 행정 지배하에 있지 않는 동북아시아나 태평양, 그 밖의 다른 지역은 한미상호방위조약의 적용 대상이 될 수 없다는 것을 의미한다. 그런데도 일부 논자들은 태평양 상의 미국의 영토를 태평양 지역 전체로 확대 적용하여 한미상호방위조약의 적용 범위가 마치 태평양 지역인 양 부당하게 주장하고 있는 것이다.

(2) 한미상호방위조약은 남한에 대한 미국의 방위만을 의무화하고 있다

그런데 한미상호방위조약이 미국에 대한 방위 의무를 지지 않는다고 보는 견해[4]가 있다. 이 견해에 따르면 미국 본토와 태평양 상의 미국 영토는 당연히 한미상호방위조약의 적용 범위에서 제외된다.

한미상호방위조약이 미국에 대한 방위 의무를 지지 않는다고 보는 견해는 조약 체결 배경 및 당시 대한민국의 조건과 능력, 양국간의 관계 등에 근거하고 있다.

한미상호방위조약 체결 과정에서 발생한 마찰과 갈등 때문에 이승만

---

4) 백봉종, 「한미방위조약과 미일안보조약」, 1985, 10쪽. 그러나 백봉종은 이 글에서 한미상호방위조약이 미국에 대해 방위 의무를 지지 않는다는 근거를 충분히 밝히지 않고 있다.

정권을 제거할 계획까지 세웠을 만큼 미국은 조약 체결에 반대하였다.

또한 조약 체결 당시 북한에 중국인민지원군이 주둔하고 있었고, 휴전 협정 체결 이후 이승만 대통령이 공공연히 북진무력통일을 기도하는 등 한반도가 전쟁 상태와 다를 바 없었으며, 미국의 원조 없이는 군대조차 유지할 수 없는 당시 남한의 처지 등을 고려한다면 미국 방위가 남한의 과제나 의무가 될 수 없었다.

더욱이 한미상호방위조약 제3조의 "행정 지배하에 합법적으로 들어갔다고 인정하는 금후의 영토"라는 규정은 미국에 대해서가 아니라 어디까지나 대한민국에 적용하기 위해서 도입된 문구로 보아야 한다. 당시나 지금이나 한미 관계를 고려할 때 한미상호방위조약 제3조에 따라 향후 미국의 행정 지배하에 들어오게 될 영토에 대해 대한민국이 이를 인정하는 권한을 갖는다는 것은 지극히 비현실적인 주장이 되기 때문이다.

이와 같이 한미상호방위조약은 형식적으로는 쌍무조약적 성격을 지니나 실질적으로는 대한민국에 대한 미국의 일방적인 방위 의무만을 규정한 편무조약으로서의 성격이 강하다. 만약 한미상호방위조약의 편무적 성격이 아니라면 주한미군에 대한 전 국토 무상 공여와 일방적·배타적 주병권을 허용한 제4조[5])가 성립될 수 없었을 것이다.

편무조약의 예로는 1951년 일본이 미국과 체결한 구일미안보조약을 들 수 있다. 미국에 의해 무장해제된 일본은 미국에 대한 방위 의무를 질 능력이 없었다. 이에 구일미안보조약은 한미상호방위조약과 동일하게 제1조[6])에서 주일미군에 대한 전 국토 무상 공여와 일방적·배타적 주병

---

5) 한미상호방위조약 제4조: "상호 합의에 의하여 미합중국의 육군, 해군, 공군을 대한민국의 영토 내와 그 부근에 배비하는 권리를 대한민국은 이를 허여하고 미합중국은 이를 수락한다."

6) 구일미안보조약 제1조: "평화조약 및 이 조약의 효력 발생과 동시에 미합중국의 육군, 공군 및 해군을 일본 국내 및 그 부근에 배비할 권리를 일본국은 허여하고 미합중국은 이를 수락한다. 이 군대는 극동에 있어서 국제평화와 안전의 유지에 기여하고 더불어 하나 또는 둘 이상의 외부 국가에 의한 교사 또는 간섭에 의하여 발생한 대규모의 내란 및 소요를 진압하기 위한 일본 정부의 명시적인 요청에 따라 주어지

권을 허용하였다.

1960년의 신일미안보조약 역시 편무조약이다. 당시 일본은 자위대[7]라는 무장력은 갖췄으나, 집단자위권을 부정한 평화헌법의 규정상 미국에 대한 방위 의무를 질 수 없었기 때문에, 사실상 편무조약일 수밖에 없었다. 이는 신일미안보조약이 그 적용 범위를 제5조에서 "일본국의 시정하에 있는 영역"으로 규정하고 있는 데서 명확히 확인된다.

그런데 신일미안보조약은 제6조에서 "일본의 안전과 극동의 국제평화 및 안전의 유지에 기여하기 위하여 미합중국은 그의 육군, 공군 및 해군에 의한 일본 국내의 시설 및 구역의 사용권을 허여받는다"고 하여 일본 영토 밖―극동 지역―에서의 주일미군의 역할을 일본이 물질적으로 뒷받침하도록 규정함으로써 조약이 쌍무적 성격을 갖도록 보완하고 있다.

이에 따라 신일미안보조약은 구일미안보조약이 보장한 주일미군에 대한 전 국토 무상 공여 및 일방적·배타적 주병권을 부분적으로 부정할 수 있게 되었다. 그 결과 신일미안보조약은 공여될 시설과 구역을 하위 협정에서 규율하기로 하는 한편 임대 방식을 도입하였으며, 후일 비록 허울뿐인 것으로 입증되었지만, 주일미군의 일방적 주병권을 제약할 수 있는 '조약 제6조의 실시에 관한 교환 공문'도 교환하였다.

이와 같이 구·신일미안보조약과 비교해볼 때 한미상호방위조약의 편무조약적 성격은 더욱 뚜렷이 부각되며, 이에 따라 한미상호방위조약의 적용 범위도 미국의 영토가 아닌 대한민국 영토로 한정된다는 것을 더욱 확실히 알 수 있다.

그러나 한미상호방위조약이 편무조약이 아닌 명실상부한 쌍무조약으로서, 한국이 미국에 대한 방위 의무를 지니고 있다고 하더라도 그 적용 범위는 앞서 밝힌 바와 같이 태평양 상의 미국 영토로 국한될 뿐, 태평양 지역으로 확대될 수 없다는 점은 명확하다.

는 원조를 포함하여 외부로부터의 무력 공격에 대한 일본국의 안전에 기여하기 위하여 사용하는 것이 가능하다."

7) 일본 자위대는 1954년 7월 1일에 창설되었다.

2) 조약 관련 문서상의 규정

한미상호방위조약 체결 당시 한미 양국은 적용 범위를 둘러싸고 체결 직전까지 심각한 갈등을 빚었다. 곧 적용 범위를 남한으로 국한시키려는 미국과 이를 한반도로 확대하려는 이승만 정권이 막판까지 충돌한 것이다. 결국 미국의 의지가 관철되었는데, 조약 관련 문건과 체결 과정에서의 몇몇 사례를 보더라도 한미상호방위조약의 적용 범위를 남한으로 국한시키려는 당시 미 행정부와 국회의 의지가 잘 드러나 있다.

먼저 한미상호방위조약과 함께 체결된 미국 측 양해사항(교환의정서)은 "미국은 위 조약 3조에 의거하여 일방국이 외부로부터 무장된 공격을 받을 경우를 제외하고 타방국을 원조할 의무가 없으며, 또한 현 조약에 있어서 대한민국의 행정 지배하에 합법적으로 인도될 것으로서 미국이 시인한 영토에 대하여 공격을 받았을 경우를 제외하고 한국에 대하여 미국이 원조한다는 것을 요구하는 것으로 해석될 여하한 것도 있을 수 없다"(강조 필자)고 하여 남북 무력충돌 결과 남한 영토로 된 지역이라고 할지라도 미국이 인정하지 않는 한 적용 범위가 될 수 없는 것으로, 조약 3조를 보다 엄격히 규정하고 있다.

반면 이승만 정권은 한미상호방위조약 초안에 "**한국의 영토로부터 중공 침략자들을 몰아내는 권리를 포함하여 한국의 내정 문제에 관해 완전한 주권을 가지고 있음에 동의한다**"[8]는 구절을 반영시키고자 하였으나 미국에 의해 거부당했다.

이러한 사실로부터 당시 이승만 정권의 북진 무력공격을 막기 위한 미국 행정부와 의회의 강력한 의지를 읽을 수 있다. 이는 단순히 북을 상대로 전쟁을 하지 않겠다는 데에 머무르는 것이 아니라 당시 북에 주둔하고 있던 중국인민지원군과 나아가 소련, 곧 동북아시아 지역에서 전쟁을 원치 않는다는 뜻을 내포하고 있다.

---

8) 정준호 외, 「한미상호방위조약의 국제법적 비교 분석」, 1990, 26~27쪽.

이와 같이 한미상호방위조약 체결 과정에서 적용 범위를 둘러싸고 벌어진 한미 양국간의 심각한 대립과 갈등은 어디까지나 북한 지역을 적용 범위에 포함시킬 것인가를 핵심 쟁점으로 하였지, 한반도를 넘어선 동북아시아나 태평양을 적용 지역으로 고려할 처지나 조건, 상황은 전혀 아니었다.

한미상호방위조약의 적용 범위가 대한민국 영토로 한정되어 있다는 견해, 곧 동북아시아나 태평양 지역이 적용 범위가 아니라는 견해는 보수적 연구자들이 이미 주장해왔던 것으로, 결코 새삼스러운 주장은 아니다.

1990년대 초, 주한미군 감축과 철수에 대비하여 정부에 대한 정책 건의를 목적으로 작성된 한 연구[9]는 현 한미상호방위조약 제4조[10]를 "한국의 안전과 극동에서의 국제평화와 안전의 유지에 기여하기 위하여 미합중국은 그의 육·해·공군의 병력의 한국 내 시설 및 구역의 사용권을 허여받는다"로 개정할 것을 제안하고 있다. 이는 주한미군의 주둔 목적과 역할 및 책임이 명시되어 있지 않는 현 한미상호방위조약의 문제점을 보완해야 한다는 취지에서 제안된 것이지만, 동북아시아나 태평양 지역이 한미상호방위조약의 적용 범위가 아니라는 인식에 토대하여 나온 주장이다.

또한 한 연구자[11]도 한미상호방위조약의 적용 범위를 대한민국 영토와 미국 본토 및 태평양 지역에서의 미국의 관할하에 있는 영토로 보고 있다. 그는 한미상호방위조약에는 신일미안보조약 제4조와 달리 '극동 지역'의 문제가 협의 대상에서 제외되어 있어 대한민국이 극동 지역의 방위에서 고립될 수 있다고 우려하면서 협의 대상에 극동 지역을 추가해야 한다고 주장하고 있다. 이러한 주장 역시 극동지역이 한미상호방위조약상의 적용 범위가 아니라는 인식에서 나온 주장이다.

---

9) 정준호 외, 위의 논문, 64쪽.

10) 한미상호방위조약 제4조 : "상호 합의에 의하여 미합중국의 육군, 해군, 공군을 대한민국의 영토 내와 그 부근에 배비하는 권리를 대한민국은 이를 허여하고 미합중국은 이를 수락한다."

11) 김명기, 「한미상호방위조약의 보완에 관한 연구」, 2003, 6., 15~17쪽.

3) 한국정부의 입장

한미상호방위조약의 적용 범위에 관한 한국정부의 입장은 '대한민국의 영토'로 한정하는 것이었다. 2003년 10월 초 제5차 '미래한미동맹정책구상회의'를 앞두고 양국은 한미상호방위조약의 적용 범위를 둘러싸고 대립하였다. 미국은 한미상호방위조약 제3조의 "태평양 지역에서의 무력공격"을 주한미군의 역할 변경의 근거로 들었고, 한국은 외교통상부 조약국의 논리에 따라 한미상호방위조약에 주한미군의 역할 변경을 허용하는 근거가 없다고 맞섰다.[12] 그러나 국방부는 결국 법리를 무시하고 주한미군의 역할 변경을 허용하는 정치적 합의를 해주었다.

주한미군의 감축이 공론화된 후 반기문 장관 등 외교통상부 관료들은 한미상호방위조약이 '한반도 평화'를 위한 것임을 재확인하면서 그 적용 범위에 대해 '대한민국 영토'로 선을 그은 바 있다.

4) 조약의 전문 및 2조,[13] 3조에서 표현된 '태평양 지역' 또는 '외부로부터'의 용어가 갖는 의미

한미상호방위조약상의 '태평양'이란 용어를 들어 적용 범위를 태평양 지역으로 보아야 한다고 주장하는 국내 일부 논자들도 있다. 그러나 이는 조약에 대한 구체적인 법적 검토 없이 피상적이고 자구에 매달린 주장일 뿐이다.

한미상호방위조약 전문을 보면 "······태평양 지역에 있어서의 평화기구를 공고히 할 것을 희망하고······", "······당사국 중 어느 일국이 태평양 지역에 있어서 고립되어 있다는 환각을 어떤 잠재적 침략자도 가지지 않도록

---

12) 《중앙일보》 2004. 1. 27.

13) 한미상호방위조약 제2조 : "당사국 중 어느 일국의 정치적 독립 또는 안정이 외부로부터의 무력공격에 의하여 위협을 받고 있다고 어느 당사국이든지 인정할 때에는 언제든지 당사국은 서로 협의한다. 당사국은 단독적으로나 공동적으로나······"

외부로부터의 무력공격에 대하여 그들 자신을 방위하고자 하는……”, “……태평양 지역에서 더욱 포괄적이고 효과적인 지역적 안전보장 조직이 발달될 때까지……” 등의 표현이 나온다.

조약의 전문은 일반적으로 조약 체결의 목적과 지향 등을 담고 있다. 전문의 ‘태평양’이라는 용어는 “평화기구를 공고히” 한다든지 “공동으로 방위한다”든지, “태평양 지역의 안전보장 조직을 건설한다”는 등의 조약 체결의 포괄적인 목적과 지향을 담기 위해 사용된 일반적인 표현이지 적용 범위를 특정하기 위해 쓰인 것이 아니다.

한미상호방위조약의 전문이 그에 앞서 체결된 앤저스 조약(오스트레일리아, 뉴질랜드 및 아메리카 합중국 간 3국 안전보장조약)이나 미필리핀 상호방위조약 등의 전문에서 거의 그대로 따왔다는 사실도 ‘태평양’이라는 표현이 적용 범위가 아니라 조약의 목적을 나타내기 위해 쓰인 표현임을 말해준다. 앤저스 조약이나 미필리핀 상호방위조약도 전문에서 한미상호방위조약과 마찬가지로 “……태평양 지역에 있어서의 평화기구를 공고히 할 것을 희망하고……”, “……당사국 중 어느 일국이 태평양 지역에 있어서 고립되어 있다는 환각을 어떤 잠재적 침략자도 가지지 않도록 외부로부터의 무력공격에 대하여 그들 자신을 방위하고자 하는……”, “……태평양 지역에서 더욱 포괄적이고 효과적인 지역적 안전보장 조직이 발달될 때까지……” 등의 동일한 표현이 나온다.

그러나 조약의 적용 범위와 관련해서는 미필리핀 상호방위조약은 제5조에서 “……어느 1국의 본토에 대한 무력공격, 태평양 지역에 있어서 그들의 관할하에 있는 도서 지역에 대한 무력공격, 태평양에서의 그들의 군대, 공용 선박 및 항공기에 대한 무력공격을 포함한다”고 규정함으로써 태평양 전 지역이 아닌 양국 본토, 도서 등 구체적으로 한정하고 있다. 이와 같이 특정 조약 전문의 ‘태평양’이라는 용어는 각 조약에 고유한 적용 범위를 나타내는 용어가 아니다.

한편 제2조의 ‘외부로부터의 무력공격’이란 표현 역시 한미상호방위조

약의 발동 요건과 절차를 규정하고 있는 2조의 내용에 따라 조약 발동의
기준을 규정하고 있는 용어로, 적용 범위를 규정한 표현이 아니다. 이는
외부로부터의 무력공격을 받지 않은 상황에서 주한미군이 출동, 작전하
는 것을 불법으로 규정하고 있는 것이다.

3조의 "태평양 지역에 있어서의 무력공격을 자국의 평화와 안정을 위
태롭게 하는 것이라고 인정하고"라는 표현도 2조의 "외부로부터의 무력
공격"과 마찬가지로 조약의 적용 범위가 아니라 발동 요건에 해당한다.

3. 실천적 대응 방안 모색

1) 주한미군의 아·태 기동군으로의 역할 변경의 불법성 및 파괴적 후과에 대한 올바른 인식과 실천적 대응의 중요성

주한미군의 아·태 기동군으로의 역할 변경이 가져오게 될 국가적·민족
적 위기와 후과가 어떠하리라는 것은 앞서 지적하였다. 대만의 독립 움
직임과 대중 선제공격 작전 수립[14)]에 따른 양안 관계에서의 긴장 고조,
일본의 대북 선제공격 주장,[15)] 중국의 일본 침공 가상 시나리오에 입각
한 일본 방위청의 대중 전략 수립 촉구[16)] 등은 주한미군의 아·태 기동군
으로의 역할 변경이 동북아시아 각 지역의 긴장을 서로 연결시키면서 한

---

14) 대만은 중국의 대만 침공 조짐이 있으면 북경, 상해 등 대도시와 싼샤댐 등의 주요
목표를 선제공격하여 중국의 반격 능력을 마비시키는 '독전갈작전계획'을 수립한
것으로 알려졌다. ≪동아일보≫ 2004. 6. 11.

15) 이시바 방위청 장관은 2003년 3월 국회 답변에서 북한의 탄도미사일이 발사되기
전에 북한의 미사일 기지를 먼저 공격하는 대북 선제공격론에 대해 언급하였다. ≪경
향신문≫ 2003. 5. 22.

16) 일본 방위청 산하 '방위력 검토회의'는 '방위계획 대강' 확정에 앞서 지난 9월 완
성한 보고서에서 중국이 일본을 공격할 수 있는 3개의 시나리오를 마련, 이에 대한
대비를 촉구했다. ≪한겨레신문≫ 2004. 11. 9.

층 격화시키게 되리라는 것이 결코 기우가 아님을 보여주고 있다.

그러나 주한미군의 아태 기동군으로의 역할 변경과 나아가 보다 포괄적인 한미동맹의 전환은 아직 그 출발점에 서 있다. 따라서 앞으로 한미동맹의 전환이 민족의 자주와 통일에 기여하는 전향적인 방향으로 귀결될 것인지, 아니면 만성적인 동북아시아 군비경쟁과 전쟁 위협 및 외세 개입에 나라와 민족의 운명을 맡기는 퇴행적인 방향으로 귀결될 것인지는 전적으로 시민사회운동단체, 특히 민족민주운동세력에게 달려 있다.

이러한 과정에서 한미상호방위조약의 적용 범위와 이에 근거한 주한미군의 아태 기동군으로의 역할 변경의 불법성에 대한 올바른 인식은 주한미군의 아·태 기동군으로의 역할 변경을 저지하고, 이를 계기로 한미상호방위조약의 전면 개폐 투쟁을 열어나가기 위한 투쟁의 출발점이자 한 고리를 이룬다고 할 수 있다.

2) 주한미군의 역할 변경에 대한 대응 방안으로 '주한미군 입·출입' 규정-이른바 사전협의제-을 마련해야 한다는 주장의 한계와 문제점

주한미군의 역할 변경과 감축이 공론화되면서 대응 방안의 하나로 주한미군의 입·출입 규정을 마련해야 한다는 주장이 제기되고 있다. 그러나 이러한 주장은 주한미군의 역할 변경을 저지하고 한반도 긴장 완화와 평화군축으로 귀결되는 주한미군의 감축·철수를 추진하는 것과는 거리가 먼 것으로, 무엇보다도 주한미군의 아태 기동군으로의 역할 변경을 사실상 기정사실화하는 위험성을 안고 있다.

'주한미군 입출입' 규정이 갖게 될 허구성은 일본의 사례를 보면 명확하게 드러난다. 일미 양국은 신일미안보조약을 체결하면서 주일미군의 배치와 장비 등의 주요 변경 사항과 일본에서의 전투 작전 행동을 위한

기지 사용을 사전 협의하도록 하는 '조약 제6조의 실시에 관한 교환 공문'을 체결하였다.

이는 구일미안보조약이 한미상호방위조약과 마찬가지로 주일미군에 대한 일방적인 주병권을 허용한 데 따른 문제점을 극복해보려는 일본의 요구를 미국이 받아들여 체결되었다. 즉 주일미군은 일본 정부와의 협의나 합의 없이 병력과 장비, 특히 핵무기 등을 임의로 배치할 수 있었으며, 또한 일본 영토 밖으로 제멋대로 출동할 수 있었다. 이에 따라 일본 내에서 인류 최초의 원폭 피해자로서 자국 내 핵 배치에 대한 우려와 함께 자신들과 상관없는 지역 분쟁에 말려들 가능성에 대한 우려가 높았다. 그러나 교환 공문과 이에 따른 사전협의제는 일본 내의 이러한 우려를 불식시키는 데 전혀 기여하지 못했다.

무엇보다도 조약 등의 법적 장치는 미일 두 나라의 정치·군사적 의지 앞에 매우 무력하였다. 신일미안보조약은 6조에서 주일미군의 역할을 극동 지역으로 한정하고 있음에도 불구하고 미국은 이에 구애받지 않고 일본에서 발진한 미군 전투기를 베트남전과 걸프전에 참전시켰으며, 일본 정부는 이를 용인하였다. 주일미군의 역할을 극동 지역을 넘어 확대시키려는 미국과 일본 당국의 정치적·군사전략적 의지 앞에 신일미안보조약이나 관련 '교환 공문'은 제동 장치로서 아무런 구실도 하지 못한 것이다.

사전협의제 자체가 지닌 한계도 '교환 공문'을 사장시킨 한 원인이었다. '교환 공문'을 이행하기 위해 일미 양국이 사전협의하기로 한 사항은 병력 배치의 중요한 변경, 장비의 중요한 변경, 극동 지역에서의 작전을 위한 일본 기지의 사용 등 3개 항목이다. 병력 배치에 대해서는 육군 1개 사단 정도, 육군에 상응하는 공군, 1 기동부대 규모의 해군 병력을, 장비 변경에 대해서는 핵탄두 및 중·장거리 미사일의 반입 및 기지 건설을, 극동 지역에서의 작전을 위한 일본 기지의 사용에 대해서는 전투작전 행동만을 사전협의 대상으로 하기로 양국간에 양해하였다.[17] 그러나

---

17) 多田實, 「일미안보조약」, 1982, 8, p.47.

'교환 공문'과 양해사항은 공문구18)에 지나지 않았다. 왜냐하면 위와 같은 세부적인 규정에도 불구하고 각각의 규정이 현실과 동떨어져 의미가 없거나 편법을 통해 얼마든지 빠져나갈 수 있는 여지를 허용해줌으로써 실효성을 상실했기 때문이다.

예를 들어 1 기동부대 규모의 해군 병력이란 미 7함대 정도의 규모를 의미하는 것으로, 이보다도 규모가 작은 주일미군은 사전협의 대상 기준에 미치지 못한다는 점에서 전혀 의미가 없다. 또한 장비 변경에 대한 사전협의 대상을 핵무기에 국한시킴으로써 재래식 장비를 이용한 주일미군의 상시적인 전투작전 행동을 통제할 수 없게 되었으며, 이로써 일본이 자신들과 무관한 지역 분쟁에 말려들 소지가 그만큼 더 커지게 되었다.

나아가 핵무기 반입과 관련해서도 항공모함과 원자력 잠수함, 전략폭격기와 같은 핵·비핵 겸용 무기 체계에 대해서는 핵무기 장착 사실이 명확하게 드러나지 않는 한 사전협의 대상이 되지 않아 미국으로서는 이들 장비를 통해 얼마든지 핵무기를 반입할 수 있다.

심지어 핵무기를 장착했다고 하더라도 일시적으로 기항하거나 통과하는 경우는 사전협의 대상에서 제외된다. 일본 정부는 미국 군함이 핵무기를 장착했을 경우 일시적인 기항이나 통과도 사전협의 대상이라고 주장해왔으나 맥아더, 라이샤워 등 전 주일 미 대사들과 할퍼린(Morton Halperin) 전 대통령 특별보좌관 등은 기항이나 통과는 핵 반입에 해당하지 않는다고 주장19)하였다. 특히 라이샤워 전 대사는 "핵무기를 탑재한 미국 함선이 줄곧 일본에 기항해오고 있다. 일본 정부는 이러한 사실을 국민들에게 솔직하게 인식시켜야 할 것이다"20)라고 주장하여 일본 사회에 큰 충격을 안겨준 바 있다. 이는 사전협의제와 일본 정부가 1967년에 천명한 비핵 3원칙—핵무기를 제조, 보유, 반입하지 않는다—을 전면 부정

---

18) 多田實, 「일미안보조약」, 1982, 8. pp.46~49.

19) 坂元一哉, 일미동맹의 굴레, 2000, 5, pp.256~257, p.279.

20) ≪每日新聞≫ 1981년 5월 18일자, 多田實, 일미안보조약, p.78에서 재인용.

하는 것이다.

한편 극동 지역에서의 작전을 위해 일본의 기지를 사용하는 경우 사전협의의 허구성과 기만성은 더욱 뚜렷이 드러난다. 우선 전투작전 행동만 사전협의한다는 것은 이동, 기항, 정찰, 정보, 경계, 보급 등의 작전행동은 사전협의의 대상이 되지 않는다는 것을 의미한다.

더욱이 전투작전 행동이라고 하더라도 전투작전 명령이 일본의 영해나 영공에서 발령되지 않는 한 사전협의의 대상으로 되지 않는다. 1968년 푸에블로호 사건 때 엔터프라이즈 항공모함과 전투기들이 일본 기지에서 발진하여 각각 북한과 남한으로 출동했음에도 불구하고 사전협의는 이루어지지 않았다. 일본의 영공과 영해를 벗어나 작전 명령이 하달되었다는 이유이다. 이쯤 되면 그야말로 "눈 가리고 아웅"하는 식이다.

그런데 미일 양국은 이렇게 허울뿐인 사전협의제마저 비밀 합의를 통해 완전히 부정하고 만다. 미국 국가안전보장회의가 채택한 대일 기본정책 NSC 6008/1은 한반도에서 주한 유엔군에 대한 공격으로 긴급사태가 발생했을 경우는 사전협의 대상에서 제외된다고 밝히고 있다. 극동 지역에서 군사적 긴장이 가장 첨예한 한반도에서의 전투작전 행동을 사전협의 대상에서 제외—비록 주한 유엔군이 공격을 받는 경우로 한정한다고 해도—한다는 것은 일본 영역 밖의 전투작전행동을 통제하기 위한 극동 유사시 일본 기지 사용에 대한 사전협의제가 유명무실하다는 것을 입증해주고 있는 것이다.

이와 같이 미일간의 사전협의제는 내용 자체로 보나, 해석과 운용의 측면에서 보나, 그리고 양국간의 비밀 합의 등으로 보나 철저히 미국의 군사전략적 이해를 보장해주기 위한 것으로서, 일본에게는 빛 좋은 개살구에 불과하였다.

주한미군 역할 변경 및 감축과 관련하여 뒤늦게 한국정부가 주한미군 입·출입 규정을 마련하겠다는 주장은 일본의 40년에 걸친 사전협의제의 운용 결과를 볼 때 아무런 실효성 없는 구두선에 지나지 않을 것이라는 것이 명확하다. 그런데도 이를 마치 주한미군의 아태 기동군으로의 전환에 대한 대안인 양 주장하는 것은 국민에 대한 기만이다. 이는 현 정부가 일본보다 나은 사전협의제를 미국에 관철시킬 수 있는 능력과 의지를 갖고 있으리라고 기대할 수 없기 때문이다. 또한 일본과 같은 수준의 사전협의제를 체결했다고 해도 이를 통해 주한미군의 작전행동을 통제할 수 있는 실질적인 변화를 가져올 수 없기 때문이다. 일본과 달리 전시작전통제권마저 없는 남한으로서는 사전협의제의 한계가 더욱더 크게 노정될 수밖에 없을 것이다.

설령 사전협의제를 관철시킨다고 해도 그것은 결코 상징적인 수준 이상이 될 수 없다. 왜냐하면 현행 한미상호방위조약을 개정하지 않는 한 사전협의제는 한미상호방위조약과 양립할 수 없기 때문이다. 한미상호방위조약 제2조와 4조는 주한미군의 병력과 장비의 배치와 이동 등에 관해 전권, 곧 주한미군의 일방적 주둔권을 허용하고 있다. 따라서 주한미군의 입·출입 규정을 마련한다고 해도 모법의 효력을 정지시키지 않는 한 공문구가 되고 말 것이다.

따라서 정부가 진실로 주한미군의 입·출입을 규제하는 방안을 마련하고자 한다면, 그것은 사전협의제가 아닌 '사전동의제'가 되어야 한다. 그러나 이는 미국이 주한미군을 철수시키는 한이 있더라도 받아들이지 않을 가능성이 크다. 일본도 신일미안보조약 체결 당시 미국에 사전동의제를 요구하였으나 보기 좋게 거절당했다.

이렇듯 주한미군 입·출입 규정을 두어야 한다는 주장은 그 자체만으로는 주한미군의 역할 변경과 감축, 그리고 한미동맹의 전환기에 대한 올바른 대처 방안이라고 결코 말할 수 없다. 오히려 이는 주한미군의 역할 변경을 기정사실화하고 감축을 막거나 늦춰보려는 친미수구세력의 의도를 결과적으로 대변해주는 주장으로 될 우려가 크다.

3) 주한미군의 역할 변경의 법적 근거를 확보하기 위한 한미 당국
   의 새로운 공동선언 채택 또는 하위 법체계를 통한 우회 전술
   가능성

한미 당국이 주한미군의 역할 변경의 불법성을 피해 나가기 위해서
한미상호방위조약을 개정하거나 하위 법체계로 이를 보완하거나 또는
일본과 같이 새로운 공동안보선언을 체결하는 방안을 강구할 수 있다.
현재까지 한미 양국에서 나온 공식, 비공식 주장을 보면 한국은 현행 한
미상호방위조약을 유지하되 하위 법체계를 통해 보완하거나 신한미공동
안보선언을 구상하고 있는 것으로 보이며, 주한미군 측에서는 한미상호
방위조약을 개정할 수 있다거나 한미상호방위조약의 적용 범위가 이미
아시아·태평양 지역으로 되어 있다는 주장을 펴기도 한다.

지금으로서는 어느 방향이 될지 속단하기 어렵다. 단기적으로는 비교
적 손쉬운 하위 법체계의 정비나 새로운 공동안보선언의 채택을 통한 보
완에 나서려고 하겠지만, 중장기적으로는 한미상호방위조약의 개폐로 나
갈 수밖에 없을 것이다. 결과는 국민 자주의식의 성장과 운동의 고양, 그
리고 북미·남북관계의 진전 정도에 따라 그 향배가 가름될 것이다.

법 규정보다는 국민 의식수준이 더 중요하다는 것은 일본의 사례가
다시 한번 말해준다. 1960년대 초 안보투쟁이 실패(1963년 '안보공투' 해
체)로 돌아가자 미국은 극동 지역으로 한정되어 있는 신일미안보조약의
적용 범위에 아랑곳하지 않고 주일미공군을 베트남으로 출격시켰다. 나
아가 주일미군은 태평양 지역을 뛰어넘어 걸프전에까지 참전하였다. 그
런데도 일미안보조약의 개정이나 법적 보완은 이루어지지 않았다. 일미
양국이 이를 보완한 것은 신일미안보조약이 체결된 지 36년이나 지난
1996년이었다. 그것도 냉전 해체라는 급격한 국제정세의 변화 속에서
일본이 미국과의 동맹관계를 이완 또는 해체시킬 것을 우려한 미국이 적
극적으로 일본을 설득하여 '일미안보공동선언'을 체결한 것이다. '일미

공동안보선언'을 통해 일미 양국은 신일미안보조약의 적용 범위를 아시아·태평양 지역으로 확대함으로써 극동 지역을 벗어난 주일미군의 작전 범위를 법적으로 뒷받침하였다.

이렇듯 일본은 안보투쟁의 패배 이후 사회운동이 약화되어 가면서 일미안보조약마저 지켜내지 못한 채 일·미 양 당국의 자의적인 법 운용을 허용하였으며, 결국은 아시아·태평양 지역에서 미·일 공동의 군사적 패권 추구를 뒷받침해주는 퇴행적인 방향에서 신일미안보조약을 개악하기에 이르렀다.

앞서 밝힌 대로 한미 당국은, 현 한미 관련 법규들이 대부분 그러하듯이, 하위법을 통해 상위법을 보완하는—실제로는 위배하는—방식을 통해 한미상호방위조약의 적용 범위를 동북아시아, 또는 아시아·태평양 지역으로 확대하는 근거를 마련하기 위한 조치를 취할 가능성이 많다. 그러나 이는 이미 무너져 있는 한미 관계 법체계를 더욱 엉망으로 만듦으로써 중·장기적으로 더 많은 문제점을 낳을 가능성이 있다.

특히 주한미군의 역할이 지역군으로 전환되면 대한민국 방위만을 전제로 하여 '전 국토 무상 공여' 원칙과 일방적 주병권을 적용한 한미상호방위조약 4조는 더 이상 성립될 수 없으며, 개정이 불가피하다. 그런데도 이를 덮어두고 하위 법체계를 통해서 주한미군의 역할 변경을 허용하는 불법적 상태와 국가적 폐해를 지탱해나가기에는 한국정부로서도 감내하기 어려운 부담이 될 것이다.

또한 신법으로 구법의 내용을 부분적으로 대체하려는 '한미공동안보선언'의 방식 역시 이것이 조약의 본질적 성격을 개정하는 '의정서'로서의 위상을 갖기 때문에 채택 또는 비준 전에 반드시 국회의 동의를 얻어야 하며, 따라서 국회 심의과정에서 많은 어려움에 봉착할 가능성이 있어 한미 양국이 쉽게 시도할 수 있는 방안은 아니다. 그렇지 않고 만약 '한미공동안보선언'이 국회의 동의를 필요로 하지 않는 신사협정으로 채택된다면 이 선언보다는 한미상호방위조약이 규정력을 갖게 되므로 선언의 의미는 훨씬 감소된다.[21] 이렇게 볼 때 한미 당국은 중장기적으로는 필연적으로 한미상호방위조약을 개정할 수밖에 없다.

4. 글을 마치며

미국은 이미 주한미군 3600명을 이라크로 보낸 데 이어 최근 헌병 2개 소대 70명을 이라크로 추가 차출했다. 더욱이 이 헌병들은 내년에 다시 한국으로 복귀할 예정이다. 이는 미국이 현 한미상호방위조약의 적용 범위에 구애됨이 없이 주한미군의 역할을 이미 아태 기동군으로 전환시키고 있는 첫 신호탄으로 볼 수 있다. 그리고 남한 당국은 제36차 SCM 공동성명을 통해 미국의 이러한 불법행위를 뒷받침해주고 있다.

이제 한미상호방위조약은 남한 당국에게 정치·군사·경제 등의 분야에서 각종 부담을 안겨주는 근거로는 될지언정 주한미군과 남한의 미군기지를 아·태 지역의 군사적 패권을 위한 기동군과 전초기지로 삼으려는 미국의 야욕을 견제하는 데는 휴지조각과 다를 바 없게 되어가고 있다. 한미동맹이 점차 공세적·패권적·침략적 미일동맹의 뒤를 밟아가고 있는 것이다.

남북통일을 이루기 위한 민족적 동력, 일본에 앞서는 시민사회운동단체의 투쟁력 등이 주한미군의 역할 변경과 한미상호방위조약의 개악을 저지하는 데 유리한 조건이나 국민들이 여전히 안보이데올로기 공세에 갇혀 있고 시민사회운동단체의 힘이 당국과 친미수구세력의 힘에 크게 미치지 못하고 있다는 점이 우리도 일본의 전철을 밟을 수 있다는 우려를 갖게 한다.

이에 민족민주진영은 중장기적인 계획하에 한미상호방위조약 전면 개폐 투쟁에 전력투구해 나감으로써 굴욕적이고 반민족적인 한미동맹의

---

21) 외교통상부, 「알기 쉬운 조약 업무」, 1996년 3월, 10쪽.

질긴 고리를 끊어내고 한미동맹으로 인해 국가와 민족의 장래에 드리운 암운을 거둬내야 한다.

2부

주한미군 없는
한반도 평화 이루기

6장

한반도 전쟁위기의 실상

1. 글을 시작하며

1989년 몰타협정에 의해 지구촌을 반세기 가까이 옥죄어 왔던 미·소 냉전체제가 해소되었다. 이제 탈냉전기를 맞아 한반도에도 평화구도가 정착될 것으로 기대되었다. 그러나 탈냉전의 지구촌과는 반대로 북·미간에는 극(極)냉전을 치닫고 언제 열전으로 비화될지 모르는 아슬아슬한 순간을 지속하고 있다. 특히 미국에 부시 정권이 들어선 이후 2002년 '악의 축' 전쟁위기, 2003년 9월 위기설, 2004년 10월 위기설 등 전쟁위기설은 끊이지 않고 미국의 북한에 대한 침략전쟁연습은 점점 더 강도와 빈도를 더해가고 있다.

2004년 9월을 맞은 한반도는 전쟁의 먹구름이 몰려오는 듯 위험스런 국면으로 진입하고 있었다. 미국은 대북한 침략전쟁연습을 2003년부터 부쩍 높여나가더니 2004년에는 더욱더 기승을 부리면서 진행중이다. 미 공군의 최첨단 스텔스 F-117 전폭기 14대가 한국에 배치돼 '작전계획 숙지 훈련'을 벌이고 있다. 이 전폭기는 91년 걸프전에서 주요목표 공격의 95%를 담당했고 작년 이라크 침략전쟁에서도 역시 주역을 맡았다. 한반도에 이 가공할 폭격기가 배치된 적은 1993~1994년 일촉즉발의 전쟁위기였던 영변핵위기 때와 2003년 전쟁위기에 이어 이번이 세번째이다.

스텔스전폭기에 이어 스트라이크 이글 F-15E 전폭기 20여대가 이미 광주공항에 배치돼 3개월 이상 작전계획 5026에 따른 선제공격 훈련을 한다. 8월 17일자 성조지(Stars & Stripes)에 따르면 주한미군 소속 수천명의 한국인 노무단에 동원훈련이 실시됐다. 동해에는 주한미군이 보유하고 있는 공군력과 맞먹는 전투폭격기와 전투기를 탑재한 최신예 핵 추진 항공모함인 '스테니스호'와 미사일방어체제인(MD) 이지스함이 이미 배치돼 있고 괌에는 핵잠수함이 추가 배치됐다.

2004년 3월 초 미국은 사상 최초로 대규모의 병력과 장비를 투입해 북한과 인접한 평택에서 '프리덤 배너 04'훈련을 가졌다. 미 해병대 8천여 명이 참가한 이 훈련은 미 해병 제3원정군 병력이 특정 지역에서 10일 이내에 전투 준비를 완료하고 약 1만7천 명의 해병대가 한 달가량 군사작전을 펼칠 수 있도록, 무기와 장비를 사전에 배치하는 훈련이다. 이로써 미국은 불과 20시간 이내에 406개가 넘는 차량과 무기체계를 신속하게 북한 인근에 배치하는 능력을 가지게 됐다. 이어 3월 하순에 연합전시증원훈련과 독수리훈련의 통합훈련이 실시됐다.

이 훈련에는 이라크전쟁에 참가한 키티호크 항모전단, 오키나와와 하와이 주둔의 상륙부대인 해병대 제3원정군 소속 8천여 명, 신속 기동여단인 스트라이커부대 등이 동원돼 이라크나 아프가니스탄에서 선보인 전격전을 염두에 둔 전쟁연습을 가졌다. 여기에다 약 1,000여 명의 미 해병대와 한국해병대가 함께 DMZ 인접 지역에서 최대 규모의 야외기동훈련을 실시했다. 여기에 한국군은 거의 매번 보조역으로 참여하고 있다.

전쟁연습만이 아니다. 8월 초 라이스 미 안보보좌관은 북한 핵 프로그램을 분쇄하기 위해 '은밀한 조치'를 포함, 많은 수단들을 검토할 것이라고 밝혔다. 미 상-하원은 노골적인 북한붕괴전략인 북한인권법안을 만장일치로 통과시켰다. 여기다 탈북자의 증언이라면서 북한이 기독교인을 인체 실험했다는 검증되지 않은 사실을 유포하고 있다. 그야말로 '북한 악마만들기'이다.

이에 북한은 9월 9일자 ≪로동신문≫에서 작전계획 5027-04의 핵심을 공개했다. 먼저 한미 18개 사단으로 구성된 연합군이 서부전선에서 방어선을 구축하고, 연합기동타격부대가 북측지역에 대한 공중타격으로 내부교란작전을 벌리며, 미군전시증원계획에 따라 미 3기갑군단이 투입되는 것과 동시에 본격적인 북진을 개시하고, 마지막으로 동서해안에 상륙한 남조선-미국 연합해병대가 제2전선을 구축하여 평양을 포위점령하는 전쟁수행계획으로 불의의 기습공격으로 속전속결로 전쟁을 결속하는 전쟁시나리오라는 것이다.

왜 한반도에 살고 있는 우리 남과 북은 남의 나라 미국과 그 대통령인 부시의 말 한마디 한마디에 매일 촉각을 곤두세우면서 살아야 하는가? 우리는 왜 인간의 기본권 가운데 기본권인 '죽고 사는 문제인 생명권'을 미국으로부터 지속적으로 위협받아야 하는가? 그리고 정작 당사자인 한국정부와 한국사회 주류는 뭘 했는가?

이 글은 한반도 전쟁위기의 실상과 본질을 미국 중심의 눈이 아니라 우리 한반도의 눈으로 들추어내고자 한다. 첫째, 한국전 종전 이후 1989년까지의 냉전기간에 대두된 한반도 전쟁위기의 실상을, 둘째 탈냉전인 90년대 이후 전개된 무려 여섯 번의 미국 주도 한반도 전쟁위기를, 셋째 남북주도의 전쟁위기인 서해교전의 실상과 해결방안을, 넷째 2002년 10월 제기된 현존 전쟁위기를 분석 및 제시한다. 이를 통해 한반도 전쟁위기의 일반적 속성을 도출하고, 장기적 평화구도 정착을 위한 방향을 제시한다.

2. 미·소냉전기 한반도 전쟁위기

1) 준전시상태에서 '작은전쟁'으로 치달은 미군사정부

영국 사학자 할리데이(J. Halliday)는 한국전쟁은 1950년 6월 25일 발생한 것이 아니라 1945년 9월 8일 미군이 인천에 상륙하면서 이미 시작되었다고 역설했다. 미군의 인천상륙 이틀 전에 조선인에 의해 자생적으로 창건된 국가인 '조선인민공화국'을 무너뜨리고 미군정을 실시하면서부터 전쟁이 시작되었다는 의미이다.

어쨌든 1945년 11월 남원에서 일어난 미군의 학살사건을 시발로 1946년 10월 항쟁 등으로 이어지면서 한반도는 준전시상태에 들어갔다(오연호 1990). 이 준전시상태가 '작은전쟁'이라는 한국전쟁의 본격적인 출발로 비화된 것은 1948년 2·7구국투쟁이었다. 이는 남한의 남로당과 좌익일반이 주도한 것으로 48년 연초부터 시작된 유엔조선임시위원단과 미군정의 5·10단독선거를 분쇄하여 통일을 이루기 위한 공개적인 무력투쟁이었다. '작은전쟁'은 제주 4·3항쟁, 여순항쟁 등의 인민항쟁, 지리산 등에서의 유격대와 야산대 투쟁, 38도 선에서 연대 및 대대급을 비롯한 상시적인 남북의 무력충돌 등으로 행해져 6·25확대전쟁까지 무려 10만 명이 죽임을 당했다. 6·25 이전에 이미 한국전쟁은 진행형이었다(강정구, 2002a).

2) 한국전쟁과 핵무기 한반도 배치

예견된 대로 남북분단이 48년 9월 확정되자 '작은전쟁'은 1950년 6월 6·25확대전쟁으로 비화됐고, 1953년 7월 정전협정에까지 무려 3백만 가까운 인적손실, 3백만의 부상자, 북한 전역의 초토화, 수백만의 이산가족 등의 참혹한 비극을 우리 민족은 감수해야 했다.

한국전쟁에서 승승장구하던 미군이 1950년 10월 중국인민지원군이 참전하면서 위기에 처하자, 당시 맥아더 유엔군사령관은 무려 26개의 핵무기를 압록강 주변에 투하해 북한 북부지역과 만주지역을 죽음의 계곡으로 만들겠다면서 미국 수뇌부에 이 작전승인을 요청했다. 이에 트루먼 행정부는 원자탄 투하를 적극 고려해 세계를 경악케 했으나 영국 등 유럽의 강력한 저항에 의해 취소되었다. 그 이후 정전 시점까지 미국은 끊임없이 핵무기를 투하하려는 계획을 세웠고, 심지어는 허드슨작전(Hudson Harbor Exercise)이라는 모의 핵 투하연습을 북한상공에서 감행했다(피터 헤이즈 1993, 1장).

한국전쟁 이후 미국은 북한의 끈질긴 평화협정 요구에도 불구하고 이를 외면한 채 오히려 군비경쟁을 일삼고 군사적 긴장을 지속시키면서 전쟁 일보직전까지 몰고 가는 화급한 상황을 연속적으로 재연했다. 곧 우리 개인의 생명권과 민족생명권이 지속적인 위협에 처하게 됐다.

정전 이후 1957년 미국은 휴전협정 13조 d항(정전협정 당사자는 무장증강을 금지하고 중립국 감사위원회로 하여금 남북 5개 항구에서 군사적 현상유지 상황을 감시하도록 한 규정)을 공식적으로 폐기하고, 1958년 초 핵폭탄, 어네스트 존 미사일, 팬텀기 편대 등을 남한에 배치했다. 이에 북한은 1957년 최고인민회의 제2기 1차회의에서 한반도비핵지대화를 천명하고 핵무기 배치를 반대하는 대규모 궐기대회를 열었다.

2002년 1월 9일 공개된 대통령통치사료에 의하면 미국은 남한에 핵무기를 배치하기 위해 정보조작까지 했다. 미국 군사당국이 1957년 이승만 대통령에게 보고한 「남북한 군사력비교 보고서」는 "현재(1957년) 북한공산군은 핵무기와 유도미사일 전력을 보유하고 있다는 보고가 있다"고 허위사실을 조작함으로써 핵무기 반입을 '정당화'시켰다. 1958년에 핵무기를 배치했다는 주장은 미국의 ≪Bulletin of Atomic Scientists≫ (1999. 11~12)에도 게재됐다. "동서냉전이 한창이던 때에 미국은 한국 등 18개국과 미군기지 9곳 등 모두 27개 해외기지에 핵무기 1만 2,000

여 기를 비밀리에 배치했으며 한국에는 1958년 1월을 시작으로 10여 종의 핵무기를 배치했다. 58년에 배치된 핵무기는 지난 91년 극동지역을 끝으로 철수됐다"(≪연합뉴스≫ 2002. 1. 9.). 이후 1991년 9월까지 무려 1,000기 이상의 핵무기가 북한과 소련을 겨냥하여 남한에 포진돼 있었다.

대조적으로 북한은 1958년 중국군을 모두 철군시켰다. 이후 북한은 외국군이나 핵무기를 북한 땅에 발붙이지 못하게 했다. 그리고 외국군과의 합동군사훈련은 1983년 동해에서 소련과의 합동해군훈련 외에 알려진 게 없다.

3) 냉전기 전쟁위기와 강화된 군사훈련 및 적극적 공세전략

(1) 세 번의 전쟁위기

1953년 7월 정전 이후 탈냉전까지 한반도에는 세 번의 전쟁위기가 있었다. 1968년 미국의 간첩선이 북한영해를 침범해 나포되었던 푸에블로호사건, 1969년 미국의 스파이비행기인 EC-121정찰기 격추사건, 1976년 판문점 미루나무사건이다. 이 세 사건 당시 핵전쟁의 전운이 감돌아 민족생존권이 경각에 달릴 정도로 급박한 상황이었다. 특히 미루나무사건의 경우 괌에서 핵무기를 장착한 B-52폭격기가 비무장지대로 비행하다 마지막 순간에 기수를 돌리는 아슬아슬한 순간이었다(피터 헤이즈, 1993).

KISON(Korea Information Service On Net)의 한국안보문서(KSA) 자료를 바탕으로 한 기획물 "미 비밀문서 속의 한국 현대사(1)"의 "판문점 도끼살해 사건(1. 2. 3)"은 당시의 상황을 다음과 같이 서술하고 있다 (http://www.kison.org/). 데프콘 4에서 3으로 변경 발동되어 전쟁 직전단계로 진입해(5는 평시, 1은 전쟁, 2는 전쟁이 불가피한 것이고 총격전이 시작되면 1단계이다) 휴전 이후 최대의 전쟁위기를 맞았으며, 이러한 전쟁위기의 과정에서 한국은 철저히 배제되었음을 확인해준다.

미국은 북한에 대한 응징조치로 미루나무 절단작전(폴 번연 작전)을 수행하면서 미 대통령이 전쟁대권을 발동하는 것까지도 염두에 두고 있었다. 1953년 정전 이후 이때만큼 일촉즉발의 극한상황까지 치달았던 적은 없다. …… 판문점 사건 사흘 뒤인 8월 21일 오전 7시, 미루나무 절단작전을 전개하면서 미군은 위 18개항 가운데 미드웨이 항모 발진, F-111전투기와 B-52폭격기 비행 등 가능한 모든 방법을 동원해 군사 시위를 벌였다(ksa1-002). …… 사흘간 한국의 자리는 없었다. 한국의 박정희 대통령이 한 역할은 폴 번연 작전 때 스틸웰에게 한국군 태권도 유단자 병력을 제공한 것뿐이었다. 모든 것은 스틸웰과 워싱턴, 미국의 몫이었다(ksa1-004).

북한은 이들을 '3대 대미 경고'의 보기로 들고 있다. 월간 『조선녀성』은 「도발자들에게 준 조선의 경고」(2001. 5.)에서 아래와 같이 묘사하고 있다.

전리품 '푸에블로호':
미제 해군이 '숨은 제왕'이라고 자처하던 이 무장간첩선은 영웅적 조선인민군에 의해 33년 전(1968년) 나포되었다. 82명이 포로가 되고 반항하던 놈은 그 자리에서 즉사하였다. 앞으로 바다로 기어드는 자들은 나포가 아니라 바다에 수장되고야 말 것이다.

공중에서 흩어져 버린 'EC-121':
1969년 4월 15일 하늘로 기어들던 미제의 대형 간첩기 EC-121이 조선인민군 공군추격기에 의하여 단방에 격추되었다. 최신식 전자장비를 갖춘 이 비행기는 레이더 정찰활동을 위하여 특별히 제작한 것으로 여기에는 31명의 승무원이 타고 있었다. 이 괴물은 당시 공중에서 격추되어 비행기에 타고 있던 놈들은 무주고혼의 신세를 면치 못했다. 이 사건은 공중으로 날아드는 침략자들은 뼈도 추리지 못할 것이라는 것을 웅변으로 말해주고 있다.

남잡이가 제잡이(남을 해치려다 오히려 자기가 피해를 입는다):
1976년 8월 18일 주도면밀한 계획 밑에 우리 인민군 군인들에게 도끼를 들고 덤벼들던 수십 명의 미제도발자들이 4명의 조선인민군 초병들에게 무참하게 패배를 당했다. 당시 적아(피아)간의 격투결과 2명의 미군장교 놈이 즉사하고 많은 놈들이 피를 뿌렸다. '오는 방망이 가는 홍두깨'라고 우리를 털끝 한

오라기라도 건드리려 하는 자들의 운명이 어떻게 되는가를 말해주고 있다(≪연합뉴스≫ 2001. 6. 25. 재인용).

이 68~69년의 전쟁위기에서 미국은 마지막 순간에 자신의 문제점 때문에 방향을 선회함으로써 파국으로의 진입을 피할 수 있게 되었다. 곧 68년의 경우 베트남전쟁이 악화되는 상황에서 두 개의 전쟁을 동시에 수행하기 힘든 내부 사정 때문에, 69년의 경우(커밍스의 분석에 의하면) 닉슨 대통령과 키신저 국무장관이 전쟁결행을 고집했으나 미국 군부에서 엄청난 전쟁 후과를 우려해 반대했기에 전쟁으로 발전되지 않았다. 그러나 76년의 경우 북한과 미국은 벼랑 끝 대치를 지속해 극한적 상황까지 갔으나 결국 김일성 주석의 유감 표명으로 사태가 호전되었다. 물론 미국은 이들 전쟁위기에서 항공모함의 배치, 괌과 오키나와의 전폭기 발진 등 만반의 준비를 갖춘 채 북한을 위협했다.

세 번의 전쟁위기의 일반적 속성을 도출하면 첫째, 전쟁위기는 남북사이의 충돌에서 비롯된 것이 아니라 어디까지나 북한과 미국 사이의 충돌에서 비롯되었다. 둘째, 남한정부는 의사결정 과정에서 철저하게 배제됐다. 셋째, 핵전쟁을 전제로 했다. 넷째, 전쟁의 주범은 북한이 아니라 미국이었다. 다섯째, 남한정부가 전쟁위기 과정에서 철저히 배제돼 전쟁을 막거나 통제력을 행사할 수 없었다. 여섯째, 미국의 전쟁책동 행위는 불법이었다.

흔히들 북한이 전쟁빌미를 제공했기 때문에 미국의 전쟁위협이나 전쟁수행은 정당하다고 주장한다. 그렇지만 68~69년의 경우 주권국가로서 북한이 영해와 영공을 침해한 적을 나포 및 격추시키는 것은 당연한 국제법상의 권리이다. 주권국가의 정당한 주권행위를 침략전쟁으로 대처하는 것은 국제법적으로 용납되지 않는다. 76년의 경우 북한과 미국 양측의 잘못을 명백히 가리기는 힘들지만 설사 북한의 잘못이 인정된다 하더라도 이 때문에 전쟁위협이나 전쟁을 일으키는 것은 국제법적으로 용납되지 않는 불법행위이다. 합법적 방안은 응당 보상이나 사죄, 재발방지 등의 비전쟁의 방식이어야 한다. 68년의 경우 미국은 결국 북측에 그들의 잘못을 사과했다.

(2) 강화된 군사훈련과 적극적 공세전략

1976년 이후 위와 같은 화급한 전쟁위기는 없었지만 한반도는 언제나 군사적 긴장하에 있었다. 왜냐하면 전쟁 책동을 담보하는 물적토대가 주한미군이고 또 그 역량을 보증하는 것이 미군의 군사훈련인데 한반도에는 지금까지 주한미군이 무려 60년 동안 주둔하고 있고 군사훈련은 더욱 강도와 빈도를 높이고 있기 때문이다.

베트남 전쟁이 종식되던 1975년에 미국의 슐레진저 국방장관은 한반도에서 핵무기를 사용할 것과 주한미군은 북한보다는 소련을 겨냥하고 있다는 점을 공개적으로 밝혔다. 그리고 1976년부터 해마다 세계 최대 규모의 군사훈련인 팀스피리트훈련을 한·미합동으로 한반도에서 실시해 군사적 긴장을 고조시켰다. 1993년 영변핵위기를 계기로 팀스피리트훈련은 중지됐으나 2003년부터 대북 침공 실전연습 훈련인 '연합전시증원연습'과 '독수리연습'의 통합훈련(RSOI＋Foal Eagle)을 실시하고 있어 제2의 팀스피리트훈련이 재개된 셈이다.

팀스피리트훈련은 미국이 1975년 나토와 바르샤바조약기구간 군사대결 해체를 의미하는 '헬싱키선언' 이후, 비 유럽지역에서 군사훈련이 필요하게 되자 지구촌에서 가장 손쉬운 한반도에서 세계 최대규모의 훈련이 시작되었다. 그 주동자는 당시의 국방장관이었던 럼스펠드였다.

미국은 1974년을 기점으로 5027-74에서 무력충돌이 발생하면 휴전선을 회복한다는 과거의 '적극적 방어전략'에서 개성까지 점령한다는 '공세적 방어전략'으로, 5027-83에서 종심부까지 전후방을 동시에 공격한다는 공지전으로, 5027-98에서 북한 정권교체로 바꾸면서 더욱 공세적으로 작전계획을 강화했다. 이와 더불어 1983년 레이건 집권부터 만약 중동지역에서 미·소간에 군사분쟁이 발생하면 단지 소련군사력을 다른 곳으로 분산시키기 위해 남한과 일본이 북한을 침공하고, 핵공격까지 감행한다는 '와인버거 군사작전계획'을 세워 충격을 주었다.

물론 이러한 적극적 공세전략은 한반도 역내의 방어를 목적으로 한 한·미상호방위조약과 정전협정을 위배한 것이고 평화를 지향하는 우리 헌법을 위배한 것이다. 극도의 불안을 느낀 북한은 1983년 사상 최초로 원산만에서 소련과 대규모 해군훈련을 실시하고, 평양과 원산에 주둔하고 있는 타격부대를 전방에 배치하는 등 예민한 반응을 보였다.

3. 탈냉전기 미국 주도의 한반도 전쟁위기

1989년 탈냉전이 이루어져 지구촌에서 평화와 인권의 새로운 역사가 펼쳐져 한반도도 이제야 전쟁의 공포로부터 해방될 것으로 기대됐다. 그러나 탈냉전의 시점에서도 한반도 속의 미국은 오히려 더 사악한 냉전전사다운 모습을 보여주었다.

1) 여덟 번의 전쟁위기

1999년 5월 24일 한겨레신문과의 대담에서 김영삼 전 대통령은 1994년 6월 전쟁 일보직전 상황에 대한 회고에서 "하루는 보고를 받으니 내일… 대사관 직원 가족들의 철수를 발표한다는 것이었다. 미국이 전쟁 직전에 취하는 조처이다… 남북에서… 1,000만 명에서 2천만 명이 죽을 것이다.… 그 날 저녁 클린턴하고 32분 동안 통화했는데 대판 싸웠다"라고 밝히고 있다.

이는 한반도 전쟁에서 남과 북은 운명공동체라는 것과, 또 전쟁국면에 들어가면 우리의 생명과 재산을 지켜주어야 할 의무를 가진 우리의 대통령마저도 미국이 주도하는 전쟁을 막을 수 없다는 기막힌 실상을 말해준다. 한국정부의 반대에도 불구하고 미국은 조금도 개의치 않고 전쟁프로 그램을 그대로 추진했다. 2001년 6월 제주도 평화포럼에 참석한 당시 국방장관이던 페리는 이 사실을 확인했다.

> "전쟁이 발발하면 승리하겠지만 한국군, 미군, 한국 국민의 피해가 엄청날 것이라는 게 드러났다.…주한미군을 수만 명 증원하는 계획을 입안했고, 주한 미대사관에 민간인 철수계획을 준비토록 지시했다. 그러나 클린턴 대통령이 전쟁 개시를 승인하기 불과 몇 시간 전에 우리는 …김일성의 전언을 받아 협상에 나선 것이다"(≪중앙일보≫ 2001. 6. 17.).

이와 같이 한반도 전쟁위기의 주체, 전쟁위기에 따른 이해관계, 전쟁 위기의 요인 등이 우리 민족과 무관하게 외세인 미국에 의해 조성·확산되 고 있는 특징을 띤다는 기막힌 현실 속에 우리는 살아가고 있는 것이다.

이 책 서장에서 이미 밝혔지만 탈냉전의 시작인 1990년대 이후 한반 도에서는 무려 여덟 번의 전쟁위기가 있었다. 곧, 1991~92년 120일 전 투시나리오와 이종구 국방장관의 '엔테베작전' 언급 등 '제2의 한국전쟁 위기', 1994년 6월 한두 시간만 늦었더라도 전쟁이 발발할 수밖에 없는 상황으로 몰렸던 영변 핵위기, 엉터리 미국의 인공위성 사진으로 북한이 핵무기를 개발한다고 단정짓고 모의 핵폭탄 BDU-38로 핵전쟁 실전연 습까지 벌렸던 98~99년 금창리 핵위기, 98년 여름 대포동 미사일(인공 위성) 발사를 계기로 발발한 미사일위기, 휴전 이후 최초의 정규군에 의 한 무력충돌이라는 99년의 1차 서해교전, 2002년 부시의 '악의 축' 전 쟁위협(임동원, 2002), 2002년 2차 서해교전(강정구, 2002b), 또 2003~04 년 임박한 한반도 전쟁위기 등이다.

이 가운데 미국이 전쟁을 주도한 횟수는 서해교전을 뺀 여섯 번이다. 남북 주도는 서해교전으로 각기 한 번이다. 이는 북한이 전쟁위기 주범 이라는 기존의 북한전쟁위협론은 허구이고, 오히려 미국과 주한미군이 한반도 전쟁위기를 불러오는 주범이라는 미국전쟁위협론이 사실임을 말

한다. 이제 미국전쟁위협론의 전형인 93~94년의 영변 핵위기와 98~99
년의 금창리 핵위기를 살펴보겠다.

2) 93~94년 영변 핵위기

1991년 걸프전쟁 직후 미국은 당시 합참의장이었던 현 국무장관 파월
이 "다음 차례는 김일성과 카스트로" 라면서 120일 전투시나리오 등으
로 '제2의 한국전쟁위기'를 일으켰다(강정구, 1991). 소련이 몰락한 상황
에서 미국의 전쟁위협에 직면한 북한은 생명권 확보를 위한 전향적인 정
책을 꾀했다. 곧 남북 유엔동시가입 등을 시도하여 유엔의 틀 안에서 생
명권을 보장받을 것으로 기대했다.

또 북한은 1991년 9월 부시 미대통령의 한반도 내 전술핵무기 폐기선
언과 12월 노태우 대통령의 핵부재선언을 계기로 1992년 1월 국제원자
력기구(IAEA)와 핵안전협정을 체결하고 1993년 2월까지 6차례의 사찰
을 받았다. 아울러 1991년 12월 남북기본합의서, 남북비핵화공동선언,
92년 팀스피리트훈련 중지발표 등으로 남북관계도 상당히 개선시켰다.
이 결과 91년의 한반도 전쟁위기는 해소되었다.

그럼에도 불구하고, 미국은 북한과의 관계개선을 추진하기보다 92년
에 중단했던 팀스피리트훈련을 93년에 재개해 대북 핵전쟁연습을 감행
했다. 여기에다 미국의 하위기관으로 전락한 IAEA는 북한에게 미신고한
영변의 2개 기지에 대한 특별사찰을 요구했다. 미신고 시설에 대한 특별
사찰은 사상 유례가 없는 것이었으며, 더욱이 북한입장으로서는 IAEA의
특별사찰 요구는 미국의 사주를 받은 행위였다. 핵무기 보유국가인 미국
이 핵무기 비보유국인 북한을 겨냥해 스텔스폭격기 등을 동원해 핵전쟁
연습을 강행하면서 북한을 위협하는 것은, 핵무기 보유국가가 비보유국
가에 대해 핵위협을 못 하게 되어 있는 NPT조약 위배였다. 그러나
IAEA는 미국을 응징하기보다는 오히려 북한에 특별사찰을 강요하는 제

국주의 미국의 시녀행위를 자행했다. 이에 북한이 1993년 3월 12일 NPT를 탈퇴함으로써 영변핵위기는 시작됐다(강정구, 1994).

94년 6월 한반도는 민족의 생명권이 벼랑 끝으로 몰리는 최악의 전쟁위기를 맞았다. 이미 미국은 6월 2일부터 매시간 단위로 한반도 상황을 점검하는 비상체제를 갖추고 인디펜던스 항공모함을 환태평양군사훈련에 참가시켰으며, 미 상원은 이미 퇴역한 고속정찰기 SR71을 복귀시켜 북한상공을 정기정찰하기 위해 1억 달러의 예산지출을 승인하고, 예방폭격을 배제하지 않고 있음을 재확인하였으며 미군 1개 사단 증파를 협의하는 등 군사적 대결상태를 준비해나갔다. 또 존 매케인 상원의원 등은 "북한이 계속 버틸 경우에 대비해 핵시설에 대한 선제공격계획을 지금 준비해야 한다"고 주장하였으며 언론이나 여론조사 등도 대화보다는 대결을 촉구하고 군사력 사용이라는 초강경 대결을 역설하였다(≪한겨레신문≫ 1994. 6. 7.).

극적 순간은 94년 6월 16일이었다. 한국에서는 럭 주한미사령관과 레이니 주한 미대사가 미대사관저에서 몰래 만나 비상체제를 가동, 소개작전을 추진하는 수밖에 다른 도리가 없다는 데 의견을 같이했다. 레이니는 공식명령도 기다리지 않고 딸과 세 손자·손녀에게 사흘 뒤인 일요일까지 한국을 떠나라고 지시했다. 워싱턴시각으로 16일 아침 10시경 백악관에서는 대통령, 부통령, 국무·국방 장관, 합참의장, CIA국장, 유엔대사, 안보보좌관 등 최고위 당국자들이 모두 모여 회의를 열었다.

회의 서두에 클린턴은 유엔안보리의 대북한 제재 추진을 최종 승인했다. 클린턴의 최종승인이 떨어지자 (합참의장은) 한반도 주변지역의 미군 증강계획을 설명하기 시작했다. …… 점진적 증강안이 담긴 제1안에 대해 설명한 뒤 전투기와 또 다른 항모전단 그리고 1만 명을 웃도는 추가병력 배치에 관한 제2안에 대해 설명하기 시작했다(Oberdorfer 1998, 300~303).

이미 북한은 미군의 추가배치가 있을 경우 이를 군사공격으로 간주하고 선제공격을 할 것을 선언한 상황이었다. 바로 이때, 이 긴박한 순간에 백악관은 평양을 방문중인 카터 전 대통령으로부터 전화를 받았으며, 이로써 민족파멸을 초래할 전쟁고비를 가까스로 넘기게 되었다. 물론 미국은 5월 18일 국방장관, 합참의장, 주한미군사령관 게리 럭, 현역 4성 장군과 제독, 세계 전역에 파견된 장성 등을 대거 소집해 특별군사회의를 거쳐 도상훈련이 아니라 '실전회의'를 통해 만반의 준비를 거친 상태였다(Oberdorfer, 1998: 291). 이 때 제3안은 전면전, 곧 작전계획 5027에 의한 북한섬멸전을 의미하는 것으로서, 최소한 40만 명 이상의 미군파병을 전제로 예비군 소집을 계획했다(Oberdorfer, 1998: 299).

전쟁경보 국가정보 담당관 찰스 앨런은 미군의 무력증강은 북한의 전시 동원령을 유발시킴으로써 선제공격의 위험성이 고조되고 있다고 대통령에게 보고했다. 대통령에 대한 전쟁경보 보고는 전쟁개시가 임박했을 때만 이루어지는 것이 관례이다(Sigal, 1998: 208). 다행히 당시 국방장관이었던 페리(Perry)가 밝힌 것처럼 "클린턴 대통령이 전쟁개시를 승인하기 불과 몇 시간 전에" 김일성과 카터의 합의를 받아들여 파국을 모면하게 됐다.

남한정부 또한 전군의 경계태세를 강화하고 대통령은 "24시간 감시체제를 통해 한·미 양국은 북한의 움직임을 100% 장악하고 있다. ……한·미 양국은 만일의 사태에도 대처할 수 있는 충분한 무력을 갖추고 있다"(≪한겨레신문≫ 1994. 6. 4.)면서 '여유'의 수준을 넘어서 '전쟁승리'를 자신하기까지 했다(≪중앙일보≫ 1994. 6. 4.). 6월 8일 김영삼 정권은 출범 이후 첫 국가안보회의를 열고 예비군 동원태세, 국지전 대비태세, 심지어 전면전까지 상정했다.

이에 대해 북한의 '조국평화통일위원회'는 "제재는 곧 전쟁이며 전쟁에서는 자비가 없다. ……동족에 대한 제재 판을 벌여놓고도 자기만은 무사하리라고 생각한다면 큰 오산"이라고 대응하는(≪중앙일보≫ 1994. 6. 6.) 한편, 군 참모총장 최광을 중국에 급파하여 '혈맹관계'를 과시하고 핵확산금지조약 탈퇴불사를 선언했다.

1년 8개월 동안 긴박한 공방을 겪은 끝에 마침내 10월 북·미 제네바 협정이 체결됨으로써 핵문제는 포괄적 해결점을 찾았다. 북한은 1개월 이내 모든 핵활동에 대한 동결과 국제원자력기구의 임시·일반 핵사찰을 수용했다. 대신 미국은 2,000MW 경수로 원자력발전소 2003년 완공 제공, 원자로제공시점까지 매년 중유 50만 톤 공급, 북한에 대한 핵공격을 하지 않는다는 소극적 안전보장, 테러지원국 해제로 경제봉쇄해제, 외교관계 수립 등을 확약했다. 이로써 북·미관계는 적대적 관계에서 새로운 외교관계 수립의 단계로 전환하고 휴전협정 또한 평화협정으로 대체되어 북한의 생명-생존권은 확보될 것으로 기대되었다.

그러나 미국은 이 협정을 제대로 이행하지 않았다. 북한에 '굴복한 협정'이라는 공화당의 공세에 클린턴 정부는 "그동안 북한정권이 붕괴할 것이 거의 틀림없으며, 그때가 되면 북한은 이미 남한에 흡수돼 존재하지 않을 것"이라면서(Harrison, 2003, 44~45) 협정이행 중 단 한 가지만 – 곧 중유50만 톤 공급 – 제대로 이행했다. 더 나아가 금창리 핵위기를 일으켜 BDU-38 모의핵폭탄으로 북한에 대한 침략전쟁 실전연습과 새로운 작전계획 5027-98로 북한을 섬멸하려는 전쟁위협을 자행했다. 대조적으로 북한은 10·21협정이 규정한 핵동결과 사찰을 충실히 이행했다.

북한은 미국의 이와 같은 고의적인 불이행에 대해 공식적으로 문제제기와 협정이행 촉구 등의 경고를 발했다. 4년 동안 유보했던 미사일실험을 1998년 8월 31일 재개해 이를 알렸다(Harrison, 2003, 35~36). 그러나 부시 미국은 적반하장 격으로 북한을 '악의 축'으로 몰아 전쟁위협을 자행했고 연속해서 2002년 10월 북핵문제를 일으켜 현존 한반도 전쟁위기를 발생시켰다.

3) 98~99년 금창리 핵위기

금창리 핵위기는 해리슨이나 퀴노네스(Quinnonesse)가 밝힌 것처럼 의회의 강경파, 국방부와 CIA의 매파 등이 미 국방정보국(DIA) 휴즈국장(현역중장)이 유출한 인공위성 사진에서 북한이 금창리에 핵무기를 개발한다는 증거를 포착했다는 엉터리 정보로 북한이 제네바협정을 위반했다고 주장한 데서 발단되었다(≪중앙일보≫ 1998. 11. 24.). 페리 북한정책 조정관의 전략안 시안에서는 한반도를 전쟁상황으로 몰아넣는 3단계 안을 예고했으며, 미 합참 간부회의에서 존 틸러리 주한미사령관은 "올 봄 한국에서 일종의 '긴급상황'이 예상된다"고 밝혔고, 99년 2월 2일 조지 테닛 CIA국장은 상원 군사위에서 "북한이 절박한 경제상황으로 '미국과 위험한 극한정책'으로 치달을 가능성이 높아졌다"고 경고했다(≪한겨레신문≫ 1999. 2. 4.). 98년 10월 9일 주한미군 작전부참모장인 레이먼드 아이어스 소장은 북한이 공격을 준비중임을 보여주는 명백한 조짐들이 나타날 경우 선제공격한다는 5027-98을 발표하면서 "우리는 그들을 모두 죽여 군대라고 할 수 있는 걸 가질 수 있는 능력을 없애버릴 것"이라고 전쟁위기를 확산시켰다(Halloran, 1998).

이렇게 98년 8월부터 본격화된 금창리 핵위기는 8월 말 북한이 유보했던 미사일(인공위성) 발사로 더욱 증폭되어 '한반도 봄 위기설'로 발화되면서 지난 1993~1994년의 위기를 재현하는 듯했다. 그러나 94년 전쟁위기 때 전쟁을 부추긴 김영삼 정권과는 달리 김대중 정권은 포용정책의 테두리 속으로 금창리 핵위기를 끌어들여 위기를 잠재워 민족안보를 지키려는 전향적 정책을 취했다.

금창리 전쟁위기에서 확인된 가장 큰 문제점은 미국이라는 외세는 인공위성 사진 등에서 이상징후만 나타나면, 비록 검증되지 않고 확인되지 않아도, 그것을 곧바로 핵무기 개발로 단정지어 한반도에 전쟁위기를 몰고 온다는 사실이다. 사진에 뭔가 이상한 것이 포착되면 제대로 된 검증

절차도 밟지 않고, '북한은 으레 그럴 테니까'라는 낙인론에 매몰되어 바로 핵무기 개발로 무조건 단정짓고 한반도 전쟁위기를 재연시킨 것이다.

99년 3월 베를린합의에 이르러 미국은 북한에 60만 톤의 식량지원을 하고 금창리를 '사찰'했다. 그러나 미국은 핵무기 개발에 대한 아무런 징후나 증거도 발견하지 못했다. 이는 미국이 무언가 의심을 하기만 하면 우리의 죽고 사는 문제가 바로 경각에 달린다는 기막힌 현실을 말한다.

4. 탈냉전기 남북 주도의 한반도 전쟁위기[1]

앞의 한반도 전쟁위기는 주로 외세인 미국에 의해 의도적으로 주도된 전쟁획책이었다. 이런 외적 요인에 의한 전쟁위기 외에도 남북 사이의 내적 적대나 꽃게잡이 같은 사소한 우발적 사건을 계기로 전면전이 발발할 가능성 또한 배제할 수 없다. 이 전형적인 예가 1999년과 2002년 두 차례에 걸친 서해교전과 2004년 7월 14일 발생한 북방한계선(NLL) 월선 사건이다. 실제로 1~2차 서해교전에서 우발적 충돌이 전면전으로 비화될 일촉즉발의 위기 속에 놓였으나 남북이 각각 자제력을 발휘해 비극적인 전쟁으로 비화되는 것을 막았다.

1999년 1차 서해교전에서 북한 배는 남측의 기동차단에 의해 6월 11일 중간허리가 잘렸고, 15일에는 남측의 기동차단과 74미리 함포사격에 의해 침몰되어 30여 명이 수장되는 피해를 입고 있었다. 북한군부는 바로 해안포와 실크웜 미사일을 가동시키는 준비상태에 들어갔다. 만약 이들이 발사되었다면 남측 역시 미사일로 대응했을 것은 뻔한 일이고, 그 결과는 전면전으로 치달을 위험으로 직결되는 순간이었다. 바로 이 때 북한 고위층의 '경거망동하지 말라'는 특별지시가 군부에 내려져 아슬아슬하게 위기를 막은 것이다.

---

1) 자세한 논의는 강정구(2002b, 2004c).

2002년 2차 서해교전에서는 북한 배의 선제포격에 의해 남한 배가 침몰되었다. 이에 남측의 집중적 반격으로 북한 배는 침몰직전에 몰려 회항을 하는 중인데도 남측의 공격이 계속되자 역시 북한의 해안포와 실크웜 미사일의 가동이 준비되고 있었음이 남쪽 정보감시망에 포착됐다. 이때 평택의 2함대사령부가 긴급 격파사격 중지명령을 내려 전면전으로 비화되는 것을 막았다.

이를 보면 남과 북이 각각 한번씩 자제력을 발휘해 일촉즉발의 위기를 아슬아슬하게 넘겼던 셈이다. 이는 민족의 이름으로 치하할 일이다. 그런데도 1차교전에서는 '연평대첩'이라면서 승리를 구가하고, 2차교전에서는 조·중·동을 비롯해 한나라당과 자민련 등은 군 고위층의 문책을 강력히 주장해 그들의 전쟁친화성을 여실히 노정했다.

서해5도 근해에서 우발적 충돌이 전면전으로 비화되는 전쟁위기의 뿌리를 해소하기 위한 방안으로서 두 가지 차원의 접근 즉, 장기적이고 근본적인 접근과 국면적인 접근이 필요하다.

먼저 장기적이고 근본적인 접근은 NLL의 성격규정을 명확히 하는 것이다. 97년 이양호 국방장관이 국회에서 답변한 것처럼 NLL은 군사분계선도 영해선도 아닌 유엔군이 일방적으로 그은 임의의 선이므로 국제법적인 근거나 효력이 전혀 없다는 것을 공식화해야 한다. 그래서 터무니없는 영해침범이니 군사분계선 침범이란 가정하에 남한 군부가 저지르는 전쟁유발적 행위가 일어나지 않도록 해야 한다.

서해5도에 대한 기본 준거틀은 정전협정, 국제해양법, 서베를린의 국제관례이다. 정전협정 13조 2항은 "단 황해도와 경기도의 도계선 북쪽과 서쪽에 있는 모든 섬 중에서 (유엔)군사통제하에 남겨두는 (5도를) 제외한 기타 모든 섬들은 북한인민군총사령관과…… 군사통제하에 둔다. 서해안에 있어서 상기 경계선 이남에 있는 모든 섬들은 (유엔의) 군사통제하에 남겨둔다"라고 명시하고 있다.

당시는 3해리 영해를 적용했기 때문에 서해5도와 그 주변 해역이 북한의 영해와 겹치지 않았다. 그러나 국제해양법이 70년대부터 영해를 12해리로 설정하면서 이 북방한계선과 서해 5도는 국제법상으로 북한 영해 안에 들어가게 되었다. 마치 통일 이전 서베를린이 동독의 영토 안에 둘러싸여 있던 것처럼 서해5도와 북방한계선이 국제법에 의한 북한의 영해 안에 위치하게 된 것이다.

이에 따라 북한은 1973년 12월 '서해5개 도서 주변수역은 북한의 관할수역'임을 선언해 북방한계선을 불인정하고 영해 확대선언을 했다. 이 선언을 정당화하기 위해 북한은 의도적으로 NLL을 월선 시켜왔다. 또 1999년 9월에는 새로운 해상군사분계선을, 2000년 3월 23일에는 서베를린과 유사한 '서해5도 통항질서'를 선포했다.

세 가지 객관적 준거틀을 기준으로 평가하면 북한의 조치는 합당하고 또 북방한계선을 점거하고 있는 남한은 남의 집을 불법 무단점거한 셈이 된다. 관례적이라 강변하지만 객관적 기본에 배치되는 관례는 정당화될 수 있을지 의문이고 또 북한 역시 이를 인정하지 않고 있다. 이러한 점을 명확히 인정하고 그 해결책을 다음과 같이 모색해야 한다.

남한은 NLL을 폐지하고 북한은 2002년에 선포한 통항질서법을 폐기해 서해5도 해역을 공동관리해역이나 통일해역으로 만드는 것이다. 객관적으로는 북한이 선언한 서해5도 통항질서 방식이 합당한 해결책이다. 그러나 일을 풀어나가기 위해서는 연고주의를 뛰어넘는 북측의 양보와 남측의 협조가 필요하다. 그것은 먼저 서해5도 주변해역에 대한 북방한계선을 없애는 것이다.

다음은 서해5도의 각 섬에 접근하는 주변해역은 남측이 통행을 할 수 있고 북측이 접근할 수 없도록 하는 최소 수준의 남측 관할 해상분계선을 인정하는 것이다. 또한 현 북방한계선과 서해5도의 남쪽 해상분계선 사이의 해역을 공동관할인 평화통일해역으로 설정하여 남북공동 항해나 공동어로의 장으로 삼는 것이다.

이는 남한이나 북한이 기존 연고주의를 해체하고 민족전체의 통일마

당을 축성함을 의미한다. 이로써 남북 어부가 다함께 꽃게잡이를 하면서
민족의 하나됨을 일구는 통일마당을 창설하게 되는 것이다. 이것이야말
로 바로 6·15공동선언 실행의 귀감이 되는 것이고, 위기를 기회로 극복
하는 민족의 예지를 발휘하는 것이다.

단기적이고 국면적인 접근은 우리 군대를 전면적으로 개편하는 것이
다. 지금 남북관계가 군사분야까지 협력기조로 나아가는 시점에서 7·14
NLL월선사건에서 허위보고와 발표를 하고, 해군작전사령관이 전쟁유발
적 사격명령을 내린 것 등은 분명히 항명이라고 봐야 한다. 여기에다 청
와대의 재조사 지시에 언론플레이와 기밀유출로 맞서고, 제대로 된 진상
조사 보고도 하지 않은 채 다시 허위발표를 하는 등은 어떤 이유라도 정
당화될 수 없다. 이러한 군을 국민통제의 군과 민족의 군으로 근본적으
로 개편하는 방안이 시급히 요구된다.

5. 현존 2003~2004 한반도 전쟁위기(북핵위기)의 실재

1) '북핵위기' 원인제공자는 미국

현존 북핵위기는 미국이 2002년 10월 북한이 농축우라늄 핵무기 개
발을 시인했다고 주장하면서부터 시작됐다. 그러나 북한은 이를 결코 시
인하지 않았고, 이에 대해 미국은 당시의 녹취록을 공개하지도 않으면서
결정적 증거를 내놓지 못하고 있다. 그러면서 제네바협정의 하나인 대북
중유공급을 끊으면서 사태를 폭발시켜 결국 제네바합의라는 귀중한 한
반도 평화보장책을 중단시키고 말았다.

흔히들 북한이 제네바협정을 위배했기 때문에 이번 북핵위기가 발생
한 것처럼 말하지만 이는 사실이 아니다. 미국은 제네바협정에서 북한이
핵동결을 하는 반대급부로 제공하게 된 다섯 가지 협약사항 중 유일하게

제대로 지킨 것이라곤 중유 제공 50만 톤밖에 없다. 대조적으로 북한은 미국무성과 임동원 당시 외교안보수석 및 우리 통일부의 말대로 핵동결을 차질 없이 이행해왔다. 곧 협정이행률은 북한 100%, 미국 고작 23% 수준이다.

미국은 클린턴 정권하에서도 제네바협정을 제대로 이행하지도 않으면서 금창리 핵위기나 99년 미사일위기로 전쟁위협을 자행했다. 그러나 미국의 민주당 정부는 1999년 미사일 전쟁위기를 계기로 클린턴정부 말기에 페리 프로세스(Perry Process)와 10·12공동성명을 통해서 북미간의 완전한 외교관계의 수립과 한반도 냉전체제를 해체하기로 합의함으로써 한반도는 55년 만에 평화가 정착하는 듯했다.

이러한 낙관적 전망은 부시가 대통령이 되면서 일시에 무너지고 말았다. 부시정부는 9·11 이전에 이미 외교기조 제1원칙을 미국의 국익을 위한 전쟁불사정책으로 공공연하게 표명하면서 북한에 대한 위협을 자행했다(장성민, 2001). 9·11을 맞자 이러한 호전정책은 순풍에 돛을 단 격이었다. 미국은 북한을 '악의 축'으로 몰고, 부시 독트린, 핵태세비밀보고서(Nuclear Posture Review) 등에서 북한을 핵 선제공격 0순위로 설정하는 등 더욱 노골적인 전쟁위협 정책을 취했다.

이에 북한은 생명권을 지키기 위해 2차 서해교전에 대해 사과하는 등 남북관계를 획기적으로 개선하고, 2002년 9월 전격적인 조·일정상회담을 열어 평양선언으로 조·일 수교합의를 이루고, 러시아-중국과의 관계개선을 통해 동북아경제협력체의 기반을 남한과 함께 추구하고, 신의주 경제특구를 만들어 개방체제를 본격화하고, 7·1경제관리개선조치를 통해 내부 경제개혁을 단행했다.

이러한 북한의 움직임은 북·미간의 직접적인 협상을 거절하고 북한에 전쟁위협을 가하고 있는 부시행정부에 대한 우회적인 생명권 확보전략이라 볼 수 있다. 곧, 남북관계와 동북아관계를 개선해 미국의 단기적 생명권 위협인 대 북한 전쟁위협에 대비하고, 내부의 개혁·개방과 동북아경

제협력체를 통해 경제적 회생을 도모해 장기적 생존권을 확보하자는 전략
이었다. 물론 이러한 북한의 노력은 김대중 정권의 전폭적인 지지와 일정
정도 일본과 러시아의 지원을 받고 있었지만 미국은 배제된 상태였다.

미국은 동북아 5개 국가가 냉전 이후 처음으로 지역협의체의 태동이
라는 탈냉전 지향의 새로운 질서 등장에 불안을 느껴 전격적으로 이제까
지 미루던 대북특사를 파견시켰다. 그리고 소위 말하는 '북핵개발 시인
파동'을 일으킨 것이다. 이로써 한반도에 본격적인 전쟁위기를 조성해
동북아 5개국의 경제협력체 태동을 봉쇄하고, 이를 적극적으로 추진한
남북한을 궁지에 몰면서, 이에 동조할 조짐을 보였던 일본에 재갈을 물
리면서 중국과 러시아를 끌어들여 6자회담을 진전시켜 북한을 오히려
역포위하려는 전략을 현재 구사하고 있다.

2) 6자회담과 핵위기의 해결방향

앞에서도 밝혔지만 미국의 '북한죽이기'에 직면해 북한은 대량살상무
기와 핵무기 개발이라는 카드를 통해 전쟁 억지력을 확보해 단기적인 침
략전쟁에 대비하고, 개방과 개혁으로 북한을 경제봉쇄하여 고사시키려는
미국의 장기적인 생존권 위협에 대처하고 있다. 이러한 북한에 대해 미
국이 생명권과 생존권을 보장해주지 않는 한 북한은 핵개발이나 대량살
상무기 개발이라는 생명을 위한 방패막이를 포기할 수 없다.

이런 맥락에서 북한은 미국이 북한의 생명·생존권을 보장해주면 곧,
안전보장, 외교관계 수립, 테러지원국 해제와 경제봉쇄해제, 원자력발전
대체 에너지 제공이라는 장단기적 생명·생존권을 보장해주면 핵무기 개
발을 폐기하겠다고 선언했다. 그래서 북한은 '미국의 대북 적대정책 포
기와 북한의 핵폐기'를 동시 이행할 것을 촉구했다.

그러나 미국은 2003년 8월 말에 열린 1차 6자회담에서 '선 핵포기,
후 체제보장 및 관계 정상화'정책에서 더 나아가 "북한이 핵계획을 포기

한 다음에야 관계정상화를 목표로 한 미사일, 상용무력, 위조화폐, 마약거래, 테러, 인권, 납치 등의 문제 등에 대한 북미 쌍무대화를 할 수 있다"고 선언했다. 2차 6자회담에서도 부시는 외교상 흔치 않게 협상중인 미국 대표단에 "부시 행정부의 선의는 바닥날 수 있으며 모든 옵션이 테이블 위에 여전히 있다"는 점을 북한대표에 통보하라는 긴급훈령을 내렸다. 지난 4월에 중국을 방문한 체니 부통령은 미국대통령선거 이전에 중국이 북핵문제를 미국 요구대로 해결할 것을 촉구하면서 그렇지 않을 경우 미국은 대북한 봉쇄(PSI)를 하겠다고 통보했다.

7월에 한국을 방문했던 라이스 백악관 안보보좌관이 북핵문제에 대해 리비아식 해법을 제시하면서 북한은 '놀랄 만한 대가'를 받게 될 테니까 '눈 딱 감고 한번 믿어달라'고 했다. 이는 이제까지 '완전하고, 검증가능하고, 되돌릴 수 없는 방식으로' 모든 핵시설을 폐기한 이후에야 안전보장 등을 논의할 수 있다는 기존의 CVID 정책에 비해 약간 진전된 것이다. 그러나 북한이 줄곧 그 존재 자체를 부인하고 있는 고농축 우라늄 핵개발을 시인할 것과 원자력 발전과 같은 비핵무기용 핵활동까지 폐기하는 조건을 달고 있어 북한으로서는 수용하기 힘든 제안이다. 또한 여전히 '선 핵폐기 후 안전보장 제공'의 기조를 견지하고 있어 북한의 동시행동원칙을 배제하고 있다.

머리말에서 밝힌 것처럼 미국은 F-117 스텔스폭격기, F-15E 이글 폭격기, 제2의 팀스피리트훈련으로 격상된 통합훈련 등으로 대북한 침략전쟁연습의 강도와 빈도를 작년부터 부쩍 높이면서 인권법안과 같은 전쟁명분인 북한악마만들기를 더욱 강화하고 있다. 제네바협정 당시 미측 협상대표를 역임한 퀴노네스도 7월 26일 국회초청 토론회에서 "미국은 북한과 스마일 외교를 시작했지만 중요한 변화는 아니다"라며 "(미국에 대해) 6자회담을 통한 러시아·중국·일본 등의 압력이 없다면 한반도는 중대한 위기에 처할 수 있다"라고 경고했다. 또한 "이라크 상황이 안정된다면 부시 대통령은 북한과 협상하거나 북한을 다루기 위한 그의 '군사적 옵션'을 사용할 수 있다"라며 "이라크와 아프가니스탄 분쟁이 미국의 북한에 대한 군사적 옵션 사용 고려를 막고 있지만, 이는 중동 상황이 안정되면서 급격히 변화될 것"이라고 주장했다.

이러한 전쟁위기에 직면해 노무현 정부는 한국군 이라크파병으로 미국의 환심을 사서 한반도 평화를 보장받고자 하는 평화애걸론(강정구, 2004)으로 대응하지만 이는 전쟁위기를 해소하기보다는 오히려 전쟁위기를 자초할 것이다. 현재의 한반도 전쟁위기는 이라크전쟁이 격화될수록 낮아지고, 6자회담에서 미국을 제외한 5개국의 미국에 대한 압력, 남북 간의 민족공조, 남한 내의 반전세력의 역량, 노무현 정부의 자주적이고 주도적인 정책 등에 의해 영향을 받을 것이다.

2004년 11월 부시가 재선된 이후 네오콘의 대북 전쟁위협론이 급격히 고조되었다. 이런 흐름이 방치되어 일정한 선을 넘게 되면 되돌릴 수 없는 파국상황으로 내몰릴 수밖에 없는 우려를 갖게 한다. 이에 노무현 대통령은 11월 12일 국제문제협의회(WAC)에서 "북핵문제는 평화적 해결 외의 방법이 없다"면서 무력행사나 전쟁, 봉쇄나 북한붕괴 시도 등이 절대 불가함을 미국을 겨냥해 단호히 천명했다.

동시에 북한에 대한 명확한 인식을 밝혔다. 곧 북한은 안전이 보장되면 핵무기를 포기할 것이고, 이미 시장경제는 '돌이킬 수 없는 단계에까지 와 있어' 개혁-개방은 불가피하고, 지난 87년 이후 북한이 테러에 관련된 사실이 없다. 또 외부 위협으로부터 자신을 지키기 위한 억제수단으로 핵무기 개발을 주장하는 그들의 주장은 일리가 있는 것이라고 대통령은 보았던 것이다. 이제 정부가 이라크파병을 통한 북핵의 평화적 해결이라는 평화애걸론에 매달리지 않고 주도적으로 전쟁위기 해결에 나서겠다는 점을 명확히 한 셈이다.

6. 한반도 전쟁위기의 주범은 미국과 주한미군

1) 북한전쟁위협론의 허구성과 미국전쟁위협론의 진실성

남한은 이제까지 한·미군사동맹과 주한미군에 안보를 전적으로 의존해왔고 심지어 통일 이후에도 미군이 주둔해서 동북아세력균형의 역할을 해야만 통일한국의 안보도 보장된다고 일부는 역설해왔다.[2] 그러나 이 패러다임으로는 한반도의 평화와 안정 및 통일을 가져올 수 없다. 오히려 전쟁위기만 조장해왔고 앞으로도 지속적으로 우리 개개인과 민족 전체의 생명권을 위협할 것이다(이철기, 2003). 따라서 인권의 기본인 생명권 확보와 평화통일을 위해서는 현존의 대미 의존적인 안보패러다임의 폐기와 새로운 대안적 패러다임의 한반도 평화보장체제가 절실히 요구된다. 이는 곧 현존의 한·미군사동맹을 폐기하고 새로운 패러다임의 한·미관계를 모색할 것을 요구한다(강정구, 2003).

한국의 현존 안보패러다임은 북한전쟁위협론에 근거하고 있으나 이는 아래에서 확인할 수 있듯이 허구에 불과하고 진실은 미국전쟁위협론이다.

첫째, 앞에서 확인한 것처럼 정전협정 이후 한반도의 전쟁위기는 무려 11번이다. 이 가운데 미국이 전쟁을 주도한 것은 서해교전을 제외한 아홉 번으로 미국의 전쟁위기 주도율은 9/11이다. 그러나 남북은 각기 1/11로서 북한이 전쟁위기를 주도한다는 북한전쟁위협론은 허위임이 드러난다. 오히려 한반도전쟁위기를 불러오는 주범은 북한이 아니라 미국, 곧 주한미군이라는 결론에 이른다. 더구나 의도적이고 계획적인 전쟁주도는 미국이 100%를 차지했다.

---

2) 여기서 안보는 군사 부문의 비중이 상대적으로 약해지고 경제, 환경 및 사회적 부문을 안보의 중요한 이슈로 삼고 있는 포괄적 안보(comprehensive security)의 개념이라기보다 전통적 개념인 '군사적 위협의 부재'를 의미한다. 또 안보체제 또는 안보레짐이란 군사적 위협의 부재를 위해 국가들의 행위를 규정하기 위해 둘 혹은 그 이상의 국가들 간에 맺어진 일련의 지속적 협정을 의미한다.

둘째, 이는 평화협정이나 불가침조약에 대한 북미간의 공방에서도 여실히 드러난다. 북한은 지난 70년대부터 지금까지 끈질기게 미국과의 평화협정을 촉구해왔다. 그렇지만 미국은 전쟁을 제도적으로 막는 장치인 평화협정을 계속 거절하고 있다. 더구나 최근 북핵문제 해결을 위한 북한의 요구인 불가침조약마저도 계속 거절하고 있으며 핵태세보고서(NPR), '악의 축', 부시독트린, 5027-02/04, 정밀타격의 5026, 대북고사전략인 5030 등에서 대북 침략작전을 수립하고 핵 선제공격을 명시하고 있다.

셋째, 앞에서 본 것처럼 미국은 평화를 말로만 주장하면서 오히려 한·미·미일·한일 간의 군사훈련은 더욱 강화하고 있다.

넷째, 남한군사력은 북한에 대해 과잉억지력을 갖기 때문에 주한미군이 없더라도 북한의 무력도발은 그들에게는 자살행위이다(문화방송, 2003).

다섯째, 6·15공동선언 등으로 남북의 화해와 협력이 고조되어 북한은 무력도발할 의지도 없거니와 역량도 없다.

이러한 구체적·객관적인 역사적 사실에 의하면 최근 한반도 전쟁위협은 바로 우리의 '군사동맹'이라는 미국과 주한미군으로부터 온다는 것이 입증된 셈이다. 이런데도 우리는 허구적인 '북한겨냥 미국의존 안보체제'에 매몰되어 진정 추구해야 하는 '미국겨냥 민족·동북아 의존협력 안보체제'를 방기한 채 연속적인 전쟁위기에 허우적거리고 있다(이철기, 2003).

한미군사동맹의 당사자인 미국이 바로 한반도 전쟁위기의 주범인 것이 확인된 이상 한·미군사동맹체제를 폐기시키고 우리와 민족의 생명권을 지키는 것은 당연하다. 그런데도 참여정부는 주한미군의 평택기지 이전을 허용해 미국방고위당국자의 말처럼 50년 이상 이 땅에 미군이 주둔하게 되는 '미래 또는 신 한·미군사동맹체제'를 추진하고 있다.

2) 한반도 전쟁위기의 일반적 속성

이상의 논의를 바탕으로 한반도 전쟁위기의 일반적 속성을 도출하면 첫째, 한반도 전쟁위기는 한국전쟁 후 지금까지 계속되고 있다. 둘째, 전쟁위기의 주범은 북한이 아니라 미국이다. 셋째, 냉전시대보다 탈냉전시대에 전쟁위기가 더 높다. 이는 소련의 몰락으로 대미 견제력이 상실되어 전쟁억제력이 저하되었기 때문이다. 넷째, 한국이 모르는 사이 미국은 전쟁비밀계획을 주도하고 있다. 이는 신속한 선제공격을 강조한 부시 독트린에 따른 5027-02가 한국과 상의하지 않고 미국이 북한과 전쟁을 치를 수 있다는 내용을 포함한 것에서도 재확인된다. 다섯째, 94년 6월 같이 전쟁국면에 진입하게 되면 한국의 대통령도 전쟁을 막지 못하게 된다. 여섯째, 남북주도의 전쟁위기는 우발적 충돌에 비롯됐으나 미국주도의 전쟁위기는 의도적이고 계획적이었다. 일곱째, 주류정치세력과 주류언론 등 남한주류는 전쟁 막기보다 전쟁 부추기는 역할을 자행한다. 여덟째, 2002년 악의 축 전쟁위기 이후 개선되긴 했지만 많은 국민들은 미국획책의 전쟁위협 실재에 대해 전쟁불감증에 걸려 있다. 곧 미국주도 안보불안의 실재에 대한 안보불식론에 빠져 있으면서 오히려 허구적인 북한주도 안보불안론의 신화 속에 갇혀 있다. 최근 국가보안법 폐지에 대해 많은 사람들이 막연히 안보불안을 이유로 폐지보다는 개정을 선호하고 있는 데서도 이런 모순된 인식이 드러났다.

7. 장기적 한반도 평화정착 구상

6·15공동선언 이후 조성된 한반도의 평화통일 행로를 단순화한다면 외적으로는 미·소간 또는 북·미간의 냉전 적대체제, 내적으로는 남북간의 분단 적대체제라는 2중의 적대체제에서 미·소간의 냉전체제 소멸과 북·미간의 속(續)냉전체제와 남북간의 탈분단체제로의 이행이었다. 그래서 남과 북의 노력 여하에 따라서는 북·미간의 속냉전체제를 완화 및 해소시킬 수 있어 통일시대를 민족 스스로 열 수 있는 구도를 만든 셈이다.

이 점에서 6·15공동선언은 민족사의 대장전이라고 볼 수 있다.

그러나 부시 정권과 노무현 정권 출범 이후, 북·미간의 속냉전은 극단적인 극(極)냉전체제 속에 빠져 있고, 서서히 미국의 대북한 침략전쟁으로 이어질 수 있는 열전으로 나아가는 듯하다. 이에 연동되어 남북간의 탈분단체제는 제대로 진척되지 못하고 있다. 여기에다 장기적으로는 미·소간의 냉전체제 대신 미·중간의 동북아 신(新)냉전이 서서히 점화되면서 그 불씨가 한반도를 중심으로 달구어질 조짐을 나타내고 있다. 여기에 노무현 정부가 제 위치를 상실한 채 자주국방과 미래한·미군사동맹으로 나아감으로써 부시 정권이 주조하는 이들 극냉전체제, 신냉전체제, 재(再)분단체제 형성에 의도적이건 않건 간에 결과적으로 따라가고 있다.

일본 또한 북·일정상회담을 계기로 서막을 열어가던 동북아협력체의 기조에서 이제 벗어나 유사3법제라는 실질적인 전시대비법을 의결해 선제공격을 명시하는 군사대국화로 나아감으로써 미국의 동북아 신냉전패권전략의 첨병역할을 하고 있다.

이 결과 미국의 동북아 신냉전패권전략을 위한 한·미·일 삼각군사동맹이 급격히 강화되면서 한반도에는 전쟁위기가 가속화되고 동북아에는 장기적 군사긴장이 점등되고 있으며 한반도의 통일전망은 장막이 드리워지고 있다. 여기에다 '협력적 자주국방'과 미래한·미군사동맹이 반(反)평화와 반통일의 촉진요인이 되고 있어 근본적인 방향전환이 요구되고 있다.

이제 기존의 한·미군사동맹은 물론 미래한·미군사동맹 구상 역시 근본적으로 폐기 및 재편되어야 하고, 주한미군은 철군되어 한·미관계가 민족자주와 평화통일을 방해하지 않는 관계로 새롭게 설정되어야 한다.

여중생 압살사건과 촛불행진을 계기로 한국대중의 인식은 기존의 주한미군불가피론에서 미군철군당위론으로 바뀌고 있다. 개인과 민족의 생명을 지키려는 생명권, 불평등하고 비정상적인 한미관계를 대등한 한미관계로 바꾸자는 평등권, 한강 독극물 등에 대한 환경권, 국제 폭격장이 되어 주민들의 삶이 원천적으로 파괴된 데 대한 생활권, 주한미군 범죄에 희생된 한국인의 인권, 외국군을 철군시켜 군사작전권을 되찾고 자주권을 높이자는 주권, 통일을 앞당기기 위해 미군을 철군하자는 통일권, 주한미군이 전쟁 억지력을 행사하기보다는 오히려 한반도를 전쟁으로 몰아가는 장본인이라고 철군을 주장하는 평화권과 생명권, 주한미군의 존재 때문에 우리의 군사체제가 주한미군에 종속되어 자주국방이나 자주적 무기체계가 훼손된다는 군사기술적 자주권, 우리 땅을 되찾아 땅주인이 되겠다는 재산권 등의 차원에서 철군당위론은 그 위세를 얻고 있다.

이제 반미운동과 주한미군 철군운동은 미시적 삶의 차원과 자주적 민족사 행로라는 거시적 차원의 문제의식이 결합되어 대중성을 획득하고 있고 한국사회에서 상시적으로 진행되고 있다. 주목할 점은 사회운동단체뿐 아니라 평택과 광주의 주민들이 그들의 생활권이나 생존권 같은 미시적 차원에서 반미와 주한미군 철수운동에 동참하고 있다는 사실이다.

이와 더불어 한반도의 전쟁위기 해소와 평화정착 구도를 한반도 차원을 뛰어넘어 동북아 지평으로 확대해야 한다. 한반도 평화를 동북아평화체제의 구도 속에 통일적으로 추구하는 구상은 이미 2002년 가을 그 출발을 기했으나 앞에서 언급한 것처럼 미국의 '북핵위기' 조성에 따른 역포위 전략으로 현재는 중단되고 있는 상태이다. 그러나 남북한과 중·러·일은 또 다시 이를 가동시켜 동북아가 경제협력체를 바탕으로 평화협력체로 나아가는 독자적 역사행보로 나아가도록 해야 할 것이다.

8. 글을 마치며

한반도는 두 종류의 전쟁위협에 직면해 있다. 하나는 미국이 조장한 이른바 '북핵위기'에서 비롯된 단기적 전쟁위협이고 다른 하나는 신한·미군사동맹을 계기로 맞게 되는 '제2의 청일전쟁'과 같은 장기적 전쟁위협이다. 비록 단기적인 전쟁위기가 극복된다 하더라도 신한·미군사동맹에 의해 형성될 미국의 동북아 신냉전패권전략구도는 여전히 장기적으로는 한반도와 동북아를 전쟁위기와 제2의 냉전으로 회귀시킬 것이다. 이 경우 민족의 생명권과 평화권 그리고 통일권은 원천적으로 봉쇄된 채 우리 민족은 심대한 난관에 봉착될 것이다.

이러한 파국적인 반민족 행보는 아직은 초기 단계이다. 이 시점에서 이를 막지 않으면 시기를 놓치게 되어 우리 민족은 또 다시 미국에 의해 제2의 분단과 제2의 냉전을 강요당하고 자주권은 영구적으로 상실될지 모른다.

이 땅에 미군이 주둔하여 신식민지적 예속하에 놓인 지가 일본식민지 전 기간의 두 배에 가깝다. 또 분열된 후삼국시대의 두 배를 넘는다. 이렇게 오랫동안 미국의 예속하에 있으면서 우리는 대미 자발적 노예주의에 빠져, 미국이 전쟁위기와 통일 가로막기의 주범이란 것을 제대로 의식하지 못하고 있다.

이제는 미국의 제국주의적 굴레에서 벗어나 평화·통일시대에 걸맞은 민족공조와 동북아평화번영협력안보체를 지향하고 그 구도 속에서 한반도 평화, 자주, 번영, 그리고 통일을 모색해야 한다. 비록 그 길이 험난하고 멀지라도 또 갖가지 시련에 직면할지라도, 그 길은 우리에게 부과된 역사적 책무이고 이성의 구현으로서 우리 민족사가 요구하는 당위적 역사행로이다.

▌참고문헌

강정구. 1991, 「걸프전은 '제2의한국전쟁'을 부추기는가」, ≪사회평론≫ 1991년 6월호
_____. 1994, 「북핵문제를 둘러싼 국제적 대응의 실체」, ≪역사비평≫ 1994년 겨울
_____. 1996, 『분단과 전쟁의 한국현대사』, 역사비평사.
_____. 2000, 「한국전쟁과 민족통일: 전쟁의 통일을 넘어 평화와 화해의 통일로」, 한국산업사회학회, ≪경제와사회≫ 48호 2000년 겨울호
_____. 2000a, 「한미관계사: 38선에서 IMF까지」, 강치원 엮음, 『미국은 우리에게 무

엇인가』, 백의.

______. 2000b, 「한반도 냉전구조의 현황과 청산방안 모색」, 한국산업사회학회, 『과거의 기억에서 미래의 진보로』, 한울출판사.

______. 2001, 「주한미군의 반 평화성과 반 통일성」, ≪진보평론≫ 2001년도 가을호

______. 2002a, 『민족의 생명권과 통일』, 당대.

______. 2002b, 「서해교전과 맹목적 냉전성역의 허구성」, ≪진보평론≫ 2002년 가을호

______. 2003, 「미국의 신패권주의와 한반도 전쟁위기 및 새로운 안보패러다임」, ≪민주사회와 정책연구≫ 3권 1호

______. 2004, 「참여정부 자주국방의 전망과 과제」, 한국산업사회학회, ≪경제와사회≫ 62호 2004년 여름호

______. 2004a, 「주한미군불가피론과 미래한미동맹에 대한 근본적 재평가」, ≪역사비평≫ 68호, 2004년 가을호

______. 2004b, 「이라크전쟁과 파병: 미국의 야만성과 한국의 자발적 노예주의」, 한국산업사회학회, ≪경제와 사회≫ 63호, 2004년 가을호

______. 2004c, 「우리 군대 이렇게 놔둘 수 없다」, ≪오마이 뉴스≫ 2004. 7. 26.

김재관. 2003, 「21세기 중국의 대국화 신안보전략: 미중 간의 안보외교를 중심으로」, 경남대극동문제연구소, ≪한국과 국제정치≫ 19권 1호 2003년 봄 통권 40호

문화방송TV. 1999, <6·29의 진실>, 1999년 10월 10일 방송.

______. 2003, <이제는 말할 수 있다(주한미군)>, 2003년 4월 20일 방송.

박성관. 2002, 「조지 부시행정부의 대북정책」, 경남대극동문제연구소, ≪동북아연구≫ 7권 2002년.

송주명. 2002, 「세기 전환기 일본의 동아시아정책과 한반도정책」, 학술단체협의회, 『21세기 한반도 어디로 갈 것인가』, 동녘.

양재인·김용복. 2002, 「북일관계개선과 북한의 개혁개방정책」, 경남대극동문제연구소, ≪동북아연구≫ 7권 2002년.

오연호. 1990, 『식민지의 아들에게』, 백산서당.

이남주. 2002, 「중국외교정책의 변화와 동북아시아」, 학술단체협의회, 『21세기 한반도 어디로 갈 것인가』, 동녘.

이삼성. 1999, 「한반도 전쟁위기와 미국의 대한반도 정책」, ≪당대비평≫ 통권7호, 1999 여름.

이웅현. 2003, 「러시아의 동북아정책과 안보협력의 제도화」, 경남대극동문제연구소, ≪한국과 국제정치≫ 19권 1호 2003년 봄 통권 40호

이창주. 2001, 「한반도 평화공존과 국제환경」, 제2회 세계한민족포럼 발표논문, 2001년 5월 24~26일 일본 하로시마.

이철기. 2002, 「미국의 동북아 및 한반도 정책」, 학술단체협의회, 『21세기 한반도 어디로 갈 것인가』, 동녘.

＿＿＿. 2003, 「주한미군문제에 대한 새로운 인식과 한국의 새로운 안보패러다임을 위하여」, 민언련 주최 토론회 "주한미군과 반미담론 그리고 언론" 발표문, 2003. 3. 28. 장소: 참여연대 느티나무.

이흥환 편저. 2002, 『부시 행정부와 북한』, 삼인.

임동원. 2002, 「한반도 안보정세와 남북관계 전망」, 미래전략 13회 포럼, 2002년 4월 20일 매경미디어센터.

장성민 편역. 2001, 『부시행정부의 한반도 리포트』, 김영사.

정세진. 2003, 「한반도 평화문제와 한국 시민사회: 최근의 주한미군 문제를 중심으로」, 《평화만들기》 53호, 2003. 2. 21.

Elich, Gregory. 2002, "Targeting North Korea," Centre for Research on Globalization http://www.globalresearch.ca/globaloutlook/orderformI3.html 31 December.

Halloran, Richard. 1998, "Soft Smile…… But Carry a Big Stick", *Far Eastern Economic Review*, 1998. 12. 3.

Harrison, Selig. 이흥동 외 옮김. 2003, 『코리안 엔드게임』, 삼인.

Hays, Peter. 1991, Pacific Powderkeg: *American Nuclear Dilemmas in Korea*, Lexington Books(고대승·고경은 옮김. 1993, 『미국의 한반도 핵정책의 뿌리와 전개과정, 핵 딜레마』, 한울출판사).

Johnson, Chalmers. 2003, "Korea, South and North, at Risk" ─www.tomdispatch.com─ 2003. 4. 18.

Oberdorfer, Don. 1998, *The Two Koreas: A Contemporary History*, 《중앙일보》『두 개의 코리아: 북한국과 남조선』

O'Hanlon, Michael and Mike Mochizuki. 2003, *Crisis on the Korean Peninsula*, McGrawHill.

Sigal, Leon. 구갑우 외 옮김, 1999, 『미국은 협력하지 않았다: 북한과 미국의 핵외교』, 《사회평론》.

U.S. Dept. of Defense. 2003, 「중국국방보고서 2002년」, "Annual Report on the Military Powers of the Peoples Republic of China" http://www.defenselink.mil/news/Jul2002/d20020712china.pdf

U.S. Dept of State. 1999, *Perry Report*, NAPSNET *SPECIAL REPORT*, October 13, 1999.

7장

주한미군 주둔 명분의 허구성과 철수의 당위성

1. 글을 시작하며

점령군으로서 이 땅에 첫 발을 내디딘 주한미군은 시기에 따라 유엔군, 동맹군으로서 그 지위와 역할을 달리해가며 지난 60년간 우리 민족을 분단시키고 남북의 운명을 쥐락펴락해왔다. 주한미군의 주둔으로 남은 남대로 정치·군사적으로 예속되어 나라의 자주권을 빼앗기고, 북은 북대로 미국의 끊임없는 봉쇄와 적대정책으로 존립 자체를 위협당하고 있다. 이에 남북이 민족의 생존을 지키고 자주 통일 국가를 이루어 공존 공영을 구가해나가려면 무엇보다도 주한미군의 철수가 선결적 과제가 아닐 수 없다.

그럼에도 불구하고 주한미군은 가까운 시일 안에 철수할 것으로 보이지 않으며, 오히려 장기간 한반도에 머물기 위한 채비를 갖추고 있다. 지난 반세기 동안 주한미군은 주로 북한 침략의 억지와 방어를 명분으로 주둔해왔다. 그러나 냉전 해체 이후, 특히 남북 화해와 교류협력의 증대로 주둔 명분이 크게 약화되자 한반도 장기 주둔을 위한 새로운 명분을 찾고 동북아시아에서의 정치·군사적 패권을 지속적으로 유지, 강화하기 위해 동북아시아 세력 균형자로서의 주한미군의 역할을 내세우고 있다.

이와 같은 주한미군의 한반도 장기 주둔 기도는 최근 아태 기동군으로의 역할 변경과 이를 뒷받침하기 위한 주한미군의 전면 재배치로 구체화되고 있다. 그런데 소위 북한 위협에 대응하기 위한 전력으로서의 주한미군이 중국 위협론, 대테러전 등을 명분 삼아 아태 기동군으로 그 역할을 변경하게 되면 국지적 성격의 남북간 군사 대결이 양안 대결과 함께 전역적 성격의 동북아시아 대결로 확대되고 첨예화되게 된다.

동북아시아 전장 환경의 이러한 변화는 이 지역에서의 미군의 개입과 정치·군사적 패권 유지의 호조건으로 되며, 미군은 이를 고리 삼아 통일 과정은 물론 그 이후까지 보다 장기적인 한반도 주둔을 꾀하게 될 것이다.

한편 주한미군의 한반도 장기 주둔 기도는 남한 당국과 일부 수구세력의 뒷받침을 받고 있다. 이들은 주한미군이 북한의 남침 억지와 한반도 안정을 위해 주둔하고 있다는 미국의 주장과 궤를 같이하면서 한반도 평화체제 구축 과정은 물론 통일 과정과, 나아가 통일 이후에도 한반도에 영구 주둔해야 한다고 주장하고 있으며, 다수의 연구자들이 이를 이론적으로 뒷받침함으로써 국민들을 일정 부분 포섭하는 데 성공하고 있다.

이 글은 주한미군 주둔 명분의 허구성을 우선 규명한 다음 이에 토대하여 주한미군이 통일 과정 및 통일 이후까지 주둔해야 한다는 주장의 부당성을 밝히고 평화협정 체결과 함께 즉각 철수하는 것만이 한반도 평화와 자주 통일에 가장 부합되는 길임을 밝히고자 한다. 아울러 평화협정 체결 후 즉각 철수 주장이 비현실적인 당위적 주장이 아니라 분단과 정전체제, 전쟁위기라는 객관적 조건과 주한미군 철수운동의 국민적 동력과 발전 과정에 의해서 뒷받침되는 과학적이고 현실적인 주장임을 논증하고자 한다.

2. 북한 위협론의 허구

이른바 북한 위협론은 지금까지 한미 당국이 가장 전면에 내세우는 주한미군 주둔 명분이었다. 북한 위협론은 북한의 군사력이 남한보다 우위에 있다는 전제하에 북한이 전면전 또는 기습전으로 남한을 침략할 것이라는 가정에 토대하고 있다. 또한 북핵 위협론은 변형된 북한 위협론의 하나로, 냉전 해체 이후 등장한 가장 고단위 북한 위협론이다.

이에 북한 군사력의 우위, 이에 의거한 전면 또는 기습 남침 가능성을 규명해봄으로써 북한 위협론의 허구성을 밝혀보기로 한다.

1) 북한 군사력 우위, 사실인가?

북한 군사력이 주한미군 전력을 포함하여 남한 군사력을 압도한다는 주장은 휴전협정 체결 이후 한미 당국과 국내외 주요 연구기관에 의해 줄곧 주장되어온 것으로, 대다수 국민들에게 정설로 받아들여졌다. 그러나 북한 군사력 우위 주장의 허구성을 밝히려는 노력이 냉전 해체 전후부터 제한적이나마 조심스럽게 시도되어 왔으며, 최근까지 다양한 각도에서 북한 군사력 우위의 허구성을 밝히는 성과들이 축적되고 있다. 그렇지만 한미 당국의 공식 입장은 주한미군 병력을 1/3이나 감축하기로 결정한 지금 시기에도 여전히 북한 군사력 우위 주장을 고집하고 있는 바, 그 진위여부를 몇 가지 측면에서 규명해보기로 한다.

(1) '단순 개수 비교'에 의한 북한 군사력 우위 주장의 허구

국방부는 그동안 남북한 군사력 비교를 위해 남북이 보유하고 있는 무기의 수를 단순 비교하는 이른바 '낱알 세기'(bean count)라는 단순 개수 비교 방법을 가장 즐겨 사용해왔다. 최근까지도 국방부는 북한이 보유하고 있는 무기가 남한보다 양적 우위에 있다는 측면을 들어 북한 군사력의 우위를 주장하고 있는 것이다.

2004년 7월, 국방부는 국회 국방위원회에 남북 주요 재래무기 보유 현황에 대해 <표-1>과 같이 보고하고, 장갑차와 헬기를 제외한 나머지 모든 무기체계에서 수적 우위를 누리고 있는 북한이 군사력에서 우위에 있다고 주장하였다.[1]

그러나 남북한 보유 무기 수치에 대한 당국의 발표는 신뢰성을 결여하고 있다. 남한 당국이 북한의 수치는 늘리고, 남한의 수치는 줄여 발표하는 까닭이다.

아래의 자료도 예외가 아니다. 이를 2000년 국방백서와 비교해보면 4년 사이에 야포 보유에서 남한은 불과 120문이 늘어난 반면 북한은 2500 문이나 늘어났다. 대북 포병 전력의 열세, 특히 북한의 장사정포의 위협을 강조해온 남한이 그동안 월등한 군사비에도 불구하고 오히려 더 큰 격차를 허용했다는 것은 납득할 수 없다.

<표-1> 남북 주요 무기체계 보유현황

	북한	남한
전차	3,700	2,400
장갑차	2,400	2,100
야포	15,000	5,300
전투기	830	530
지원기	550	280
헬기	690	330
수상 전투함	430	130
상륙함, 기뢰 전함	290	20
잠수함·정	100	10
지원함	30	20

---

1) 《중앙일보》 2004. 7. 7.

또한 위의 자료는 북한이 830여 대의 전투기를 보유한 것으로 되어 있으나 영국의 IISS[2]나 2004년도 일본의 방위백서는 610대로 밝히고 있다. 무려 200여 대나 차이가 난다. 이는 IISS가 '군사력 균형 1995~1996'에서 북한 공군기 200대－주로 MIG 15/17－가 더 이상 운용 가능하지 않다고 판단하여 전투 서열에서 삭제한 반면 남한 당국은 이를 계속 수치에 포함시켜 북한 공군력을 과장 평가해왔기 때문이다.[3]

또한 위의 자료는 상륙함·기뢰 전함 수가 불과 1년 전의 자료와 비교해서 450척에서 290척으로 160척이나 줄었다. 55%에 달하는 오차 범위는 이미 자료로서의 가치를 상실했다고 볼 수 있다. 그런데 이 수치마저 한국국방연구원이 밝힌 상륙함·기뢰 전함 수치보다 130여 대나 많다.[4] 한편 잠수함 보유에서는 10 : 20으로 북한이 2배 우위를 지닌 것으로 되어 있으나 한국국방연구원의 자료[5]에 따르면 26 : 20으로 큰 차이가 없다.

이와 같이 북한 무기 보유현황에 대한 국방부의 발표는 신뢰하기 어려우며, 개수 비교에 의한 전력 평가가 매우 위험하다는 사실을 잘 말해준다. 그런데 남북 군사력 비교에서 단순 개수 비교의 더 큰 위험성은 수치의 신뢰성도 문제이려니와 무기의 질적 측면을 전혀 반영하지 못한다는 데 있다.

북한 전차 전력은 T-54, T-55, T-59, T-62 등의 1950, 60년대 구형 전차가 주력을 이루고 있어 1000여 대의 신형 K-1 전차를 주력으로 하는 남한과 비교가 되지 않는다.

또한 북한 전투기 610대 중 MIG-17, MIG-19, MIG-21, MIG-23 등의 구형 전투기가 약 450[6]대를 차지하는 반면 비교적 신형인 MIG-

---

2) IISS, "NORTH KOREA'S WEAPONS PROGRAMMMES", 2004년, 1월, 런던, 85~89쪽.
3) 함택영, 『국가안보의 정치경제학』, 55쪽.
4) 한국국방연구원, 「2003~2004 동북아 군사력」, 2004년, 5월, 470쪽.
5) 한국국방연구원, 「2003~2004 동북아 군사력」, 2004년, 5월, 560쪽.
6) IISS, "NORTH KOREA'S WEAPONS PROGRAMMMES", 2004년, 1월, 런던, 91쪽.

29와 Su-25는 각각 16대, 33대에 불과해 153여 대의 F-16 등 신형 전투기가 주력기인 남한의 공군력과 비교가 되지 않는다.

해군 전력은 수치로만 보면 북한이 3배 이상 우위를 누리고 있는 것으로 나타나지만 해군 전력 비교의 핵심 지표라고 할 수 있는 총 톤 수는 남북 각각 14.4만 톤과 10.3만[7] 톤, 척당 평균 각각 800톤과 120톤으로 남한이 6.7배의 우위를 보이고 있다. 이는 남한의 함정이 북한 함정에 비해 훨씬 대형으로 화력과 작전 반경에서 월등하게 우위에 있음을 말해주고 있다. 실제로 남한은 4천 톤급 이순신함을 비롯하여 구축함을 6대나 보유하고 있고, 1천 톤급 초계정 24척과 2천 톤급 호위함 9척 등 1천 톤급 이상 수상전투함을 39척[8]이나 보유하고 있다. 그러나 북한은 구축함을 한 대도 보유하고 있지 않고, 1천 톤 이상의 함정도 프리키트함 3척뿐으로, 나머지는 수십~수백 톤의 초계함(6척), 미사일정(43척), 어뢰정(103척), 쾌속정(158척) 등으로 대부분이 연안 방어용이다.[9]

육군본부가 1999년에 펴낸 ≪정훈교재≫는 '북한군이 국군을 두려워하는 다섯 가지 이유'를 들고 있는데[10] 세번째에서 "북한군의 무기와 장비는 양적으로 국군보다 1.6배 많지만 육군 무기의 40%, 해군 함정의 70%, 공군 전투기의 65%가 폐기처분 직전의 노후 장비"라고 밝히고 있다. 이 자료에 따르면 북한 무기의 상당 부분은 전투서열에서 제외되어야 하며, 따라서 북한 전력의 수십 %는 하향 평가되어야 한다.

이와 같이 단순 개수 비교에 의한 국방부의 북한 군사력 우위 주장은 신뢰성이 없으며, 무기의 질적 측면을 고려하면 오히려 남한 군사력이 더 우위에 있다고 할 수 있다.

---

7) ≪일본 방위백서≫ 2004년도, 39쪽.

8) 2004년 9월 30일에 해군에 인도된, 4500톤급의 최첨단 문무대왕함을 포함하면 40척이 된다.

9) IISS, "NORTH KOREA'S WEAPONS PROGRAMMMES", 2004년, 1월, 런던, 94~95쪽.

10) ≪동아일보≫ 1999. 4. 25.

(2) 국방비 누계로 본 북한 군사력 우위의 허구성

남북한 군사력 비교의 유력한 지표의 하나로 흔히 남북 국방비의 누계가 이용된다. 국방비의 저량(stock)은 군사력 평가의 가장 객관적인 척도가 될 수 있다.[11] 그 이유는 단순 개수 비교나 그 연장인 전력지수와 달리 국방비 누계는 군사력 평가의 기본 요소인 인적 자원, 물적 자원, 조직적 자원의 총화이기 때문이다.

남북한 국방비 누계와 관련하여 그동안 남한 국방부는 남한이 국방비 누계나 투자비 누계에서 북한에 뒤지는 것으로 평가[12]하고 있다. 1998년도 『국방백서』는, 1996년 현재 북한의 전력 증강 투자비 누계는 약 618억 달러로 남한의 약 568억 달러보다 많다고 주장하고 있다.

그러나 일부 연구에 따르면 남한의 국방비 누계―10%의 감가상각 적용, 군사원조 등을 포함―는 1980년에 이미 269억 6,200만 달러로, 남한 당국의 북한 국방비 공식 추정치 268억 6,600만 달러를 앞지르는 것으로 나타나고 있다.[13] 이후에도 격차는 더 벌어져 1990년대에 들어서서는 2배를 넘어섰으며, 1990년대 중반에는 3배를 넘어선 것으로 나타나고 있다.

특히 1990년대 중·후반 극심한 자연재해와 경제난을 겪은 북한의 국방비가 줄거나 답보상태를 보인 반면 남한의 국방비는 IMF 환란 직후인 1998년을 제외하고는 매년 5~6%대의 신장률을 보임으로써 남북한 사이의 국방비 누계 격차는 더욱 커지게 되었다. 1998년에서 2002년 사이 5년간의 남북한 국방비 누계는 각각 약 800억 달러와 70억 달러로 무려 10배 이상의 격차[14]를 보이고 있어 국방비 누계 격차가 지속적으로 확대되고 있음을 보여주고 있다. 특히 노무현 정부 들어 미국의 남한 정부에 대한 국방비 증액 압력이 반영된 2003, 2004, 2005년의 남한 국방

---

11) 함택영, 「21세기 평화 전략」, 『동북아 연구』, 2002년 12월.

12) 『국방백서』, 1998년도, 114쪽.

13) 함택영, 『국가안보의 정치경제학』, 1998년 5월, 229쪽.

14) *SIPIRI Yearbook*, 2000년도, 305쪽; 2001년도 국방 주요 자료집 11쪽; 『참여정부의 국방정책』, 2003년도, 228쪽 등에서 부분 인용하여 조합하였다.

예산은 재정 증가율을 훨씬 상회하여 각각 6.5%, 8.1%와 9.9%(정부안) 증액된 약 148억, 165억, 182억 달러를 기록함으로써 17, 18억 달러[15] 로 답보상태를 보인 북한과 누적 국방 예산의 격차가 기하급수적으로 확대되고 있다. 그 결과 북한 당국의 공식 발표치의 3배 이상을 계상하는 남한 당국의 북한 군사비 공식 추정치에 의거하더라도 총 3배 이상의 누적 격차를 보이고 있다.

운영유지비 및 투자비 누계에서도 남한 당국의 북한 군사비 공식 추정치에 의거하더라도 전체 국방비 누계보다 2년 뒤진 1982년에 이미 남한이 북한을 앞지르는 것으로 나타나고 있다.[16]

이에 대해 남한 국방부는 "북한은 구소련으로부터 무상 또는 저렴한 가격으로 무기체계 및 기술을 도입할 수 있었으며, 또한 인건비, 운영유지 면에서도 유리할 뿐 아니라 군부대가 각종 생산활동에 참여함으로써 경제력 면에서의 열세를 어느 정도 완화할 수 있었다"[17]고 주장한다.

그러나 이러한 주장은 남한의 국방비 주계나 군사력이 우위에 있다는 사실을 바꿀 만한 근거가 되지 못한다. 우선 북한 국방비에 대한 남한 당국의 공식 추정치는 북한 당국의 공식 발표보다 3배 이상이나 늘려 잡은, 매우 부풀려진 액수이기 때문이다.[18]

또한 주로 소련산 무기인 북한 도입 무기의 가격은 설령 그 가격이 저렴하다고 하더라도 비용 대비 효과는 매우 낮으며, 첨단 무기로 갈수록 더욱 낮다는 사실로 볼 때 저렴한 가격 효과는 상쇄된다. 더구나 북한의 무기 도입 액수는 최근 8년(1995~2002) 동안 총 2억 5200만 달러에 지나지 않는다. 이는 에티오피아나 아프가니스탄보다도 적은 액수이며, 남

---

15) 2003년은 ≪한국일보≫ 2003년 5월 25일자 보도 내용에서 인용. 2004년은 「북한의 2003년도 예산 결산 및 2004년도 예산 편성 분석」(이영훈, 한국은행 금융경제연구원, 2004년 4월)의 북한 재정 대비 국방 비율을 위 ≪한국일보≫ 보도 수치에 적용.
16) 함택영, 『국가안보의 정치경제학』, 1998년 5월, 237쪽.
17) 『국방백서』, 1998년도, 114쪽.
18) 『참여정부의 국방비전과 적정 국방비』, 2003년 5월, 14쪽.

한이 5조 4천억 원을 들여 32대를 도입할 예정인 F-15K의 두 대 값에 지나지 않는다. 이는 북한이 저렴한 가격으로 무기를 도입하여 유리하다는 국방부의 주장이 빈말임을 보여주고 있다.

또한 117만의 노동집약적 군대인 북한이 인건비·운영유지비에서 유리하다는 것은 설득력이 없으며, 운영유지비가 적다거나 군부대가 생산 활동에 참여한다는 것은 그만큼 훈련양이 적다는 것으로, 오히려 군사력의 마이너스 요소로 될 뿐이다.

이와 같이 국방비 누계로 비교해볼 때 북한 군사력 우위 주장은 허구이며, 남한이 절대적 우위에 있음을 알 수 있다.

 (3) 종합적 전쟁 수행능력으로 본 북한 군사력 우위의 허구성

종합적 전쟁 수행력은 전쟁 발발 이후 전쟁 수행을 위해 동원할 수 있는 인력, 경제력, 과학기술력, 행정력 등을 총망라한 총체적 국력으로서 통상 전쟁 지속 능력을 의미하는 것으로, 국방부도 이미 1990년대 초부터 종합적 전쟁 수행력에서 남한이 훨씬 우위에 있음을 인정해오고 있다.[19) 이를 좀더 구체적으로 살펴보자.

종합적 전쟁 수행능력을 평가하는 첫째 요소인 인적 자원을 비교해보면 남북한 인구는 2003년 7월 현재 각각 4,800만 명과 2,300만 명으로 약 2배의 격차를 보이고 있다. 경제활동 인구는 남북 각각 1,555만 명과 852만 명으로 약 1.8배의 격차를 보이고 있다. 경제활동 인구는 군사적 소요 인적 자원과 일치한다.

종합적 전쟁 수행능력을 평가하는 가장 중요한 요소로서, 장기적인 총체적 군사행동의 토대가 되는 GNP는 한국은행의 통계에 따르면 2003년 현재 남한은 6061억 달러, 북한은 186억 달러로 격차가 무려 약 33배에 이른다. 남북간의 체제 차이를 감안하더라도 경제력의 차이는 군사력의 우열에 결정적인 영향을 미칠 정도로 큰 격차를 보이고 있다.

---

19) 『국방백서』, 1990년도, 123쪽.

전시 생산 동원 능력을 나타내는 경제구조도 2002년을 기준으로 북한의 GNP상 농업 비율은 30.2%로 남한의 4%에 비해 훨씬 높다. 전쟁 수행 동원 능력에서 효과가 훨씬 큰 공업 비중이 낮다는 것은 종합적 전쟁 수행능력이 그만큼 뒤떨어진다는 것을 의미한다.

한편 종합적 전쟁 수행능력을 평가하는 또 하나의 요소로서 과학·기술력은 남북의 주요 공산품 생산량 또는 보유 숫자를 살펴봄으로써 간접 비교해볼 수 있다. 주요 공산품 생산량이나 보유 숫자는 전시에 민간 자원의 군용으로의 전환 능력을 의미한다.

전시에 병력과 군수물자 수송에 동원될 수 있는 민용 자동차 수는 남한이 1395만 대로 25만 대의 북한의 약 56배에 달한다. 또한 민용 항공기 보유 숫자는 남한이 295대로 20대의 북한의 약 15배에 이른다. 또한 선박 보유 톤수는 남한이 764만 톤으로 81만 톤의 북한의 약 9.4배에 이르고 있다(각각 2002년 기준).

이상 살펴본 바와 같이 단순 개수 비교에서나 국방비 누계, 그리고 종합적인 전쟁 수행능력에서 남한이 압도적인 우위에 있음을 알 수 있다.

이에 미국 의회조사국(CRS)의 래리 릭시(Larry Liksch)도 지난 2000년 1월 '자유 아시아 방송(RFA)'과 가진 대담에서, "지난 5년간 북한은 재래식 전력이 상당히 약화되었으며, 남침할 수 있는 공격 능력을 상실했다"고 주장한 바 있다.

2) 북한의 기습 공격 과연 가능한가?

단순 개수 비교, 국방비 누계, 종합적 전쟁 수행능력에서 남한이 우위에 있다는 사실은 한미 당국에 의해 주장되어온 북한 위협론이 허구라는 사실을 잘 말해주고 있다.

이에 남한 당국은 북한이 기습 공격을 감행해올 수 있다며 또 다른 형태의 북한 위협론을 주장하고 있다. 그렇다면 남한 당국의 주장대로 과

연 북한의 기습 공격이 성공할 수 있을까? 그러나 일부 연구에 따르면 남한이 충분한 대응 전력과 태세를 갖추고 있어 북한의 기습 공격은 성공하기 어렵다고 주장한다.

IISS는 1990년대에는 미국의 전략가들이 북한이 기습 공격을 감행했을 때 최소한 서울은 점령할 수 있을 것으로 생각했으나, 최근에는 북한 군사력의 쇠퇴와 남한 군사력의 증강으로 불가능하게 되었다고 믿고 있다고 밝히면서, 북한의 전면 남침과 기습 공격이 불가능하다고 다각도로 분석하고 있다.[20]

서재정도 북한의 기습 공격 가능성을 정태적·동태적—FEBA 전역에서의 기동전, 철원 구역에서의 기갑 전투, 공군력이 지상 전투에 미치는 영향, 특수부대에 의한 기습 공격·가능성 등—으로 나누어 분석하고, 그 어느 경우에든 북한의 기습 공격이 성공하기 어렵다는 결론을 내리고 있다.[21]

이러한 분석들 중에서 북한이 감행할 수 있는 기습 공격 형태로서 남한 사회에서 비교적 그 가능성이 큰 것으로 받아들여지고 있는 몇몇 형태들에 대한 분석 결과를 인용함으로써 기습 공격이 성공할 수 있다는 남한 당국의 주장의 허구성을 밝히고자 한다.

(1) 탱크부대에 의한 기습 공격

IISS는 정찰 위성, 정찰기, 공중·지상 레이더 등 각종 탐지 장치에 의해 탱크의 집중이 즉각 포착되기 때문에 탱크에 의한 기습 공격 자체가 불가능하다고 주장하고 있다.[22]

리영희 선생도 탱크의 이동은 첩보위성을 비롯한 각종 탐지장치로 빠짐없이 포착될 뿐 아니라 각종 입체적인 반탱크 태세 — 반전차 장벽, 지뢰대, 함정, 반탱크포 — 로 남북 어느 쪽도 탱크전을 구상할 수 없게 되었다

---

20) IISS, "NORTH KOREA'S WEAPONS PROGRAMMMES", 2004년, 1월, 런던, p.96.

21) 서재정, BOUND TO LAST : POWER, INTEREST, AND IDENITY IN THE UNITED STATES-KOREAN ALLIANCE, 2000년, 102~122쪽.

22) IISS, "NORTH KOREA'S WEAPONS PROGRAMMMES", 2004년 1월, 런던, p.97.

고 주장한다.[23)]

서재정도 북한이 전차로 남한을 기습 공격해올 수 있는 가장 가능성이 높은 곳으로 철원구역을 선택한 다음 란체스터 등식[24)]을 적용하여 1500대의 북한 탱크와 500대의 남한 탱크가 직접사격 교전을 벌이는 가상의 상황을 분석하였다. 물론 이러한 상황 전개는 북한 탱크의 이동과 집중이 남한 측에 사전에 포착되지 않는다는 가정이 전제되어 있다. 분석 결과 북한 탱크의 기습 공격은 질적 우위를 갖춘 남한 탱크에 의해 저지되는 것으로 나타났다.

한편 지상군의 진격 작전에 공군력의 지원은 결정적인 요소라고 할 수 있다. 6·25 당시 인민군과 유엔군의 진퇴는 공군력의 우위 여부와 궤를 같이했다. 걸프전도 공군력이 좌우했다고 해도 과언이 아니다.

최근 남한 연구기관들의 남북 군사력 평가 결과 남한 공군력이 북한의 106%로 약간 우위를 보이고 있는 것으로 나타났다.[25)] 이것이 남북 공군 전력에 대한 정확한 평가라고 보기 어렵지만 북한 공군력이 우위에 있다는 그동안의 남한 당국의 주장에 비해서는 전향적인 평가이다. 남한 공군력의 우위는 북한 탱크의 기습 공격이 더욱 성공하기 어렵다는 것을 의미한다.

• 북한 특수부대의 기습 공격 가능성은?

북한은 약 10만 명의 특수부대를 운영하고 있는 것으로 알려져 있다.[26)] 그러나 북한 특수부대의 1회 수송 능력은 바다로 5,000명, 공중으로 2000~3000명 정도에 불과한 것으로 알려져 있다. 북한은 특수부대의

---

23) 리영희, 「남북한 전쟁 능력 비교 연구」, 『반세기의 신화』, 1999년 10월, 195쪽.
24) 란체스터 전투 모형은 피아간의 교전 상황을 미분방정식 또는 확률 과정론으로 나타낸 전투 묘사 방식. 『무기체계학』, 육군사관학교 편저, 2001년 1월, 344쪽.
25) ≪중앙일보≫ 2004. 8. 31.
26) 『국방백서』, 2000년도, 40쪽.

항공 수송에 투입할 수 있는 헬기와 지원기를 각각 330여 대와 520대를 보유하고 있다.[27] 그러나 북한이 보유하고 있는 지원기의 주력은 300여 대의 1947년식 AN2기로 탑재량이 1톤에 불과하며, 저공 비행으로 남한의 방공 레이더를 피할 수 있는 반면 낮은 고도와 느린 속도 때문에 쉽게 노출되어 지상 포격에 격추되기 쉽다.

한편 북한은 주력 헬기의 하나로 80여 대의 500MD 헬기를 보유하고 있다. 이 헬기는 적재 중량이 2,000파운드로서 불과 4명의 무장 군인밖에 태울 수 없다. 따라서 80대의 500MD를 기습 공격에 투입해도 320명에 불과하다. 더구나 이 헬기는 소리가 크고 속도가 느려 탐지와 요격의 좋은 표적이 된다.[28]

이와 같이 북한은 수송 능력이 취약하여 경무장한 특수부대를 남한 후방에 성공적으로 투입하기 어려우며, 투입한다고 하더라도 중화기와 병참 지원이 결여되고 작전상 유연성을 발휘하기 어려워 효과적인 작전을 수행하기 어렵다.

따라서 북한의 특수부대는 주로 지상으로 투입될 수밖에 없다. 그러나 1.7 : 1의 남북한 병력 규모로 볼 때 약 10km당 1개 사단이 밀집 배치되어 있는 남한의 방어선을 뚫고 특정 구역에서 특수부대를 투입하기 어려우며, 투입된다고 하더라도 삼중의 남한 방어선을 돌파하기는 어렵다.

한편 땅굴을 이용한 기습 공격도 터널의 길이가 짧아 남한 종심 방어 지역 깊숙이 특수부대가 투입되기 어려우며, 터널 입구 등에 대한 남한의 역습과 공중, 지상 폭격에 취약성을 드러내어 성공하기 어렵다.[29]

이와 같이 북한 특수부대의 지상으로의 기습 공격도 성공 가능성이 낮다.

---

27) 『참여정부의 국방정책』, 2003년, 158쪽.

28) 리영희, 「남북한 전쟁 능력 비교 연구」, 『반세기의 신화』, 1999년 10월, 197쪽.

29) IISS, "NORTH KOREA'S WEAPONS PROGRAMMMES", 2004년, 1월, p.97.

• 미사일 공격에 의한 기습 공격의 효과성은?

남한 국방부는 탄도미사일이 1km의 원형공산오차(CEP)[30]를 갖는다는 것은 중요한 군사 목표물인 지휘본부나 군용비행장 등에는 효과가 없는 미사일을 의미한다[31]고 밝힘으로써 원형공산오차가 1km인 스커드-B 미사일[32]이나 1.35km인 스커드-C[33] 등 남한을 겨냥할 수 있는 북한의 단거리 미사일이 남한에 위협적일 수 없다는 사실을 인정하고 있다.

서재정[34]도 북한의 탄도미사일들이 매우 부정확하여 남침용으로 별 소용이 없다고 주장한다. 현대식 미사일은 원형공산오차율이 통상 사거리의 0.1%인 데 비해 스커드 개량형과 노동미사일은 원형공산오차율이 사거리의 0.15~0.3%에 이른다는 것이다.

그는 휴전선에서 100km 정도 떨어진 공군기지 작전 지휘소 하나를 파괴하기 위해 필요한 미사일 수는, 북한이 원형공산오차율이 0.1%인 미사일로 작전 지휘소의 25%를 75%의 확률로 파괴하려 한다고 가정할 경우, 40~90개의 스커드 미사일이 필요하다고 한다. 전투기들이 이착륙을 하지 못하도록 활주로를 파괴하는 것은 더욱 어려워 100~225개의 미사일이 필요하다고 한다. 이 계산에 따르면 수백 기로 추정[35]되는 북한의 스커드-B, C 등 단거리 탄도미사일로는 남한 전력에 큰 타격을 줄 수 없다.

이와 같이 북한의 탄도미사일은 대남 기습 공격에 그다지 유용하지 않은 무기임을 알 수 있다.

---

30) 원형공산오차(율)란 발사된 미사일 탄두의 50% 이상이 낙하되는 지점의 크기를 원으로 표시할 경우 크기가 최소인 원의 반경, 혹은 발사 지점에서 투하 지점까지의 각도를 MIL로 나타낸 각도를 말한다.

31) 국방부, 『화·생·방·미사일 얼마나 알고 계십니까?』, 2001년 12월, 183쪽.

32) IISS, "NORTH KOREA'S WEAPONS PROGRAMMMES", 2004년, 1월, p.64.

33) 한국 국방연구원, 『동북아 군사력』, 2004년 5월, 476쪽.

34) 서재정, 「북한 미사일과 미국의 미사일 방어」, 『한반도의 선택』, 2001년 9월, 162쪽.

35) IISS, "NORTH KOREA'S WEAPONS PROGRAMMMES", 2004년, 1월, p.67.

(2) 오히려 남한의 전면전 또는 기습 공격을 우려하는 북한

이상 살펴본 바와 같이 북한 군사력의 우위 주장은 허구이며, 북한의 기습 공격도 성공 가능성이 없는 것으로 나타났다. 누적되는 상비 군사력과 종합적 전쟁 수행능력의 격차는, 재래식 군사력 자체로만 평가하면, 오히려 남한이 대북 전면전 또는 기습 공격을 감행할 수 있을 만큼 전력이 우위에 있음을 말해주고 있다.

몇몇 연구 결과들도 이를 입증하고 있다. 함택영은 1994년 현재 북한의 군사력은 남한의 40~60% 정도라고 주장[36]한다. 남한 군사력이 북한 군사력의 1.6~2.5배라는 의미이다. 또한 워게임 전문가인 더니간도 1995년을 기준으로 북한 전투력이 남한의 38%, 곧 남한이 북한의 2.6배에 달하는 것으로 산정[37]하고 있다. 두 연구 결과는 공격자가 방어자에 대해 3배의 승수를 부여하는 통상 이론 수치에 거의 근접하고 있다.

실제 북한은 남한의 흡수통일 기도를 두려워하면서 김영삼 정권 때 주한미군을 남한의 무력도발에 대한 방패막이로 인식하고 있었음은 잘 알려진 사실이다.

1996년 봄 당시 북한의 아시아태평양평화위원회 부위원장 이종혁은 "북한은 평화 유지에 대한 미국의 역할에 반대하지 않는다"고 밝힌 적이 있으며, 또 조선민족문제연구회 회장인 박승덕 교수도 "미국은 한반도의 평화 유지자로서 직접적이고 강력한 책임을 가지고 있다"고 주장한 바 있다.

이와 같이 남북한 군사력은 1990년대를 경과하면서 이미 남한 절대 우위로 바뀌었으며, 급기야는 북한이 주한미군에게 남한군에 대한 억지력으로서의 역할을 기대할 정도로 안보 상황이 전변된 것이다. 더욱이 이후 10년간에 걸친 남북간의 수십 배에 달하는 누적 군사비와 경제력 격차는 남한 군사력 및 종합적 전쟁 수행능력을 절대적 우위에 올려놓음

---

36) 함택영, 『국가안보의 정치경제학』, 1998년, 243쪽.
37) 함택영, 『국가안보의 정치경제학』, 1998년, 244쪽.

으로써 더 이상 북한 위협론이 기생할 자리를 허용하지 않게 되었다.

지금까지 살펴본 바와 같이 북한 위협론은 허구이며, 남한군만으로도 충분히 억제력과 방어력을 갖추고 있음을 알 수 있다. 따라서 주한미군은 오히려 남북한 전력 균형을 결정적으로 파괴하는 과잉 전력으로서, 한반도의 안정과 평화를 위해 한시바삐 남한에서 철수해야 마땅한 전력인 것이다.

3. 중국 위협론과 주한미군의 동북아시아 세력 균형자로서의 역할의 허구

1990년대 들어 세계적인 탈냉전과 남북 화해로 한반도를 둘러싼 객관 정세에 훈풍이 불고, 남북간 경제력 격차로 남한의 군사력 우위가 확고하게 굳어지자, 북한 위협론이라는 기존의 주한미군의 주둔 명분이 크게 퇴색됨으로써 한미동맹이 위기를 맞게 되었다. 이에 제24차 SCM(1992년)에서 한미 국방장관은 한미동맹의 새로운 발전 전망을 모색하기 위해 양국 연구자들에 의한 공동연구에 합의하였다. 연구 결과[38]는 제26차 SCM에 공식 보고되었다. 주된 내용은 동북아시아의 세력 균형자로서의 역할을 주한미군의 새로운 역할로 제시하고, 이를 위해 한미동맹을 지역 동맹으로 전환해야 한다는 것이다.

한편 1990년대를 전후로 한 소련의 몰락과 독일의 통일, 유럽에서의 군사적 신뢰 구축과 군축의 진전으로 나토와 바르샤바 조약 기구를 양축으로 한 군사적 대결 구조가 무너지고 나토 중심의 단일 군사적 지배 체제가 구축되었다. 이에 따라 미국은 세계 전략의 중심축을 그동안의 유럽 중심에서 아시아로 옮기고 이 지역의 동맹 및 군사력 강화를 추진하였다. 1996년의 미일 신안보공동선언은 그 결과이자 새로운 출발점이었다.

---

38) 미래한미 안보협력, 폴락·차영구, 「21세기를 지향한 새로운 한미 동맹」, 1994년.

주한미군의 동북아시아 세력 균형자로서의 역할과 한미동맹의 지역동맹으로의 전환은 미국의 아시아 중시 전략과 맥락을 같이하고 있으며, 옛 소련을 대신한 전략적, 잠재적 적으로서의 중국의 위협을 배경으로 하고 있다.

1) 중국 위협론의 실체는?

중국 위협론은 옛 소련이 사라진 지금 향후 미국의 세계 패권 전략에 도전할 수 있는 유일한 국가가 중국이라는 데서 출발하고 있다.

미 국방부의 비공개 문건인 「아시아 2025」[39]는 향후 '강한 중국'의 출현이 미국에게는 가장 힘든 상황이 될 것이라며 중국 위협론을 제기하고 있다. 아울러 그 대비책의 하나로 전진 작전기지 건설을 제안하고 있다.

그러나 미국은 공개된 공식 문건에서는 중국 위협론을 직접 거론하지 않고, 우회적으로 표현하고 있다. 2001년도 QDR에서는 "아시아는 대규모 군사적 경쟁이 가능할 수 있는 지역으로 점점 대두하고 있다"면서 중국의 군비 확장에 대한 우려를 나타내거나 2002년 9월, 백악관이 발표한 '미국의 국가안보전략'은 "아시아·태평양 지역의 이웃들을 위협할 수 있는 첨단 군사 능력을 추구함으로써"라고 좀더 구체적으로 중국의 군사적 위협에 대해 우려를 나타내고 있다.

그러나 이는 문건 형식에 따른 표현 방식의 차이일 뿐 중국 위협론에 대한 우려를 나타내고 있다는 점에서는 차이가 없다. 이와 같이 중국 위협론은 장기적으로는 미국을 추월하리라고 추정되는 2020년대의 중국의 경제력과 군사력을, 단기적으로는 양안 분쟁과 중국의 국방비와 군사력 증대 등을 가리키는 것으로 볼 수 있다.

부시 정권 들어 본격적으로 추진되고 있는 일본, 한국 등과의 동맹 및 군사력 강화, 대만의 군사력 강화, 그리고 동아시아 주둔 미군의 전면 재

---

39) 월든 벨로 기고문, 《한겨레신문》 2000. 8. 20.

배치 작업은 이러한 중국 위협론에 따른 대 중국 포위 전략의 일환이라고 할 수 있다.

한편 일본은 개정 '방위계획대강'(2004년 12월, 각료회의 의결)에서 처음으로 중국을 일본의 안보를 위협하는 요인으로 규정함으로써 미국보다 더 노골적으로 중국 위협론을 제기하고 나섰다.

그러나 중국 위협론은 중국의 현존 군사력과 군사비 지출로 보나 국민총생산과 같은 잠재적 군사력 등으로 보나 실체가 불분명한 것이거나, 다분히 예측과 가정에 토대한 과장된 것으로서, 동북아시아의 군사력 비교에서 미군이 주둔, 개입하여 균형을 잡아주어야 할 만큼 일본, 한국, 대만 등에 대해 중국이 절대적 우위를 점하고 있거나 점할 것으로 보기 어렵다.

2) 주일·주한미군의 동북아시아 세력 균형자로서의 역할의 허구성

중국의 군사적 위협론이 허구라는 것은 무엇보다도 중국의 현존 군사력이 대만에 대해서조차 열세를 보이고 있다는 점에서 명백히 드러난다. 중국과 대만의 주요 재래식 군사력은 <표-2>와 같다.

이를 보면 상비 군사력에서 중국은 대만에 양적 우위를 보이고 있는 것으로 나타난다. 그러나 앞서 살펴본 바와 같이 남한 전력이 양적 열세에도 불구하고 질적 우위를 통해 북한 전력을 압도하고 있듯이 대만 군사력도 양적 열세에도 불구하고, 질적 우위를 통해 중국 전력에 앞서는 것으로 알려지고 있다.

우선 전차는 T59, T69 등 1950, 60년대에 도입된 구식 전차가 주력을 이루고 있어 화력과 기동력이 현저히 떨어진다. 특히 중국 육군은 수송 및 상륙 능력이 취약하여 대만 상륙 과정과 이후 무력 출동시 전력의 우위를 누릴 수 없다.

중국 공군 또한 5 : 1의 양적 우위를 보이고 있으나 1950년대에 도입된 MIG 19, 21 등 구식 기종이 주력을 이루고 있어 제4대 고성능 전투기를 보유한 대만에 열세를 보이고 있다. 중국이 보유한 신형 Su-27조차 기동력과 추력이 떨어져 대만의 F16 등에 적수가 되지 못하는 것으로 알려지고 있다.[40] 실제로 중국은 1958년 양안 충돌에서 제공권을 제압당한 이래로 지금까지 이를 되찾지 못하고 있다.[41]

중국 해군은 구축함 등 주요 수상 전투함에서 대만에 그다지 양적 우위도 누리지 못하는 데다 최신예 스텔스함까지 갖춘 대만 해군에 질적으로도 뒤떨어져 전체적으로 열세를 면치 못하고 있다.

중국이 비록 80~90년대의 군사개혁을 통해 병력을 감축하고 최첨단 무기를 도입하는 등 중국군의 전력 강화에 나서고 있으나 그 격차는 쉽게 줄어들기 어려울 것 같다. 이는 양국이 수입한 최근 무기 도입 액수로도 확인되고 있다. 무기 수입에서 대만은 세계 최대의 무기 수입국으로, 1995~1999년간 약 139억 달러를 수입하여 40억 달러인 중국의 3.5배에 이르고 있다.[42] 중국이 비록 2001, 2002년 연속 세계 최대 무기 수입국으로 부상하여 대만과의 격차를 줄이고 있으나 중국과 근사한

<표-2> 중국과 대만의 주요 무기 계 보유 현황[43]

	중국	대만
전차	8300대 : T59 6000. T69 1000	720대 이상 : M48A5 100, M41/T64 685
야포	14,500문	1,060문
전투기	3000대 : MIG19 1400, MIG21 600, Su-27 50	622대 : F5·F7 272, F16 150, 미라지 2000-5 60
주요 수상 전투함	53척 : 구축함 18척, 프리키트함 35척	37척 : 구축함 16척, 프리키트함 21척

---

40) 「붕괴되고 있는 대만의 군사적 우위(상)」, 『국제문제 2000, 11』, 51쪽.
41) 平松茂雄, 『중국의 군사력』, 1998년 11월, 94쪽.
42) SIPIRI 연감, 2000년도.

액수로 여전히 세계 제2위의 무기 수입국의 위치를 유지[44]하고 있는 대만과의 격차를 만회하는 데는 상당한 시간이 걸릴 것으로 보인다. 이에 조시 워싱턴대 데이비드 샘보흐(David Shambaugh) 교수도 대만은 2010년까지 중국에 대한 군사적 우위를 유지할 것으로 예상[45]하고 있다. 이렇듯 중국의 군사력은 양안에서조차 대만에 열세를 면치 못하고 있다.

그런데 주지하다시피 일본의 군사력은 육군, 해군, 공군력 전 부문에서 대만에 비해 월등한 질적, 부분적인 양적 우위를 점하고 있다. 해군의 보유 톤수에서도 일본은 대만의 두 배이며, 4대의 이지스 구축함 등 대형 수상전투함에서도 양적·질적 우위를 점하고 있다. 공군력에서도 일본이 보유하고 있는 전투기는 203대에 이르는 F-15J를 주력기로 하여 모두 4세대 최신예 전투기로서 대만에 비해 질적으로 우위에 있다. 따라서 양안에서 대만에 열세를 보이고 있는 중국 군사력이 대만과의 열세를 만회하고 북한에 대해 우위를 보이고 있는 한국의 군사력을 견제하면서 일본에까지 위협이 되는, 그리하여 전체적으로 동북아시아 국가들에 대해 군사적 위협이 될 수 있다는 것은 현실과 동떨어진 주장이다.

이는 동북아시아 국가들의 군사비를 비교해봐도 입증된다. 동북아시아 상비 군사력의 한국·대만·일본 우위는 군사비와 GNP에서도 절대적 우위로 나타나고 있다. 한국·대만·일본의 군사비는 1999년을 기준으로 각각 150억, 93억, 510억 달러로 총 753억 달러 정도[46]이다. 그러나 북한과 중국의 군사비는 각각 14억, 180억 달러로 총 194억 달러에 불과해 4배 이상 차이를 보이고 있다. 남한 당국의 추정대로 북한과 중국의 군사비를 세 배로 늘려 잡아도 열세는 명백하다.

GDP 규모와 관련해서 보더라도 2001년 기준으로 한국·대만·일본은

---

43) 국제전략문제연구소 1999/2000년판 「밀리터리 밸런스」, 「붕괴되고 있는 대만의 군사적 우위(상)」, 『국제문제 2000, 11』, 54쪽에서 재인용.

44) SIPIRI 연감, 2003년도.

45) 「붕괴되고 있는 대만의 군사적 우위(상)」, 『국제문제 2000, 11』, 49쪽.

46) SIPIRI 연감, 2000년도.

각각 4,200억, 2,900억, 4조 1000억 달러, 총 4조 8100억 달러로 각각 184억, 1조 2000억 달러, 총 1조 2184억 달러의 북한·중국의 4배에 이른다.[47]

더욱이 중국은 지상으로 16개국, 해상으로 9개국과 국경을 맞대고 있어 현재의 취약한 군사력마저 - 비록 냉전 해체 이후 소련과의 갈등과 분쟁의 소지가 현저히 줄었다고는 하나 - 동북아시아로 집중시킬 수 없는 지정학적 제약을 안고 있다. 실제로 중국은 1950년대 이래로 대만뿐 아니라 러시아, 인도, 베트남 등과도 자주 국경분쟁을 겪어왔으며, 패배를 겪었다.

중국의 군사력은 1만 5,000km의 지상 국경선과 1만 2,000km의 해상 국경선의 안전을 보장하기에도 충분한 전력으로 볼 수 없으며, 하물며 대외적인 위협으로 되기에는 더더욱 어렵다.

이와 같이 한국·대만·일본은 상비 군사력뿐만 아니라 군사비와 경제력에서도 중국·북한에 절대적으로 우위에 있다. 따라서 어느 측면에서 보더라도 중국 위협론은 미국과 일본 당국의 현실에 토대하지 않은 일방적인 주장인 셈이다. 지속적인 GNP의 성장과 군사비의 증액에도 불구하고 중국의 군사력이 앞으로 동북아시아 국가들에게 위협적인 존재로까지 될 수 있을지 단정할 수 없으며, 앞으로 상당 기간은 현실화되기 어렵다. 앞서 데이비드 샘보흐 교수의 예견대로 2010년까지 대만과 군사력의 균형을 이룬다고 가정한다면 적어도 2020년까지는 중국 군사력은 동북아시아 국가들의 군사력과 균형을 이룰 수는 있을지언정 이를 능가하여 위협적인 군사력으로까지 성장하기는 불가능하다는 것이다.

동북아시아에서의 군사적 위협은 오히려 중국의 3배에 달하는 압도적인 군사비와 4배의 GNP를 배경으로 이미 첨단군사기술과 군사력을 갖추고 그 위에 MD 구축 및 '무기수출 3원칙' 완화 등을 통한 군사대국화와 자위대의 수시 해외진출을 꾀하는 일본이라고 할 수 있다.

이와 같은 조건에서 10만 명의 병력과 항공모함을 포함하여 40척, 61

---

47) 『참여정부의 국방정책』, 2003년도.

만 톤의 해군력과 280대의 고성능 최신예 공군 전력을 보유한 동아시아 주둔 미군의 전력은 동북아시아의 군사력을 결정적으로 한국·대만·일본 우위로 기울게 하고 있다. 동북아시아 주둔 미군의 전력은 이 지역의 군사력 균형을 오히려 결정적으로 파괴하고 있는 것이다.

이는 동아시아 주둔 미군이 동북아시아의 세력 균형자로서 역할을 하기보다 세력 균형을 파괴하는 과잉 전력이라는 것을 말해주는 것으로, 이 지역의 안보와 평화를 위해서는 당장 철수해야 마땅하다고 할 것이다.

4. 주한미군의 실제 주둔 목적은 미국의 국가이익 추구

1) 주한미군을 통해 미국이 한반도에서 추구하는 국가 이익은?

미국의 정·관·군 관계자들은 공공연히 주한미군이 미국의 이익을 위해 남한에 주둔하고 있다고 말해왔다. 그렇다면 이들이 말하는 한반도에서의 미국의 이익이란 과연 무엇인가?

미국은 한반도 개입의 전략 목표이자 아태 지역 핵심정책으로 ① 적대국 혹은 적대적 동맹세력에 의한 동북아시아 패권 장악의 방지, ② 미국의 가치 및 이익을 지지하는 관행 및 제도가 정착될 수 있는 분위기 조성, ③ 시장 및 자원에 대한 미국의 경제적 개입 및 개방 보장을 내세우고 있다.[48]

이는 미국이 아태 지역에서 추구하고 있는 국가 이익이란 바로 아태 지역의 정치·군사적 패권, 시장경제 원리에 의거한 정치적·경제적 제도 수립, 그리고 경제적 이익임을 말해준다. 미국은 이와 같은 정치적·군사적·경제적 이익의 실현을 위해 동아시아에 10만의 미군을 주둔시키고 있으며, 주한미군은 주일미군과 함께 그 핵심축인 것이다.

---

48) 『21세기를 지향한 새로운 한미 동맹』, 1996년, 11쪽.

그렇다면 여기에서 우리는 주한미군이 금과옥조로 내세우고 있는 북한의 남침 억제 및 방어라는 명분은 그 자체가 주한미군 주둔 목적이라기보다는 미국의 국가 이익을 실현하기 위한 전제이거나 또는 수단에 지나지 않는다는 사실을 알 수 있다. 아울러 남한 국민으로부터 미군 주둔에 필요한 동의를 이끌어내기 위한 명분에 불과한 것이다.

그런데 앞서 살펴본 대로 북한의 남침 억지 및 방어자로서의 주한미군의 주둔 명분이 냉전 해체와 남북 화해 및 남한의 대북 군사력 우위로 그 효용성을 크게 상실하자 미국은 한반도에서 자신의 국가 이익을 계속 추구해나가기 위해 필연적으로 또 다른 명분을 찾게 되었다. 그것은 다름 아닌 주한미군의 동북아시아 세력 균형자로서의 역할이다.

미국이 자신들의 국가 이익을 스스로 포기하지 않는 한 앞으로도 이 지역에 장기 주둔하기 위한 명분을 계속 만들어내겠지만, 동북아시아 세력 균형자로서의 주한미군의 역할 역시 허구인 만큼, 주한미군은 그 어떤 명분에도 불구하고 결국 미국의 국가 이익을 실현하기 위해서만 남한에 주둔하고 있는 셈이다.

2) 미군 주둔으로 얻을 수 있는 남한의 국가 이익은 무엇인가?

한국 국방연구원은 한미동맹이, 곧 주한미군의 주둔이 한국에 주는 안보 이익으로 '자위적 충분 방어 달성'을 들고 있으며, 한미 공동의 사활적 이익으로서 ① 북한의 공격 억지·격멸, ② 북한 핵무장 예방, ③ 평화 통일 달성, ④ 지역 패권국 등장 방지 등을 제시하고 있다.[49]

그런데 앞서 살펴본 대로 남한은 이미 북한에 대해 군사력을 2배 이상 보유하고 있기 때문에 '자위적 충분 방어'를 훨씬 뛰어넘는 전력을 갖추었다고 말할 수 있다. 따라서 한미 공동의 사활적 이익의 첫번째 항목인 북한의 공격을 억지·격멸할 수 있는 능력은 이미 충분히 갖추고 있다.

---

49) 『21세기를 지향한 새로운 한·미 안보동맹』, 1996년, 14쪽.

또한 두번째 항목인 북한 핵무장의 예방은 미국의 대북 적대정책이 철회된다면 해결될 수 있는 문제이다. 오히려 핵 선제공격과 작전계획 5027 등을 앞세워 대북 체제전복 위협을 가하고 있는 주한미군의 존재가 북한으로 하여금 핵무장으로 유도하고 있기 때문이다.

한편 세번째 항목인 평화통일 달성은 남북 분단의 원흉으로서, 민족의 화해와 통일의 결정적 국면마다 핵문제 등으로 재갈을 물려온 미국이 동북아시아 패권국으로서의 위상에 심대한 훼손을 가져올 남북통일에 스스로 협조적으로 나오리라고 기대하는 것은 제국주의 국가로서의 미국의 본색을 외면한 사고이다.

마지막 항목인 지역 패권국의 등장 방지는 태평양 전쟁 이래로 60년 동안 아태 지역의 패권국으로 군림해온 미국 이외에 지역 패권국으로 등장할 국가가 없다는 점에서 허구적인 세력 균형론의 또 다른 표현일 뿐이다.

이와 같이 주한미군은 그 어떤 측면에서도 남한의 국가 이익에 기여하는 바가 없다. 오히려 미국의 끊임없는 대북 전쟁 위협에 민족의 통일 및 국민의 생명과 재산을 저당 잡히고, 한편으로 작전통제권 등 국가 주권의 상징을 넘겨주는 등 국가 사회 전반의 예속을 감수해야 하며, 미군 기지 이전 비용, 미국산 무기 도입비, 직·간접 주한미군 주둔비 지원 등 정치·군사·경제 등 모든 부문에서 국가 이익을 침해당하고 있는 것이다.

여기에서 미군의 남한 주둔으로 인한 미국과 남한의 국방 예산상의 부담에 대해 좀더 구체적으로 살펴보자. 1999년도 『국방백서』에 따르면 1998년도 주한미군 주둔 지원비는 약 3억 4,000만 달러의 직접 지원비를 포함하여 총 16억 3,000만 달러에 이르고 있다. 이는 미국의 주한미군 주둔 예산 17억 1,500만 달러(2001년도, 남한 국방부 추정)의 95%에 해당하는 액수이다. 즉 미국은 미군을 남한에 주둔시키는 데 소요되는 총경비의 절반을 남한으로부터 지원받고 있는 것이다.

그러나 미국은 남한의 지원비를 매우 낮게 산정하고 있다. 미국은

2001년도에 남한의 주한미군 주둔 지원비를 총 8억 달러(직접 지원비 4억 2,000만 달러, 간접 지원비 3억 8,000만 달러)로 산정함으로써 남한이 주한미군 주둔 예산 약 21억 7,000만 달러(미 국방부 주장)의 39%에 해당하는 액수를 지원하는 것으로 주장[50]하고 있다. 이는 미국이 간접 지원비 중 부동산 지원비(임대료) 등을 낮게 평가하고 있거나 카투사와 같은 지원 항목을 아예 누락시키고 있기 때문이다.

그러나 이렇게 낮게 평가된 액수에도 불구하고 남한의 GDP 대비 분담률이 2001년도를 기준으로 0.16%로, 0.04%의 독일(약 8억 6,000만 달러)은 물론 0.11%의 일본(약 46억 1,000만 달러)에 비해서도 높은 수치를 기록하고 있다. 미국은 2001년도에 일본이 주일미군 총 주둔비의 75%, 독일이 주독미군 총 주둔비의 21%에 해당하는 액수를 지원하고 있는 것으로 산정하고 있다.

따라서 미국이 주한미군을 미국 내에 배치하게 되는 경우 남한에 주둔하는 것보다 더 많은 비용이 들게 된다. 미 의회 예산국은 주한미군의 95%를 미국 내에 배치하게 될 경우 연간 약 2억 달러의 비용이 절감되는 반면 그에 따른 토지 및 시설 확보, 유지 등에 수십억 달러가 소요될 것으로 추산[51]하고 있다. 즉 미국은 남한이 주한미군에 제공하는 토지, 시설, 인건비 등의 경비(직·간접 지원비) 대부분을 직접 자체 예산으로 충당해야 하는 것이다.

한편 주한미군의 주둔으로 남한의 방위비 부담이 줄어들어 고도의 경제성장을 이룰 수 있었다며, 이를 주한미군의 주둔에 따른 남한의 국가 이익으로 내세우는 주장도 있다. 그러나 이 역시 본말이 전도된 주장이자 일면적인 주장에 불과하다.

---

50) "REPORT on ALLIED CONTRIBUTIONS TO THE COMMON DEFENSE", July 2003. A Report to the United States Congress by the Secretary of Defence.

51) "A CBO STUDY," pp.17~18. Option for Changinning the Army's Overseas Basing, May 2004, CONGRESS OF THE UNITED STATES CONGRESSIONAL BUDGET OFFICE.

남북 군사적 대결은 분단에서 비롯되었고 남북을 분단, 고착시켜온 것은 바로 미국과 주한미군이다. 남북이 분단되지 않았다면 우리 민족은 남북 군사적 대결에 민족의 역량을 소모하지 않을 것이며, 균형 잡힌 전일적인 민족경제공동체를 이루어 한 단계 높은 경제발전을 이룰 수 있었을 것이다.

또한 흔히 남한이 주한미군 덕택에 국방비를 적게 들여온 것으로 인식하고 있으나, 이 역시 객관적인 사실에 대한 왜곡이다. 물론 1950, 60년대에는 미국의 군사원조가 남한 군사비에서 절대적인 비중을 차지했다. 그러나 남한이 경제성장을 이룬 1970년대 중반 이후, 특히 1980년대 후반, 1990년대에 들어서는 상황이 전혀 달라졌다.

남한이 주한미군 주둔 경비를 지원하기 시작한 1989년 이후로만 한정해서 보더라도 2004년까지 16년 동안 직접 지원비는 총 약 50억 달러, 간접 지원비는(1998년 간접 지원비를 연 평균 기준치로 가정했을 경우) 약 192억 달러로, 합계 242억 달러에 이른다. 이는 1996년까지의 남한 전력투자비 누계 568억 달러의 약 42%에 달하는 막대한 액수로, 남한 국방부의 주한미군 자산 가치(주둔 전력과 전시 예비 비축 물자 포함 등) 추정치[52] 약 200억 달러를 충당하고도 남는 액수이다. 결국 남한은 현 주한미군 보유 자산가치 이상의 비용을 주한미군 주둔 경비에 대한 직·간접 지원비로 부담해온 것이다.

5. 주한미군 철수의 당위성과 장기 주둔의 부당성

이상 살펴본 바와 같이 주한미군은 남한의 안보와 국가 이익에 아무런 도움도 되지 않는 존재라는 사실을 잘 알 수 있다.

그런데도 한국 당국과 일부 논자들은 주한미군이 한반도 평화와 통일

---

52) 국방부, 『미래를 대비하는 한국의 국방비』, 2003, 14쪽.

의 담보자나 보증자로서 역할을 해야 하며, 그러자면 평화협정 체결 후에 적어도 통일 때까지는 주둔해야 한다거나 통일 이후에도 동북아시아 세력 균형자로서 장기 주둔해야 한다며 사실상 영구 주둔을 옹호하고 있다. 이들 주장의 문제점을 보다 구체적으로 규명해보고 대안을 모색해보자.

1) 주한미군은 한반도 평화체제 구축과 통일 과정에 협조하고 통일 직후 철수해야 한다는 입장의 문제점

주한미군은 통일 직후 철수해야 한다는 입장은 한반도 평화체제가 수립되었다고 해서 주한미군이 철수하게 되면 심각한 힘의 공백이 초래되고 정정 불안이 뒤따를 것이며, 따라서 주한미군이 통일에 방해되는 요인을 제거해줌으로써 통일을 진작시켜주어야 한다는 주장이다. 특히 통일 전까지는 남북한이 독자적으로 군대 지휘권을 갖게 됨으로써 남북간의 이해 충돌이 군사적 충돌로 발전할 수 있기 때문에 주한미군이 남북간의 갈등을 조정하고 충돌을 방지하는 역할을 해야 한다는 것이다.[53]

그러나 이러한 주장은 주한미군의 속성에 대한 인식에서 근본적인 문제점을 안고 있다. 주한미군은 한반도 전쟁 위기와 평화 위협의 주범이다. 미군의 남한 주둔 목적은 미국의 국가 이익의 실현에 있으며, 동북아시아에서의 정치·군사적 패권 추구가 그 핵심이다. 전쟁 위기와 평화 위협의 주범으로서의 주한미군의 속성은 이와 같은 패권 추구에서 비롯된다. 미국은 자신들의 패권 추구에 장애가 된다고 생각하는 북한에 적대하고 중국을 봉쇄하며, 일본과 남한의 군비 증강을 강요함으로써 한반도에서 전쟁 위기를 조성하고 동북아시아에서 첨예한 군사적 대립을 야기시키고 있는 것이다.

이와 같은 미국의 정치·군사적 패권 추구는 그들이 힘을 갖고 있는 한 변하지 않을 것이다. 이는 곧 북이든, 남이든, 아니면 남북이 서로 공조

---

53) 박봉현, 『주한미군 언제 철수해야 하나』, 2004년 4월, 141, 173쪽.

하든 우리 힘으로 미국의 패권 정책을 바꾸어내지 않는 한 미국이 자신들의 국가이익, 곧 정치·군사적 패권 정책을 포기하지 않을 것이며, 따라서 주한미군의 전쟁 위기와 평화 위협의 주범으로서의 속성도 변하지 않을 것이라는 것을 의미한다.

이러한 속성상 주한미군은 스스로 한반도 평화체제 구축과 통일 과정에서 협조자로서의 역할을 하기 어렵다. 주한미군이 한반도 평화체제 구축과 통일 과정에 협력하는 길은 한 시바삐 평화협정을 체결하고 한반도 문제에 대한 군사적 개입을 끝내는 데 있다. 물론 그 이전에 북한과 불가침협정을 체결하고 대북 적대정책을 철회한다면 평화협정 체결과 평화체제 구축으로 가는 길이 보다 탄력을 받게 될 것이다. 그러나 이러한 과정 역시 민족자주 역량으로 얼마나 미국을 강제해낼 수 있는가에 따라 그 시기가 결정될 것이다.

한편 우리 민족의 힘으로 주한미군이 한반도 평화협정 체결에 나서도록 강제해낸다는 것은 민족의 단결이 매우 높은 차원에서 실현되고 있다는 것을 의미하며, 따라서 그 때는 평화체제 구축 과정과 통일 단계에서 갈등과 무력 충돌이 발생할 것을 염려할 필요가 없다. 달리 말하면 평화체제 구축과 통일 과정에서 갈등과 무력 충돌이 발생하여 주한미군의 중재와 억제의 역할까지 필요하게 되는 상황이 발생한다는 것은 평화협정 체결과 평화체제 구축 과정, 그리고 통일 과정이 우리 민족의 힘이 아니라 국제 정세가 평화협정 체결과 통일에 우호적으로 바뀌거나 미국 등의 강대국들의 시혜로 주어지는 때나 발생할 수 있는 일이다. 그리고 이러한 객관 정세의 변화마저 우리 민족의 의지와 노력과 무관하게 자연발생적으로 발생할 수 없다는 점에서 평화체제 구축과 통일 과정에서의 주한미군의 중재자, 억제자로서의 역할을 기대하는 것은 외세 의존적 사고라고 할 수 있다.

또한 주한미군이 한반도 평화체제 구축과 통일 과정에 개입하여 이해 갈등의 조정자나 무력 충돌 억제자로서의 역할까지 하게 된다면 통일 이후 한반도에서 주한미군의 입지와 영향력이 더욱 높아지고 확대되어 통일 직후 철수를 어렵게 할 것이다. 그렇지 않고 미국이 통일 이후 한반도에서 자신들의 이익이 보장되지 않는 조건에서, 곧 통일 직후 철수하게 되는 조건에서 평화체제 구축과 통일 과정에 협조하리라고 기대하는 것은 비현실적 사고이다.

이와 같이 주한미군은 한반도 평화체제 구축과 통일 과정에 협조하고 통일 직후에 철수해야 한다는 주장은 주한미군의 반평화적·반통일적 속성을 보지 못하고 미국의 선의에 기대는 비현실적이고 비주체적인 사고이다.

2) 주한미군이 통일 이후까지 장기 주둔해야 한다는 입장의 문제점

주한미군이 통일 이후까지 장기 주둔해야 한다는 입장은 주한미군의 철수로 인한 힘의 공백을 틈타 한반도가 열강들의 각축장으로 되는 것을 막기 위해서는 미군이 한반도에 장기 주둔해야 한다는 주장이다. 또한 미군은 남북간 정치·경제·문화 등 사회적 통합 과정에서 갈등과 충돌의 조정자로서의 역할을 해야 한다는 것이다.[54]

주한미군의 철수로 힘의 공백을 틈타 한반도가 열강들의 각축장으로 된다는 것은 통일 후 통일 한국의 위상과 역할, 당시 조성될 동북아시아 정세를 과학적으로 인식하지 못한 주장이다. 현재 우리 민족이 외세의 간섭과 개입을 허용하고 있는 것은 남북으로 분단되어 대립하고 있기 때문이다. 그러나 우리 민족이 통일된다면 외세의 부당한 간섭을 능히 막아낼 수 있는 역량과 조건을 갖추게 된다. 통일은 무엇보다도 분단이라는 외세 개입의 결과를 극복해내는 과정이기 때문에 통일 이후 외세가 개입할 여지가 그만큼 줄어들게 된다. 또한 통일 한국은 경제력과 군사력은 물론, 통일에 따른 정치·외교적 위상도 획기적으로 높아져 외세의

---

54) 박봉현, 『주한미군은 언제 철수해야 하나』, 2004년 4월, 61, 82, 97, 100쪽.

개입을 막아낼 힘을 갖게 된다. 그리고 이러한 힘은 도리어 통일 한국으로 하여금 동북아시아 국가들 사이의 이해 갈등을 조정하는 세력 균형자로서의 역할을 하게 해준다.

주한미군이 통일 이후에도 장기 주둔하게 되면 오히려 이를 경계하는 주변 강대국들에게 한반도 문제에 개입하도록 명분을 주게 되며, 통일 한국이 주변 정세에 주동적으로 대응하는 것을 가로막게 된다.

만약 통일 한국이 열강들의 각축장으로 된다는 주장이 구한말 때처럼 주변 강대국들의 침탈을 받을 것을 우려하여 나온 주장이라면 이는 봉건 지배계급의 분열, 대립, 부패, 무능과 내부 모순으로 국력이 극도로 쇠잔해 있던 구한말과 통일 후 단결된 민족의 욱일승천하는 힘과 국력을 무차별적으로 비교한 결과로서, 몰역사적인 역사 인식이 아닐 수 없다.

우려대로 설령 통일 한국이 외세의 침탈을 막아낼 힘이 부족하게 된다고 가정하다라도 그 때는 자주적으로 민족의 생존과 국가의 주권을 지켜낼 방안을 찾아야지 주한미군에 기대어 해결하겠다는 것은 사대주의적 발상이자 그 자체가 이미 열강(미국)의 침탈을 허용하는 것이나 다를 바 없다. 미국도, 중국, 일본, 러시아와 마찬가지로 외세이다. 일본군과 중국군의 주둔과 마찬가지로 주한미군의 주둔도 자주 국가로서는 용납할 수 없는 것이다.

한편 주한미군이 남북간 사회적 통합 과정에서 갈등과 충돌의 조정자로서의 역할을 해야 한다는 주장은 한 국가의 내부 문제 해결에 외세를 끌어들이자는 것으로, 이런 주장 역시 스스로 국가 주권과 자주성을 포기하는 외세 의존적 발상이다. 통일 한국 내부에 사회적 갈등이 발생할 수 있겠지만 이를 외세에 의존하여 해결하게 되면, 우리 민족은 통일 후까지도 외세의 지배에서 벗어나지 못하게 될 것이다.

또한 통일 이후 나타나게 될 사회적 갈등은 민족 내부의 갈등보다는 주한미군과의 갈등이 더 클 것이며, 특히 북한 주민들과 주한미군과의 갈등은 현재 남한에서의 미군과의 갈등보다도 훨씬 심각하고 본질적인

갈등으로 될 것이다. 이는 통일 이후 주한미군이 갈등과 충돌의 조정자
가 아니라 오히려 이를 양산시키는 진원지가 되리라는 것을 의미한다.

이와 같이 통일 후에도 주한미군이 한반도에 장기 주둔해야 한다는
주장은 철두철미 외세 의존적인 사고이자 미군을 전지전능한 메시아로
보는 사고로서, 어떻든 간에 주한미군이 한반도에 영구 주둔할 수 있는
명분을 찾기 위한 주장에 불과하다.

3) 한반도 평화협정 체결 후 즉각 철수해야 한다는 입장[55]의
   정당성

주한미군이 평화체제 구축과 통일 과정에서 장애물로 되거나 통일 한
국의 정치·군사적 부담으로 될 뿐이라는 것은 바꾸어 말하면 주한미군이
한반도 평화협정을 체결하고 즉각 철수하는 것만이 한반도 평화체제 구
축과 우리 민족의 통일에 기여하고 통일 한국의 정치·군사적, 외교적 발
전의 전제가 된다는 것을 의미한다.

무엇보다도 한반도 통일 과정은 정전협정의 폐기와 평화협정의 체결
없이는 시작될 수 없다. 전쟁 상태를 그대로 둔 채 통일을 할 수는 없기
때문이다. 정전협정 제62항[56]은 정전협정의 효력과 관련하여 정전협정
을 수정 또는 증보하거나 평화협정 등을 통해 명문화함으로써 폐기할 수
있다고 규정하고 있다. 따라서 통일 방안 등에 관한 남북간의 합의에 따
라 통일 과정이 일정에 오를 경우 전쟁을 종결시키기 위한 평화협정 체
결은 그 선행 단계이자 필수적 과정인 것이다.

한편 정전협정 제60항[57]은 종전 후 3개월 이내에 정치회의를 열어 모

---

55) 주한미군이 평화협정 체결 이후에 즉각 철수해야 한다는 입장은 주한미군이 평화
   협정 체결 이전에도 철수할 수 있고, 철수해야 한다는 의미까지 포함한다.
56) 정전협정 제62항: 본 정전협정의 각 조항은 쌍방이 공동으로 접수하는 수정 및 증
   보 또는 쌍방의 정치적 수준에서의 평화적 해결을 위한 적당한 협정 등의 규정에 의
   하여 명확히 교체될 때까지 계속 효력을 발휘한다.

든 외국군 철수 및 한반도 문제의 평화적 해결을 협의할 것을 규정하고 있다. 이는 한반도 문제의 평화적 해결과 외국군의 철수가 함께 해결되어야 한다는 것을 의미한다. 그러나 1954년 개최된 정치회의는 결렬되었고, 북한에 주둔하던 중국군은 1958년까지 철수한 반면 주한미군은 1954년에 체결된 한미상호방위조약으로 동맹군의 지위까지 얻어 지금까지 주둔해오고 있다. 주 교전 당사자였던 주한미군이 계속 남한에 주둔하고 있음으로 해서 한반도 문제의 평화적 해결이 가로막히고 있는 것이다.

실제로 한반도 평화체제 구축을 위한 이정표가 될 한반도 평화협정은 주한미군 철수 문제 및 남북간 군비감축이 명문화되지 않은 채 체결되기는 쉽지 않다. 평화협정 체결의 한 당사자인 북한이 자신에게 최대 위협인 주한미군과 단독으로도 북한을 공격할 수 있는 군사력을 갖춘 남한 군대의 현존 무력을 그대로 둔 채 평화협정을 체결하려고 하지 않을 것이기 때문이다. 한반도 평화체제 구축을 위한 '4자 회담'이 결렬된 이유 중의 하나가 주한미군 철수 문제를 의제로 다룰지에 대한 북미간의 입장 차이 때문이었다는 것은 주지의 사실이다. 반대로 한미 당국 역시 북한 군사력을 그대로 둔 채 한반도 평화협정 체결에 나설 리가 없다.

이와 같이 주한미군 철수는 50년간이나 풀리지 않고 있는 해묵은 한반도 문제의 평화적 해결을 위한 첫 걸음으로서, 또한 민족의 통일 과정을 일정에 올리기 위한 전제로서의 평화협정 체결과 함께 반드시 해결되어야 할 과제인 것이다.

그런데 일부 연구자들은 평화협정이 체결되더라도 주한미군이 평화유지군으로 위상과 역할을 전환하여 평화체제의 보증자·담보자로서 한반도에 장기 주둔할 수 있다거나, 주둔해야 한다고 주장하고 있다.

주한미군의 평화유지군으로의 위상과 역할 전환은 정전협정의 해체와

---

57) 정전협정 제60항: 한국 문제의 평화적 해결을 위하여 쌍방 군사령관은 쌍방의 관계 각국 정부에 정전협정이 조인되고 효력을 발생한 후 3개월 내에 각기 대표를 파견하여 쌍방의 한 급 높은 정치회의를 소집하고 한국으로부터 모든 외국군 군대의 철수 및 한국 문제의 평화적 해결 문제들을 협의할 것을 이에 건의한다.

평화협정의 체결, 한미동맹의 해체를 전제로 하는 것이어서 남북간의 군사적 대결의 해소와 주한미군의 대북 적대적 성격을 탈각시키는 긍정적 측면이 있다. 그러나 한반도에서의 패권 유지를 목적으로 하는 주한미군이 자신들의 기득권을 포기한 채 의무만 주어지는 평화유지군으로의 위상과 역할 전환을 받아들일 리 없다.

또한 평화유지군도 어디까지나 외세로서, 한반도 평화협정 이행과 평화체제 구축 과정에서 외세의 개입을 최소화하기 위해서는 평화협정 보증자로서의 평화유지군은 한반도 주변 강대국이 아닌 아시아 주변 국가[58]들이나 중립국 군대로 구성되는 것이 바람직하며, 그 주둔 기간도 최소화해야 한다. 즉 평화협정의 정착 과정을 넘어서서 통일 과정이나 통일 이후에도 장기 주둔하게 된다면 이는 자주 통일에 역행하게 된다. 또한 평화유지군은 유엔군이 아닌 제3국 군대여야 한다. 교전 당사자이자 정전협정 및 평화협정 체결 당사자로서의 유엔군이 평화협정 이행의 보증자로 되는 것은 형평성과 공정성에 문제가 있다.

한편 주한미군이 남한과의 동맹군으로서의 지위를 유지한 채 평화유지군으로서 역할을 - 그것도 미군 단독으로 - 하도록 해야 한다는 주장도 있다. 이런 주장을 하는 논자들 중에는 주한미군의 역할이 유엔군과 달리 북한에 대해 중립적이며, 주한미군 주둔 자체가 반드시 적대적이라고 할 수 없다[59]고 말한다.

그러나 주한미군이 동맹군이자 평화유지군으로서의 역할을 하도록 하자는 주장은 주한미군의 철수나 적어도 지위 변경에 대한 명문 규정을 담지 않고서 평화협정이 체결되기 어렵다는 데서 우선 현실성이 없다. 또한 이런 주장은 북한과 동맹 관계를 맺고 있는 중국군만 평화유지군으로 받아들이자는 것과 같은 주장으로, 남한과 미국의 이해만 반영한 일방주의적 주장이다. 평화협정 체결시에는 체결 당사자들이 이전에 맺었

---

58) 김명기, 『한반도 평화조약의 체결』, 1994, 128쪽.
59) 김일영·조성렬, 『주한미군 역사, 쟁점, 전망』, 2003년 4월, 260~261쪽.

던 동맹 관계를 청산해야 마땅하다. 평화협정 체결 당사자 및 동맹국 간의 적대성을 해소시키지 못한 채 평화협정을 체결하는 것은 협정 체결의 의미를 결정적으로 퇴색시킨다.

더욱이 주한미군이 북한에 대해 중립적이며, 미군의 남한 주둔이 북한에 대해 적대적이지 않다는 주장은 주한미군의 주둔 근거가 되는 한미상호방위조약의 체결 배경의 대북 적대적 성격과 대북 선제 핵 공격 위협 및 체제 전복을 목표로 하는 주한미군의 작전계획 5027, 북한 핵시설에 대한 핀 포인트 공격을 노리는 5026, 이른바 우발계획으로서의 5028, 북한 정권 붕괴 이후를 대비한다는 5029, 평시에 북한을 흔들기 위한 의도의 5030 등 수많은 작전계획,[60] 그리고 이러한 공격적 성격의 작전계획을 훈련하기 위한 한미연합 군사연습 등 주한미군이 설정하고 있는 대북 적대적 성격의 임무와 역할을 전면 왜곡하는 주장이다. 이러한 자의적이고 무리한 주장은 어떡하든 주한미군이 기득권을 유지한 채 장기 주둔할 수 있는 명분과 방안을 찾아보려는 매우 적극적인 숭미 사대적 자세에서 나올 수 있는 발상이다.

6. 글을 마치며: 주한미군 철수는 민족자주운동의 필연적인 발전 과정

이상에서 우리는 북한 및 중국 위협론과 동북아시아 세력균형자론 등 주한미군 주둔 명분이 모두 다 허구임을 밝혔다. 또한 한미 동맹을 통한 양국의 국가 이익 보장이라는 것도 실은 미국의 국가 이익의 보장일 뿐 한국의 국가 이익은 오히려 훼손되고 있다는 사실도 알아보았다.

그런데도 남한 당국은 한미 동맹이 폐기되고 주한미군이 철수하면 마

---

60) 이정훈, 「대북 군사전력 바꿨다」, ≪신동아≫ 2003년 9월호

치 국가안보가 결정적인 타격이라도 입을 것처럼 북한 위협론이라는 허구에 사로잡혀 한미 동맹과 주한미군에 일방적으로 매달리고 있다. 그 결과 저비용으로 아·태 지역의 군사패권을 유지·강화하려는 미국에게 철저히 이용당함으로써 미국의 국가 이익은 철저히 보장해주는 반면, 우리의 국가 이익과 자주성은 전면적으로 훼손당하고 있다. 용산기지와 미 2사단 이전 협상 과정에서 미국은 주한미군 감축 카드를 활용하여 최대한의 이익을 챙긴 반면 남한 당국은 국익을 저버리고 국민들의 눈을 속여 가며 그저 미국의 요구를 수용하는 데 급급했던 것도 허구적인 북한 위협론의 포로가 되어 한미 동맹과 주한미군에 관성적으로 매달리고 있기 때문이다.

이에 미국의 의도대로 주한미군 재배치와 아태 기동군으로의 역할 전환이 성공적으로 마무리될 경우 동북아시아에서의 군사적 대결의 첨예화로 국가 안보는 더욱 위태롭게 되고, 아태 전역에서 군사작전을 수행할 수 있는 대형·첨단 무기 도입 등으로 국가 예산이 낭비될 것이며, 한반도 평화 실현과 민족 통일에 암운을 드리우게 되는 것은 필연이다. 이를 빌미 삼아 주한미군이 한반도 영구 주둔을 꾀하리라는 것도 정해진 수순이다. 이렇듯 한미 동맹과 주한미군에 매달리는 한 국가적·민족적 장래는 이제까지보다 더 큰 역경 속에 놓이게 될 것은 불을 보듯 뻔한 이치이다.

그러나 우리 민족은 지금까지 미국이 강요해왔고, 앞으로도 덧씌우게 될 온갖 반국가적·반민족적 굴레를 극복할 수 있는 힘을 갖고 있다. 광주민중항쟁을 계기로 대중적으로 일기 시작한 반미운동은 1990년대 윤금이 씨 살해사건 등을 통해 한 단계 고양되었고, 2000년대 들어 매향리 폭격장 폐쇄투쟁, 한미 소파 전면 개정투쟁, MD 저지투쟁, 두 여중생 압사사건 등의 투쟁들을 거치면서 괄목할 만한 대중적 토대를 확보함으로써 점차 큰 사회적 힘을 형성해나가고 있다. 여기에 우리 민족의 생명을 담보로 대북 선제 공격을 노리는 미국의 호전성이 미국의 오만과 함께 반미운동의 국민적 에너지를 공급해주고 있다.

이제 한미 동맹의 전환과 주한미군 재배치 과정에서 파생될 제반 문제들을 척결하기 위한 투쟁 과정에서도 우리 국민은 반미투쟁의 거대한 에너지를 모아낼 수 있을 것이며, 이 힘을 바탕으로 한미 동맹의 폐기와 주한미군 철수라는 전략적 과제의 해결로 나아갈 것이다. 이는 현 시기 민족자주운동 발전의 대세이자 필연적인 발전 과정이다.

경의선, 동의선 철도·도로 연결 지역 비무장지대에 대한 남북의 관리 권 행사나 장성급 군사회담을 통한 서해 NLL상 우발 충돌 방지와 휴전선 일대 비방방송 중단과 선전물 철거 등의 군사적 신뢰 구축이라는 작지만 의미 있는 민족 공조의 과정들은 남북이 평화협정 체결, 한미 동맹 폐기 및 주한미군 철수를 넘어 한반도 평화군축과 강고한 평화체제 구축, 그리고 민족통일로 나아가게 단단한 디딤돌이 되어줄 것이다.

더욱이 최근 남한이 미국과 함께 평화협정 체결 당사자로 될 수 있다는 유엔 주재 북한 한성렬 차석 대사의 발언[61]은 지금까지 평화협정 체결의 걸림돌의 하나였던 당사자 문제를 뛰어넘을 수 있게 하는 전향적인 주장으로, 한반도 평화협정 체결로 나아갈 수 있는 또 하나의 물꼬를 튼 것이라고 볼 수 있다. 따라서 평화체제 구축을 국정과제의 하나로 내세우고 있는 노무현 정부가 이에 적극 호응해 나선다면 남북이 미국의 차기 정권을 2000년 10·12 북미 공동코뮤니케에 입각하여 한반도 평화협정 체결과 평화체제 구축의 길로 나서게 할 수 있을 것이다.

한반도 평화협정 체결과 평화군축을 실현하기 위한 우리의 노력은 한편으로 동북아시아 안보협력 구축 및 평화공동체 실현과 통일적으로 추구되어야 한다. 동북아시아 안보협력과 평화공동체 구축은 미국의 동북아시아 군사적 대결 구도와 대치되는 것으로, 동북아시아에서의 미국의 정치·군사적 패권 추구를 막고 한반도 평화와 남북통일에 우호적인 대외

---

61) 그는 "평화협정은 조선반도에서 무력을 두고 있는 당사자들이 다함께 서명하고, 담보하는 것을 뜻한다"고 밝혀 평화협정이 남북한과 미국 3자가 동시에 서명하는 협정을 의미하는 것임을 처음 밝혔다. 《중앙일보》 2004. 5. 21.

적 조건을 마련하는 과정이기도 하다. 또한 일본의 집단자위권 행사와 평화헌법 개정, 군사대국화 기도를 제어하는 과정으로 되어야 할 것이다.

한반도 평화협정 체결과 평화군축, 동북아시아 안보협력과 평화공동체 형성 과정은 남북이 외세의 간섭과 전쟁 위협을 극복하고 통일을 이루어 당당히 동북아시아 세력균형자로서의 역할을 해나가고 우리 민족의 공존공영을 담보해나갈 유일한 길이다.

8장

남북군사력 현황과 협력적 자주국방 비판

1. 글을 시작하며

북한의 군사력[1]이 남한에 비해 월등히 군사적으로 우위에 있다는 것이 우리 사회에 뿌리내리고 있는 일반적인 인식이다. 국방부에 의하면, 한국군은 북한 대비 75% 수준의 전력지수를 유지하고 있어 북한의 대남 군사위협을 방어할 능력이 미흡하다는 것이다.[2] 남북의 군사력에 대한 상대적 평가는 단순한 문제가 아님에도 불구하고, 우리 사회는 북한의 군사적 우위를 믿어 의심치 않는다. 남한의 경제력이 북한의 30배에

---

1) 넓은 의미에서 '군사력'(military power)은 무력에 의해 자신이 원하는 목적을 달성할 수 있는 총체적인 능력을 의미한다. Robert Osgood and Robert W. Tucker, *Force, Order, and Justice*(Baltimore: Johns Hopkins University Press, 1967), p.3; 또한 군사력은 크게 '현존군사력'과 '잠재군사력'으로 나눌 수 있는데, '현존군사력'은 군대조직이 실제로 가용할 수 있고 전장에서 사용할 수 있는 자원이라는 점에서 '군사능력'(military capability)으로 표현되기도 한다. '전쟁잠재력'(war potential)으로도 불리는 '잠재군사력'(potential military power)은 경제력을 비롯해 행정능력과 전쟁동기 등 군사능력을 개발할 수 있는 잠재력을 의미한다. Klaus Knorr, *The War Potential of Nations*(Princeton: Princeton University Press, 1956), p.19, pp.41~42, pp.46~48.

2) 국방부, 『국방백서 1998』, 1998, 113쪽.

달하고 인구가 2배 이상임에도 불구하고, 북한이 남한보다 군사력에서
우세하다는 비상식적인 생각이 지난 반세기 동안 우리 사회에서 고정관
념으로 자리 잡고 있다.

이와 같은 북한 군사력 우위론은 다음과 같은 군사안보논리를 만들어
냈다. 첫째, 북한의 군사력 위협을 과장하는 안보논리로 이용돼왔다. 둘
째, 남한이 대폭적인 군사비 증액을 통해 계속해서 군사력을 증강해야
하는 중요한 논리를 제공해왔다. 셋째, 주한미군의 필요성을 지탱해온
중요한 명분이었다. 남한의 군사력이 북한에 비해 열세이므로 주한미군
이 보충해주고 있다는 것이다

북한의 군사적 우위에 대한 의문은 80년대 말부터 국내 일부 민간 학
자들에 의해 제기되기 시작했다. 리영희 교수는 '종합적 전쟁 수행능력'
에서 남한이 북한을 압도한다고 주장하고 있다.[3] 함택영 교수도 남북한
군사비에 대한 비교 연구를 통해, 적어도 1980년대 초부터 남한의 군사
력이 북한에 앞서기 시작했다는 입장을 밝힌 바 있다.[4]

한국국방연구원(KIDA)은 최근 국가안전보장회의와 국방부의 지시에
따라 주한미군의 전력을 제외한 남북한만의 군사력을 비교 평가한 결과,
한국군 가운데 육군은 북한군의 80%, 해군은 90%로 뒤지며, 다만 공군
력만 103%로 약간 앞선다고 밝힌 바 있다.[5] 한국국방연구원의 발표는
남한의 공군력이 북한에 앞서 있음을 처음으로 인정했다는 점에서는 의
미가 있으나, 육군력과 해군력이 여전히 북한에 열세임을 주장하고 있어
신빙성이 없어 보인다.

한편 정부는 '협력적 자주국방'이라는 미명 아래 대폭적인 국방비 증
액과 맹목적인 군비증강을 추진하고 있다. 이를 위해 내년부터 2008년
까지 4년간 99조원에 달하는 천문학적인 국방비를 투입하겠다고 밝히고

---

3) 리영희, 「남북한 전쟁능력 비교연구」, ≪사회와사상≫ 1988년 9월, 140~166쪽.

4) 함택영, 『국가안보의 정치경제학』, 법문사, 1998.

5) ≪한국일보≫ 2004. 8. 30.

있다. 우리 군에게 당장 필요한 것은 방향 없는 군비증강이 아니라, 방만한 군 구조와 조직에 대한 과감한 개편을 추진하고, 군의 인적 쇄신을 단행하는 것이다. 지난 20여 년간 북한보다 3~6배 이상의 군사비를 쓰고도 북한보다 군사력이 열세이고 대북억지력을 확보하지 못했다면 누군가가 책임져야 한다.

2. 기존 북한 군사력 우위론의 허구성

1) 북한 군사력 우위론에 대한 문제 제기

남한의 군사력이 북한에 열세라는 주장은 한국 국방부와 국내 일부 어용학자들을 중심으로 일부에 한정되고 있다. 국내에서 북한의 군사적 우위에 대한 문제 제기는 80년대 말부터 일부 민간 학자들에 의해 제기되기 시작했다.

리영희 교수는 '현존군사력' 이외에 국가사회가 보유하고 있는 인적·물적 생산력, 경제체제와 구조, 과학과 기술, 정신문화적 범주의 자원과 능력이 총동원된 '종합적 전쟁 수행능력'이라는 개념을 통해 남한의 군사력이 북한을 압도하고 있다고 주장한다.[6]

한편 남북한 군사비에 대한 비교 연구를 통해 남북한 군사력을 비교한 함택영 교수는 다음과 같은 결론을 내리고 있다. "남한은 1953년 종전 이후부터 1960년대 중반까지 군사력의 우세를 보이다가 그 후 1970년대 말까지 10여 년간 우위를 상실했으나, 1980년대에 들어 다시 우위를 확보했다. 최근 한국군의 우세는 1970년대 초중반 인민군이 누렸던 것보다 상대적으로 높다. 그러나 1970년대조차 북한의 우위는 주한미군

---

6) 리영희, 「남북한 전쟁능력 비교연구」, 『남북한 군비경쟁과 군축』, 경남대 극동문제연구소, 1992, 117~144쪽.

의 존재와, 만일 필요하다면 약 5만 명의 주월 한국군 귀환에 의해서 상
쇄될 수 있었던 것이다. 1994년 북한의 군사력은 남한의 40~60% 정도
라는 것이 최소한 우리가 고찰한 바의 결론이다."[7]

특히 외국의 유수한 연구기관과 전문가들은 남한의 군사력 우위를 믿
어 의심치 않는다. 북한의 군사력이 우위에 있다는 주장은 거의 찾아보
기 힘들다. 1997년 말, 영국정부 산하의 「왕립합동군사연구소」(RUSI:
Royal United Services Institute for Defense and Security Studies)는 군사력의
대외행사 능력을 중심으로 각 국의 군사력을 평가한 결과, 남북한을 각
각 세계 6위와 7위로 평가함으로써, 남한이 북한보다 우위에 있다고 평
가한 바 있다.[8]

남한의 군사력이 우위에 있다는 입장은 미국 내 보수성향의 인사들도
한결같이 일치한다. 럼스펠드 미국 국방장관은 지난 2003년 3월 6일, 주
한미군의 재배치와 재편의 필요성을 강조하는 가운데, "한국의 GDP가
북한의 25~35배나 되고, 전방의 억지력을 스스로 제공할 수 있는 능력
이 있다"고 밝힌 바 있다.[9]

미국 의회조사국(CRS)의 한반도전문가인 보수 성향의 래리 닉시(Larry
Liksch)는 2000년 1월 '자유아시아방송(RFA)'과의 대담에서, "지난 5년간
북한의 재래식 전력이 상당히 약화됐으며, 북한이 남침할 수 있는 공격
능력을 상실했다"고 주장했다. 또 그는 "북한이 비무장지대 북측지역에
중화기와 로켓포 등을 집중 배치해놓고 있는 것은 사실이지만, 이런 중
화기들은 유사시 적에게 상당한 피해를 줄 수는 있지만 기동력은 떨어진
다"고 지적했다. 닉시는 "중화기와 기동력을 갖춘 보병, 탱크나 장갑차
등 모든 부문에서 북한은 현저한 전력약화를 겪어왔다"고 밝혔다.[10]

그런가 하면 세계적으로 저명한 워게임 전문가인 제임스 더니건(James

---

7) 함택영, 앞의 책, 243~244쪽.

8) 《한겨레신문》 1997. 12. 29.

9) 《연합뉴스》 2003. 3. 7.

10) 《연합뉴스》 2000. 1. 25.

F. Dunnigan)이 계산한 1995년 기준 각국의 전투력 비교에 의하면, 남한은 해군력 35점을 포함해서 총 1,020점을 얻은 반면, 북한은 해군력 14점을 포함해서 총 389점으로 기록되었다.[11] 즉, 북한의 전투력은 남한의 약 38% 정도에 불과하다고 평가했다. 또한 더니건은 MBC와의 인터뷰에서, "이미 20년 전부터 한국군은 DMZ를 스스로 방어할 충분한 능력을 보유하고 있다"고 밝혔다.[12]

2) 북한 군사력 우위론의 논리와 그 허구성

2배가 넘는 인구와 30배에 달하는 경제력을 지니고 있는 남한이 '잠재군사력'이나 '전쟁 수행능력'에서 압도적 우위에 있다는 것은 누구도 부인할 수 없는 사실이다. 남한이 북한에 비해 '잠재군사력'에서 우세하다는 것은 국방부도 인정하는 바이다. 국방부는 "전쟁수행 잠재력에서는 남한이 월등히 우세하지만, 동원군사력 면에서는 남북한이 대체로 대등하고, 상비군사력 면에서는 북한이 압도적으로 우세한 것으로 판단된다"[13]고 주장한다.

단지 현존군사력에서 열세라는 것이다. 현존군사력에서 열세이기 때문에, 북한의 기습공격과 속전속결전략에 의해 서울을 점령하는 등에 대한 억지력에 취약하다는 것이다. 대북 현존군사력 열세에 대한 근거로 제시하고 있는 것은 다음의 세 가지이다. 첫째는 북한이 보유하고 있는 병력 및 무기의 수가 남한에 비해 절대적으로 우위에 있다는 것이다. 둘째는 현재 한국의 국방비가 북한의 국방비에 비해 월등한 많은 것은 사실이나, 북한이 군비 증강을 남한보다 일찍 시작했기 때문에 투자비 누계액에서는 북한이 앞선다는 것이다. 셋째는 전력증강 투자비의 실질 구

---

11) James F. Dunnigan, *How to Make War*, 3rd ed.,(New York: William Morrow, 1993), p.591.
12) "USFK, 주한미군", <이제는 말할 수 있다> 제69회, MBC 2003. 4. 20. 방영.
13) 국방부, 『국방백서』, 1989년, 185쪽.

매력 면에서 북한이 현저히 유리하다는 것이다. 실질구매력을 한국군과 비교할 때 동일 규모의 군사비로 3배 이상의 전력증강 효과를 달성할 수 있다는 것이다.[14]

(1) 단순개수비교 우위론

국방부가 남북한의 군사력을 비교하는데 가장 일반적으로 사용해온 방식은 남북한의 병력과 주요 무기의 보유수를 이른바 '낱알세기(bean count)' 하는 '단순개수비교'이다. <표-1>은 국방부가 국방백서에서 제시하고 있는 남북한 군사력 비교표이다. 국방부가 발행한 『국방백서』 2000년호는 병력수에서 북한이 117만 명으로서 남한의 69만 명을 압도하고 있는 것으로 분석하고 있으며, 해군 수상전투함의 경우는 남북한이 각각 160척:430척, 공군 전술기는 580대:870대를 보유한 것으로 단순비교 평가하고 있다.[15]

이러한 '단순개수비교'나 '등가치비교'는 그 성질과 질을 달리하는 남북한의 인적·물적 역량의 차이를 무시하고 있다. '단순개수비교법'은 다음과 같은 점에서 군사력에 대한 불충분하고 왜곡된 상을 제공할 뿐이다. 첫째, 병력과 무기의 질적 측면을 전혀 고려하지 않은 채 군사력 평가의 기본적인 상식조차 무시하고 있다. 둘째, 개수비교가 모든 양적 요소를 충분히 포괄하는 것도 아니다. 셋째, 개수비교는 매우 중요한 조직적 역량을 고려치 않는다. 넷째, 개수비교는 다양한 범주의 단위부대와 무기체제가 실제 전투에서 전투력을 발휘하게 되는 과정을 고려치 않고 있다.[16]

우선 북한의 병력을 117만 명으로 잡고 있으나 이는 매우 과장된 측면이 있다. 사회주의 특유의 '인민전쟁론'의 전쟁관을 갖고 있는 북한의 경우, 인민군은 모두 남한처럼 밥 먹고 군사훈련만 하는 정예군인을 의

---

14) 국방부, 『국방백서 2000』, 38쪽.

15) 위의 책, 202쪽.

16) 함택영, 앞의 책, 45쪽.

<표-1> 국방부의 남북한 군사력 비교표

구 분			한 국		북 한	
병 력	지 상 군		56만 명	69만 명	100만 명	117만 명
	해 군		6.7만 명		6만 명	
	공 군		6.3만 명		11만 명	
주 요 전 력	지상군	부대	군 단	11개		20개
			사 단	49개		67개
			여 단	19개		78개 (포병 30여 개 여단 제외)
		장비	전 차	2,360여 대		3,800여 대
			장갑차	2,400여 대		2,300여 대
			야 포	5,180여 문		12,500여 대
			헬 기	600여 대		-
주요 전력	해군		수상전투함	160여 척		430여 척
			지 원 함	20여 척		470여 척
			잠 수 함(정)	10여 척		90여 척
			항 공 기	70여 대		-
			전 투 기	540여 대		870여 대
			특 수 기	40여 대		
			지 원 기	230여 대		840여 대
예비전력(병력)				304만여 명		748만여 명

출처: 국방부, 『국방백서 2000』(서울: 국방부, 2000), 202쪽.

미하지 않는다. 상당 규모의 인민군들은 도로건설과 같은 대규모 건설공
사나 농사일 등에 동원되는 '반군반민'의 성격을 지니고 있으며, 대부분
의 인민군부대는 상당량의 식량을 자급자족하거나 부대경비를 자체 조
달하고 있는 것은 잘 알려진 바이다. 임종인 의원은 북한은 전사를 제외
하고 많은 수의 군인이 종신 동안 군대생활을 하는 제도를 택하고 있어
노령화된 군인들이 다수 포함되므로, 국방부가 사용하고 있는 방식은 전

면 재검토되어야 한다고 지적하고 있다. 북한과 같은 방법으로 환산한다면, 한국의 경우도 현재 제대한 장교나 부사관을 전부 병력수에 추가해야 한다는 것이다. 또 북한의 경우 한국의 국정원에 해당하는 국가안전보위부 인원도 병력수에 포함되어 있다고 지적한다.[17] 또한 전투서열 비교에서 보통 한국군과 인민군 보병사단은 동일한 전투력을 지닌 것으로 간주하고 있다.

육군의 주력무기인 전차의 경우, 전반적으로 노후한 구형장비로 전체 전차의 절반 이상이 수명연한인 25년을 초과한 장비이며, 특히 T-34는 기동력을 상실하여 후방지역의 지역화기로 운용되고 있는 것으로 평가된다.[18] 북한의 전차는 제2차 세계대전형인 T-34를 비롯해, 1950년대형인 T-54/55/59가 주종을 이루고 있으며, 북한이 보유한 최신예 전차는 T-62[19]에 불과하다. 이라크는 북한보다 1세대 이상 앞선 T-72전차를 보유하고 있었으나, 1990년 걸프전과 2003년 이라크전에서 미국의 M-1A1전차를 한 대도 파괴하지 못했다. 게다가 한국군은 대전차용인 공격용 헬기를 다수 보유하고 있다.

해군력의 경우, 남북한의 격차는 더욱 확연하게 드러난다. 북한에는 사실상 현대적 의미의 해군전력이 존재하지 않는다고 해도 과언이 아니다. 북한이 보유한 1,000톤급 이상의 수상전투함으로는 소호급 1척과 나진급 2척의 호위함(frigate)이 고작이다. 이들 함정들도 공대함 능력을 보유하고 있지 못하므로 연안 이외에서의 작전이 불가능하다. 나머지는 대부분 200~400톤 사이의 미사일정과 경비정, 그리고 100톤 미만의 쾌

---

17) 임종인, 『국방부/합동참모본부 2004 국정감사 보도자료』, 2004년 10월 4일.

18) 한국국방연구원, 『2003~2004 동북아 군사력』, 2004, 498쪽.

19) 자동변속기와 파워스티어링을 갖춘 미국의 M-60A1(한국의 K-1에 해당)에 비해 T-62는 수동식 변속기와 원시적인 비탄력무한궤도(dead tracks)만을 장착하고 있으며, 엔진의 수명도 500~1,200 운전시간으로 미국 전차 엔진 수명의 1/4에 불과하다. 또 T-62 전차의 115mm U-5Ts포 수명이 120발인 데 비해, K-1 및 M-48A5 전차포와 동일계열인 NATO의 105mm포는 수명이 400발이다. David Isby, *Weapons and Tactics of the Soviet Army*(London: Jane's, 1988), p.107, p.117.

속정들로서, 전쟁시 항구를 벗어나지 못할 것이다. 파고가 2m 이상인 경우 200톤 미만의 북한 함정들은 작전수행 자체가 불가능한 것으로 알려지고 있다. 또한 파고 2~3m의 해상상태에서는 200톤 이상의 함정도 함요동 및 사격통제장비의 성능 미흡으로 인하여 전투능력이 현저히 감소된다는 것이다.[20] 더구나 북한의 경우 동서해로 분리되어 있어 북한 해군력은 큰 지리적 취약점을 지니고 있다.

이에 비해 한국군은 1,000톤 이상의 주력수상전투함만 40여 척을 보유하고 있다. 한국은 KDX- I 사업에 의해 3.500톤급의 광개토대왕급 구축함 3척과 KDX-Ⅱ사업에 의해 4,500톤급의 이순신함과 문무대왕함을 이미 취역시켰으며, 이들 구축함의 추가 취역은 물론 KDX-Ⅲ사업에 의해 7,000톤급 이지스함 사업을 추진하고 있다.

특히 잠수함(정)의 경우, 북한의 전력을 극도로 과장하고 있다. 국방부는 남북한의 잠수함(정) 보유수를 각각 10척과 90척으로 산출하고 있다. 그러나 북한의 잠수함 가운데 그나마 전력화할 수 있는 것은 1960년대에 도입한 Whiskey급 4척과 1970년대 도입한 Romeo급 22척 정도이다. 이들 잠수함도 대부분 취역한 지 25년 이상 되어 재원심도까지 잠수가 불가능할 정도로 노후화되어 있으며, '경운기'로 불릴 정도로 소음이 심하고, 어뢰의 직선발사만 가능한 구형이다. 이밖에도 277톤의 상어급 22척과 25톤의 유고급 40척의 잠수정을 보유하고 있는 것으로 알려지고 있으나, 해안에서의 특수침투작전 이외에는 사용이 불가능한 것으로 평가되고 있다. '국제전략문제연구소'(IISS: International Institute for Strategic Studies)의 *Military Balance 2003 ~2004*는, 북한잠수함 전력을 26척만 인정하고 소형 잠수정의 경우 전투서열 목록에서 아예 제외시키고 있다. 반면 한국의 경우 1,200톤의 장보고급 9척 이외도 한국이 자체 제작한 잠수정인 돌고래급 11척을 목록에 포함시키고 있다.[21] 한국국방연구원

---

20) 한국국방연구원, 앞의 책, 497쪽.

21) International Institute for Strategic Studies, *The Military Balance 2003/2004*, London: Oxford University Press, 2003, pp.160~161.

도 "북한의 잠수함(정)은 대부분 구형 저속으로 고속 회피하는 표적 공격 시 접근이 곤란하며, 축전지 충전을 위해 1일 최소 3시간 이상 부상/반잠항 항해가 요구된다"고 시인하고 있다.[22]

공군력의 경우는 비교 자체가 무의미하다. 북한 전투기의 절반 가까이는 한국전쟁과 1950년대에 도입된 미그-17(J-5)과 미그-19(J-6)기가 차지하고 있다.[23] 또한 남한 공군조종사들의 기술적 우월성과 비행훈련시간에 있어서 압도적 우위는 우리 군당국도 인정하고 있는 바이다. 게다가 북한의 경우 유류난 등으로 인해 최근에는 비행훈련을 거의 하지 못하고 있는 것으로 알려지고 있다. 이처럼 북한의 무기체계는 4대군사노선이 시작된 60년대에 형성된 구형으로서, 무기 현대화에 오히려 짐이 되고 있다.

(2) 군사비 투자액 누계액 우위론

북한 군사력 우위론의 또 하나의 논리는 북한이 군비 증강을 남한보다 일찍 시작했기 때문에 투자비 누계액에서는 북한이 앞선다는 것이다. 국방부는 "1996년 현재 북한의 누계액은 618.1억 달러인데 비해서, 한국의 누계액은 567.9억 달러에 불과하다"[24]고 주장한 바 있다. 또 1997년 11일 국회 국방위 답변에서 당시 김동진 국방장관은, "북한이 우리보다 군사력 건설에 일찍 착수했고, 투자비 누계액도 북은 총 585억 달러로 남한의 548억 달러보다 많다"고 밝힌 바 있다.[25] 그러나 이러한 주장을 사실로 인정한다고 하더라도, 90년대 이후 남북한의 년간 군사비 차가 50억 달러 이상인 점을 고려하면, 1998년에 누계액에서도 남한이 앞섰다는 결론이 가능하다.

군사비의 투자비 누계액에서는 여전히 북한이 앞선다는 이러한 주장

---

22) 한국국방연구원, 앞의 책, 500쪽.

23) International Institute for Strategic Studies, *op. cit.*, pp.160~161.

24) 국방부, 『IMF시대의 국가안보와 국방비』, 1998, 36쪽.

25) ≪조선일보≫ 1997. 11. 12.

과 관련해서는, 한국의 경우 투자비 누계 계산에 감가상각이 고려되지 않았을 뿐만 아니라 미국의 군사원조도 계상하지 않았다는 반론이 제기된다. 함택영 교수는 미국의 군사원조와 감가상각 등을 포함한 보다 객관적인 추정에 의거하면, 국방비 누계에서도 1977∼1981년부터 남한이 북한을 앞서기 시작했다고 주장한다.[26]

군사비 지출면에서 비교할 때, 국방부가 인정하듯이 1976년부터 남한의 군사비가 북한을 능가하기 시작한다.[27] 그 이후 남북한의 군사비 지출 격차는 더욱 벌어졌다. 영국의 '국제전략문제연구소'(IISS)의 통계에 의하면, 1990년 이후 북한의 군사비는 남한의 절반에도 미치지 못하고 있다. 통계수치에서 가장 보수적인 입장을 취하고 있는 IISS와 한국 국방부의 통계[28]에 의하더라도, 북한의 군사비는 1985년도 수준에서 계속 정체 현상을 보이고 있다. 군사비 지출에서 한계에 부딪힌 북한은 1980년대 이후 고육지책으로 전력의 질적 개선보다는 병력 수를 늘리는 데 만족해온 반면, 한국은 첨단 장비의 도입 등을 통해 군사력의 질적 향상을 꾀해왔다.

영국의 '국제전략문제연구소'(IISS)는 <표-2>에서 보는 바와 같이, 1990년대 남북한의 군사비 격차를 3∼6배 정도로 평가하고 있다. 반면 '스톡홀름 국제평화문제연구소'(Stockholm International Peace Research Institute)

---

26) 함택영, 앞의 책, 228∼231쪽.

27) 국방부, 『국방백서 1991∼1992』, 136쪽.

28) 국방부에서 말하는 '국방비'는 국방부 소관의 일반회계예산에 불과하다. 실질적 의미의 국방비에는 경찰청 소관의 전투경찰비와 해양경찰청 소관의 해양경찰비, 그리고 병무청 소관의 병무행정비가 추가된다. 이밖에도 국방부 소관의 특별회계가 있으며, 연구개발비도 상당부분 누락되어 있는 것으로 보인다. 이처럼 이런 모든 것들을 포함하여 이른바 'NATO방식'으로 계산할 경우, 한국의 국방비는 실제로 더 큰 규모인 것으로 추산된다. NATO방식에 따른 군사비 산출에는 전시에 무장하여 군의 지휘하에 작전이 가능한 모든 무장력 - 심지어 세관원까지 포함 - 에 소요되는 지출을 포함한다. NATO방식의 군사비 산출에는 ① 운영비(operating costs), ② 조달 및 건설비(procurement and construction), ③ 연구개발비(research and development: R&D), ④ 기타 지출(other expenditure) 등 크게 4가지 범주가 포함된다.

<표-2> IISS의 남북한 군사비 비교

화폐단위: 미국 달러, 1999/2000년은 1999년 고정가,
2001/20002년은 2000년 고정가

	1999년	2000년	2001년	2002년
북한	21억	20억 4900만	43억 7400만	47억 2800만
한국	120억 8800만	124억 9600만	110억 7700만	126억 1500만

출처: International Institute for Strategic Studies, *The Military Balance 2002/ 2003*(London: Oxford University Press, 2002), p.301과 *The Military Balance 2003/2004*(London: Oxford University Press, 2003), p.337.

<표-3> SIPRI의 북한 군사비 비교

화폐단위: 미국 달러, 2000년 고정가 기준

	1998년	1999년	2000년	2001년	2002년
북한	13억 4300만	13억 4300만	13억 7900만	14억 3400만	14억 6700만
한국	123억 9800만	120억 6100만	128억 100만	130억 7900만	135억 3300만

출처: SIPRI, *SIPRI Yearbook 2003*(New York, Oxford University Press, 2003), p.348.

의 통계에 의하면, 북한이 경제난을 겪은 1990년대 말 이래 남북한의 군사비 격차는 9배에 달한다.

(3) 실질 구매력 우위론

전력증강 투자비의 실질 구매력 면에서 북한이 현저히 앞서 있다는 주장 역시 북한의 군사적 우위론을 설명하는 명확한 근거가 되지 못한다. 국방부는 한국의 경우 K-1전차 1대 구매가격이 23억 원인데 비하여

북한의 T-62전차 구매가격은 7억 원이며, 또 한국의 F-16전투기 가격은 4,300만 달러인 반면 북한의 MIG-29 가격은 2,200만 달러로 구매력 면에서 2배의 차이가 난다는 것이다.[29]

그러나 국방부의 주장대로 북한의 실질 구매력이 남한보다 3배 이상 높다는 것을 인정한다 하더라도 이는 설득력이 없다. 이것이 실제로 북한의 전력 증강으로 이어져왔다는 증거가 없기 때문이다. 군사비가 1985년도 수준에서 계속 정체해온 북한으로서는 새로운 무기의 획득과 같은 전력증강이 한계에 달하고 기존의 군사력을 유지하는 데 급급한 모습을 보여왔다. 북한의 단지 장사정포를 늘여 대남 억지력을 확보하려는 데 급급했을 뿐, 전력증강을 거의 하지 못하고 있는 실정이다.

이 점은 한국국방연구원도 인정하고 있다. "1990년부터 1988년까지의 북한 지상군의 전력증강 내역을 살펴보면…… 북한 지상군의 장비는 야포/방사포를 제외하고는 다소 감소하는 추세를 볼 수 있다."[30] "북한 해군 역시 지상군 전력증강 추세와 유사하게 재원 부족의 영향을 여실히 드러내고 있는데…… 두드러진 무기체제 증강은 볼 수 없고, 잠수함 전력이 다소 증가된 것을 볼 수 있다."[31] "북한 공군 역시 재원 부족으로 인해 전력증강의 차질 양상을 보여주고 있는데, 1991년 이후 별다른 전력증강이 없이 노후무기 도태로 인한 것으로 보이는 무기체계 수량의 전반적인 감소가 있었다."[32]

한편 <표-4>에서 보는 바와 같이, 1998년에서 2002년 사이 남북한의 외부로부터의 무기수입액을 비교하면 그 격차는 무려 16배에 달한다. 한국은 세계 7위의 무기수입국인 반면, 북한의 무기수입액은 미얀마의 1/3에도 미치는 못하는 수준으로 세계 64위에 불과하다.

북한에 대한 남한 군사력의 우위는 한국 국방부 자신이 사실상 시인

---

29) 국방부, 『국방백서 1998』, 158쪽.
30) 한국국방연구원, 앞의 책, 468쪽.
31) 위의 책, 470쪽.
32) 위의 책, 471쪽.

<표-4> 남북한 무기수입 비교

화폐단위: 미국 달러, 1990년 고정가 기준

	1998년	1999년	2000년	2001년	2002년	1998-2002	세계 순위
북 한	300만	1억 7,300만	1,200만	2,200만	300만	2억 1,300만	64위
한 국	9억 6400만	11억 1,700만	7억 3,500만	4억	2억 2,900만	34억 4,500만	7위

출처: SIPRI, *SIPRI Yearbook 2003*((New York, Oxford University Press, 2003), pp.466~467.

하고 있다. 국방부는 비공식 자료에서, 2001년 현재 남한의 군사력은 북한 180km까지 종심전투를 수행하는 것이 가능하며, '국방중기계획'이 끝나는 2006년경에는 한국군은 북한 300km까지 종심전투를 수행할 수 있는 군사력을 보유하게 될 것이라고 밝히고 있다. 이것은 이미 한국군의 군사력이 단순히 휴전선에서 북한군을 방어하는 수준을 넘어서서 북한 후방지역에 대한 공격능력을 지니고 있음을 의미한다. 또한 국방부는 북한에 대한 군사력의 수적 열세를 강조해왔음에도 불구하고, 수적 열세를 만회하기 위한 무기 구매보다는 전력의 질적 향상에 중점을 둔 전력 증강계획을 추진해왔다.

3. 한국국방연구원의 남북한 군사력 비교평가의 문제점

1) 전력지수를 통한 남북한 군사력 평가

한국국방연구원(KIDA)은 최근 국가안전보장회의와 국방부의 지시에 따라 주한미군의 전력을 제외한 남북한만의 군사력을 비교 평가한 결과, 한국군 가운데 육군은 북한군의 80%, 해군은 90%로 뒤지며, 다만 공군력만 103%로 약간 앞선다고 밝힌 바 있다. 이 평가에는 견고한 벙커, 준비된 진지, 급조된 진지, 지형도 등의 요소를 고려해 양측의 보유 무기를 점수로 환산, 합산하는 미국 랜드(Rand)연구소의 군사력 평가방법을 적용했다고 밝히고 있다.[33] 이 방법은 이른바 '전력지수'를 계량화한 비교방법을 사용한 것이나, 랜드연구소의 군사력 평가방법이 국제적으로 공인된 것도 아니고, 또 전력지수를 어떻게 산정하고 각 무기별로 어떤 전력지수를 적용했는지를 밝히고 있지 않아 평가 자체가 불가능하다.

그런데 한국국방연구원은 2004년 5월 25일에 발간된 『2003~2004 동북아 군사력』에서 '전력지수'를 사용해 남북한의 군사력을 비교한 바 있다. 한국국방연구원의 연구결과에 의하면, 북한 대비 한국의 전력비율은 전차전력이 77%, 포병전력 52%, 장갑차전력 101%, 수상전력 107%, 수중전력 40%, 전투기전력 106.5%라는 것이다.[34] 랜드연구소의 평가방법을 적용한 결과와 『2003~2004 동북아 군사력』의 결과는 그 평가 수치에서 사실상 거의 일치할 뿐만 아니라, 비슷한 시기에 평가결과가 발표되었다는 점에서, 사실상 거의 동일한 평가방법을 사용했을 것으로 추측된다. 따라서 결과를 보다 구체적으로 공개한 『2003~2004 동북아 군사력』을 중심으로 국방연구원의 전력지수 평가가 지니는 문제점에 대해 살펴보고자 한다.

2) 전력지수 적용의 문제점

한국국방연구원의 『2003~2004 동북아 군사력』은 남북한 전력을 비교하기 위하여, 미국 육군전력분석기구가 개발한 '기갑사단등가치(ADE:

---

33) 《한국일보》 2004년 8월 30일.
34) 한국국방연구원, 앞의 책, 509쪽.

Armored Division Equivalent)' 점수에 의한 비교기법에 사용되는 기초자료 가운데 '무기효과지수/무기의 부대가중치(WEI/WUV-Ⅲ)' 점수체제를 이용해 평가하였다고 밝히고 있다.[35] 즉, 한국국방연구원의 남북한 전력평가는 IISS의 *Military Balance 2002~2003*의 남북한 무기 보유수를 기준으로 하여, WEI/WUV-Ⅲ의 지수를 적용한 것이다.

특히 한국국방연구원의 연구는 스스로 인정하고 있듯이, 1997년에 발간된 『전략연구』 제11호에 게재된 이영호의 논문[36]에서 사용하고 있는 남북한 보유무기에 대한 전력지수를 사실상 그대로 사용하고 있는 점이 눈에 띈다. 예를 들면, 한국의 장보고급 잠수함의 전력지수를 1.2~1.4로, 북한의 로미오급/위스키급 잠수함의 전력지수를 1.1~1.2로 똑같이 평가하고 있는 것을 비롯해, 북한 함정의 전력지수도 이용호가 적용한 전력지수를 그대로 사용[37]하고 있다. 또한 공군 전투기의 전력지수의 경우에도, 한국의 F-5는 30~32, F-4는 65~70, F-16은 90~95를, 북한의 MIG-17은 20~25, MIG-19는 28~33, MIG-21은 40~42, MIG-23은 75~85, MIG-29는 85~90, SU-7/IL-28은 30~35로 동일하게 적용하고 있다.[38]

한국국방연구원의 WEI/WUV-Ⅲ를 이용한 전력 평가에는 전력지수의 평가 및 적용과 관련해 몇 가지 본질적인 문제점이 있다. 첫째, 이러한 전력지수를 통한 평가가 '단순개수비교'에 비해 진일보한 것이기는 하나, 여전히 '단순화력(sheer firepower)'에 대한 평가에 머물고 있다는 점이다. ADE 화력점수는 가용포탄, 병참보급, 훈련, 통신, 사기와 같은 요소들을 고려하지 않고 있다는 지적을 받아왔다.[39] 더구나 전력지수를 이용한 방

---

35) 위의 책, 504쪽.

36) 이영호, 「북한 군사력의 해부: 위협의 정도와 수준 - 남북 군사력 균형 평가를 중심으로」, ≪전략연구≫ 제Ⅳ권 제3호(통권 제11호), 1977년 11월, 한국전략문제연구소.

37) 이영호, 위의 논문, 147쪽과 한국국방연구원, 앞의 책, 507쪽 비교.

38) 이영호, 위의 논문, 149쪽과 한국국방연구원, 앞의 책, 508쪽 비교.

39) Barry R. Posen, "Measuring the European Conventional Balance," *International Security*, Vol.9, No.3(1984/85), p.58.

법 역시 노후되거나 도태 일보작전의 무기라도 많은 수를 보유하고 있을
수록 결과적으로 높은 전력점수를 평가받을 수 있다는 점에서, 개수비교
의 변종이라는 비판을 받아왔다.

둘째, 전력지수를 이용한 방법의 경우 얼마든지 자신에게 유리하도록
자의적으로 수치를 조작할 가능성이 있으며, WEI/WUV-Ⅲ의 경우도
소련제 무기들을 과대 평가해온 것은 잘 알려진 바이다. 한국국방연구원
등이 전력지수 방법으로 이용하는 WEI 지수가 북한인민군의 능력을 지
나치게 과대평가하고 있다는 지적[40]이 이미 있어왔다. 이영호 자신도 한
국의 K-1전차의 WEI 지수는 1.31로 평가하고 있는 반면, 기동력을 상
실하여 후방지역에서 야포 정도로 사용하고 있는 북한의 T-34에 0.97을
부여하고 있는 것은, 북한의 전력지수를 지나치게 높게 평가한 것임을
자인하고 있다.[41]

셋째, 가장 큰 문제점이라고 할 수 있는 것은 전력지수 평가의 기준으
로 삼고 있는 WEI/WUV-Ⅲ가 1979년에 유럽지역 무기들의 지수를 원
용하여 추산한 결과의 지수라는 점이다. 따라서 이영호는 1979년에 만
들어진 WEI/WUV-Ⅲ가 1980년대에 이루어진 무기의 성능개량을 반영
하지 못하고 있음을 지적하고 있다.[42] 하물며 1979년에 만들어진 무기
효과지수를 30여 년이 지난 2000년대에 적용한다는 것은 어불성설이다.
특히 이 WEI/WUV-Ⅲ는 8,90년대 이후 급속히 개량된 한국군 보유 무
기의 전력지수를 제대로 반영하지 못하고 있음은 물론이다.

3) 남북한 전력 비교 평가의 문제점

앞에서 지적한 것처럼 본질적으로 많은 문제점을 지니고 있는 ADE의

---

40) 함택영, 앞의 책, 55쪽.
41) 이영호, 앞의 논문, 144쪽.
42) 위의 논문, 143쪽.

<표-5> <표 74>의 2002년 말 대북 대비 전력비율

구　분	전차전력	포병전력	장갑차전력	수상전력	수중전력	전투기전력
대북 비율	77%	52%	101%	107%	40%	106.5%

출처: 한국국방연구원, 『2003~2004 동북아 군사력』, 2004, 509쪽.

WEI/WUV-Ⅲ 전력지수를 사용한 남북한 전력 평가는 많은 문제점을 안고 있을 수밖에 없다. 더구나 WEI/WUV-Ⅲ 전력지수를 사용한 남북한의 전력 평가 방법 역시 이해할 수 없는 문제점들이 많다.

첫째, 한국국방연구원의 『2003~2004 동북아 군사력』의 <표 74>(위의 표-5)에 있는 "대북 대비 전력비율"[43]은 결과만 나와 있을 뿐이지, 이와 같은 결과에 어떻게 도달했는지, 이러한 수치가 어떻게 나왔는지를 명확하게 밝히지 않고 있다. 말하자면, 수학문제를 이런 공식을 사용해 풀겠다고 하고는 문제풀이 과정은 없이 답만 써놓은 꼴이다.

"전력비 산출 예"를 도식화한 <표 70>부터 <표 73>까지의 도표를 보아서는 어떻게 <표 74>의 "대북 대비 전력 비율"이 나왔는지 알 수가 없을 뿐만 아니라, 수치도 일치하지 않는다. <표 70>~<표 73>은 1993년과 1997년의 경우를 분석하고 있는데, <표 74>에서는 느닷없이 2002년 통계 결과가 등장한다. 또한 해군력의 경우, 남북한 잠수함 전력과 북한 수상함정에 대한 통계만 있고 한국의 수상함정에 대한 통계는 없다.

둘째, 북한의 전력에 대해 의도적으로 과장하고 있어, 전체적인 남북한 전력의 비교 평가 결과가 신뢰성이 없다는 점이다. 해군전력의 비교를 예를 들면, 남북한 전력 비교가 객관성이 없음이 확연히 드러난다. 한국국방연구원의 연구가 이영호의 논문에 기초하고 있음은 앞에서 밝힌 바이다. 그런데 한국의 해군 전력이 북한의 90%라는 한국국방연구원의

---

43) 한국국방연구원, 앞의 책, 509쪽.

평가는 1994년을 기준으로 이영호가 평가한 91%보다도 후퇴한 수치이다. KDX 사업을 통해 10년간 천문학적인 투자를 했음에도 한국의 해군전력은 오히려 후퇴한 것이다.

이영호의 연구에도 많은 문제점이 발견된다. 예를 들면, 북한의 로미오급/위스키급 잠수함의 전력지수를 1.1~1.2로, 한국의 장보고급 잠수함의 전력지수 1.2~1.4와 거의 동일하게 평가하고 있어, 북한 함수함에 과도한 전력지수를 부여하고 있다.

그런데 이러한 이영호의 연구 결과를 그대로 인정한다 하더라도, 북한에 대한 한국의 해군전력 비율이 10년 전보다 후퇴했다는 한국국방연구원의 평가 결과는 터무니없는 것이다. <표-6>의 이영호의 해군전력 평가에다가 KDX-Ⅰ와 KDX-Ⅱ 사업에 따라 도입한 신형구축함과 이영호 평가에서 누락된 장보고급 잠수함 4척에 대한 함정지수만 포함시키더라도 한국 해군의 전력지수는 북한을 훨씬 능가하게 된다.

<표-6> 이영호의 남북한 해군전력 비교 평가

※ 함정수는 Military Balance 1994~1995에 근거로 산출

	한 국			북 한			비 고
	함 종	척 수	함정지수	함 종	척 수	함정지수	
병 력			7.1만명			4.6만	
구축함/구잠함	충북/대구	9/4	12~14	해난	18	5~6	
경비함/정	울산/기타	29/120	16~17	서호/기타	3/387	3~4	
유도탄정	대구/기타	11	4~5	오사/서홍	45	17~19	
고속정/어뢰정		116	17~18		504	15~16	
잠수함	장보고	5	6~7	로미오/위스키	26	29~31	
항공기	전술기/헬기	15/47	9~10				
계			63~71			69~76	1:1.1(91%)

출처: 이영호, 「북한 군사력의 해부: 위협의 정도와 수준 - 남북 군사력 균형 평가를 중심으로」, ≪전략연구≫ 제Ⅳ권 제3호(통권 제11호), 1977년 11월, 한국전략문제연구소, 147쪽.

4. '협력적 자주국방'의 특징과 문제점

1) '협력적 자주국방'의 특징

국가안전보장회의(NSC)가 참여정부 안보정책의 기본 구상을 담은 『평화번영과 국가안보』[44]라는 책자를 발간했다. 정부 수립 이후 처음으로 종합적인 안보정책 구상을 문서화하여 발표한 것은 매우 의미 있는 일이다. 이것은 '참여정부'의 안보정책, 더 나아가 통일·외교·안보정책의 구상을 반영하고 있다는 점에서 노무현정부의 정책방향을 가늠해보는 데 중요한 잣대가 되고 있다.

90쪽 분량으로 되어 있는 『평화번영과 국가안보』는 '국가이익'이 국가안전보장, 자유민주주의와 인권신장, 경제발전과 복리증진, 한반도의 평화적 통일이라는 인식 아래, '국가안보목표'를 한반도의 평화와 안정, 남북한과 동북아의 공동번영, 국민생활의 안전확보라고 규정하고 있다. 이어 '국가안보전략기조'로 평화번영정책 추진, 균형적인 실용외교 추구, 협력적 자주국방 추진, 포괄안보 지향 등 네 가지를 제시하고 있다.

이러한 전략기조에 바탕하여 노무현 정부 임기 중 중점적으로 추진할 단기과제인 '전략과제'와 시기에 국한되지 않고 일관되게 추진할 중장기 과제인 '기반과제'를 설정하고 있다. 북한 핵문제의 평화적 해결과 한반도 평화체제의 구축, 한미동맹과 자주국방의 병행발전, 남북한 공동번영과 동북아 협력 주도를 '전략과제'로, 전방위 국제협력의 추구와 대내적 안보기반의 확충을 '기반과제'로 제시하고 있다.

『평화번영과 국가안보』 보고서가 말하고자 하는 노무현 정부 국방정책의 핵심적인 키워드는 '협력적 자주국방'과 '포괄안보'이다. '협력적 자주국방'의 개념을 "한미동맹과 자주국방의 병행 발전을 추구하는" 것으로 정의하고 있다. 그러면서 '협력적 자주국방'을 추진해야 하는 이유

---

44) 국가안전보장회의, 『평화번영과 국가안보』, 국가안전보장회의 사무처, 2004.

를 다음과 같이 설명하고 있다. "전통적으로 자주국방은 스스로의 힘으로 국방을 담당하려는 노력으로 이해되고 있다. 그러나 오늘날 독자적 국방만으로 국가의 생존과 국민의 안전을 완전히 보장하기는 불가능하며 동맹국과 우방의 협력이 매우 중요하다"는 것이다.[45]

한편 '포괄안보'(comprehensive security)를 "냉전종식 이후 안보위협이 다양해지고 국가간 상호 의존성이 심화됨에 따라 군사 부문은 물론 정치·경제·환경 등 비군사 부문까지 포함하는 확장된 안보개념을 의미"[46]한다고 정의하고 있다. 이러한 '포괄안보' 개념은 다양한 안보위협원에 대처한다는 명분 아래 미국이 채택하고 있는 안보개념을 모방한 것으로 보인다. 원래 '포괄안보' 개념은 '협력안보'(cooperative security) 개념의 한 부분을 이루는 안보개념이다. 국가안보에 대한 위협은 군비경쟁에서 자원고갈, 환경오염 등과 같이 국가들이 공동으로 지니고 있는 요인에서 비롯되기 때문에, 상대방의 안보가 자국의 안보에 직결된다는 인식 아래 모든 국가가 협력적 방법을 통해 공동으로 대처해야 한다는 것이 '협력안보' 개념이다. 그러나 미국은 거두절미하고 자신들이 필요한 부분만 따서, 다양한 안보위협원에 대처한다는 명분 아래 패권주의를 정당화하는데 이용하고 있다.

2) '협력적 자주국방'의 문제점

'협력적 자주국방'은 매우 모순적인 발상과 내용을 담고 있다. 자주국방이라는 미명 아래 군비를 계속 강화해나가면서, 남북간에 화해협력을 달성하겠다는 것이다. 한미동맹을 강화하면서, 자주국방을 달성하겠다고 한다. 한미동맹을 안보의 근간으로 삼아 발전시키면서, 동북아에 다자안보체제를 구축하겠다는 것이다. 이러한 서로 상반되는 것들을 '동시에

---

45) 위의 책, 26~27쪽.
46) 위의 책, 27쪽.

추진'하고 '병행 발전'시키겠다는 밝히고 있다. 말 그대로 앞뒤가 안 맞는 '모순'이 아닐 수 없다.

참여정부가 표방하고 있는 자주국방은 흡수형과 예속형이 결합된 '예속적 흡수형'으로 귀착될 가능성이 매우 높은 것으로 전망되기도 한다. 이 '예속적 흡수형' 자주국방은 미국이라는 외세와 야합하여 북한에 대한 흡수통일을 위한 기도로 나타나 한반도 전쟁위기를 고조시키고 통일의 행로를 가로막을 것으로 예견된다는 것이다.[47]

그런데 자주국방이란 다름 아니라 지금과 같은 미국에 종속적인 안보에서의 탈피를 의미한다. 한미동맹관계를 더욱 강화 발전시키면서 자주국방을 하겠다는 것 자체가 모순이다. 이러한 자주국방은 존재할 수 없다. 자주국방은 미국의 군사전략과 정책의 틀에서 벗어나, 우리가 얼마나 독자적인 안보전략과 정책의 공간을 확보할 수 있느냐에 달려 있기 때문이다.

자주국방을 강조하면서도 오히려 주한미군의 전력이 증강되고 한미동맹이 강화되는 모순된 현상이 일어나고 있는 것이다. 결국 '참여정부'가 내세워온 '협력적 자주국방'과 주한미군 재배치계획은 동전의 양면임이 드러난 셈이다. 주한미군 재배치와 '협력적 자주국방'을 통해 한미동맹이 한층 강화되고 미국의 전략틀에 더욱 견고히 편입되는 결과를 가져오고 있는 것이다.

이미 미국은 상당히 오래 전부터 전략적 검토를 통해 이런 방향에서 주한미군의 재배치와 한미동맹의 개편을 추진해왔다. 미국의 이러한 전

---

47) 강정구 교수는 자주국방의 유형을 대미관계와 대북한관계라는 두 범주를 기준으로 하여, 그 기본유형은 대미 자주형, 대미 예속형, 대북 흡수형, 대북 (비흡수)미래형으로 분류하고 있다. 또 두 범주의 교차복합형으로 예속적 흡수형, 예속적 미래형, 자주적 흡수형, 자주적 미래형a, 자주적 미래형b로 나누고 있다. 강 교수는 가장 바람직한 자주국방의 유형으로 '자주적 미래형b'인 '반외세 자주 비군사의존주의'를 들고 있다. 강정구, 「참여정부 자주국방의 전망과 과제: '예속적-흡수형' 자주국방의 반평화성과 반통일성」, ≪경제와사회≫ 통권 62호, 2004년 여름, 한국산업사회학회 참조

략적 구상은 2003년 5월 14일 한미정상회담에서 발표된 공동성명에서 극명하게 드러나고 있다. '한미정상 공동성명'은 한미동맹관계의 장래와 관련해, 한미 양국은 "포괄적이고 역동적인 동맹관계"를 구축해나가기 위해 공동 노력을 하겠다고 밝히고 있다. 또 "양 정상은 기술력을 활용하여 양국 군을 변혁시키고 새로이 대두하고 있는 위험에 대한 대처 능력을 제고함으로써 한미동맹을 현대화하기 위해 긴밀히 협력해나가기로 하였다"고 합의하고 있다.

이러한 합의는 미국이 추진하고 있는 주한미군의 재배치와 재편계획을 그대로 수용하고, 한국군의 현대화와 전력증강이라는 명분 아래 미국 무기의 구매를 확대하고, 미국의 MD체제에 편입을 기정사실화하는 내용을 담고 있는 것이다. 이것은 곧 이어 한국을 방문한 월포위치 미 국방부 부장관이 한국군의 전력 증강이라는 구실 아래 미국 무기의 구매를 강요함으로써 현실로 나타나기 시작했다.

이처럼 '협력적 자주국방' 개념의 또 다른 위험성은 자주국방이라는 미명 아래 대규모 군비증강의 추진을 시도하고 있는 점이다. "아직도 대북억제를 주도적으로 달성할 만한 군사력을 보유하고 있지 못하다"고 하면서, "자주적 정예군사력의 건설을 위해", "적정 수준의 국방예산을 보장"해야 한다고 밝히고 있다.48) 우려는 이미 현실로 나타나고 있다. 자주국방을 핑계 삼아 2004년 국방예산이 탈냉전 이후 최대규모의 증액이 이루어진 바 있다. 마구잡이식 무기도입이 계속되고 있다. 미국의 강요에 의해 MD무기체제를 갖춘 이지스함 등 MD관련무기들의 속속 도입되고 있다. 이에 따라 '협력적 자주국방'은 군축의 가능성을 없애버리고 있다는 점에서 우려된다.

이러한 모순되고 미래에 대한 비전이 결여된 전략과 정책의 결말은 너무나 뻔해 보인다. 자주국방이라는 미명 아래 국방비를 대폭 늘려 미국이 요구하는 MD관련무기들을 구매해 미국의 MD체제에 참여하여 미

---

48) 국가안전보장회의, 앞의 책, 42쪽.

국의 동북아 패권 전략틀에 공고히 편입되어 오히려 미국에 대한 군사적·
안보적 종속성이 심화되어갈 것이다.

"한미동맹이 지역동맹으로 변화하고 있고, 한미연합군의 작전범위가
한반도를 넘어 동북아지역으로 확대될 수 있다"고 밝힌 찰스 캠벨 미8군
사령관의 발언은 미국이 구상하고 있는 '신한미동맹'의 모습이다. 결국
한미동맹은 대중국 포위와 같은 미국의 전략적 필요성에 맞춰 지역동맹
화되고, 미일동맹의 하위체제로 견고하게 편입하고 있다.

미국이 추진하고 있는 이러한 '신한미동맹'은 우리의 안보환경을 악화
시키고, 한반도와 동북아에서 군비경쟁과 군사적 대결을 조장할 것이다.
한미동맹이란 미명 아래 한반도 밖에서 행해지는 미국의 군사작전과 군
사적 필요에 우리군이 동원될 수 있다. 미국이 치르는 침략전쟁마다 따
라 다녀야 할 판이다.

물론 자주국방이 동맹관계의 해체나 외부의 도움 없이 독자적인 군사
력으로 안보를 확보하는 것을 의미하는 것은 아니다. 그렇다고 군사비의
대폭 증액과 군사력 증강만으로 이루어지는 것도 아니다. 미국의 군사전
략과 정책의 틀에서 벗어나, 우리가 얼마나 독자적인 안보전략과 정책의
공간을 확보할 수 있느냐가 중요하다.

주한미군의 감축과 재배치는 군비증강이 아니라 오히려 군축의 필요
성을 제기하고 있다. 남북한간의 군사력과 상호 군사적 위협은 비대칭적
이기 때문이다. 북한으로부터의 군사적 위협은 북한의 미사일이나 수도
권에 도달할 수 있는 장사정포 같은 것이다. 남북간의 군사력 격차가 벌
어질수록 북한은 이런 비대칭적 전력을 늘려갈 것이고, 핵무기 등 대량
파괴무기 보유에 대한 유혹이 더욱 커질 것이다. 이것은 아무리 천문학
적인 군사비를 투자하여 첨단무기를 도입해도 해결할 수 없다. 결국 남
북관계를 개선하고, 남북간 협상을 통해 군사적 긴장완화조치와 군축을
통한 것밖에는 달리 길이 없다.

5. 한국 안보정책의 새로운 방향 모색

1) 자주 지향적 안보정책

'협력적 자주국방'을 내세우고 있는 한국정부의 안보정책은 여전히 미국의 정책 틀에서 벗어나지 못하고 있다. 한미군사동맹이 한국안보의 중심축 역할을 해야 한다고 강조하고 있다. 또 주한미군의 계속적인 주둔과 통일 이후에도 주한미군의 주둔 필요성을 역설하고 있다. 그러나 이러한 정책적 입장과 태도는 민족의 장래와 미래지향적인 안보정책 수립을 위해 결코 바람직하지 않다.

한반도의 평화와 통일을 위한 21세기 한국의 안보정책은 '자주 지향성'을 지녀야 한다. 그것은 ① 미국의 군사전략 및 정책 틀에서 탈피, ② 주한미군문제의 해결, ③ 전시작전통제권 환수문제 등을 과제로 한다. 미국의 군사전략 및 정책 틀에 편입되어 있는 한, 한국은 결코 한반도에 항구적인 평화와 통일을 이룰 수 없다. 미국의 세계 및 동북아 전략은 동북아에 대립과 편가르기를 강요하고 '신냉전시대'의 도래를 가져오는 단초가 되고 있기 때문이다. 또한 미국이 추진하고 있는 MD계획에 편입된다면, 중국과 러시아와 군사적 대립 및 갈등을 불러오고, 이들 국가의 핵미사일이 한국을 겨냥하게 되어 한국의 안보환경을 크게 악화시킬 것이다.

다음으로 주한미군문제에 대한 합리적 해결이 필요하다. 남북관계를 풀어가고, 한반도에서 냉전을 해체하고, 남북한과 주변국들 간의 관계를 재정립하기 위해서는 주한미군 문제의 재정립이 불가피한 시점에 이른 것이다. 한반도 평화문제의 핵심은 군사안보문제이며, 그 핵심고리는 주한미군문제이다. "미국이 없는 한반도, 주한미군이 없는 한국안보"를 상정하는 인식의 대전환이 필요하며, 그런 바탕 위에서 우리의 안보문제를 다시 생각해야 한다.

아울러 미군이 가지고 있는 전시작전통제권 환수가 조속히 이루어져야 한다. 군작전권을 외국군대에 맡기고 있는 것은 주권국가로서 수치스런 것은 물론이고, 미군이 우리의 군작전권을 가지고 있는 경우 우리의 의사와 관련 없이 전쟁에 분쟁에 말려들 가능성이 있다.

2) 통일 지향적 안보정책

21세기 한국의 안보정책은 미래에 실현될 통일을 상정하여 추진되어야 한다. 이에 따라 ① 남북간의 군축을 고려하여 수립되어야 하며, ② 북한 주적 개념을 폐기해야 하며, ③ 현재의 공격적인 군사정책 및 군사전략을 방어지향적으로 전환해야 한다.

우선 한국군의 무기 획득과 군사력 구축 방향은 향후 진행될 남북한 간의 군축협상을 고려하여 장기적이고 미래지향적인 관점에서 추진되어야 한다. 향후 남북관계가 진전된다면 군축문제는 중요한 의제 및 과제가 될 수밖에 없을 것이며, 평화체제의 전제조건이다. 따라서 통일에 대비하여 적정군사력과 적정무기에 대한 평가가 선행되어야 하며, 여기에 따라 무기 획득과 군사력 구축 방향과 같은 안보전략의 마스터플랜이 마련되어야 한다. 지금과 같은 마구잡이식의 무기도입은 지양되어야 한다.

다음으로 북한 주적 개념49)을 폐기해야 한다. '북한 주적론'은 남북관계 개선에 도움이 되지 않을 뿐만 아니라 냉전적인 발상이다. 세계 어느

---

49) 『국방백서』는 국방목표를 설명하면서, "주적인 북한의 현실적인 군사적 위협"이라는 표현을 통해 '북한 주적론'을 분명히 하고 있다. 국방부, 『국방백서 2000』, 53쪽; 한편 노태우정권 당시 소수정예 과학군의 육성과 주변 강대국에 대비하는 '신군사전략'을 수립하면서 주적론의 변경을 시도했었으나 미국의 압력으로 무산된 바 있다. 국방부는 1994년 3월 10일을 기해, 국방목표를 종래의 "적의 무력 침공으로부터 국가를 보위하고"라는 '북한 주적론'에서, "외부의 군사적 위협과 침략으로부터 국가를 보위하고"라는 '주변 잠재적국론'으로 변경 한 바 있다. 그러나 미국의 압력으로 다음해인 1995년에 발간된 『국방백서 1995~1996』에서 다시 '북한 주적론'으로 환원되었다.

나라도 '주적'을 특정국가로 명시하지 않고 있고 '주적'이라는 용어조차 사용하고 있지 않은 현실에서, '북한 주적론'은 시대착오적이다.

우리 안보정책의 미래와 군사전략적인 측면을 고려해서라도, '북한 주적론'은 빨리 폐기해야 한다. 북한 주적 개념의 변경은 남북관계의 차원을 떠나 한국의 미래지향적인 안보정책의 수립과 군의 개편을 위해서도 시급하기 때문이다. 우리의 안보정책과 군 구조는 북한을 '주적'으로 한 것이 아니라, 통일시대에 대비하여 주변의 '잠재 적'을 대상으로 해서 재정립되어야 한다. 지금 같은 '북한 주적론' 아래에서는 북한을 대상으로 한 지상전력 위주의 군 구조와 군 전력을 지닐 수밖에 없다.

한편 남북한의 군사정책 및 군사전략이 지금처럼 '억지론'(deterrence theory)과 '공세적 전략'에 기초하고 있는 한, 남북한간에 의미 있고 실질적인 군축이나 통일은 어렵다. 남북한 군사정책의 이론적 배경이 되고 있는 것은 상대방에게 효과적인 군사적인 위협을 제시함으로써 자신의 안보를 확보한다고 하는 억지론이다. '억지'와 '군비'는 한 쌍으로서, 억지론이 적용되는 한 군비경쟁과 대규모 군비의 보존이 불가피하다. 특히 재래식 군비에 의존하고 있는 한반도의 경우, 군사력이 순수한 억지수단이라기 보다는 '전쟁 수행능력'(war-fighting capability)의 의미를 겸비하고 있기 때문에 대규모 군비의 보존이 필요한 실정이다.

따라서 한반도의 군축은 남북 모두 현재의 공세적인 안보정책 및 군사전략을 방어적 성격으로 전환하는 것을 가능조건으로 한다. 그 대안적인 정책 및 전략으로서 '헬싱키선언' 이후 '유럽안보협력기구'(OSCE)를 통한 유럽에서 다자안보협력의 이론적 배경이 된 '협력안보론'(cooperative security)과 '유럽재래식군축조약'(CFE)의 전략적인 배경 역할을 한 '비공세적 방어'(non-offensive defense)전략에 대한 한반도 적용 가능성을 검토하는 것이 필요하다.[50]

---

50) '협력안보론'과 '비공세적 방어' 전략의 한반도 적용가능성에 대한 연구는, 이철기, 「남북한 군비통제와 군축정책에 대한 비판적 고찰」, 《한국정치학회보》 제29집 4호, 1995, 516~524쪽 참조

억지론에 대한 대안으로서 모색되어온 협력안보론은 어떤 국가도 더 이상 안보를 상대방의 희생을 통해 추구할 수 없으며 단지 협력을 통해서만이 달성될 수 있다는 전제에서 출발한다. '비제로섬'(non-zero-sum) 논리에 기초한 협력안보론은 군사력에 의한 억지에 의존하기보다는, 상호간 군비에 대한 통제 및 감축을 통해 무력사용이나 사용위협에 직면하지 않도록 안보상 보장을 확보하는 '재보장'(reassurance)에 의존한다. 협력안보론은 한반도에서 군축을 가능케 하는 군사안보정책의 이론적 배경으로서 고려될 충분한 가치가 있다.

반면 공세적 전략에 대한 대안으로 유럽에서 모색되어온 것이 바로 '비공세적 방어' 개념이다. 1950년대 독일의 통일과 재무장에 대한 논란 속에서 잉태된 '비공세적 방어' 개념은 1986년 고르바초프에 의해 '방어적 방어'(defensive defense)라는 용어로 구소련의 전략개념으로 채택되면서 공식적으로 현실화되었으며, 1989년 1월 10일 '유럽재래식군축감축'(CFE) 협상을 위한 '기조합의서'에 등장하면서 유럽재래식군축의 이론적 배경이 된 바 있다.

'비공세적 방어'는 전체적으로 공격에는 충분치 않으나 방어에는 충분히 신뢰할 만한 능력을 보유한 군사전략(military strategy) 및 군사태세(military posture)를 의미한다. 이것은 상호 방어적 우월성과 방어적 이점의 논리에 기초하여 군사전략 및 군사태세의 방어지향적 재편을 추구한다. 즉, 공격적 능력을 제거하거나 최소화시키고 반면에 방어적 능력을 증가시키는 것이다.

3) 평화 지향적 안보정책

21세기 안보정책은 한반도와 동북아에 평화를 보장할 수 있는 평화지향성을 지녀야 한다. 동북아 차원의 지역군축을 이룩하고, 동북아에 '비핵지대'(NWFZ: nuclear-weapon-free zone) 내지는 '대량파괴무기금지지대'(WMDFZ: weapons of mass destruction free zone)를 창설하는 것이 필요하다.

이는 협력안보론에 기초하여 동북아에 다자안보협력체를 창설하는 과제를 제시한다. 다자안보협력체를 통해 지역차원의 재래식 군축을 추진해야 한다. 주변강대국들과 군비경쟁을 통해서는 결코 우리의 안보를 확보할 수 없으며, 동북아 지역내 지역군축을 통해 군비증강을 억제하는 지역레짐을 창설하는 것이 필요하다.

동북아에서 핵확산과 핵위협을 제거하는 것은 한반도 평화와 통일의 조건이다. 주변 핵보유국들로부터 핵위협을 제거하고 한반도비핵화의 실효성 있는 보장을 획득하기 위해서는, 비핵지대를 한반도에 국한할 것이 아니라 동북아지역으로 확대하여 동북아 비핵지대를 창설하는 것이 필요하다. 또한 동북아에서 핵확산을 방지하기 위해서는 역내 모든 국가들에게 동등하게 적용되는 공정한 규제의 틀이 필요하며, 그것은 비핵지대 창설을 통해 역내 모든 핵무기를 공동으로 규제함으로서만이 가능하다. 역내에 핵문제에 대한 불평등이 존재하고 특정국가에 대한 핵위협이 상존한다면 핵무기 개발에 대한 유혹과 핵확산의 가능성은 사라지지 않을 것이다.

한편 동북아에 비핵지대는 단순히 핵무기를 금지하는 데서 더 나아가 생화학무기와 이들 대량파괴무기의 운반수단인 미사일을 포괄적으로 규제하는 '동북아 대량파괴무기금지지대'로 그 개념과 내용을 확대시킬 필요가 있다.

▌ 참고문헌

강정구. 「참여정부 자주국방의 전망과 과제: '예속적-흡수형' 자주국방의 반평화성과 반통일성」, ≪경제와사회≫ 통권 62호, 2004년 여름, 한국산업사회학회.
국가안전보장회의. 『평화번영과 국가안보』, 서울: 국가안전보장회의 사무처, 2004.

국방부. 『국방백서 1989』, 서울: 국방부, 1998.

_____. 『국방백서 1995~1996』, 서울: 국방부, 1995.

_____. 『국방백서 1998』, 서울: 국방부, 1998.

_____. 『국방백서 2000』, 서울: 국방부, 2000.

_____. 『IMF시대의 국가안보와 국방비』, 서울: 국방부, 1998.

리영희. 「남북한 전쟁능력 비교연구」, 『남북한 군비경쟁과 군축』, 경남대 극동문제연
구소, 1992.

_____. 「북한 군사력의 해부: 위협의 정도와 수준 – 남북 군사력 균형평가를 중심으
로」, ≪전략연구≫ 제Ⅳ권 제3호(통권 제11호), 1977년 11월, 한국전략문제
연구소

이철기. 「남북한 군비통제와 군축정책에 대한 비판적 고찰」, ≪한국정치학회보≫ 제
29집 4호, 1995.

임종인. 『국방부/합동참모본부 2004 국정감사 보도자료』, 2004년 10월 4일.

한국국방연구원. 『2003~2004 동북아 군사력』, 서울: 한국국방연구원, 2004.

함택영. 『국가안보의 정치경제학』, 서울: 법문사, 1998.

Dunnigan, James F. *How to Make War*, 3rd ed., New York: William Morrow, 1993.

International Institute for Strategic Studies. *The Military Balance 2002/2003*, London:
Oxford University Press, 2002.

_____. *The Military Balance 2003/2004*, London: Oxford University Press, 2003.

Isby, David. *Weapons and Tactics of the Soviet Army*, London: Jane's, 1988.

Knorr, Klaus. *The War Potential of Nations*, Princeton: Princeton University Press,
1956.

Osgood, Robert and Tucker, Robert W., *Force, Order, and Justice*, Baltimore: Johns
Hopkins University Press, 1967.

Posen, Barry R. "Measuring the European Conventional Balance," *International Security*,
Vol.9, No.3, 1984/85.

SIPRI, *SIPRI Yearbook 2003*, (New York, Oxford University Press, 2003.

≪연합뉴스≫ 2000. 1. 25.

≪연합뉴스≫ 2003. 3. 7.

≪조선일보≫ 1997. 11. 12.

≪한겨레신문≫ 1997. 12. 29.

≪한국일보≫ 2004. 8. 30.

9장

정전체제의 유명무실화와 평화체제 수립의 길

1. 글을 시작하며

국제 관계론에서 국제 체제(international regime)란 특정 문제 영역에서 관련 이해 당사자들의 기대가 합치되거나 예측 가능한 행위를 가져오는 명시적·묵시적 원칙, 행위 규범 혹은 의사 결정 절차 등을 말한다. 이렇게 볼 때 1953년 7월 27일 한국전쟁 중단 이후 유지되고 있는 한반도 정전체제 역시 명시적 요소와 묵시적 요소로 구성되어 있다고 말할 수 있다. 명시적 요소로는 정전협정과 그 이행 기구인 유엔 사령부와 군사 정전위원회, 중립국 감독 위원회 등을 꼽을 수 있다. 또 묵시적 요소로는 한반도를 둘러싼 세력 균형과 분단 질서의 현상유지 그리고 남북 혹은 북·미간 군사적 대치와 적대 관계 등을 들 수 있다.

이상과 같은 요소들로 구성된 정전체제는 냉전 해체기를 거치며 그 기반이 크게 흔들리고 있다. 한국과 미국은 평화체제 수립 이전까지는 정전체제를 유지해야 한다는 논리를 강조한다는 점에서 정전체제를 대체하는 데 소극적이라는 비판을 받을 수 있다. 북한은 냉전 붕괴 이후 정치적 제안이나 실질적 행동으로 정전체제의 유명무실화를 추구해왔지만, 그 방식이 일방적이라는 점에서 결과적으로 정전체제의 유지에 일조하고 있다고 볼 수도 있다. 물론 냉전 시기에도 정전체제는 국지적 도발 행위와 외국군 주둔, 무기 도입, 상대방을 겨냥한 군사정책 등으로 도전을 받아왔다. 그럼에도 불구하고 정전체제는 냉전 시기를 거치면서 그 한계와 문제점을 노정해왔으며, 탈 냉전기 들어 그 불안정성이 더욱 뚜렷해지고 있는 것이 사실이다. 그에 따라 많은 사람들이 1990년대 이후부터 정전체제를 평화체제로 전환할 필요성과 그 방안을 제시해왔다.

　본 논문은 한반도 평화체제 수립의 과제를 당위성이 아니라 정전체제의 한계와 탈냉전기 남북, 북·미간의 평화 정착 시도 등 경험적 사례를 고찰하고, 평화체제 실현의 과제와 그것이 동북아 다자안보협력 체제 수립과 갖는 관계를 모색하는 것을 목적으로 하고 있다. 아래에서는 먼저 정전체제의 전개과정과 현황을 고찰하면서 그 한계를 도출해보고 난 다음, 1990년대 이후 남북과 북·미간에 평화체제 수립과 관련된 논의를 살펴볼 것이다. 그 다음에는 평화체제 수립의 핵심으로 이해되는 평화협정 체결과 관련된 논의를 그 내용, 당사자, 전제조건, 경로 등으로 나누어 논의하고자 한다. 결론에서는 이상의 논의를 요약하고 한반도 평화체제와 동북아 다자안보협력체제 사이의 보완관계를 생각해보고자 한다.

2. 정전체제의 유명무실화

　여기서는 한반도 정전체제의 전개과정을 명시적 요소를 중심으로 논의한 다음 묵시적 요소를 살펴보고, 그 결과 정전체제의 현주소를 평가해보고자 한다.

1) 유엔군 사령부

　미군이 한반도에 진주하게 된 것은 제2차 세계대전의 종결 과정에서 일본군의 무장해제를 위한 것이었는데 그 병력은 1949년 완전 철수하였다. 그러나 한국전쟁이 발발하자 32만 명의 미군이 다시 한반도에 들어온 이래 몇 차례 감축을 거친 이후 오늘날까지 3만 6,000여 명의 미군이 주둔하고 있다.[1]

한국전쟁 발발과 미군의 한반도 재 진주 이후 미군의 존재 이유와 지휘권은 관련 근거와 기구가 여럿 생기면서 복잡한 양상을 띠기 시작하였다. 예를 들어 유엔군 사령부(이하 유엔사)는 한국전쟁 발발 직후인 1950년 7월 7일, 유엔 안전보장이사회(이하 안보리)가 취한 유엔사 설치에 관한 결의(S/1588)에 근거를 두고 있다. 이 결의는 유엔 회원국들에게 미국 주도하의 연합군 사령부에 병력을 제공하도록 권고하고, 미국 대통령에게 연합군 사령부의 사령관 임명권을 위임하고 있다.[2] 따라서 유엔 사령관은 유엔 안보리에 법적 책임을 지고 있고, 그 임무는 미 대통령의 대리자로서 미 합동참모본부로부터 전략 지침을 받아 한반도 정전협정을 유지하고 이행하는 일이다. 1950년 7월 19일 이승만 대통령은 당시 유엔군 사령관이었던 맥아더 장군에게 전쟁상태가 지속되는 동안 작전 지휘권을 이양한다고 천명하였다.(이 내용에 관한 양국간 공한 교환은 동년 7월 14~18일 사이에 이루어짐) 또 한미 양국은 1954년 11월 14일 '한미 합의 의사록'을 통해 "유엔군 사령부가 대한민국의 방위책임을 부담하고 있는 동안 대한민국 국군을 유엔군 사령부의 작전통제권하에 둔다"(제2항)고 합의하였다. 그 사이 한미 양국은 1953년 10월 1일 상호방위조약에 서명하여 주한미군의 주둔과 그에 대한 남한의 기지 및 시설 제공에 합의하였다.[3]

그 후 1978년 7월 28일 한미 양국은 제1차 한미 군사위원회를 개최

---

1) 주한미군의 주둔 규모의 변화에 대한 상세한 소개는 조남풍, 「한·미 군사 동맹 체제에 관한 연구: 구조 변화와 발전 방안 모색」, 동국대학교 대학원 박사학위 논문(1998. 7. 1.), 55~60쪽 참조

2) 이 결의문의 원문은 김명기, 『분단한국의 평화보장론』, 법문사, 1988, 186~188쪽.

3) 방위조약의 효력은 1954년 11월 18일부터 발생하였다.

하여 '전략 지시 제1호'(Strategic Directive No.1)에 합의하여 한미 연합군 사령부(이하 한미연합사)가 작전통제권을 행사하도록 하였다.[4] 이렇게 되면서 유엔사의 역할은 정전협정 유지로 국한되었다. 그럼에도 유엔군 사령관과 한미 연합사령관은 같은 미군 장성, 곧 주한미군 사령관이 맡았기 때문에 미군이 실질적인 작전통제권을 갖는다는 점에는 변함이 없었다.[5]

이상을 통해서 유엔사는 처음 한국전쟁 시 남한군을 포함한 유엔연합군 지휘→ 정전협정 유지 및 남한 내 모든 군대의 작전 통제→ 정전협정 유지 등으로 그 역할이 변화하였고, 또 약화되어 왔다. 현재 유엔사의 규모도 판문점에 소수의 미군 경비부대 이외에는 어떠한 전력도 갖고 있지 못하고 있고, 유사시에는 한미연합사의 지원을 받도록 되어 있다. 이는 유엔 사령부가 시간이 흐르면서 그 지위와 역할이 약화되고 있을 뿐만 아니라, 고유 기능인 정전협정의 유지도 자체의 힘으로 할 수 없음을 말해준다. 또 유엔사는 정전협정 체결 직후 제60항[6]의 역할을 다하지 못하고 있다는 비판을 받아왔다. 이와 같은 점들이 결합된 가운데 1990년대 들어 유엔사는 유명무실화되면서 북·미간에는 별도의 군사 채널이 열리고 있다. 북한은 1990년대 들어서면서 유엔사를 인정하지 않고 해체를 주장하고 있다.[7]

---

4) 조남풍, 앞의 논문, 61쪽.

5) 물론 국제법적으로 유엔군사령부와 주한미군사령부의 법적 근거와 그 역할은 다르지만 양자 모두 미군이 그 책임과 권한을 가져왔다는 현실적인 측면에서는 둘을 구분하기 어렵다. 또 한미 연합 전력 가운데 남한군에 대한 평시 작전통제권은 1994년 12월 1일 남한군 합참의장에게 환수되었지만 '진정한' 작전통제권인 전시 작전통제권은 여전히 한미 연합사령관이 맡고 있다는 점에서, 미군의 영향력에는 근본적인 변화가 있다고 보기 어렵다.

6) 제60항. "한국 문제의 평화적 해결을 위하여 쌍방 군사령관은 쌍방의 관계 각국 정부에 정전협정이 조인되고 효력을 발생한 후 삼 개월 내에 각기 대표를 파견하여 쌍방의 한급 높은 정치 회의를 소집하고 한국으로부터의 모든 외국 군대의 철수 및 한국 문제의 평화적 해결 문제들을 협의할 것을 이에 건의한다."

7) 북한의 인민군 판문점 대표부 대변인은 미국의 유엔사 유지에 대하여 미국의 선제공격으로 전쟁 발발 시 유엔의 자동 개입을 보장하고, 북·미간 교전 관계가 유엔과 북한의 관계인 것처럼 보이게 하여 북한이 국제적으로 고립돼 있다는 선전을 강화하기 위한 것이라

2) 군사정전위원회

유엔사가 정전협정의 유지 및 이행을 위한 유엔군 측의 군사 기구라고 한다면, 군사정전위원회(이하 군정위)는 정전협정에 의거하여 정전협정 유지 및 이행을 책임지는 쌍방간의 기구이다. 정전협정 제25항 (ス)은 군정위가 정전협정의 실시를 감독하고 위반 사건을 협의·처리하고, 적대 쌍방 사령관 사이에 통신을 중계한다고 명시하고 있다.

군정위는 1953년부터 1991년 초까지 기능을 해왔다. 그 기간에 유엔 측과 북한 측은 군정위를 통하여 자신의 입장을 선전하거나 상대방을 비난하면서도, 역설적으로 냉전 체제하의 세력 균형을 한반도에서 대변해 왔다. 그런데 1991년 3월 남한 측 장성이 군정위 유엔군 측 수석대표를 맡으면서 군정위가 흔들리기 시작하였다. 3월 25일 남한 측의 황원탁 소장이 유엔군 측 수석대표로 군정위에 참석하자, 북한 측은 이를 미군의 남한 주둔 영구화 음모 혹은 평화협정 체결의 의무 회피라고 비난하였다.

쌍방의 군정위 구성과 관련한 정전협정 조항은 제4조 20항인데, 거기에는 수석대표와 그 국적에 관한 언급이 없다. 유엔군 총사령관은 이같은 입장을 황원탁 소장의 유엔군 측 수석대표 임명 나흘 전인 1991년 3월 21일 유엔 안보리에 특별 보고서를 통해 제출하였다. 거기서 유엔군 총사령관은 군정위 위원 임명에 상대방과의 합의를 거친다는 규정이 없다고 지적하였다. 이는 군정위 유엔군 측 수석대표의 임명은 유엔군 총사령관의 고유 권한이며, 그것과 정전협정의 준수 책임은 별도라는 의미로 풀이된다. 사실 1953년부터 군정위 유엔군 측 수석대표는 줄곧 미군 장성이 맡아왔다.[8] 그것은 유엔사(사실은 주한미군)가 남북간 군사적 대치 상태에서 북한의 남침은 물론 남한의 북침까지 억제하고, 한미간 대북

고 주장한 바 있다. ≪연합뉴스≫ 2004. 9. 16.

8) 역대 군정위 유엔군 측 수석대표 명단은 이문항, 『JSA─ 판문점(1953~1994)』, 소화, 2001, 380~382쪽.

안보 정책상 균열이 발생할 경우 미군측의 입장을 유리하게 반영하기 위한 조치로 평가된다. 그런데 1991년 들어 남한 측 장성이 유엔사 측 수석대표로 된 것은 남한 측의 외형상 대미 자주성 회복, 미국 측의 단계적 철군과 그에 따른 주한미군의 역할 변경 구상 등이 결합된 것으로 판단된다. 그러나 당시 상황은 남북한에 군사적 신뢰 구축이 조성된 것이 아니라 남북 기본합의서 채택을 앞두고 군사적 신뢰 구축의 가능성을 모색하는 수준에 머물러 있었다. 따라서 유엔군 측 수석대표를 남한 측 장성으로 바꾼 것은 당시 정세에서 볼 때 시기상조일 뿐만 아니라, 북한 측의 오인(誤認)을 불러일으킬 수도 있었다.

이에 따라 북한은 정전협정 유지 등 안보 현안을 남한과 논의하는 것을 거부하고, 정전협정 관련 기구를 유명무실하게 하는 한편 미국과 군사 접촉선을 확보하기 위한 행동에 돌입하게 된다. 북한은 먼저 북한 측 중립국 감독 위원회 회원국들(체코슬로바키아, 폴란드)에게 철수를 요구하는 한편, 1993년 4월 10일 체코가 중감위에서 철수하자 이듬해 4월 28일 군정위에서 철수해버렸다. 그 대신 북한은 약 13개월 후인 1994년 5월 24일, 조선 인민군 판문점 대표부를 설치하고 군정위의 기능에 상응하는 역할을 자처하고,[9] 그것을 미군측과 협의한다고 통보하였다. 또 같은 해 9월 1일 중국이 군정위에서 대표단을 철수한다고 발표함으로써 군정위는 그 온전한 기능을 상실하기 시작하였다.[10] 실제 1994년 12월 17일 주한미군 정찰기가 비무장지대 상공을 정찰하던 중 북한 영공에 들어가 격추된 사건이 발생하였을 때, 군정위은 가동되지 못하고 미 대통령 특사가 평양을 방문하여 북·미간에 군사회담이 열렸다.[11]

---

9) 북한 측이 제시한 판문점 대표부의 역할은 한반도에서 긴장 완화 및 평화 보장 조치를 취하는 문제, 비무장지대와 공동경비구역을 비롯한 군사적 현안 문제, 미군 유골 등 인도주의적 문제 협의 등이다.

10) 이문항, 앞의 책, 213~224쪽.

11) 『조선중앙년감 1994』, 평양, 조선중앙통신사, 1995, 225~226쪽.

3) 중립국 감독위원회

중립국 감독위원회(이하 중감위)는 정전협정이 규정한 감독·감시·사찰 및 조사 기능을 수행하고 그 결과를 군정위에 보고하는 역할을 수행하게 되어 있다. 정전협정 제37항은 중감위를 4명의 소장이나 중장으로 구성하되, 유엔사 총사령관과 조선 인민군 총사령관 및 중국 인민 지원군 사령원이 각각 2명씩 임명하도록 하였다. 그 결과 북한 측에서는 폴란드와 체코슬로바키아, 남한 측에서는 스위스와 스웨덴이 그 역할을 담당하게 되었다.

유엔측은 처음 중감위를 통하여 비무장지대로 무기를 반입하는 것을 감시·조사하고자 하였다. 그러나 유엔측은 북한 측 중감위 국가들이 중립국이 아니라고 판단하고 중감위의 비무장지대 감시·조사 기구인 공동감시 소조의 활동을 스스로 마비시켜 버렸다. 휴전 후 불과 3년도 못된 1956년 말경의 일로서 중감위는 기구의 중립성 문제와 함께 공동조사 결과에 대한 최종 판단 절차의 부재로 처음부터 한계를 안고 있었다. 그 결과 중감위는 정전협정 제13항 (ㄹ)에서 규정하고 있는 신형 무기 도입 금지를 뒷받침하지 못하고 오히려 정전협정의 중요 내용을 스스로 약화시키는 결과를 초래하였다. 중감위의 기능 마비 이후 남북한의 무기 도입 및 증강은 필연적인 결과였다. 1957년 유엔사는 북한에 정전협정 제13항 (ㄹ)에 구애받지 않겠다고 선포하였다. 북한은 중감위에 이 조항에 관한 보고를 형식적으로 해오다가 1991년 3월 25일, 남한 측 장성이 군정위 유엔군 측 수석대표로 임명되자 이를 정전협정 위반이라고 주장하면서 보고서 제출을 중단해버렸다.[12] 그리고 앞에서 말한 바와 같이 중감위 북한 측의 체코 대표단과 폴란드 대표단을 각각 철수시켰다.

이상과 같이 정전협정의 명시적 3대 구성요소는 처음부터 혹은 냉전 시기를 거치면서 한계와 문제점을 드러냈다. 북한과 유엔사 측이 상대방

---

12) 이문항, 앞의 책, 195~211쪽.

에게 1953년부터 공격형 군사훈련, 무기 도입, 도발 등을 자행하였다고 계속해서 비난해온 사실이 이를 잘 보여주고 있다. 더욱이 냉전 질서가 해체된 1990년대 들어 정전협정 체제의 유명무실화는 더욱 뚜렷하게 나타났다. 북한은 1980년대 말부터 정전협정을 평화협정으로 대체하기 위한 일련의 제안들을 내놓는 한편, 위에서 언급한 정전협정 이행 기구들로부터 이탈하였다. 급기야 북한은 1996년 4월 4일, 군사분계선과 비무장지대의 유지·관리 임무를 포기한다고 선언하고 판문점 공동경비구역에 진입하는 북측 차량 및 인원의 식별 표지 부착을 중단하기에 이른다.[13]

4) 남북관계 및 세력균형의 변화

한편, 비록 점진적이기는 하지만 오늘날 남북관계는 냉전 시대와 비교할 때 분명히 개선되고 있으며 앞으로도 이런 추세는 더욱 발전해나갈 것이다. 1980년대 말~1990년대 초 남북대화의 활성화, 특히 뒤에서 살펴볼 남북 기본합의서의 채택 과정은 남북한이 국제질서의 변화에 발맞추어 군사적 긴장 해소와 평화체제 수립을 위한 협력 가능성을 보여주었다. 그리고 6·15 남북 정상회담 이후 남북 교류 협력의 활성화와 그에 따른 남북간 상호 적대 의식의 완화는 정전체제의 묵시적 요소가 약화되고 있음을 말해주고 있다.

남북 정상회담 이후 남북간에는 당국간, 민간 공히 각종 대화가 활성화되었으며 그 과정에서 남한 내에서 대북정책을 둘러싸고 소위 '남남갈등'이 초래되기도 하였으나, 기존의 상호 비방 및 대결 분위기가 크게 완화된 것을 부인할 수 없다.

또 정전체제를 유지해온 한반도의 세력 균형이 1990년대 들어 한·소, 한·중수교로 무너진 것도 북한의 대미, 대일 관계 개선의 필요성은 물론

---

13) 서보혁, 「한반도 평화체제 수립의 과제와 한-미 동맹의 개혁」, 한국인권재단 엮음, 『한반도 평화는 가능한가?』, 아르케, 2004, 80~81쪽.

정전체제의 동요와 평화체제 수립의 필요성을 말해주고 있다. 이런 점에서 1990년대부터 나타난 북한의 대미 핵외교와 벼랑끝외교(brinkmanship diplomacy)도 북한이 비대칭적인 주변 외교관계를 타개하고 미국과 평화협정 논의 구도를 형성하기 위한 적극적인 외교정책으로 평가할 수도 있을 것이다.

이렇게 볼 때 현재 한반도의 정전체제는 '법적 현상유지'(de jure status quo)와 '사실상의 파기' 상태 사이에 놓여 있다고 할 수 있다. 이는 결국 관련 당사국들이 정전체제의 한계를 어떻게 할 것이냐, 즉 정전체제를 더욱 강화할 것이냐 아니면 평화체제 수립의 발판으로 삼을 것이냐 하는 선택의 문제에 봉착하였음을 의미한다. 결국 현재와 같이 매우 불안정하고 사실상 유명무실화된 정전체제는 관련 당사국들이 평화체제 수립에 나설 것을 요구하고 있다고 하겠다. 실제로 세계적 차원의 냉전이 붕괴되고 있던 1990년대부터 남북간에, 혹은 북·미간에 한반도 정전체제를 평화체제로 전환시킬 수 있는 일련의 시도들이 전개되었다. 아래에서는 그런 사례들을 살펴보면서 그것들이 한반도 평화체제 수립으로 이어지지 못한 원인을 더듬어보고자 한다.

3. 평화체제의 모색과 좌절

1) 남북 기본합의서

1991년 12월 13일, 1980년대 후반부터 수차례 걸쳐 진행되어오던 남북 총리급 회담이 '남북 사이의 화해와 불가침 및 교류·협력에 관한 합의서'(약칭 남북 기본합의서)로 결실을 보게 되었다. 기본합의서는 전문에서 "남과 북은 …… 정치 군사적 대결 상태를 해소하여 민족적 화해를 이룩하고, 무력에 의한 침략과 충돌을 막고 긴장완화와 평화를 보장하며,

…… 쌍방 사이의 관계가 나라와 나라 사이의 관계가 아닌 통일을 지향하는 과정에서 잠정적으로 형성되는 특수 관계라는 것을 인정"하고 있다.

특히, 기본합의서 제5조에는 "현 정전상태를 남북 사이의 공고한 평화상태로 전환시키기 위하여 공동으로 노력하며 이러한 평화상태가 이룩될 때까지 현 군사 정전협정을 준수한다"고 밝히고 있다. 이는 남북이 한반도 평화체제 수립 의지를 공동으로 선언하고 그것을 평화적으로 확립해나가는 과정에서 정전협정을 준수하겠다는 의미로 풀이된다. 이런 판단은 합의서 발효 후 3개월 안에 판문점에 남북 연락사무소를 설치 운영한다든가, 합의서 발효 후 1개월 안에 남북 정치분과위원회를 구성한다는 사항에서도 알 수 있다.

기본합의서에서 한반도 평화체제 수립과 직결된 부분은 제2장(남북 불가침)이다. 여기서는 상호 무력 불사용 및 무력 침략 금지, 불가침의 이행 및 보장을 위한 남북 군사공동위원회의 구성·운영, 쌍방 군사 당국자간 직통전화 설치·운영, 남북 군사분과위원회 구성 등 군사적 긴장완화와 초보적 신뢰구축 방안이 제시되어 있다.

기본합의서 채택 이후 남북한은 미국이 한반도에 배치해둔 전술 핵무기의 철거 및 주한미군 감축 움직임과 맞물려 합의서 이행을 모색하는 단계로 나아가는 듯하였다. 실제 기본합의서 채택 직후 남북은 합의서에서 밝힌 분과위원회 구성을 위한 논의에 착수하였고, 한반도 비핵화 공동선언을 발표하였다. 그러나 동시에 북한의 핵개발 의혹이 미국과 유엔에서 서서히 높아지기 시작하였다.

2) 한반도 비핵화 공동선언

남북 기본합의서 채택 직후인 1992년 1월 20일 남북한은 '한반도 비핵화에 관한 공동선언'을 발표하였다. 이것은 한반도 평화체제 수립과 관련하여 남북한이 합의한 최초의 구체적인 합의로 평가할 수 있다. 이

선언의 목적에 대하여 전문은 "남과 북은 한반도를 비핵화함으로써 핵전쟁 위험을 제거하고 우리나라의 평화와 평화통일에 유리한 조건과 환경을 조성하며 아시아와 세계의 평화와 안전에 이바지하기 위하여"라고 내외에 밝히고 있다. 이를 실천하기 위하여 이 선언은 다음과 같은 사항을 포함하여 6개항에 합의하였다.

1. 남과 북은 핵무기의 시험, 제조, 생산, 접수, 보유, 저장, 배비, 사용을 하지 아니한다.
2. 남과 북은 핵에너지를 오직 평화적 목적에만 이용한다.
3. 남과 북은 핵 재처리시설과 우라늄 농축시설을 보유하지 아니한다.
4. 남과 북은 한반도의 비핵화를 검증하기 위하여 상대측이 선정하고 쌍방이 합의하는 대상들에 대하여 남북 핵 통제 공동위원회가 규정하는 절차와 방법으로 사찰을 실시한다.

한반도 비핵화 공동선언 이틀 후에 북한과 미국은 한국전쟁 이후 첫 고위급 회담을 가지기도 하였다.[14) 북한은 이 회담 직후인 1992년 1월 30일 국제원자력기구(IAEA)와 핵안전협정에 서명하고, 5월부터 국제원자력기구의 임시 사찰을 수용하였다. 이후 북한은 1993년 1월까지 여섯 차례의 임시 사찰에 응하면서 미국으로부터의 안보 위협을 약화시키고자 하였다. 그러나 미국과 원자력기구는 1992년 7월 북한 핵시설에 대한 제2차 임시 사찰 결과가, 북한이 보고한 플루토늄 추출량과 차이가 있다고 판단하고[15) 이후 유례없는 특별 사찰을 요구하였다. 한반도 정세

---

14) 이때 양국의 회담 대표는 노동당 국제 비서 김용순과 국무부 차관 캔터(A. Kanter)였다. 북한은 이후 고위급 회담의 재개를 추구하였지만 미국은 응하지 않았다.
15) 당시 북한이 보고한 플루토늄 추출량은 90g이었고, 원자력기구가 판단한 추출량은 50~100g이었다. 원자력 기구가 주목한 것은 플루토늄 추출량보다는 핵 재처리 횟수를 둘러싼 북한의 보고(1회)와 원자력기구의 추정(3회)과의 차이에 있었다. Selig S. Harrison, *Korean Endgame: A Strategy for Reunification and U.S. Disengagement* (Princeton, NJ.: Princeton University Press, 2002), p.213.

는 곧 북한의 핵확산금지조약(NPT) 탈퇴 선언과 미국의 외교적·군사적 압력으로 악화일로를 걷게 된다. 또 당시 북·일간에 진행되던 수교 회담도 북한의 일본인 납치 문제와 함께 북한의 핵개발 의혹으로 중단되었고, 남북간 동시 사찰 방안도 합의되지 못하고 북한의 핵개발 논란에 휩싸여버렸다. 이런 상황은 1994년 상반기 전쟁 위험으로까지 치달았고 제네바 핵합의까지 계속되었다.

3) 북·미 제네바 핵합의

1994년 10월 21일 발표된 북·미 기본합의문은 ① 북한 흑연 감속로 및 관련 시설의 경수로 발전소로의 대체, ② 양국간 정치적·경제적 관계 정상화, ③ 한반도 비핵화, ④ 비확산 레짐 강화 등 4개항과 13가지 부대 사항을 담고 있다. 이때 북한의 경수로 사업과 핵 동결 및 사찰에 관한 양해 각서도 마련되었다.[16] 합의문은 북한의 핵개발에 국한되지 않고 그것을 양국 관계의 미래와 연계시킨 포괄적 성격으로서 동시적 해결 방식을 지향하고 있다.

북한은 1995년 1월 1일 ≪로동신문≫ 등 공동 사설에서 기본합의문 채택이 김일성의 뜻을 승계한 것임을 지적하고, 합의문 채택을 "획기적 사변"이라고 평가하였다. 북한의 입장에서 제네바 기본합의의 가장 큰 성과는 북한이 핵개발을 단계적으로 포기하는 대신, 미국으로부터 체제 위협의 중단 약속과 궁극적으로 그것을 제거할 길(관계 정상화 프로세스)을 열었다는 점이다. 북·미 기본합의는 북한에게 국가 정체성 인정을 바탕으로 경제여건 개선과 국제적 고립 탈피 등 국가 이익을 증진할 기회를 제공하고, 김정일 정권의 정당성과 정치적 안정성을 가져다줄 것으로 기대되었다.[17] 클린턴 정부도 제네바 합의에 대해 비교적 긍정적인 평가

---

16) 북한은 2002년 10월 25일 북·미 불가침조약을 제의하는 가운데 미국의 제네바합의 위반을 거론하며 비공개 양해각서를 공개하였다. ≪연합뉴스≫ 2002. 10. 25.

를 내리고 있었다. 국무부의 민튼(M. Minton) 한국 과장은 제네바 합의의 의의를 북한의 핵무기 프로그램 중단, 한반도 문제의 외교적 접근, 북한의 대외적 접촉 및 북한에 대한 국제적 영향 등을 꼽았다.18) 실제로 제네바 합의의 내용은 기존 핵시설의 해체를 요구하는 NPT의 요구사항보다 폭넓은 것이었다.

그러나 제네바 합의에 대해 미국과 남한 내의 반응은 긍정적이지만은 않았다. 당시 미 국방부의 도이치(J. Deutch) 부장관은 기본합의문의 승인을 거부하였다. 그 이유로 첫째, 북한이 폐연료봉을 제네바 합의까지 안전하게 유지하였는가, 둘째, 북한의 플루토늄 생산 가능성 혹은 그에 대한 접근을 어떻게 통제하느냐의 문제를 제기하였다.19) 이외에도 미국 내에서 제네바 합의를 비판하는 사람들이 지적하는 것들은 폐 핵연료의 제3국 송출, 핵폐기시설에 대한 특별 사찰, 공표되지 않은 핵물질의 통제, 기존 핵시설의 해체, 그리고 남북대화 재개 등 다양한 요구로 나타났다. 이와 같은 문제들은 미국 내에서 제네바 합의 이행과 북한의 순응 유도 방안을 둘러싼 논쟁으로 이어졌다. 한국정부는 북·미 합의를 환영한다고 밝혔지만, 정치권과 여론은 의견이 분열되었다.

제네바 합의는 미국의 비확산 정책과 북한의 체제 생존전략이 타협점을 발견하면서 이루어진 것으로서, 상호주의적 동시 행동의 원칙이 준수되지 않을 경우 결렬될 위험성을 안고 있었다. 미국은 제네바 합의에 이르기까지 대북 핵외교에서 폭넓게 공유되고 있던 근본주의적 불신에 기반한 대북 인식 때문에 협상에 회의적이었다. 그 구체적인 현상이 클린턴 정부의 대북정책에 대한 공화당 측의 강력한 견제였다. 북한도 생존

---

17) Banning Garret and Bonnie Glaser, "Looking Across the Yalu: Chinese Assessments of North Korea," *Asian Survey* (June 1995), pp.532~533.

18) "U.S. Policy Toward North Korea," Testimony by Mark Minton, Director of the Office of Korean Affairs, before the Senate Foreign Relations Committee, Subcommittee on East Asian and Pacific Affairs, Washington, DC, September 12, 1996.

19) *Washington Post*, October 19, 1994.

전략 차원에서 미국과의 협상을 추구하였지만 그 과정에서 위협 인식과 적대 이미지가 협상을 합리적으로 전개하는 데 많은 시간과 비용을 추가시켰다.[20]

4) 4자회담

북한은 제네바 합의를 통하여 '소극적 안전보장'에 근접한 내용을 확보한 이후 북·미 평화협정 체결을 통한 완전한 체제안보를 달성하고자 하였다. 북한은 정전협정 관련 기구로부터의 철수 혹은 해체를 주장하며 미국과의 평화협정 체결을 위한 조건 조성에 나섰다. 북한은 1996년 2월 22일 평화협정의 전 단계 조치로 북·미간 잠정 협정 체결과, 군사정전위원회를 대신할 북·미 공동 군사기구의 설치를 제의하였다.[21]

이에 대응하여 한·미 양국 대통령은 1996년 4월 16일 제주에서 가진 정상회담에서 남북한과 미국, 중국이 참여하는 4자회담을 제의하였다. 북한은 처음 남한과 미국의 의도를 파악하기 위하여 곧장 응하지 않다가 미국의 설명을 들은 후 참여하기로 하였다. 물론 북한이 회담에 참여한 본질적인 이유는 평화체제 수립 방안과 관련하여 북한의 입장을 논의할 수 있었기 때문이다. 그러나 4자회담에서 주한미군 철수, 북·미 평화협정 관련 논의가 진전을 보지 못하자, 회담은 1999년 8월 6차 본회담을 끝으로 오늘날까지 열리지 못하고 있다.[22] 또 북한의 입장에서 볼 때 당시 북한은 미사일 회담, 고위급 회담 등 미국과의 직접 협상을 통해 양국간 군사적 현안과 양국 관계의 개선을 기대하고 있었다.

---

20) 이에 대한 상세한 분석은 서보혁, 『탈냉전기 북미관계사』(서울: 선인, 2004), 289~302쪽 참조.

21) 북한 외교부 대변인의 담화, 《민주조선》 1996. 2. 23.

22) 4자회담의 전개 과정과 쟁점에 대한 상세한 분석은 박영호, 「4자회담의 전개과정과 평가」, 김학성 외, 『한반도 평화전략』(서울: 통일연구원, 2000), 140~189쪽 참조.

5) 북·미 공동성명

북·미 관계 개선을 향한 본격적인 출발은 2000년 9월 27일에서 10월 2일까지 뉴욕에서 열린 고위급 회담이었다. 회담에서 양국은 사안별로 개최하던 기존의 협상 방식과 달리 북한의 미사일 개발 및 수출, 테러 지원국 지정 해제, 제네바 핵합의 이행 등 양국간 현안을 포괄적으로 논의하였다. 양측은 또 '국제 테러에 관한 북·미 공동성명'에 합의하고, 김정일 국방위원장의 특사의 미국 방문일정을 논의하였다.[23]

2000년 10월 9~12일 북한 인민군 총정치 국장 조명록이 김정일 국방위원장의 특사 자격으로 군복을 입고 미국을 방문하였다. 이 사건은 북·미관계 사상 초유의 일로서, 양국 관계 정상화를 위한 김정일 위원장의 적극적인 의지를 보여준 것이다. 조명록 특사는 양국 관계 정상화가 김정일 위원장의 의지임을 확인하였다. 북한의 그런 입장은 공동성명에 "두 나라 사이의 관계가 자주권에 대한 호상 존중과 내정 불간섭의 원칙에 기초하여야 한다는 것"으로 반영되어 있다.

클린턴 정부는 조명록 특사의 방미가 남북관계 진전과 4자회담을 지지하는 결정적 근거라는 점에서 중요하다고 평가하였다.[24] 조명록 특사는 클린턴 대통령과의 회담에서 미사일 문제를 정치적으로 해결하려는 평양 당국의 방침을 전달하였다. 이에 대해 미국은 원칙적인 동의를 표명하였다. 이와 같은 내용은 10월 12일 발표된 북·미 공동성명에 반영되었다. 공동성명의 주요 내용은 ① 북한의 장거리 미사일 개발 포기, ② 양국간 적대 관계 청산, 미국의 대북 체제 보장 및 경제 지원, ③ 한반도 평화체제 구축을 위해 4자회담 등 여러 방안 활용, ④ 클린턴 대통령의

---

23) "Joint U.S.–DPRK Statement on International Terrorism," Statement by Richard Boucher, Spokesman, October 6, 2000.

24) Secretary of State Madeleine K. Albright, Toast Remarks at the Dinner Hosted by The People's Democratic Republic of Korea, October 11, 2000, Mayflower Hotel, Washington, D.C.

평양 방문 준비를 위한 올브라이트(M. Albright) 국무장관의 방북 등이다.[25] 북한 관영 언론은 이 성명을 "관계 개선 립장을 확언한 력사적인 외교 문건", "국제법적 효력을 가진다"고 하면서 미국과의 관계 정상화 의지를 강력하게 나타냈다.[26]

조명록 특사의 방미에 이어 올브라이트 미 국무장관이 10월 23~25 평양을 방문하였다. 올브라이트 장관은 24일 김정일 위원장과의 회담 후 가진 기자회견에서, 두 사람의 회담은 과거의 적대 관계를 극복하고 밝은 미래를 위한 전도에 초점을 맞추었다고 말했다.[27] 당시 클린턴 대통령의 방북은 쿠알라룸푸르에서 열리는 양국간 미사일 회담의 결과를 토대로 결정될 것으로 예상되었다. 그가 방북할 경우 김정일 위원장과 상호 국가 승인 협정을 맺을 것으로 알려졌다.[28] 그러나 그의 방북은 국내적 제약에 직면하였다. 11월 7일 실시된 대통령 선거가 혼란에 빠지게 되고, 그의 임기 내 북·미 미사일 회담의 타결에 시간적 여유가 불충분하다는 판단과 퇴임 직전 방북에 대한 비판적인 여론 등으로 인해 결국 클린턴의 방북은 무산되었다.[29]

6) 좌절의 교훈

위에서 살펴본 여러 사례들은 한반도 정전체제의 동요 이후 남북, 북·미간에 전개된 관계 개선의 노력과 그 좌절을 보여주고 있다. 그것들이

---

25) U.S. Department of State, U.S.-D.P.R.K. Joint Communique, October 12, 2000.

26) '조선중앙통신', 2000. 10. 12; ≪로동신문≫ 2000. 11. 7.

27) Secretary of State Madeleine K. Albright, Press Conference, Koryo Hotel, Pyongyang, Democratic People's Republic of Korea, October 24, 2000.

28) ≪조선일보≫ 2000. 10. 13.

29) 올브라이트 국무장관은 11월 2일, 29명의 한반도 전문가들을 국무부에 초청하여 대통령의 방북에 관한 의견을 수렴하였는데 이때 27명이 반대하였다. 찬성한 2명은 온건 성향의 셸리그 해리슨과 레온 시걸(Leon Sigal)이었다. ≪한겨레신문≫ 2002. 5. 15.

보여준 우여곡절 속에서 평화체제 구축에 시사하는 점을 발견할 수 있을 것이다.

첫째, 앞에서 이론적으로 살펴보았듯이 평화체제는 명시적 합의로만 가능한 것이 아니라 그것을 이행할 국내외적 지지 기반과 상호간 신뢰 회복이 중요하다는 점이다. 제네바 핵합의는 합의된 내용으로만 볼 때 그대로 진행될 경우, 북·미간 적대 관계 청산을 통한 한반도 평화체제의 수립의 길이 열려 있다고 할 수도 있다. 그러나 합의 이행에 비판적인 미국 내 정치적 견제가 강력하였고, 더욱이 양국은 상호 불신을 약화시킬 신뢰 조성 프로그램을 가동시키지 못하였다. 그런 가운데 진행된 경수로 사업은 진척되지 못하였고, 각종 양국간 회담은 합의사항 도출에 많은 시간을 필요로 하였을 뿐만 아니라 도출되는 하나의 합의가 매우 협소하였다. 말하자면 평화체제 수립은 그에 필요한 명시적·묵시적 요소를 구축하는 노력이 병행되어야 한다.

둘째, 관련 당사자들의 지속적인 노력의 중요성이다. 탈냉전 이후 남북은 수많은 굴곡 속에서도 적대 관계를 화해협력 관계로 발전시켜왔다. 물론 그 결정적인 계기는 6·15 정상회담이었고 그 바탕은 민족주의 정서라고 말할 수 있을 것이다. 남북의 최고 정책결정자의 관계 개선 의지와 남북한 민중의 평화통일 의지가 장기간의 불신과 적대 의식을 화해와 협력으로 전환시키고 있다. 이에 비해 북·미간에는 핵, 미사일 등 전략적 이슈에 한정된 대화가 있었을 뿐이다. 남북과 달리 북·미간에는 역사적·문화적 공감대가 없기 때문에 상호 이해와 신뢰를 조성하려는 노력이 더욱 중요하다. 제네바 핵합의나 북·미 공동성명은 그 자체로 중요한 내용을 담고 있지만, 적대 관계에 있는 쌍방 사이에 이루어지는 특정 문제에 한정된 계기적인 합의는 이익 계산법이 틀리거나 불신을 통제하지 못한다면, 사문화될 위험에 노출되어 있다.

셋째, 한반도 평화체제 수립의 기본 당사자를 생각할 때, 남북 혹은 북·미간의 비대칭적인 관계는 평화체제 수립에 긍정적이지 못하다. 제네바 핵합의 이후 북·미 관계가 대화 국면으로 들어섰지만 남북은 경색 국면에 머물러 있었다. 그런 상황은 북한이 4자회담에 응하면서도 마찬가지였다. 이와 달리, 1990년대 초 남북간에는 기본합의서와 한반도 비핵화 공동선언이 채택되었고, 북·미간에는 미국의 한반도에서의 핵무기 철거 방침으로 한국전쟁 이후 최초로 대화가 시도되었고 북한의 핵개발 문제를 대화로 해결하려고 하였다. 요컨대, 한반도 평화체제의 수립은 기본 당사자인 남·북·미 3자가 상호 긍정적인 관계에 있을 때 안정적으로 모색될 수 있다고 하겠다.

4. 한반도 평화체제 수립의 구상

한반도 평화체제 구상은 세계적 탈냉전에 즈음하여 나타난 한반도 정전체제의 동요를 전제하고 있다. 또 2000년대 들어 남북관계는 비록 경제·문화적 측면이 중심이 되고 있지만, 교류 협력을 지속하면서 적어도 정치적·심리적 측면에서도 남북간 불신과 긴장이 완화되고 있다. 물론 정전체제의 구성 요소와 관련 여건의 변화 양상 모두가 평화체제의 수립에 긍정적이지만은 않은 것도 사실이다. 그럼에도 불구하고 북핵사태의 상호주의적 해결과 남북 교류협력의 발전이 이루어진다면 한반도 평화체제는 당위에서 현실로 전환될 수 있을 것이다.

1) 평화체제의 내용

평화체제의 내용은 무엇보다 이를 담보하는 국제법적 효력을 발휘할 문서를 도출하는 것이 중요하다. 정전체제와 마찬가지로 평화체제도 단지 특정 명시적 합의만을 의미하지 않지만, 적대 관계를 유지해온 관련 당사국들이 그것을 청산하고 평화를 회복하고 우호 협력을 증진할 수 있는 의무 사항 및 그 이행에 관한 공동 약속이 제일 중요하다는 점을 부인할 수 없다. 이와 관련한 방안으로는 평화협정, 불가침조약, 관련국 정상간 평화선언, 국교 정상화 등이 있을 수 있으나 여기에서는 가장 많이 거론되는 평화협정의 내용과 수립 절차를 중심으로 생각해보려 한다.

현재까지 정전체제의 주 당사국인 남북한과 미국은 평화협정의 내용보다는 주로 당사자 문제를 둘러싸고 입장 대립을 보여왔다. 물론 협정의 참여 당사자가 협정 내용에 다소간 영향을 미치겠지만 대체로 다음과 같은 내용들이 기본이 될 수 있을 것이다.

· 남북한 특수 관계의 인정
· 정전 상태의 종식 및 평화 회복
· 자주·평화·민족 대단결 등 통일 3원칙 재확인
· 한반도 비핵지대화
· 비무장지대의 평화지대화
· 불가침 의무 및 군사분계선의 확대(육상, 해상, 공중)
· 남북간 및 남북한의 기존 대외적 합의 및 조약 존중
· 우발적 충돌 방지 방안

북한은 그동안 평화협정의 내용을 불가침에 한정하여 그것을 미국과 맺는 것에 관심을 집중해왔다. 반면, 남한은 선(先)남북한 군사적 신뢰 구축, 후(後)남북 평화협정 체결을 주장해왔다. 그러나 평화협정의 내용을 위와 같이 상정할 경우 남북한의 입장 차이는 배타적인 것이 아니라 협정의 이행 과정에서 수렴될 수 있을 것이다. 여기서 주목할 것은 군비 통제 및 군축 이행 방안을 평화협정 체결의 전단계가 아니라 그 내용으로 포함시키고 있다는 점이다. 이는 관련 당사국이 군사적 신뢰 구축을 이행하도록 강제하는 의미를 갖고 있다.

둘째, 평화협정과 함께 묵시적인 행위 규범으로서 상호 신뢰와 공동의

관습을 형성하기 위하여 다방면의 교류 협력도 활성화되어야 할 것이다. 여기에는 당국과 민간 양 차원에서 경제·문화적 교류의 활성화, 인도주의적 지원, 그리고 이질성에 대한 존중과 공동 관심사에 대한 상호 협력 등이 포함될 수 있다. 이를 추진하는 방법에는 정부간, 민간, 정부와 민간, 주변국 및 국제기구의 지원 등이 필요에 따라 적절하게 배합될 필요가 있다. 이런 과정 속에서 평화체제 수립을 향한 행위 규범과 상호 신뢰가 관련국 정부와 민간 차원에서 명시적·묵시적으로 형성될 수 있다. 특히, 북핵사태에서 보는 바와 같이 관련 국가간 대립이 지속되는 가운데 민간외교, 공중외교(public diplomacy)와 다자적 접근이 활성화될 필요가 있다. 여기서 군사 안보 문제에서 민간외교의 역할을 강조하는 것은 안보 개념의 재정의를 바탕으로[30] 정부간 외교를 감시할 뿐만 아니라, 평화 실현 과정에서 민관의 상호보완적인 역할이 있음을 의미한다.

2) 평화협정 체결의 당사국

이상과 같은 평화체제의 내용이 중요하다고 하더라도 그것을 이행할 당사자 문제를 합의하는 것이 현실적으로 우선시되고 있다. 한국과 미국은 남북 평화협정을 주장하고 있다. 이에 관한 국제법적 근거는 정전협정의 당사자가 평화협정의 당사자와 일치할 필요는 없다, 혹은 정전협정의 서명자와 당사자는 구분된다는 것이다. 미국은 한국의 입장을 지지하면서도 남북 주도의 평화체제 구축에 개입할 의사를 간헐적으로 표명해왔다. 1990년대 초 베이커(J. Baker) 미 국무장관의 '2+4(남북한+미·중·

---

30) 국가 중심의 위로부터의 안보 개념에서 인간 중심의 아래로부터의 안보 개념으로 발전함을 말한다. 인간 안보의 견지에서 국가의 역할은 "모든 개인은 안전하게 살 권리가 있고 모든 국가는 이를 지킬 의무가 있다"는 말로 요약된다. 이에 대해서는 Commission on Global Governance, *Our Global Neighborhood: The Report of the Commission in Global Governance*, Oxford University Press, 1995의 Ch. 3 "Promoting Security"를 참조. 번역본은 하영선 편, 『21세기 평화학』, 풀빛, 2002, 317~340쪽.

일·러) 포럼' 구상이나 클린턴 정부에서의 4자회담 개최 등이 그 예이다.

반면, 북한은 소위 '실질적 당사자'론에 입각하여 미국과 쌍무적인 협정 체결을 주장해왔다. 북한은 평화협정 체결 당사국과 관련하여 남북 평화협정(1955년 8월-1974년 2월), 북미 평화협정(1974년 3월~1983년 12월), 북미 평화협정과 남북 불가침선언 병행(1984년 1월~1996년 1월), 북미 잠정협정 체결 후 평화협정 체결(1996년 2월-2002년 9월), 북미 불가침조약(2002년 10월~현재) 등 시기별로 입장을 변화시켜왔다. 그것은 북한이 해당 시기 안보 위협을 타개하고 미국과의 대화채널 확보를 겨냥한 것으로 분석할 수 있다. 그럼에도 불구하고 북한은 1974년 이후 기본적으로 평화협정 혹은 불가침조약의 체결 당사자를 북·미 양자로 파악하고 있다.

이와 같이 한국·미국과 북한 사이의 입장 대립은 각기 자국의 이해에 따라 당사자 문제를 협소하게 파악하고 있음을 말해준다. 평화협정 당사자를 둘러싼 이들 3자간 입장 차이는 역설적으로 3자 모두 당사자임을 말해준다.

평화협정의 당사자를 둘러싼 논의는 관련국은 물론 전문가 집단 내에서도 다양하게 나타나고 있다.[31] 적게는 남한과 북한 그리고 미국, 크게는 이들 3국과 중국, 그리고 한국전쟁에 연합군으로 참여한 16개국과 유엔 등이 될 수 있다. 이들 논의의 공통분모를 갖고 볼 때, 평화협정 체결의 당사자는 적어도 남북한과 미국 등 3자가 된다. 그 이유는 정전협정 서명국과 정전체제의 실질적 당사자에 이들 3자가 관련되기 때문이다. 평화협정 체결에 북한과 미국이 참여해야 할 이유는 양측이 한국전쟁에서 교전하였고, 정전협정 체결의 당사자였으며, 협정 체결 이후 지금까

---

31) 곽태환 외, 『한반도 평화체제의 모색』, 경남대학교 극동문제연구소, 1997. 송대성, 『한반도 평화체제』, 세종연구소, 1998. 박명림, 「남북 평화협정과 한반도 평화」, 『한반도 평화는 가능한가?』, 아르케, 2004, 217~259쪽; "A Comprehensive Solution of the Korean War," Special Report 106 (May 2003), United States Institute of Peace 등을 참조.

지 한반도에서 군사적 대치상태를 유지하고 있기 때문이다. 그렇다면 남한은 평화협정 체결의 당사자가 될 수 없는가? 남한은 정전협정 체결의 당사국은 아니었지만, 북한과 미국처럼 한국전쟁에서 교전하였을 뿐만 아니라, 반세기 동안의 정전체제 유지 및 북한과의 군사적 대치상태의 일방으로서의 위치에 서있었기 때문에 평화협정 체결의 당사자가 된다. 따라서 남북한과 미국은 평화협정 체결의 기본 당사자가 될 수 있다. 다만, 평화협정 체결의 방식은 향후 한반도 주변정세와 3자 사이의 정치적 선택에 의존할 것이다.

3) 평화협정 체결의 전제조건

평화협정 체결이 한반도 평화체제 수립의 중요한 문제라고 하더라도 그 전제조건을 형성하는 것이 단기적으로는 더 중요하다. 여기에는 남북한 자체의 내부적 과제, 남북관계 차원의 과제, 남북한의 대외관계 등 세 가지 차원에서 해결될 문제들이 남아 있다.

먼저, 남북한의 내부적 과제는 무엇보다 상대방을 적대시하는 법·제도와 의식을 제거하고, 화해와 공존의 관계로 전환하는 작업이 필요하다. 상대방을 적이나 타도의 대상으로 설정하고 있는 남한의 헌법 제3조와 국가보안법, 북한의 노동당 규약과 헌법 제9조의 개폐, 그리고 휴전선 부근에 밀집된 남북한의 군사력 감축이 그 대표적인 과제이다. 또한 이산가족 상봉과 경제 협력, 인도주의적 지원 등 남북한 교류 협력을 보다 자유롭게 하여 아래로부터 상호 불신과 적대감을 해소하는 노력이 병행되어야 할 것이다.

둘째, 남북관계 차원에서는 현재 진행되고 있는 남북 교류 협력 사업을 제도화할 뿐만 아니라, 각종 당국간 정치회담을 정례화하고 남북 정상간 핫라인을 설치하여 우발적 충돌 방지와 공동 관심사에 대한 상호 협력을 증진시켜야 할 것이다. 그러나 평화체제 수립과 관련하여 남북간에 가장 중요한 것은 군사분야에서의 신뢰 구축을 적극 추진하는 것이다. 2000년 남북 정상회담 이후 현재까지 남북은 경제·문화 분야에서는 비교적 활발한 교류 협력이 진행되고 있으나 군사 분야에서는 비정기적인 군사 당국자 회담과 경의선·동해선 복원 등과 관련한 실무 접촉에 그치고 있다. 여기서 한국과 미국은 북한에 남한과의 군사적 신뢰 구축과 군축 노력 없이는 국제적 고립과 군사적 긴장이 지속될 뿐만 아니라 평화체제 구축이 요원하다는 점을 인식시킬 필요가 있다.

마지막으로, 평화체제 수립과 관련한 남북한의 대외관계는 1980년대 후반 시작된 주변국들의 남북한 교차 승인 구도의 완성으로 수렴된다고 보겠다. 1980년대 후반 노태우 정부가 추진한 북방정책은 남북한 교차 승인을 통해 적대적 남북관계를 공존의 방향으로 전환시키고 이를 바탕으로 평화체제의 길을 열어갈 것이라는 기대를 가지게 하였다. 그럼에도 불구하고 당시 그것이 완성되지 못한 것은 북한의 핵개발 논란과 일본인 납치 문제와 함께 미국과 일본의 대북관계 개선 의지와 그에 대한 한국 정부의 지지 의사가 확실했는지도 의문이 남는다. 요컨대, 평화체제 수립을 위해서는 명시적 측면에서 평화협정 체결이 가장 중요하지만, 그와 함께 북·미, 북·일 관계 정상화를 통하여 1990년대 이후 남북간 세력 균형의 균열에서 오는 북한의 증대된 안보 불안을 해소하고 북한을 평화체제 수립의 장으로 이끌어낼 필요가 있다.

이상과 같은 한반도 평화체제 수립을 위한 전제조건들은 현재 북핵사태와 미국의 대북 강경정책으로 인해 전면화되지 못하고 있다. 북핵사태의 본질은 탈냉전기 국제관계에서 경합하고 있는 두 가지 행동양식, 즉 국가 주권 원리와 초국가적 규범 사이의 충돌을 배경으로 하고 있다. 체제 안보와 핵 포기의 선후를 둘러싼 북·미간 대립은 이 두 행위 규범의 대립을 극명하게 보여주고 있다.[32] 그런데 이 두 행동양식 중 어느 하나

---

32) 서보혁, 「세계화 시대의 정체성 정치: 북한의 경우」, 한국정치학회 2003년 하계학술회의 논문 참조.

가 오늘날 보편적인 지위를 획득하여 다른 하나를 무시할 수 있는지는 의문이다. 따라서 이 둘은 제로섬게임이 아니라 협력 게임, 선후의 문제가 아니라 상호성(reciprocity)의 문제로 파악하는 것이 타당할 것이다. 현 북핵사태가 한반도 평화체제 수립에 어떤 영향을 미칠지는 단정하기 어려우나, 제네바 핵합의의 정신인 상호주의를 복원하여 국가 주권과 비확산 규범의 일괄 타결 및 동시 이행을 추구하는 것이 타당성과 현실성 그리고 평화적 해결 원칙 모두를 만족시킬 수 있을 것이다.

4) 평화체제 수립의 경로

이상과 같은 논의를 바탕으로 한반도 평화체제 수립의 경로를 제도적 차원에서 구상해볼 때 정전체제의 안정적 변화→ 과도적 조치→ 교차 불가침조약 체결→ 평화협정 체결 등 4단계로 설정해볼 수 있다.

1단계 조치인 정전체제의 안정적 변화는 정전체제의 유지와 그 속에서 신뢰 구축 방안의 마련을 포함하고 있다. 먼저 정전체제의 유지란, 관련국들이 분쟁을 방지하고 상호 신뢰하에서 평화체제 논의를 전개할 수 있는 조건 조성을 말한다. 구체적으로 정전체제의 유지는 정전협정과 남북 기본합의서 및 남북 불가침 부속합의서에 의거하여 도발 행위와 우발적 무력 충돌의 방지를 핵심으로 한다. 다음으로 군사적 신뢰 구축을 위한 실천 가능한 합의와 그 이행이다. 예를 들어 북방 한계선을 둘러싼 남북한간 긴장을 공동 어로 획정과 그 이용을 위한 남북 공동 해상 경비 활동, 나아가 해군 군사훈련 상호 참관 등을 생각해볼 수 있다. 그리고 남북한은 육상에서도 비무장지대에서의 상호 비방 중단과 공동 지뢰 제거 작업, 핫라인(hot line) 운용, 나아가 군사회담을 통한 군비 통제 및 군축 논의를 시작할 수 있을 것이다. 이러한 군사적 신뢰 구축을 지속·발전시키는 데 있어 정책결정자간 신뢰 조성과 공동의 경제적 이익 창출이 촉진제 역할을 한다는 점을 감안하여 정치적·경제적 교류·협력이 병행될 필요가 있다. 이러한 정전체제의 안정적 변화는 단지 1단계 조치로 그치는 것이 아니라 평화체제 구축과 통일 과정까지 지속되어야 할 기본적인 사항으로 보아야 할 것이다.

2단계 조치인 과도적 조치는 50년을 경과하면서 견고해 보이는 정전체제가 단기간에 평화체제로 나아가기 어렵다는 판단 속에서 제시될 수 있는 방안이다. 이는 1990년대 들어 남북한과 미국의 제안을 통해 인정되는 바이다. 북한은 평화협정 체결의 전 단계로 '새로운 평화 보장 체계' 혹은 '잠정 협정'의 체결을 제안한 바 있고,[33] 2000년대 들어서는 기존의 북·미 평화협정과 다른 북·미 불가침조약을 제안한 바도 있다.[34] 한국과 미국 역시 중국의 동의를 얻어 4자회담을 제안한 것도 정전협정을 평화협정 체결로 즉각 전환하지 못한다는 상황 인식 속에서 나온 것으로 볼 수 있다. 남북한이 4자회담에 참여한 것은 평화협정 체결 당사자에 관한 입장이 서로 다르면서도 정전체제를 평화체제로 전환하는 과정에서 대화할 용의가 있다는 점을 시사하고 있다. 또 북한은 4자회담 참여에 앞서 평화 보장 체계의 중간 조치로 '북·미 상호 안보 협의회'와 함께 '남북 군사 공동 위원회'를 동시에 가동할 것과 주한미군의 주둔을 양해한다고 밝힌 바 있다.[35] 이와 같은 과도적 제안들은 남북한과 미국 그리고 필요에 따라서는 중국이 정치적 의지를 모을 때 합의점을 찾을 수 있다. 다만, 그 현실화는 객관적으로는 북핵사태의 해결 이후, 주관적으로는 한국의 '평화체제 외교'가 활성화될 때 가능할 것이다.

3단계 조치인 교차 불가침조약 체결은 관련 당사국간 군사적 신뢰 구축을 전쟁 방지로 발전시키고, 평화협정을 체결할 정치외교적 환경을 성숙시키는 데 목적을 두고 있다. 구체적으로 한국과 중국, 북한과 미국이 각각 불가침조약을 맺고, 남북간에는 기본합의서상의 불가침 선언을 법

---

33) 고유환, 「평화체제 구축에 관한 북한의 전략: 북·미협정」, 곽태환 외, 『한반도 평화체제의 모색』, 70~72쪽 참조.

34) 《조선중앙통신》 2002. 10. 25.

35) Harrison, *Korean Endgame*, pp.167~169.

적 효력을 갖도록 하는 조치를 말한다.36) 특히 한·중, 북·미 불가침조약
은 남북한이 중국, 미국에게 갖고 있는 군사적 위협을 공식적으로 제거
할 뿐만 아니라, 평화협정 체결 당사자 문제와 관련하여 남한이 북한을
설득할 수 있는 근거가 될 수 있을 것이다. 북한은 2002년 10월 이후 소
위 '핵개발 시인' 파문이 발생하자 미국과의 불가침조약 체결을 북핵사
태 해결의 조건으로 제시한 바 있다. 북한의 입장에서 북·미 불가침조약
제안이 기존의 북·미 평화협정 체결 주장을 대체하는 것은 아니지만, 북
한이 고수해온 평화협정 당사자론을 완화시키는 데 도움을 줄 수 있을
것이다.37)

물론, 교전 당사국이 정전협정 후 평화협정을 체결하지 않는 대신 불
가침조약으로 적대 관계를 청산하고 관계 정상화를 추구할 수도 있다.38)
마찬가지로 남북, 북·미, 한·중 사이의 교차 불가침조약 체결을 사실상
의 한반도 평화체제 수립으로 간주할 수도 있을 것이다.

그러나 불가침조약은 다음 두 가지 점에서 한계를 안고 있다. 첫째,
군사적 측면에서 불가침조약은 상호 불가침을 국제적으로 천명한 것일
뿐 그것을 가능하게 하는 군사적 신뢰 구축, 군비 통제, 군축 등 불가침
이 실현될 수 있는 법·제도적 장치들을 담보하지 못하고 있다.39) 더구나

---

36) 북한은 남북기본합의서를 1991년 12월 26일 열린 중앙인민위원회·최고인민회의
   상설회의 연합회의에서 심의· 승인하였다. 따라서 남북 불가침선언의 효력은 남한
   국회의 비준이 있어야 하며, 그 구체적인 이행을 위해서는 남북간에 불가침 이행 공
   동위원회의 가동이나 별도의 군사기구가 필요하다. 『조선중앙년감』, 평양, 조선중앙
   통신사, 1992, 123쪽.

37) 이러한 판단은 앞에서 살펴보았듯이, 1990년대 들어 북한의 평화협정 체결 주장이
   여러 과도적 방안을 제시하면서 단계적인 자세를 보이고 있으며, 북한이 평화협정
   체결 그 자체보다는 미국으로부터의 안보 위협 해소에 주목적이 있다는 점으로도
   뒷받침된다.

38) 이에 해당하는 역사적 사례는 제2차 세계대전에서 교전 당사국이었던 소련과 일본
   이 전후 평화협정을 체결하지 않고 불가침조약을 맺은 데서 찾아볼 수 있다.

39) 이를 잘 보여주는 역사적 사례가 제2차 세계대전 중이던 1939년 8월 23일 체결된
   독일과 소련 간의 불가침조약이 쉽게 깨어진 경우이다.

불가침조약이 정전 상태의 해소, 전후 처리, 교전 쌍방간 적대 관계 해소 등 평화협정이 담을 기본 내용을 충족할 수 없다. 둘째, 비군사적 측면에서도 불가침조약이 준수된다고 하더라도, 그것은 정치적 우호 관계와 국제적 협력과는 구별되기 때문에 불안정하고 일시적인 평화 상태에 머무를 수밖에 없다. 그렇기 때문에 적어도 제도적 측면에서는 평화협정 체결이 한반도 평화체제 수립으로 가는 마지막 관문이라고 말할 수 있다. 평화협정은 위에서 언급한 불가침조약의 두 한계를 극복할 수 있을 뿐만 아니라, 문화적·심리적 측면에서도 적대감과 배타 의식을 약화시킬 환경을 조성해준다. 평화협정은 하나의 긍정적인 조건일 뿐 당사국 상호간 정치적 의지가 중요한 역할을 할 것이다. 만약 이상과 같은 일련의 단계들이 취해진다면 평화협정은 정전협정을 대체하는 데 그치지 않고 한반도의 항구적인 평화를 수립해갈 미래지향적인 의미를 가진다.

마지막으로, 평화협정 체결 당사자 문제는 ① 북한이 인식하고 있는 안보 위협의 실질적 해소, ② 평화체제 확립 과정에서 남북한의 주도성 견지, ③ 국제적 지지 및 보증 확보 등 세 측면을 만족시키는 관점에서 논의하는 것이 타당하다. 다만, 평화협정 체결은 위 논의들이 시사하듯이 단계적으로 접근하는 것이 현실에 부응한다. 그런 점에서 평화협정은 이론적으로 볼 때 남·북·미 3자가 맺거나, 아니면 남북과 북·미간에 2개의 평화협정을 맺는 것이 타당하다.[40]

평화협정 체결 자체가 한반도 평화체제의 정착을 담보한다고 볼 수 없으므로 남북한 쌍방의 군사적 신뢰 구축과 군비 통제 그리고 군축으로 나아가는 노력과 함께 한반도 평화체제를 국제적으로 지지하는 조치가 병행되어야 할 것이다.[41]

---

40) 다만, 남북한은 기본합의서를 통해 상호관계를 국가 대 국가의 관계가 아닌 특수 관계로 규정하고 또 불가침선언을 했으므로, 남북 정상회담에서 평화선언을 하거나 기본합의서의 국회 비준을 통해 평화협정을 대체할 수도 있을 것이다.

41) 이에 관해서는 이철기, 「한반도 평화체제: 정치·군사적 분야의 과제와 방안」, ≪통일문제연구≫ 제35권 (2001년 상반기호), 25∼26쪽; 윤덕민, 「한반도 평화협정에 관한

5. 한반도 평화체제와 동북아 안보 협력

한반도에서 평화체제를 수립하는 일은 유엔사, 군정위, 중감위 등 정전체제의 구성요소들이 유명무실해지고 그것을 지탱해온 남북간 적대감과 세력 균형이 약화된 현실을 배경으로 하고 있다. 물론 남북간 군사적 대치 상태와 북·미, 북·일간의 적대 관계가 지속되고 있는 것이 사실이다. 그러나 1990년대 이후 남북관계의 개선이 지속되고 북·미, 북·일간에도 관계 개선 노력이 모색되어 왔다는 점을 상기할 필요가 있다. 그리고 북한의 개혁·개방 노력과 동북아 국가들 간의 경제적 상호 의존의 확대 등 새로운 주변 환경이 한반도의 평화 정착을 요구하고 있다. 그렇기 때문에 한반도에서 평화 정착은 동북아 지역의 안보 협력을 필요로 하고, 동북아 안보협력체제의 수립을 위해서는 한반도의 평화 정착이 선결 과제이다.

한반도 평화체제 수립은 미국을 비롯하여 주변 강대국들의 지지와 역할이 동반되어야 한다. 앞에서 살펴본 것처럼 미국은 북한과 불가침조약 혹은 평화협정 체결, 대북 관계 정상화를 통하여, 그리고 중국은 한국과 불가침조약을 통하여 한반도 평화체제 수립을 지지하고 보증할 역사적 책임이 있다. 한반도 평화체제 수립에 있어서 남북한을 포함한 주요 당사국들은 이미 4자회담을 통하여 공동의 역할을 확인한 바 있고 6자회담이 그 가능성을 열어놓고 있다. 이런 다자회담에서 핵 비확산 규범에 관한 공정한 적용과 북한에 대한 안전보장 등에 관한 진지한 협의가 필요하다. 2004년 12월 현재, 6자회담은 3차례 회담을 가지면서 모든 참여국들이 한반도 비핵화에 원칙적으로 합의하였다. 이것은 동북아 비핵지대화를 실현할 수 있는 계기를 마련한 것으로 평가할 수 있다. 비확산 체제의 공정한 적용이 중요한 이유도 여기서 찾을 수 있다. 따라서 동북

연구: 평화협정의 쟁점 사항을 중심으로」, 외교안보연구원 정책보고서(2000), 20~29쪽 참조

아 비핵지대화는 미국, 러시아, 중국 등 핵보유국의 의지에 달려 있다고 해도 과언이 아니다. 동북아 비핵지대화의 가능성은 생화학무기와 미사일 등 다른 대량파괴무기와 그 운반 수단의 개발·배치·사용 금지와 재래식 무기에 관한 군축 논의로 이어질 수 있을 것이다. 그런 점에서도 한반도 평화체제는 동북아 안보협력체제의 수립에 중요한 기틀이 될 것이다.

한반도 평화체제 수립 과정에서 남북한이 적극적인 자세와 주도적인 역할로 임할 필요성은 그 과정을 자주적 평화통일로 발전시키고 나아가 동북아 공영에 이바지할 수 있다는 데서 찾을 수 있다. 그러면서도 평화체제 수립 과정에 주변국들을 참여시키는 것은 그 국가들이 한반도 평화체제의 형성은 물론, 그 연속선상에서 동북아 다자 안보협력체제를 수립하는 데에도 책임 있는 역할을 하도록 만들어야 하기 때문이다. 요컨대, 한반도 평화체제 수립 논의에서 자주성과 국제성의 문제는 선택의 대상이 아니라 조화를 이루어야 할 과제이다. 따라서 한반도 평화체제의 수립은 그 자체의 역사적 의미와 함께 동북아 안보협력체제 형성과 직결된다는 거시적 인식으로 대하는 것이 합당할 것이다.

□ 부록 1

한미상호방위조약

1953년 10월 1일 서명

전문 본 조약의 당사국은 모든 국민과 모든 정부와 평화적으로 생활하고
자 하는 희망을 재인식하며 또한 태평양 지역에 있어서의 평화기
구를 공고히 할 것을 희망하고 당사국 중 어느 일방이 태평양 지역
에 있어서 고립하여 있다는 환각을 어떠한 잠재적 침략자도 가지
지 않도록 외부로부터의 무력공격에 대하여 그들 자신을 방위하고
자 하는 공통의 결의를 공공연히 또한 정식으로 선언할 것을 희망
하고 또한 태평양 지역에 있어서 더욱 포괄적이고 효과적인 지역
적 안전보장 조직이 발달될 때까지 평화와 안전을 유지하고자 집
단적 방위를 위한 노력을 공고히할 것을 희망하여 다음과 같이 합
의한다.

제1조 당사국은 관련될지도 모르는 어떠한 국제적 분쟁이나 국제적 평
화와 안전과 정의를 위태롭게 하지 않는 방법으로 평화적 수단에
의하여 해결하고 또한 국제관계에 있어서 국제연합의 목적이나
당사국이 국제연합에 대하여 부담한 의무에 배치되는 방법으로
무력의 위협이나 무력의 행사를 삼갈 것을 약속한다.

제2조 당사국 중 어느 일국의 정치적 독립 또는 안전이 외부로부터의 무
력공격에 의하여 위협을 받고 있다고 어느 당사국이든지 인정할
때는 언제든지 당사국은 서로 협의한다. 당사국은 단독적으로나
공동으로나 자조와 상호원조에 의하여 무력공격을 방지하기 위한
적절한 수단을 지속하고 강화시킬 것이며 본 조약을 실행하고 그
목적을 추진할 적절한 조치를 협의와 합의하에 취할 것이다.

제3조   각 당사국은 타당사국의 행정지배하에 있는 영토와 각 당사국이
　　　　타당사국의 행정지배하에 들어갔다고 인정하는 금후의 영토에 있
　　　　어서, 타당사국에 대한 태평양 지역에 있어서의 무력공격을 자국
　　　　의 평화와 안전을 위태롭게 하는 것이라고 인정하고 공통된 위협
　　　　에 대처하기 위하여 각자의 헌법상의 절차에 따라 행동할 것을
　　　　선언한다.

제4조   상호합의에 의하여 미합중국의 육군, 해군과 공군을 대한민국의
　　　　영토 내와 그 부근에 배치하는 권리를 대한민국은 이를 허여하고
　　　　미합중국은 이를 수락한다.

제5조   본 조약은 대한민국과 미합중국에 의하여 각자의 헌법상의 절차
　　　　에 따라 비준되어야 하며, 그 비준서가 양국에 의하여 워싱턴에
　　　　서 교환되었을 때에 효력을 발생한다.

제6조   본 조약은 무기한으로 유효하다. 어느 당사국이든지 타당사국에
　　　　통고한 일년 후에 본 조약을 종지시킬 수 있다.

이상의 증거로서 하기 전권 위원은 본 조약에 서명한다.
본 조약은 1953년 10월 1일 워싱턴에서 한국문과 형문으로 두 벌로 작
성됨.

　　　　　　　　　　　　　　대한민국을 위하여 변 영 태
　　　　　　　　　　　　　미합중국을 위하여 존 포스터 덜레스

【미합중국의 양해사항】 어떤 체약국도 이 조약의 제3조 아래에서는 타
방국에 대한 외부로부터의 무력공격을 제외하고는 그를 원조할 의무를
지는 것이 아니다. 또 이 조약의 어떤 경우도 대한민국의 행정적 관리하

에 합법적으로 존치하기로 된 것과 미합중국에 의해 결정된 영역에 대한 무력공격의 경우를 제외하고는 미합중국이 대한민국에 대하여 원조를 제공할 의무를 지우는 것으로 해석되어서는 안 된다.

□ 부록 2

한국에 대한 군사 및 경제원조에 관한 한미합의의사록

―한미상호방위조약에 따른 한미합의의사록―

1954. 11. 17.

대한민국과 미합중국의 공동이익은 긴밀한 협조를 계속 유지하는 데 있는 바 이는 상호 유익함을 입증하였으며 자유세계가 공산침략에 대하여 투쟁하며 자유로운 생존을 계속하고자 하는 결의를 위하여 중요한 역할을 한 것이다.

따라서 대한민국은 다음 사항을 이행할 의도를 가지고 있으며 또한 이를 그의 정책으로 삼는다.

1. 한국은 국제연합을 통한 가능한 노력을 포함하는 국토통일을 위한 노력에 있어서 미국과 협조한다.

2. 국제연합군사령부가 대한민국의 방위를 위한 책임을 부담하는 동안 대한민국국군을 국제연합군사령부의 작전지휘권하에 둔다. 그러나 양국의 상호적 및 개별적 이익이 변경에 의하여 가장 잘 성취될 것이라고 협의 후 합의되는 경우에는 이를 변경할 수 있다.

3. 경제적 안정에 배치하지 않고 이용할 수 있는 자원 내에서 효과적인 군사계획의 유지를 가능케 하는 부록 B에 규정된 바의 국군병력기준과 원칙을 수락한다.

4. 투자기업의 사유제도를 계속 장려한다.

5. 미국의 법률과 원조계획에 일반적으로 적용되는 관행에 부합하는 미국정부의 원조자금의 관리를 위한 절차에 협조한다.

6. 부록 A에 제시된 것을 포함하여 경제계획을 유효히 실시함에 필요한
   조치를 취한다.

대한민국이 실행하겠다고 선언한 조건에 기하여 미국은 다음 사항을 이
행할 의도를 가지고 있으며 또한 이를 그의 정책으로 삼는다.

1. 1955년 회계년도에 총액 7억 달러에 달하는 계획적인 경제원조 및 직
   접적 군사원조로써 대한민국이 정치적, 경제적, 군사적으로 강화되도
   록 원조하는 미국의 계획을 계속한다. 이 금액은 1955년 회계년도의
   한국에 대한 원조액으로 기왕에 미국이 구상하였던 액보다 1억 달러
   이상을 초과하는 것이다. 이 총액 중 한국민간구호계획의 이월금과 국
   제연합한국재건단에 대한 미국의 갹출금을 포함하는 회계년도 분의
   계획적인 경제원조액은 약 2억 8만 달러에 달한다(1955년 회계년도의
   실제지출은 약 2억 5천만 달러로 예상된다).
2. 양국 정부의 적당한 군사대표들에 의하여 작성될 절차에 따라 부록 B
   에 약술한 바와 같이 예비군 제도를 포함한 증강된 대한민국의 군비를
   지원한다.
3. 대한민국의 군비를 지원하기 위한 계획을 실시함에 있어서 대한민국의
   적당한 군사대표들과 충분히 협의한다.
4. 대한민국에 대한 도발에 의하지 않은 침공이 있을 경우에는 미국의 헌
   법절차에 의거하여 침략자에 대하여 그 군사력을 사용한다.
5. 필요한 국호의 승인을 조건으로 하여 한국의 재건을 위한 경제계획을
   계속 추진한다.

1954년 11월 17일 대한민국 서울에서

□ 부록 3

한미합의의사록 부록 A

대한민국은 경제계획을 효과적인 것으로 하기 위하여 다음 사항을 포함하는 필요한 조치를 취한다.

1. 환율에 관하여는 대한민국 정부의 공정환율과 대충자금환율을 180대 1로 하고 한국은행을 통하여 달러화를 공매함으로써 조달되는 미국군의 원화 차출금에 충당하기 위하여 공정환율과 상이한 현실적인 환율로 교환되는 달러화교환에 관하여 미국이 제의한 절차에 동의하며, 일반적으로 원조물자도 유사한 환율에 의한 가격으로 한국경제에 도입함으로써 그러한 재원의 사용으로부터 한국경제와 한국예산에 대한 최대한도의 공헌을 얻도록 한다. 미국에 의한 원화차출에 관한 현존협정들의 운영은 전기한 조치가 실제에 있어서 양국정부에게 다같이 만족하게 실시되는 한 이를 정지한다.

2. 미국이 현물로 공여하지 않은 원조계획을 위한 물자는 어떠한 비공산주의 국가에서든지 소요의 품질의 물자를 최저가격으로 구입할 수 있는 곳에서 구매하는 데 동의한다(이는 세계적인 경쟁가격에 의한 가능한 최대한의 구매를 한국에서 행함을 목적으로 하는 것임).

3. 국가 자신의 보유외화의 사용을 위한 계획에 관한 적절한 정보를 관계 미국대표자들에게 제공한다.

4. 한국예산을 균형화하고 계속하여 인플레를 억제하기 위한 현실적인 노력을 행한다(양국 정부의 목적하는 바는 한국예산을 인플레를 억제할 수 있는 방식으로 발전시키는 데 있다).

☐ 부록 4

대한민국 정부와 미합중국 정부 간의 상호군수지원협정의 개정협정

2004년 2월 23일 서울에서 서명
2004년 3월 3일 발효

대한민국 정부와 미합중국 정부(이하 "당사국"이라 한다)는, 양국 군수협력의 증진을 위하여 1988년 6월 8일 서명된 상호군수지원협정(이하 "협정"이라 한다)의 개정을 희망하여, 다음과 같이 합의하였다.

제1조

1. 협정 제1조(적용) 제1항은 삭제되고 다음과 같이 대체된다.
"1. 이 협정은 일방당사국의 군수지원·보급품 및 용역의 제공이 이루어지는 장소와 무관하게 타방당사국의 군대에 의하여 제공받는 군수지원·보급품 및 용역에 대한 상환을 조건으로 일방당사국의 군대가 타방당사국의 군대에게 군수지원·보급품 및 용역을 제공하는 데 적용된다."

2. 협정 제1조(적용) 제2항 두 번째 문장은 삭제되고 다음과 같이 대체된다.
"이 협정에 따른 당사국의 모든 활동은 각 당사국의 법률과 규정에 의하여 실행되며, 각 당사국의 법률과 규정에 의하여 설정된 연간 예산상한선 내에 한정된다. 그러한 목적을 위하여 사용할 수 있는 자금이 없는 경우에는 당사국은 지원요청을 준비하거나 이행하지 아니하고, 모든 지원은 당사국의 승인된 자금을 초과할 수 없다."

3. 협정 제1조(적용) 제2항의 다음의 문장은 삭제된다.

"한-미 양국의 연간 예산상한선은 실제 적대행위 기간중에는 적용되지
 않는다."

4. 협정 제1조(적용) 제3항은 삭제되고 다음과 같이 대체된다.

"3. 주요 완성장비, 대체부품의 최초수량, 그리고 할당 및 분배표, 편제
 및 장비표 또는 이에 상응하는 문서상의 주요 편제장비의 최초발주
 량에 관련된 예비부품은 획득 또는 이전으로부터 제외된다. 그 밖의
 특정품목은 각 당사국의 법률, 방침 또는 정책에 의하여 획득 및 이
 전으로부터 제외될 수 있다."

5. 협정 제2조(정의) 가호는 삭제되고 다음과 같이 대체된다.

"가. 군수지원·보급품 및 용역

식량, 물, 숙영, 수송(항공수송을 포함한다), 석유, 오일, 윤활유, 피복, 통
신용역, 의료용역, 탄약, 기지운용지원(및 부수적 건설), 저장용역, 시설사
용, 교육훈련, 예비부품 및 구성품, 수리 및 정비용역, 측정용역, 그리고
공항 및 항만용역. 이러한 용어에는 일반목적 차량, 그 밖의 중요하지 아
니한 비살상 군사장비의 일시적인 사용도 포함된다."

6. 협정 제2조(정의) 바호는 삭제된다.

7. 협정 제3조(기본조건) 제2항의 세번째 문장은 삭제되고 다음과 같이
 대체된다.

"시행약정은 대한민국 측에서는 국방부 군수관리관, 각군 참모총장, 또는
 국방부장관이나 각군 참모총장이 임명한 대표에 의하여, 그리고 미합중
 국 측에서는 작전이 미국 태평양 사령부 관할지역 안에서 수행되거나
 태평양 사령부 예하부대와 함께 수행되는 경우에는 주한미군 사령관, 주
 한미군 각 구성군 사령관, 또는 주한미군 사령관이나 주한미군 각 구성
 군 사령관이 임명한 대표에 의하여 협상될 수 있다. 작전이 미국 태평양

사령부 관할지역 밖에서 수행되는 경우에는 미합중국 측에서는 임명된 미군 사령관이 태평양 사령관과 협조하면서 시행약정에 대하여 협상할 수 있다."

8. 협정 제3조(기본조건) 제3항 마지막 문장의 "주한미군 구성군 사령부"는 삭제되고 "구성군 사령부"로 대체된다.

제2조

협정의 그 밖의 조항은 변경되지 아니한다.

제3조

이 개정협정은 당사국이 이 개정협정의 발효를 위한 국내절차를 완료하였음을 서면으로 상호 통보하는 날부터 발효한다.

이상의 증거로, 아래 서명자는 그들 각자의 정부로부터 정당하게 권한을 위임받아 이 개정협정에 서명하였다.

2004년 2월 23일 서울에서 동등하게 정본인 한국어와 영어로 각 2부씩 작성하였다.

대한민국 정부를 위하여

미합중국 정부를 위하여

□ 부록 5

제23차 한미연례안보협의회의 공동성명서

1991년 11월 21일
대한민국 서울

1. 대한민국과 미합중국 간의 제23차 안보협의회의(SCM)가 1991. 11. 20~ 22간 대한민국 서울에서 개최되었다. 동 회의에는 이종구 대한민국 국방부장관과 리처드 체니 미합중국 국방부장관을 각각 수석대표로 한·미 양국 고위 국방·외교 관계자들이 참석하였다. SCM에 앞서 1991. 11. 20에는 제13차 한·미 군사위원회 회의(MCM)가 정호근 대한민국 합참의장과 콜린 포웰 미합중국 합참의장 주재로 개최되었다. 체니 미 국방부장관은 서울 체류기간 중 노태우 대통령을 예방하고 한·미 공동 안보관심사에 대하여 요담하였으며, 전방에 위치한 군부대를 시찰하였다.

2. 양국 대표단은 급변하는 국제정세와 한반도를 중심으로 한 동북아지역의 안보환경을 심도 있게 평가하고, 한반도의 안정과 평화는 동북아지역 안보에 중추적 요소가 됨은 물론 미국의 안보에도 사활적 요소임을 재천명하였다. 양국 대표단은 한·미 양국의 다각적인 평화유지 노력과 범세계적 화해·협력 추세에도 불구하고 북한이 핵 안전협정의 서명을 계속 거부한 채 핵무기 개발을 계속 추진하고 있을 뿐만 아니라, 화학무기, 스커드미사일 등 대량 살상무기의 개발과 공세전력의 증강에 박차를 가하고 있다는데 심각한 우려를 표명하였으며, 이러한 북한의 위협과 북한 내부의 잠재적 불안정성으로 인하여 향후 수년간이 한반도 안보에 대단히 취약한 시기가 될 것이라는 데 의견을 같이하고, 다각적인 공동 대응방안에 대하여 긴밀히 협의하였다.

3. 특히 양측은 북한이 핵 비확산조약(NPT)의 당사국 및 UN의 회원국으로서의 의무조항인 핵 안전협정 서명을 거부하고 있다는데 우려를 표명하면서, 북한은 한반도는 물론 동북아 지역 안보에 심각한 위협이 되고 있는 핵 개발을 반드시 포기하여야 한다는데 인식을 같이하였다. 양측은 북한이 핵 재처리 시설을 포함한 모든 핵 관련 시설과 물질에 대하여 조건 없이 국제적 핵사찰에 응할 것을 촉구하였으며, 한·미 양국은 북한의 핵 개발을 저지하기 위하여 IAEA, UN 등 국제기구의 협력을 통해서 가용한 모든 수단을 강구하는 한편, 동시에 한·미간 공동 저지노력을 경주해 나가기로 합의하였다.

4. 이 장관은 대한민국 정부를 대신하여 부시 대통령의 "신 핵정책 선언"은 세계 평화와 안정을 위한 획기적인 조치라고 환영하면서 이러한 미국의 정책이 범세계적인 긴장완화와 군비축소 및 평화체제의 정착으로 이어져, 결국은 한반도 내에서의 신뢰구축과 긴장완화로 진전되기를 희망하였다. 미합중국 정부를 대신하여 체니 장관은 1991년 11월 8일 발표된 노태우 대통령의 "한반도 비핵화 및 평화구축을 위한 선언"이 한반도는 물론 세계평화 증진에 결정적으로 기여하는 전향적인 조치로서 이를 환영하고 적극 지지한다는 의사를 표명하였다. 양측은 북한이 노태우 대통령의 신 핵정책에 상응한 조치를 취할 것을 강력히 촉구하였다. 체니 장관은 최근에 발표된 양국의 새로운 정책추진을 포함하여 한·미 양국간 상호 긴밀한 협의가 중요하다는 점을 강조하면서, 한국에 대한 계속적인 핵우산 보장을 포함하여 미국의 대한 방위공약은 반석처럼 확고부동하며, 한·미 연합억제력도 충분히 유지될 것임을 재천명하였다. 양 대표단은 한·미 연합방어태세 강화차원에서 걸프전 교훈을 검토하였다. 이 장관과 체니 장관은 걸프전 시 국제사회가 취한 단호한 행동은 향후 한반도 내에서의 도발을 포함한 지역분쟁을 억제하고 새로운 세계질서에 저해되는 어떠한 침략행위도 분쇄할 수 있는 좋은 본보기가 될 것임을 강조하였다.

5. 체니 장관은 대한민국이 무력침공을 받을 경우, 미국은 1954년의 한·
   미 상호방위조약에 의거 즉각적이고도 효과적인 지원을 제공할 것임
   을 재천명하였다. 양측은 한·미 양국 정부와 국민들이 "주한미군은 대
   북한 억제력을 제공하고 한반도의 평화와 안정에 기여한다"고 믿는
   한, 한국에 계속 주둔한다는데 인식을 같이하였으며 양 장관은 특히
   긴밀한 협의를 통해 북한의 핵개발 위협과 불확실성이 사라지고 이 지
   역 내의 안보가 완전히 보장될 때까지 넌·워너 2단계 주한미군 감축을
   연기하기로 합의하였다. 양측은 주한미군의 병력감축이나 역할조정은
   대북 연합억제력의 유지를 고려하면서 한국 방위에 대한 미국의 역할
   을 점차 지원적인 역할로 전환해나간다는 원칙 아래, 한반도 내외 안
   보환경의 면밀한 평가를 기초로 양국간 긴밀한 협의하에 점진적, 단계
   적으로 추진해 나가기로 합의하였다. 체니 장관은 미국은 주한미군 현
   대화를 통하여 효과적인 대북 억제력 유지에 계속 기여할 것이며, 북
   한의 오판을 방지하기 위해서 재래식 억제력을 증강하기 위한 즉각적
   이고도 효율적인 조치를 취하기로 합의하였다. 이와 관련하여 체니 장
   관은 한국의 재래식 방어력을 개선하기 위하여 유사시 미국의 신속한
   병력전개와 첨단무기의 사전배치, 그리고 양 국군간의 상호운용성 제
   고를 포함하는 일련의 조치를 승인하였다고 밝혔다.

6. 이 장관과 체니 장관은 한반도의 통일은 평화적인 방법으로 이루어져
   야 할 것이라는 데 인식을 같이하고, 남북대화가 계속 진전되어 한반
   도 긴장완화와 신뢰구축 및 평화적 통일로 이어지기를 희망하였으며,
   향후 한·미 안보협력을 남북관계 개선에 기여하는 방향으로 조정해 나
   가기로 합의하였다. 양측은 현 정전협정체제는 항구적인 평화체제로
   대체될 때까지 계속 유지되어야 하며, 한반도 긴장완화와 남북관계 개
   선차원에서 한반도 내의 실질적인 군비통제가 필요하다는 데 인식을
   같이하였다.

7. 양국 대표단은 한·미 공동방위를 위한 방위비분담에 관해 협의하고,

한국정부가 주한미군을 위하여 '92년도에 1.8억불을 제공하며, '95년
도까지 주한미군 현지발생비용(Won-based Costs)의 1/3수준까지 점진
적으로 증액 부담하기로 합의하였다. 체니 장관은 한국정부가 주한미
군을 위한 방위비분담과 걸프전 시 다각적인 지원을 통해 적극적으로
협조해준 데 대하여 심심한 사의를 표명하였다.

8. 양국 대표단은 군수·방산 및 기술협력체제를 상호보완적으로 발전시
켜 나가는 것이 한·미 양국의 공동이익 증진에 기여하게 될 것이라는
데 인식을 같이하고 구체적인 협력방안에 대하여 협의하였다. 이 장관
과 체니 장관은 한반도 유사시 미군에 대한 지원을 내용으로 하는 "전
시 지원협정"에 서명하고, 협정서명에 따른 후속조치 추진방안에 관해
논의하였다. 양측은 한국의 전시대비태세 향상을 위하여 '75년 이전에
한국에 제공된 주요 군원장비의 처리방안을 협의하고, 한국 측이 군원
물자 처분 대상품목의 목록을 미측에 제출할 경우 미국은 조속한 조치
를 취하기로 합의하였다. 양측은 한국방위의 한국화 계획과 병행하여
기존 방산분야의 공동협력사업 추진을 촉진하는 한편, 탄약 현대화와
한·미 연합 전쟁지속능력을 향상시키기 위한 공동노력을 계속하기로
합의하였다.

9. 양국 대표단은 금번 회의가 급변하는 국제 안보정세하에서 전통적인
한·미 동맹관계를 더욱 공고히하는 한편, 아·태 지역 내 한·미 공동이
익 증진차원에서 21세기를 지향한 장기적 안보협력 방향을 설정하였
다는 데 큰 의의가 있다고 평가하였다. 이 장관과 체니 장관은 차기
SCM은 1992년 상호 편리한 시기에 미국에서 개최하기로 합의하였다.

10. 체니 장관은 금번 회의가 생산적이고도 성공적으로 개최될 수 있도록
세심한 준비와 배려를 해준 한국 측 대표단에게 사의를 표명하였다.

□ 부록 6

제36차 한미연례안보협의회의 공동성명서

2004년 10월 22일 미합중국, 워싱턴

1. 제36차 한미 안보협의회의가 2004년 10월 22일 워싱턴에서 개최되었
   다. 이 회의에는 윤광웅 한국 국방장관과 도널드 럼스펠드 미국 국방
   장관이 수석대표가 되어 양국의 국방 및 외교 분야의 고위관료들이 참
   석하였다. 동 회의에 앞서 2004년 10월 21일 한국과 미국의 합참의장
   인 김종환 대장과 리처드 마이어스 대장은 제26차 한·미 군사위원회
   회의를 주재하였다.

2. 럼스펠드 장관은 한국의 이라크 추가파병에 대하여 사의를 표하였고,
   세번째로 큰 규모의 기여를 하고 있는 한국군이 자유롭고 안전한 이라
   크 사회의 재건을 돕는데 매우 중요한 역할을 수행하고 있다고 평가하
   였다. 럼스펠드 장관은 이라크에서 한국군의 순조로운 임무완수를 보
   장할 수 있도록 미국이 한국과 특히 정보공유에 있어서 긴밀한 협조를
   지속할 것을 약속하였다. 또한 럼스펠드 장관은 이라크와 아프가니스
   탄에서의 한국군의 활동을 높이 평가하였다. 양 장관은 전세계적인 테
   러리즘에 대항하기 위한 협력을 증진시킬 필요가 있으며, 그러한 협력
   이 한미동맹을 더욱 강화시킬 것이라는 데 의견을 같이하였다.

3. 양 장관은 한미동맹이 양국 이익에 긴요하다는 강한 신념을 표명하고,
   포괄적이고 역동적인 동맹관계를 만들기 위한 성공적인 노력에 관해
   만족을 표하였다. 양 장관은 정전협정과 유엔사가 한반도의 동북아시아
   의 평화와 안정 유지에 긴요한 수단이 되어왔다는 점을 재확인하였다.

4. 양 장관은 지난 18개월간 진행된 미래한미동맹정책구상회의(FOTA)의 결과에 만족을 표시하였다. 양 장관은 연합군사능력 증강, 군사임무전환, 주한미군 재배치 등에 대한 구상들이 완전히 이행되면, 한미동맹이 한층 강화되고 세계안보환경의 변화에 보다 잘 적응하게 될 것이라는 점에 동의하였다. 이러한 변화들을 유념하면서, 양 장관은 주한미군의 전략적 유연성이 지속적으로 중요함을 재확인하였다.

5. 양 장관은 변화하는 세계안보환경에 대한 한미동맹의 적응이 중요하다는 데 동의하였다. 럼스펠드 장관은 한국 방위에 직결되는 전력증강사업에 110억 불을 투자하고자 하는 미국의 공약을 재확인하였다. 윤장관은 한·미 연합사의 연합 작전능력을 향상시킬 수 있도록 한국의 협력적 자주국방계획을 미국의 군사변혁과 조화되도록 추진한다는 한측의 의지를 표명하였다.

6. 양 장관은 주한미군의 임무전환 및 재조정의 이행을 통한 연합 방위태세 유지의 중요성을 강조하였다. 양 장관은 한국군으로 전환되는 10개 군사임무의 현황을 검토하였으며, 성공적인 군사임무전환을 통해 연합 대비태세를 강화시킨다는 공약을 재확인하였다.

7. 양 장관은 용산기지 이전과 여타 주한미군 기지들의 이전에 관한 합의 내용을 검토하였다. 럼스펠드 장관은 서울 도심지역 내 주한미군 기지 이전에 관한 합의이행은 2003년 부시 미국 대통령과 노무현 대통령 간에 이루어진 합의의 이행일 뿐 아니라 90년대에 이루어진 한국 국민들에 대한 약속의 실현이라는 점을 지적하였다. 윤광웅 장관은 주한미군 기지의 통합을 통해 주한미군과 한미연합사의 연합 대비태세가 강화된다는 점에 대한 이해를 표명하였다. 양 장관은 이러한 기지재배치가 동맹 양국에 공히 유익하다는 데 동의하였다.

8. 양 장관은 주한미군 12,500명의 감축 계획에 대하여 장시간 논의하였

으며, 감축 결정까지의 긴밀한 협의과정을 높이 평가하였다. 럼스펠드 장관은 미국의 세계방위태세 변화와 군사력 변화노력이 어떻게 주한미군 감축에 주요 요인이 되었는지에 관해 설명하였다. 럼스펠드 장관은 또한 지난 18개월간 추진되어온 FOTA회의의 성과뿐 아니라, 한국군을 현대적 군대로 만들기 위한 지난 10여 년간의 한측의 투자를 통해 그러한 재조정이 가능해진 것으로 평가하였다. 마지막으로, 럼스펠드 장관은 일부 한국민이 표시한 우려에 관해 이해를 표하고, 한반도의 특수한 안보상황이 충분히 고려되고 있다는 점을 확인하였다. 양 장관은 주한미군의 감축이 동맹의 연합억지 및 방위능력 약화를 초래하지 않도록 한다는 공동의지를 표명하면서, 그 누구든 동맹이 약화될 것으로 보는 견해는 잘못된 것이라는 점을 경고하였다.

9. 양 장관은 북한이 지속적으로 한미 양국의 국가 이익에 위협을 주고 있다는 점에 동의하였다. 양 장관은 북한의 핵무기 개발계획이 지역 및 세계안보를 위협할 뿐 아니라 한반도의 비핵화에 대한 북한 스스로의 공약을 위반한 것이라는 점에 심각한 우려를 표하였다. 양 장관은 북한의 대량 살상무기 및 장거리 미사일의 지속적인 개발 그리고 이러한 무기와 기술의 수출 위험성이 한미동맹과 국제사회의 중대한 우려의 대상이라는 점을 강조하였다. 양 장관은 어떠한 이유에서건 북한의 대량 살상무기 사용은 심각한 결과를 초래할 것임을 재확인하였다.

10. 양 장관은 한미 양국이 북한 핵 프로그램이 폐기되어야 한다는 의지를 공유한다는 점을 확인하고 북한이 대량 살상무기, 미사일 및 관련 기술들에 대한 실험, 개발, 배치, 수출을 중단할 것을 촉구하였다. 또한 양 장관은 한미동맹의 굳건함을 재확인하고 핵확산 금지조약(NPT), 국제원자력기구(IAEA)의 안전조치 및 한반도 비핵화에 대한 남북 공동선언을 상기하면서 북한이 6자회담에 의해 조성된 기회를 받아들일 것을 촉구하였다.

11. 양 장관은 북한의 위협을 억지하기 위한 강력한 연합방위 능력 유지
    가 동북아시아의 평화와 안정 유지에 중요하다는 데 동의하였다. 럼
    스펠드 장관은 상호방위조약에 따라 미국의 대한방위공약과 핵우산
    의 지속적 제공 공약을 재확인하였다. 양 장관은 한반도에 지속적인
    미군의 주둔 필요성에 동의하였으며, 한미동맹은 동북아시아와 아태
    지역 전반의 평화와 안정을 증진하는 데 기여할 것이라는 점에 동의
    하였다.

12. 양 장관은 미래 한미동맹 정책구상 회의의 성과와 주한미군 감축협의
    의 성공적 타결을 재차 상기하면서, 한미 안보정책구상의 추진을 통
    해 고위급 협의를 지속한다는 의지를 재확인하였다. 양 장관은 이 협
    의체를 운영함에 있어서 종전의 성공적인 방식을 보다 광범위하고 장
    기적인 동맹현안들에도 적용하기로 하였다. 또한 양 장관은 모멘텀을
    유지하기 위해서 이 회의를 가능한 한 조속히 개최키로 합의하였다.

13. 윤 장관과 럼스펠드 장관은 제36차 한미 안보협의회의와 제26차 한
    미 군사위원회 회의가 한미동맹을 더욱 공고히 하는 한편 미래의 안
    보협력관계의 나아갈 바를 구상하는 데 도움이 되었다는 데 동의하
    였다. 양 장관은 차기 한미 안보협의회의를 2005년 양측이 편리한
    시기에 서울에서 개최하기로 합의하였다.

□ 부록 7

「미래 한미동맹 정책구상(FOTA)」 회의 예비회담
보도자료

국방부 정책실장 ↔ 미국방부 아태부차관보 면담결과

2003. 2. 27.

o Richard Lawless 미국방부 아태부차관보는 2.27(목) 차영구 정책실장을 면담하고 한미동맹미래 발전방향을 포함한 상호관심사에 대해 논의하였다. 금일 협의는 주한미군의 지속적인 주둔을 강화하는데 중점을 두었다.

o 먼저 차영구 정책실장은 한미동맹강화와 보다 미래지향적인 관계 발전에 대한 한국 새정부의 기본입장을 설명하였다.

o 이번 회의에서 양측은 지난해 12월 제34차 SCM시 합의한 「미래 한미동맹 정책구상 공동협의」를 실시하는 절차에 합의하고, 다음과 같은 결론에 도달하였다.

1. 한·미양국은 양국 국익에 보다 기여하기 위하여 동맹관계를 강화시켜 나갈 것이다.
2. 양측은 한미동맹을 발전 및 강화하고 양국군의 역할을 변혁하기 위한 협의를 추진해 나갈 것이다.
3. 한미동맹 미래에 관한 공동협의의 주제는 한·미 양국군의 발전된 능력과 전력구조를 위한 단기·중기 계획을 포함한다.
4. 양측은 한미동맹 미래 발전방향을 논의하기 위한 협의를 내년까지 실시할 것이다. 「미래 한미동맹 정책구상」은 북한 핵문제를 포함한 한반

도 안보환경을 고려하여 단계적으로 추진해 나갈 것이다.

5. 한·미는 동맹관계의 미래발전을 협의함에 있어서 완전히 양자간 방법으로 진행시켜 나가기로 한다.

o 양측은 현재의 한·미관계를 보다 미래지향적으로 발전시킬 필요성에 공감하고, 다음 사항에 대해 원칙적인 견해를 교환하였다.

1. 한미동맹관계

• 한미동맹관계는 한국 방어에 있어서 한국의 역할이 증가되어야 한다는 인식에 따라 발전시켜 나가야 한다.

• 미래 한미동맹의 역할은 지역안정에 기여하여야 한다.

2. 주한미군 주둔

• 양측은 현재 한·미 합의하에 추진되고 있는 연합토지관리계획(LPP)이 성공적으로 이행되는 것이 필요하다는 데 견해를 같이하였다.

• 양측은 미군이 서울로부터 이전할 필요가 있다는데 견해를 같이하고, 앞으로 적절한 협의를 통해 이전시기 및 위치 등을 고려하면서 대화를 가속화시켜 나가기로 합의하였다.

3. 연합군사능력

• 한·미는 한반도 안보환경의 역동성을 고려하여 한·미군의 임무, 역할 및 기능을 평가해 나갈 것이다.

• 양측은 연합능력의 조정은 북한의 군사위협을 포함한 전반적인 안보환경을 고려하여 신중히 추진해 나가야 한다는 데 합의하였다.

o 이번 회의는 오는 4월에 있을 「미래 한미동맹 정책구상」 관련 최초 공식협의에 대한 예비적 회의로서, 4월 회의에서 보다 상세하고 구체적인 협의가 실시될 것이다.

□ 부록 8

「미래 한미동맹 정책구상」 제1차 회의 결과

국방부 대변인실 보도자료 2003.4.9.

1. 「미래 한미동맹 정책구상」 제1차 회의가 2003년 4.8~9 양일간 서울
   에서 개최되었다. 이번 회의에는 국방부 차영구 정책실장, 심윤조 외교
   통상부 북미국장 그리고 Lawless 美국방부 아·태부차관보, Lafleur 국
   무부 전담대사를 위시한 양국 국방부는 물론 외교부/국무부의 관계자
   들이 참석하였다.

2. 「미래 한미동맹 정책구상」은 지난해 제34차 한·미 연례안보협의회의
   (2002.12.5.)에서 변화하는 역내 및 세계 안보환경에 대비하기 위해
   양국 장관간에 합의되었다.

3. Lawless 부차관보는 동맹국의 이라크전 지원을 위해 한국정부가 공병
   및 의무부대를 파견키로 결정한 것에 대하여 미국정부의 특별한 사의
   를 전달하였다.

4. 차영구 실장과 Lawless 부차관보는 금년이 한미동맹의 공식출범 50주
   년임을 상기하면서, 양국간의 관계를 평가하고 한미동맹이 한국의 안
   보와 국가발전에 크게 기여하였음을 확인하였다. 아울러 양국간 굳건
   한 한미동맹을 통해 전쟁 억제력을 강화하고, 공고한 미래의 동맹을
   보장하기 위해 다음과 같은 공동협의의 기본원칙에 합의하였다.
   가. 양측은 한미동맹을 새로운 세계안보환경에 적응시키며, 번영하는
   　　민주국가로서 한국의 위상을 고려할 것에 합의하였다.
   나. 양측은 동맹의 지속적인 발전을 위해 함께 노력해 나가기로 합의하

였다.

5. 한·미 양측은 한미동맹이 장차 한반도 내외의 안정에도 기여하는 방향
으로 발전되어야 한다는 데 인식을 같이하였다. 이에 따라 양측은 한
반도 안보에 있어서 한국의 역할이 증대되고 주한미군의 역내 안정에
대한 기여가 강화되어야 한다는 것에 원칙적으로 합의하였다. 한측은
군사능력 발전에 따라 특정 임무들에 대한 책임을 맡기로 하였다. 미
측은 21세기 전쟁 수행능력을 발전시킴으로써 미래 한미동맹을 더욱
강화할 수 있는 계획을 제안하였다.

6. 한·미 양측은 한·미 연합방위능력의 향상 및 억제력을 더욱 강화하기
위한 노력의 일환으로써 연합군사능력의 현대화에 대한 협의를 추진
하기로 합의하였다.

7. 한·미 양측은 주한미군의 지속적 주둔여건을 보장하고, 주한미군 기지
운영의 효율성을 제고하며, 국토의 균형적 발전을 도모하기 위해 주한
미군 기지체계를 통·폐합해 나가기로 하였다. 양측은 전반적인 기지조
정의 시기에 관한 토의를 지속하기로 합의하였다. 미측은 2사단을 포
함한 주한미군의 기지조정에 관한 한국 국민들의 우려에 대해 이해를
표명하였다. 양측은 조정의 전과정에서 연합억제력과 한국의 안보가
약화되어서는 안 된다는 것에 합의하였다.

8. 한·미 양측은 서울도심의 균형적 발전을 도모하고 서울시민의 불편을
해소함과 아울러 주한미군의 안정적 주둔여건을 보장하는 취지에서
가능한 조기에 용산기지를 이전한다는 원칙에 합의하였다.

9. 이러한 과정의 일부로서, 한·미 합참은 한·미 연합 군사능력발전 등과
같이 한반도 안보상황 변화와 연계하여 미래의 구상을 미리 발전시켜
야 할 의제들을 협의하기로 하였으며, 아울러 중·장기차원의 韓·美 연

합지휘관계에 대한 연구를 위해 협의체를 구성하기로 하였다.

10. 양국 대표단은 금번의 제1차 회의가 한미동맹을 더욱 강화하는 성과
    가 있었던 것으로 평가하면서 제2차 회의는 미국에서 5월에 개최하
    기로 합의하였다.

<참고> 노회찬 의원이 공개한 미래한미동맹정책구상회의(FOTA) 1차회
    의록(03.4.8~9)

- FOTA에서 '용산기지 이전협상' 및 'LPP(연합토지관리계획) 개정협상'
  이 동시에 진행되었음.
- LPP란, 전국에 흩어져 있는 주한미군을 2~3개 핵심지역으로 집중, 한
  강 이남으로 이전하는 계획으로서, 2002년 10월 처음 발효되었음. 2002
  년 10월에 발효된 LPP에는 미2사단이 이전대상 부대에서 빠져 있음.
- 올해 10월 26일 한미 양국이 서명한 'LPP 개정협정안'의 주 내용은 미
  2사단을 LPP에 포함시켜 평택지역으로 옮기는 것임. 정부는 10월 29일
  '용산기지이전협정안'(UA)과 함께 국회에 비준동의안을 제출했음.

□ 부록 9

「미래 한미동맹 정책구상」 제2차 회의 결과

국방부 대변인실 보도자료 2003.6.5.

1. 「미래 한미동맹 정책구상」 제2차 회의가 2003년 6.4~5 양일간 서울에서 개최되었다. 이번 회의에는 국방부 차영구 정책실장, 심윤조 외교통상부 북미국장 그리고 Lawless 美국방부 아·태부차관보, Lafleur 국무부 전담대사를 위시한 양국 국방부는 물론 외교부/국무부의 관계자들이 참석하였다.

2. 「미래 한미동맹 정책구상」제 1차 회의는 지난 4.8~9 양일간 서울에서 개최된 바 있다.

3. 차영구 실장과 Lawless 부차관보는 5.15일에 워싱턴에서 개최된 노무현 대통령과 부시 대통령 간의 양국 정상회담이 한미동맹 50주년을 맞이하여 양국관계를 더욱 긴밀히 하고 강화함으로써 앞으로 21세기의 한미동맹이 도약·발전하는 계기가 되었음을 재확인하였다.

4. 양측은 한·미 정상회담 이후 개최되는 금번의 제2차 회의가 한미동맹의 강화·발전에 대한 양정상간의 합의를 더욱 구체화하고 발전시키는 유익한 협의의 기회가 될 것임에 높은 기대를 표명하였다.

5. 금번 회의에서 양측은 한미동맹의 미래지향적 발전을 위한 동맹관계의 제반 현안에 대해 허심탄회하고 심도 있는 협의를 하였으며, 금번회의 주요결과는 다음과 같다.
   • 첫째, 양측은 「미래 한미동맹 정책구상」 추진의 근본 취지가 한미동

맹과 한·미 연합방위능력을 더욱 강화하고, 한미동맹과 주한미군의 지속성을 제고하여 공고한 미래동맹의 발전을 보장하기 위한 것임을 재확인하였다. 특히 미측은 「미래 한미동맹 정책구상」이 한·미 정상회담 공동선언문에서 천명된 미군의 강력한 전방배치 유지 등 미국의 확고한 **對韓** 방위공약을 구체화하기 위한 부시 행정부의 노력의 일환임을 강조하였다.

- 둘째, 양측은 한미동맹을 더욱 현대화하고, 강화하며, 지속성을 제고하기 위한 차원에서 한·미 연합군사능력 발전, 주한미군 기지체계 발전 등 구체적인 방안들을 「미래 한·미동맹 정책구상」의 틀을 통해 계속 발전시켜 나가기로 합의하였다.
- 셋째, 양측은 주한미군 기지체계의 조정과 관련하여 지난 5.15일 한·미정상회담시 양 정상간에 합의된 원칙에 따라, 주한미군 기지체계를 장기적으로 2개 권역으로 발전시켜 나가되, 미2사단은 한국의 정치·경제·안보 상황을 종합적으로 고려하여 앞으로도 상당한 기간 동안 현위치에 지속 주둔시키기로 합의하였다. 한측은 2사단의 상당기간 현위치 지속 주둔에 따른 훈련상의 애로사항 등을 소·경감하기 위해 한국정부가 범정부적으로 추진하고 있는 지원대책을 설명하였으며, 미측도 이에 대해 지역주민들과의 유대 강화를 위한 종합적인 계획 추진을 제시하는 등 주한미군의 안정적인 주둔여건 제고를 위한 한·미의 공동노력을 확인하였다.
- 넷째, 양측은 미2사단의 현위치 주둔에도 불구하고 주한미군의 장기적인 기지체계 발전은 지속 추진한다는 원칙을 재확인하였으며, 이에 따라 재배치 부지 확보 등을 위한 준비는 지금부터 추진해나가기로 하였다. 아울러 연합토지관리계획은 수정사항을 보완하여 현재 계획대로 지속 추진하기로 하였다.
- 다섯째, 양측은 금년 10월 예정인 SCM 이전까지 선발대 이전계획 등 용산기지의 조기 이전을 실현하기 위한 세부적인 실천계획을 완성키로 합의하였다.
- 여섯째, 미측은 한국의 「자위적 방위역량」 확보계획이 한미동맹의

발전과 한·미 연합방위체제의 강화에 크게 기여할 것으로 평가하면서, PAC-Ⅲ, Stryker, Shadow UAV 등 주한미군의 신무기체계 도입 계획을 설명하였으며, 한·미 양측은 한·미 양국군의 이러한 능력 향상이 한·미 연합군사능력 발전에 직접적인 기여가 되도록 양국 합참간의 협의를 더욱 강화한다는 원칙에 합의하였다.

- 마지막으로 한·미 양측은 한·미 연합군사능력 발전에 연계하여, 한·미군간에 임무의 전환을 추진하되 전환 대상 임무의 구체적인 내역, 임무별 전환의 우선순위, 전환의 시기 등은 그러한 전환이 한·미연합 억제력에 미치는 영향, 한국군의 중·장기 군사력 발전계획 등을 종합적으로 고려하면서, 한·미간 긴밀한 협의하에 결정하기로 하였다.

6. 양측은 금번의 제2차 회의가 제1차 회의에 이어서 한미동맹을 더욱 강화하는 성과가 있었던 것으로 평가하면서 제3차 회의는 미국에서 7월에 개최하기로 합의하였다.

□ **부록 10**

「미래 한미동맹 정책구상」 제3차 회의 결과

국방부 대변인실 보도자료 2003.7.23.

1. 「미래 한미동맹 정책구상」 제3차회의가 2003년 7.22~23 양일간 미국의 하와이에서 개최되었다. 이번 회의에는 국방부 차영구 정책실장, 위성락 외교통상부 북미국장 그리고 Lawless 美국방부 아·태부차관보, LaFleur 국무부 전담대사를 위시한 양국의 국방부·합참 및 외교부/국무부 관계자들이 참석하였다.

2. 양측은 「미래 한미동맹 정책구상」 추진의 근본 취지가 한미동맹과 한·미 연합방위능력을 강화하고, 주한미군의 장기적이면서도 안정적인 주둔여건을 제고하며 공고한 미래동맹을 보장하기 위한 것임을 재확인하였다. 특히 미측은 **對韓** 방위공약을 재천명하였다.

3. 양측은 6.27일 워싱턴에서 개최된 한·미 국방장관회담이 미래 한미동맹의 기본방향에 관한 양 정상간의 합의를 공고히하고, 향후 양국간 협의를 진전시켰다는 데 견해를 같이하였다. 양측은 금년 10월로 계획된 SCM에서 양 국방부장관이 「미래 한미동맹 정책구상」과 관련된 이행계획을 승인할 수 있도록 적극적으로 협의해 나가기로 하였다.

4. 양측은 이번 회의에서 한·미 연합전력 강화 약속을 재확인하였다. 또한 양측은 연합군사능력 발전 및 한국군과 미군의 능력을 지속적으로 강화할 것을 합의하였다. 아울러, 양측은 연합전력이 향상되고 있음을 확인하였다.

5. 양측은 일부 군사임무를 한국군에 전환하는 계획을 논의하였다. 양측은 수개 임무의 전환 시기에 합의하였으며, 기타 임무의 전환시기는 10월 SCM이전까지 합의할 수 있도록 지속 협의하기로 하였다. 양측은 한국군이 한반도 방위에 주도적 역할을 수행하고, 주한미군은 한반

도 및 지역내 안보에 기여하는 방향으로 발전되어야 한다는 것에 견해를 같이하면서 임무전환에 대하여 협의해나가기로 합의하였다.

6. 양측은 한·미 정상회담에서 합의한 조기 이전원칙에 따라 용산기지를 2006년 말까지 이전하는 것을 목표로 공동 노력하기로 하였다. 이를 위하여 용산기지 이전 마스터 플랜(MP) 작성을 금년중 시작하기로 하였다. 아울러 2004년 초부터 부지 매입 및 시설설계를 시작하고, 이어서 건설공사를 착수하기로 하였다. 양측은 주한미군을 서울로부터 이전하기 위해 필요한 모든 이행 관련계획을 금년 SCM 전까지 마무리 짓기로 하였다.

7. 양측은 美2사단을 포함, 주한미군을 한강 이남의 주요 허브로 2단계에 걸쳐 재배치하기로 한 금년 6월 한·미 국방장관회담의 합의를 재확인하였다. 1단계는 한강 이북의 기지들을 동두천·의정부 지역으로 통합함과 아울러 한강 이남에 대체시설을 준비하는 것이다. 2단계는 한·미간 긴밀한 협의를 통해 추진한다. 양측은 2단계 재배치 완료 이후에도 합동훈련장에서의 순환훈련을 통해 한강 이북에 주한미군 주둔을 유지할 것을 재확인하였다. 양측은 이와 같은 재배치가 한국의 안보와 미래 한미동맹에 부여하는 가치를 한국국민에 설명할 필요성에 공감했다. 아울러 양측은 한반도에서 주한미군의 지속적인 주둔의 중요성을 재확인하였다.

8. 양측은 연합지휘관계의 중·장기적 발전방향을 공동연구하기로 한 기존 합의를 재확인하였다. 양측은 2005년 SCM에 그 결과를 보고키로 합의하였다.

9. 양측은 제4차 회의를 9월 초 서울에서 개최하기로 하였다.

□ 부록 11

「미래 한미동맹 정책구상」 제7차 회의 결과

국방부 대변인실 보도자료 2004.2.14.

1. 「미래 한미동맹 정책구상」 제7차 회의가 2004년 2.13~14 양일간 서울에서 개최되었다. 이번 회의에는 국방부 차영구 정책실장, 김숙 외교통상부 북미국장 그리고 Lawless 美국방부 아·태부차관보, LaFleur 국무부 전담대사를 포함한 양국의 국방부·합참 및 외교부/국무부 관계자들이 참석하였다.

2. 양측은 「미래 한미동맹 정책구상」의 기본 목적이 한미동맹을 강화하기 위한 것임을 재확인하였다. 양측은 주한미군을 서울도심으로부터 재배치하고, 연합군사능력을 강화하며, 일부 군사임무를 한국군으로 전환하고, 안정적인 주둔여건 조성을 위한 미래 주한미군 재배치는 미래동맹 관계에 상호이익이 된다는 데 동의하였다. Lawless 부차관보는 미군 재배치 이후에도 대한민국의 안보 및 지역안정에 대한 미국의 공약은 확고하게 유지될 것임을 재강조하였다. 차영구 정책실장은 한·미양국군의 지속적인 현대화와 연합군사능력 발전은 전쟁 억제력과 한반도 내외의 안정을 보장할 것임에 주목하였다.

3. 미측 대표단은 한국국회가 이라크 추가파병을 승인한 것의 중요성을 평가하면서 대테러전쟁에 대한 동맹의 기여에 사의를 표명하였다. 차영구 정책실장과 Lawelss 부차관보는 긴밀한 협의를 통해 한국군 추가파병 부대와 이라크 주둔 동맹군과의 원활한 협조체제 구축을 위해 공동 노력키로 하였다. 차영구 정책실장은 이라크에 파견된 한국군 부대가 동맹군과의 연합작전을 통해 한국군과 한미동맹에 도움이 될 소중

한 경험을 얻게 될 것임에 유의하였다.

4. 양측은 용산기지 내의 헬기장을 현 위치로부터 재이전하는 것에 대해 협의하였다. 양측은 헬기장 이전이 군사소요에 부합하는 가운데 국립 박물관 개관 계획을 완전하게 지원해야 한다는 것에 합의하였다. 양측은 이달 말까지 필요한 구체사항들을 타결키로 하였다.

5. 양측은 서울도심 지역 미군기지 이전 이행을 위한 새로운 합의서에 대해 논의하였다. 동 합의서는 미군이 서울도심의 미군시설(특히 용산지역)을 가능한 신속하고 완전하게 한국 국민들에게 반환해야 한다는 한국정부와 국민들의 여망을 반영하는 것이다.

6. 양측은 합의서가 완성되면 한국 국민들에게 완전하고 투명하게 공개함으로써 양측의 협상과정이 신의와 신뢰 속에서 이루어졌음을 보여주어야 한다는 것을 강조하였다. 양측은 불필요한 지연이나 능력저하 없이 목표 시한 내에 이전을 완료해야 한다는 점을 강조하였다. 양측은 지금까지 합의서 내용에 대한 괄목할 진전이 있었음에 동의하고 남아있는 기술적 세부사항들을 가능한 신속히 해결해야 한다는 점에 공감하였다. 양측은 미군재배치 이행의 조건에 신속하게 합의하는 것이 한국 국민과 한미동맹에 최선의 이익이 된다는 것을 강조하였다.

7. 양측은 용산기지 이전을 위한 시설종합계획을 가능한 조기에 시작할 필요성을 논의하였다. 동 시설종합계획은 세부적인 이전비용 평가와 시설소요를 결정하며 이전사업의 원활한 개시를 가능하게 할 것이다. 양측은 서울로부터 미군을 이전하는데 드는 전반적인 비용을 최소화하도록 노력키로 합의하였다.

8. 한측은 범정부 차원의 「주한미군대책위원회」가 안정적인 주둔환경 조성에 기여하고 2사단을 포함한 주한미군의 재배치를 지원할 것임을

설명하였다. 미측은 상호이익이 되는 주한미군 재배치에 대한 한국정
부의 지원에 사의를 표명하였다. 한측은 「미래 한미동맹 정책구상」 협
의 결과 발생한 연합토지관리계획의 변경 소요를 반영하는 LPP 협정
개정안의 내용을 설명하였다. 미측은 LPP 내용과 효력에 따라 반환되
는 시설과 부지에 대한 개정안의 개념에 동의하였으며, 동 계획을 효
율적이며 신속하게 이행할 것을 강조하였다. 미측은 안정적인 주둔환
경 조성을 위한 상호간의 노력은 2003년5월 정상회담에서 표명된 공
동목표에 기여할 것이라고 언급하였다. 한측은 LPP 수정안을 조기에
국회에 제출하겠다는 희망을 표명하였다.

9. 양측은 군사임무전환, 연합군사능력발전, 한·미지휘관계 연구에 관한
   양국군간의 협의가 계획대로 진행되고 있음을 확인하였다. 양측은 한
   반도 방위에 있어서 한국의 역할을 보다 확대하고 한반도 내외 안정에
   대한 미국의 지속적인 기여에 대한 긴밀한 협의를 지속한다는 데 합의
   하였다. 양측은 역내외에서 양자 및 다자 안보협력을 확대하는 것이
   바람직하다는 데 인식을 같이하였다. 양측은 금년에 안보환경에 대한
   포괄적인 연합 평가를 완료하여 긴밀한 협력과 안보이익을 공유하기
   로 하였다. 양측은 또한 동맹의 미래역할에 대한 구상을 발전시키기
   위한 공동연구에 관한 약정안을 제36차 SCM에서 고위 국방지도자들
   에게 제출하기로 합의하였다.

10. 양측은 「미래 한미동맹 정책구상」의 잔여 의제에 동의함과 아울러 금
    년 중 개최 예정인 제36차 SCM 전까지 필요한 모든 합의서를 종결
    할 수 있도록 노력을 배가하기로 합의하였다. 양측은 「미래 한미동맹
    정책구상」 7차 회의가 한미동맹을 더욱 강화하는 성과가 있었던 것으
    로 평가하면서 제8차 회의를 4월에 미국에서 개최하기로 합의하였다.

□ 부록 12

「미래 한미동맹 정책구상」 제10차 회의 결과

국방부 대변인실 보도자료 2004.7.23.

1. 「미래 한미동맹 정책구상」 10차회의가 2004년 7.22~23 양일간 미국 방부에서 개최되었다. 이번 회의에는 국방부 안광찬 정책실장, 외교통 상부 김숙 북미국장 그리고 Lawless 美국방부 아·태부차관보, Revere 국 무부 특별대사를 비롯한 양국 국방부 및 외교부/국무부의 관계자들이 참석하였다.

2. 미측은 한국정부가 이라크 국민을 대신하여 평화와 재건을 지원하기 위해 한국군을 파견하기로 한 약속을 굳건하게 유지하고 있는 것을 환 영하였다.

3. 미측은 주한미군의 구조변화와는 무관하게 미국의 안보공약은 확고하 며, 아울러 전력증강 계획을 포함한 연합군사능력 발전을 통해 한반도 의 전쟁억제력은 더욱 강화될 것임을 강조하였다.

4. 한·미 양측은 '90년 합의서(MOA/MOU)를 대체할 용산기지 이전을 위한 새로운 합의서(UA/IA)에 잠정합의하였으며 각자의 국내절차를 거친 후 최종 서명하기로 하였다. 양측은 새로운 합의서가 타결됨으로 써 용산기지 이전사업을 본격적으로 추진할 수 있을 뿐만 아니라 양 국간 동맹정신을 증진할 수 있게 될 것으로 평가하였다.

5. 용산기지 및 미2사단이 이전할 오산·평택지역의 부지제공 규모는 필 요한 부대시설, 영내훈련장, 지원시설 등을 수용하기 위한 주한미군의

재배치계획을 반영한 소요를 세부적으로 검토하여 결정하여 한측이 349만평을 제공하기로 합의하였다. 이러한 부지규모는 국토가 협소한 한국의 여건과 부지확보를 위한 주민이주 소요 등 현지의 제한사항을 고려하여 결정하였다.

6. 용산기지 내에서 사용하고 있는 C4I체계의 이전은 한측이 새로운 기지에 C4I 기반체계를 제공하고 현재 용산기지에서 사용중인 C4I 시설 및 장비를 이전하여 설치하되, 유엔사/연합사의 C4I 개선은 기지이전과 관계없이 기존 개선계획에 따라 추진하고 주한미군사가 사용하고 있는 C4I의 개선은 미측이 비용을 부담하여 실시하기로 하였다.

7. 한·미는 이사비용은 현금이 아닌 현물 즉 운송용역으로 제공하기로 하였다. 비용 최소화를 위해 모든 비용은 비용처리절차와 비용통제방법에 따라 공동으로 승인 후 집행하도록 하였다.

8. 양측은 용산기지 이전의 주요한 목적이 한국민의 요구를 수용하여 서울 도심의 균형발전을 보장하는 것임을 유념하면서, 기지 이전시에는 이전계획과 이전 대상지역의 도시발전계획이 상호 보완적이 되고, 지역발전에 기여토록 협조조항을 명시함으로써 기지이전이 해당 지역사회의 발전에 기여할 수 있도록 하였다.

9. 양측은 현재 용산기지 내의 미국방부 소유 간부주택은 한측이 부담하여 대체시설을 제공하고 기타 소요주택은 미측 부담으로 임대방식으로 해결하되, 한측은 이에 필요한 건축허가 등 행정적 지원을 제공하기로 하였다.

10. 한·미 양측은 새로운 합의서에 사실상 합의함에 따라 기술양해각서 (E-MOU)와 시설종합계획(MP) 작성을 조기에 착수하여 용산기지 이전 사업추진을 가속화하기로 하였다.

11. 양측은 미2사단의 재배치는 한반도 안보상황을 고려하여 2단계에 걸쳐 재배치하기로 한 합의를 재확인하였다. 이에 따라 발생한 기존의 연합토지관리계획(LPP)상의 변경요소를 확인하고 이를 반영한 'LPP 개정협정'에 합의하였다. 동 협정은 용산기지 이전을 위한 새로운 합의서(UA)와 함께 국회동의를 득할 예정이다.

12. 의정부의 캠프 스탠리 확장을 위한 교도소부지 30만평 매입 계획과 춘천의 캠프 페이지 이전을 위한 이천 항작사 인근부지 20만평 매입 계획을 취소하고, 부산의 캠프 하야리아 이전시설 건축계획을 취소함으로써 상당한 경제적 부담을 경감할 수 있도록 하였다.

13. 2010년 및 2011년에 반환키로 하였던 부산의 캠프 하야리아와 춘천의 캠프 페이지 그리고 의정부의 캠프 홀링워터 등 3개 기지를 2005년과 2006년에 조기 반환함으로써 주한미군 재배치를 위한 예산운용의 융통성을 확보하고, 원활한 시행을 보장할 수 있게 되었다.

14. 양측은 이번 10차 회의가 한미동맹을 강화시켜 나가는 데 있어 중요한 이정표가 되는 성과 있는 회의였다고 평가하고 다음 회의는 8월 중 적절한 시기에 개최하기로 하였다.

□ 부록 13

대한민국과 미합중국 간의 미합중국 군대의
서울지역으로부터의 이전에 관한 협정(UA)

대한민국과 미합중국(이하 각각 지칭할 때는 "대한민국", "합중국"이라 하고 함께 지칭할 때는 "양당사국"이라 한다)은,

대한민국과 아메리카합중국간의 상호방위조약(이하 "상호방위조약"이라 한다) 및 대한민국과아메리카합중국간의상호방위조약제4조에의한시설과 구역및대한민국에서의합중국군대의지위에관한협정과 그 후속 개정협정 (이하 "주한미군지위협정"이라 한다)에 기초하고,

합중국군대를 핵심권역으로 통합하고 유엔군사령부(이하 "유엔사"라 한다), 한·미연합군사령부(이하 "연합사"라 한다) 및 주한미군사령부(이하 "주한미군사"라 한다)를 서울지역으로부터 이전함으로써 한미동맹이 포괄적으로 강화되기를 희망하며, 그리고

적시이전이 부대방호, 준비태세, 삶의 질 및 안전을 증진시키고, 상호방위를 위한 주한미군의 지속적인 체제에 기여하면서, 대한민국 국토의 균형 발전과 효율적인 사용, 그리고 서울지역의 지속적인 성장과 발전에 필수적이라는 데 이해를 같이하면서,

다음과 같이 합의하였다.

제1조
목 적
이 협정(이하 "용산기지이전계획"이라 한다)은 서울지역으로부터 유엔사 ·

연합사 및 주한미군사의 이전을 완료하는 데 필요한 원칙·일정 및 이행
절차를 정한다.

제2조
원 칙

1. 이전의 시행은 주한미군지위협정에 따른다.

2. 서울지역에 주둔하고 있는 유엔사·연합사 및 주한미군사의 부대는 평
   택지역으로 이전되며, 필요한 경우에는 양당사국의 상호합의에 의하여
   다른 지역으로 이전된다.

3. 유엔사·연합사 및 주한미군사의 본부 이전을 위한 목표일자가 2007년
   12월 31일로 된다는 양해하에 모든 이전이 2008년 12월 31일까지 완
   료될 것이다.

4. 대한민국은 토지·시설 및 이사용역을 제공하며, 이전과 직접 관련된
   그 밖의 비용을 부담한다. 양당사국은 긴밀한 협조와 효율적인 기획을
   통하여 이러한 소요를 최적화하기로 합의한다. 이전의 시행을 위한 모
   든 시설·용역 및 비용은 양당사국에 의하여 유효성이 확인되고, 주한
   미군지위협정 합동위원회가 정하는 절차에 따라 지급될 것이다.

5. 양당사국은 이전의 시행과정에서 주한미군의 시설과 구역의 소요에 현
   저한 변화가 발생한 경우에는 상호협의하고 이전계획에 필요한 조정을
   가할 수 있다.

6. 합중국은 이전비용을 줄이기 위하여 가용한 유지·복구 및 정비 자금을
   내구시설 및 구역에 집중 사용한다.

7. 이 협정의 이행은 양당사국 각자의 국내법에 따라 이 목적을 위하여 승인되고 배정된 자금의 가용여부에 따른다.

8. 이 협정의 이행에 있어서 환경보호의 중요성을 인식·인정하면서, 양당사국은 합중국이 시설 및 구역을 대한민국에 반환하고 대한민국이 구역 및 대체시설의 사용을 합중국에 공여함에 있어서, 그리고 자연환경 및 인간건강을 보호하고 오염된 구역을 치유하는 데 필요한 조치를 포함하여 이전에 관한 그 밖의 조치를 취함에 있어서 주한미군지위협정 및 관련 합의에 따르기로 합의한다.

9. 서울지역에 소재한 유엔사·연합사 및 주한미군사에 요구되는 임무와 기능이 적정한 시설로 이전된 후, 합중국은 서울지역에 소재한 유엔사·연합사 및 주한미군사의 시설 및 구역을 신속히 반환한다. 이 협정의 목적상 "임무와 기능"이라 함은 상호방위조약상의 공약을 달성하기 위한 합중국군대의 임무와 기능을 말한다.

10. 양당사국은 이전의 결과로 연합작전 능력, 전투준비 태세, 삶의 질 및 합중국군대 인원에 대한 지원이 유지되거나 제고되도록 보장한다.

11. 양당사국은 이전계획과 현지지방개발계획이 상호보완적인 것이 되도록 보장하기 위하여 현지지방당국과 협조하고, 이전에 의하여 영향을 받는 지역의 경제성장과 개발을 위한 기회를 조장하며, 영향을 받는 주한미군사 기지와 지역사회 간의 상호 이해·지원 및 동반자관계를 증진시키도록 한다.

12. 합중국 국방부 외의 합중국 정부기관이 현재 용산기지 안에서 점유하고 있는 시설과 구역의 처리는 양당사국의 관계 당국이 정하는 바에 따른다.

제3조

절 차

1. 주한미군지위협정 합동위원회에 의하여 설립된 용산기지 이전계획을 위한 특별분과위원회는 이전의 시행을 감독하고 관련 사항에 대한 권고를 하며, 적절한 경우 시행과 관련된 권고를 토의하고 개발하기 위한 실무작업반을 구성한다.

2. 시설은 주한미군지위협정 합동위원회가 정하는 절차에 따라 대한민국이 현물로 제공한다. 이 절차에 따라 양당사국은 이전을 위한 시설종합계획을 공동으로 개발한다. 시설종합계획에는 이 협정을 이행하는 데 필요한 시설을 위한 계획문서가 포함된다.

3. 유엔사·연합사 및 주한미군사는 대한민국 정부기관과 연락을 원활하게 하기 위하여 서울에 부대의 일부를 유지한다. 이 잔류부대의 규모·범위 및 위치는 양당사국이 공동으로 마련하는 시설종합계획의 일부로서 상호합의에 의하여 결정된다.

제4조

토지 및 시설의 소요

1. 소요시설은 본부·행정·의료·지원 시설 및 삶의 질 시설, 주한미군사 인원과 동반 가족구성원을 위한 숙소 및 지휘·통제·통신·컴퓨터·정보체계의 기반시설, 공용설비 집배체계, 포장진입로, 배수로, 구역조명, 조경, 울타리, 출입문 및 완전하고 안전하며 사용가능한 시설에 필요한 그 밖의 부지개발을 포함한다. 양당사국은 위 소요시설 중 군인가족용 주택이 합의된 장소에 다음의 방식으로 공급되도록 주선하기로 합의한다.

가. 대한민국은 합중국 국방부가 용산기지 안에 현재 소유하고 있는 모든 주택에 대하여 대체주택을 제공할 것이다.

나. 합중국은 그 밖의 모든 소요 주택을 합중국의 비용으로 임차 또는 리스할 것이다. 대한민국은 이전을 지원하기 위하여 주택의 적시공급이 보장되도록, 토지 및 계획에 관한 문제의 해결과 같은 행정적 지원과 조력을 제공한다.

2. 시설소요는 합중국 국방부 기준에 기초하여야 하고, 합중국을 위하여 시공 중인 유사시설과 일관성이 있어야 하며, 그리고 건축비용을 최소화하기 위하여 모든 합리적 노력이 경주되어야 한다. 연합사를 위한 시설은 대한민국 및 합중국의 기준을 충족하여야 한다.

3. 용산기지이전계획의 시행을 위한 산출부지 소요는 520,000 평/425 에 이커 범위 이내이어야 한다. 합중국에 공여되는 토지의 정확한 규모와 경계는 주한미군지위협정 합동위원회가 결정한다.

4. 대한민국은 주한미군지위협정에 따라 합중국에 토지와 시설의 사용을 공여할 것이다.

제5조
자 금

1. 대한민국은 용산기지이전계획을 시행하는 데 발생하는 다음의 비용을 치르기 위한 자금 또는 용역을 제공한다.

가. 토지 및 시설: 토지는 이 협정 제4조에 정한 바에 따라 제공된다. 대한민국은 시설의 기획·계획·설계 및 시공과 관련하여 상호합의

된 비용을 지급한다.

나. 지정된 부대와 인력의 이전을 위하여 소요되는 운송 용역

다. 이 조 제1항 가호, 제1항 나호 및 제3항에 포함되지 아니하는 것으로서 양당사국에 의하여 이전과 직접 관련된 불가피한 잡비로서 유효성이 확인된 그 밖의 비용

2. 대한민국은 사기·복지 및 여가시설의 일실수입에 대하여 보상할 책임이 없으며, 합중국을 상대로 한 청구로서 주한미군지위협정의 관련 규정이 적용되지 아니하는 어떠한 청구에 대하여도 보상할 책임이 없다. 이 협정상의 활동에 따라 발생하여 합중국을 상대로 제기된 청구로서 주한미군지위협정이 적용되지 아니하는 청구는 주한미군에 적용되는 법령에 따라 주한미군의 행정적 해결절차를 통하여 해결될 것이다. 다만, 이 규정은 청구인이 민사소송을 제기할 어떠한 권리도 저해하지 아니한다. 주한미군지위협정의 관련 규정이 적용될 수 있는 청구는 주한미군지위협정에 따라 처리될 것이다.

3. 양당사국은 이전과 관련된 지휘·통제·통신·컴퓨터 및 정보체계에 관한 사항을 다음의 방식으로 처리한다.

가. 대한민국은 시설종합계획에 따라 새로운 시설에서 지휘·통제·통신·컴퓨터 및 정보체계의 기반시설을 제공하고, 유엔사·연합사 및 주한미군사의 지휘·통제·통신·컴퓨터 및 정보체계의 기존 장비를 이전한다. 특정 장비가 재사용이 불가능하거나 이전이 교체보다 더 많은 비용을 초래할 것으로 예상되는 경우에는, 그 장비는 교체될 것이다. 장비의 교체를 위한 대한민국의 부담은 미화 9백만불을 초과할 수 없다.

나. 유엔사 및 연합사를 위하여 현재 기획·계획된 지휘·통제·통신·컴퓨터 및 정보체계의 한·미 공동 성능향상·개발계획은 용산기지 이전과 관계없이 계획대로 계속 진행될 것이다. 주한미군사를 위한

지휘·통제·통신·컴퓨터 및 정보체계의 성능향상 또는 개선을 위한
자금은 합중국이 조달한다.

제6조
이행약정

양당사국은 이 협정에 따라 이전을 원활하게 수행하기 위하여 주한미군
지위협정 합동위원회를 통하여 절차적·기술적 세부사항에 관한 이행약정
을 체결할 수 있다.

제7조
발효 및 개정

1. 이 협정은 양당사국이 이 협정의 발효를 위한 각자의 법적 요건이 충
   족되었다는 서면통보를 교환하는 날에 발효한다.

2. 이 협정은 양당사국의 상호 동의에 의하여 서면으로 개정될 수 있다.

제8조
유효기간 및 종료

이 협정은 일방당사국이 타방당사국에 대하여 1년 앞서 서면으로 이를
종료할 의사를 통보하지 아니하는 한, 용산기지이전계획이 완료될 때까지
유효하다.
이상의 증거로, 아래 서명자들은 그들 각자의 정부로부터 정당하게 권한
을 위임받아 이 협정에 서명하였다.
2004년 10월 26일 대한민국 서울에서 동등히 정본인 한국어본과 영어본

으로 각 2부씩 작성하였다.

<table>
<tr><td>대한민국을 대표하여</td><td>미합중국을 대표하여</td></tr>
<tr><td>김　　숙
외교통상부 북미국장
주한미군지위협정 합동위원회
대한민국 대표</td><td>게리 알 트렉슬러
미합중국 공군중장
주한미군지위협정 합동위원회
미합중국 대표</td></tr>
<tr><td>윤　광　웅
대한민국 국방부장관</td><td>리언 라포트
미합중국 육군대장
주한미군사령관</td></tr>
</table>

□ 부록 14

대한민국과 미합중국 간의 미합중국 군대의
서울지역으로부터의 이전에 관한 협정의 이행을 위한
합의권고에 관한 합의서(IA)

　　대한민국 정부와 미합중국 정부는 개정된 대한민국과아메리카합중국간의 상호방위조약제4조에의한시설과구역및대한민국에서의합중국군대의지위에 관한협정(주한미군지위협정) 제28조에 의하여 설치된 합동위원회를 통하여, 대한민국과미합중국간의미합중국군대의서울지역으로부터의이전에관한협정의 발효에 관한 동 협정 제7조를 따를 것을 조건으로 또한 2002년 3월 29일 서명된 대한민국과미합중국간의연합토지관리계획협정에관한개정협정의 발효와 동시에, 이 문서에 부속된 용산기지이전계획특별분과위원회의 합의권고안을 승인하기로 합의하였다.

　　아래 서명자들은 그들 각자의 정부로부터 정당하게 권한을 위임받아 2004년 10월 26일 서울에서 동등히 정본인 한국어본과 영어본으로 각 2부씩 작성된 이 각서에 서명하였다.

대한민국 정부를 대표하여	미합중국 정부를 대표하여
김 숙	게리 알 트렉슬러
외교통상부 북미국장	미합중국 공군중장
주한미군지위협정 합동위원회	주한미군지위협정 합동위원회
대한민국대표	미합중국대표

대한민국과 미합중국 주한미군지위협정합동위원회
용산기지이전계획특별분과위원회

2004년 10월 26일

합동위원회를 위한 각서

제목: 대한민국과미합중국간의미합중국군대의서울지역으로부터의이전에
　　　관한 협정(용산기지이전계획)의 이행을 위한 합의권고

1. 참조문건

가. 1953년 10월 1일 서명된 대한민국과아메리카합중국간의상호방위
　　조약

나. 1966년 7월 9일 서명되고 1991년 2월 1일 및 2001년 1월 18일
　　개정된 대한민국과아메리카합중국간의상호방위조약제4조에의한시
　　설과구역및대한민국에서의합중국군대의지위에관한협정(이하 "주한
　　미군지위협정"이라 한다)

다. 1990년 6월 25일 서명된 서울도심지소재미군부대의이전을위한기본
　　합의에관한대한민국국방부와주한미군사령부간의합의각서(이하 "합
　　의각서"라 한다)

라. 1990년 6월 25일 서명된 서울도심지소재미군부대의이전을위한합의
　　각서에관한대한민국국방부와주한미군사령부간의양해각서(이하 "양
　　해각서"라 한다)

마. 주한미군지위협정 제2조 및 제5조에서 위 다호에 언급된 합의각서
　　를 인정한 1991년 5월 20일자 주한미군지위협정합동위원회의 승
　　인조치, 1991년 6월 7일자 제169차 주한미군지위협정합동위원회

회의록, 제13항 및 붙임 19.

바. 2003년 5월 30일 주한미군지위협정 합동위원회에 의하여 승인된
환경정보공유및접근절차부속서A(미군반환·공여지환경조사와오염
치유협의를위한절차합의서)

사. 2004년 10월 26일 서명된 대한민국과미합중국간의미합중국군대의
서울지역으로부터의이전에관한협정(이하 "용산기지이전계획"이라
한다)

아. 2002년 3월 29일 서명되고 2004년 10월 26일 개정된 대한민국과
미합중국간의연합토지관리계획협정

2. 용산기지이전계획 제3조 제1항 및 제6조에 따라 용산기지이전계획을
위한특별분과위원회(용산기지이전계획 특별분과위원회)는 양당사국이 주한
미군지위협정 합동위원회를 통하여 참조문건을 이행하는데 필요한 세부절
차와 조건을 규정하는 합의권고를 개발한다. 이 합의권고와 위 참조문건 제
1항 사호의 용산기지이전계획은 위 참조문건 제1항 다호 및 제1항 라호를
대체한다.

3. 기획과 계획소요

가. 기획·계획·설계·시공을 위한 절차는 주한미군지위협정 합동위원회
가 승인하는 용산기지이전계획을 위한 기술양해각서에 따른다.

나. 양당사국은 위 가호에 언급된 절차에 따라 포괄적인 시설종합계획을
공동으로 개발한다. 시설종합계획은 신축 및 개수 건물, 공용설비,
도로와 부지, 그리고 지휘·통제·통신·컴퓨터·정보체계 기반시설 등
을 포함하여 용산기지이전계획을 이행하는데 필요한 시설에 대한 계
획문서를 포함할 것이다.

4. 시설 및 구역

가. 대한민국이 유엔사령부(이하 "유엔사"라 한다)·연합사령부(이하 "연합사"라 한다) 및 주한미군사령부(이하 "주한미군사"라 한다)의 서울지역으로부터의 이전에 필요한 시설과 구역의 사용을 미합중국에 공여하고, 미합중국이 기존 시설과 구역을 대한민국에 반환함에 있어서 주한미군지위협정 시설및구역분과위원회의 절차에 따라 이를 집행한다. 시설 및 구역의 공여 및 반환, 그리고 공여된 구역에서의 침해 제거는 상호 합의된 일정에 따라 집행될 것이다.

나. 용산기지이전계획을 시행하는데 필요한 토지의 사용은 2005년까지 미합중국에 공여될 것이다. 공여될 토지의 정확한 규모와 경계는 합동조사에 의하여 정하고 승인을 위하여 주한미군지위협정 합동위원회에 제출된다. 위 참조문건에 따라 이미 반환된 미8군 골프장, 캠프 이사벨, 서울 클럽과 그 밖의 시설들은 전체 이전의 일부로 본다.

다. 미합중국이 서울에 있는 다음과 같은 유엔사·연합사·주한미군사 시설 및 구역을 아래 일정에 따라 원활하게 반환할 수 있도록 하기 위하여 양당사국은 필요한 모든 조치를 취한다.

시 설	반환연도	시 설	반환연도
8군 종교휴양소	2006년	캠프 킴	2008년
캠프 그레이	2006년	캠프 코이너	2008년
캠프 모스	2006년	용산 메인 및 사우스포스트	2008년
유엔사 구역	2008년	TMP 구역	2008년
극동공병단 구역	2008년	성남 골프장	2008년
서빙고	2008년	니블로막사 및 한남빌리지	2008년

라. 미합중국은 연합토지관리계획에 따라 캠프 그레이 및 캠프 킴을 반

환한다. 양당사국은 연합토지관리계획에 따라 대체시설 건축을 추진한다. 캠프 그레이 및 캠프 킴의 현행 임무와 기능을 서울지역으로부터 이전하는데 소요되는 비용은 용산기지이전계획에 따라 지급될 것이다.

마. 시설 및 구역의 공여 또는 반환 이전에, 참조문건 제1항바호에서 합의된 바와 같이 환경조치와 협의가 계획되고 집행될 것이다. 이전을 원활하게 하기 위하여 특별한 조건이 상호합의될 경우에는 이러한 환경절차의 완료는 연기될 수 있다.

바. 주요 기관의 위치

(1) 유엔사·연합사·주한미군사 본부 및 관련 부대와 기관은 획득되어 미합중국에 공여될 추가부지에 의하여 확장되는 캠프 험프리로 이전한다.

(2) 미8군 사령부 및 현재 서울에 위치한 주요 예하부대와 관련 기관은 획득되어 미합중국에 공여될 추가부지에 의하여 확장되는 캠프 험프리로 이전한다.

(3) 그 밖의 주한미군사 부대, 기관, 그리고 임무와 기능은 승인되는 시설종합계획에 따라 오산 공군기지, 캠프 험프리, 캠프 캐롤, 또는 캠프 헨리로 이전한다.

(4) 유엔사·연합사·주한미군사는 대한민국 정부기관과의 연락관계를 원활히 하기 위하여 서울에 부대의 일부를 유지한다. 대한민국 국방부는 이러한 연락부대를 위한 장소를 제공한다. 대한민국은 국방부 인근에 헬기장을 운영하고 유지하며, 유엔사·연합사·주한미군사가 이 헬기장을 사용할 수 있도록 한다.

(5) 주한미군사는 용산 사우스 포스트에 있는 드래곤 힐 호텔과 캠프 모스에 있는 통신시설을 유지한다. 주한미군사가 서울에서 유지하는 시설의 최종 경계와 범위는 주한미군지위협정 합동위원

회가 승인하는 시설종합계획의 일부로서 결정된다. 대한민국은 이러한 잔류시설의 출입과 부대방호를 보장하는데 필요한 시설을 제공한다.

5. 자금: 양당사국은 용산기지이전계획의 시행과정에서 발생하는 비용을 검토, 유효성 확인, 지급하기 위한 구체적인 절차를 상호 개발한다. 이러한 절차는 용산기지이전계획 특별분과위에 의하여 지명되는 공동실무작업반에 의하여 작성되고, 주한미군지위협정 합동위원회에 의하여 승인된다.

6. 개정: 개정을 위한 건의는 양당사국의 동의에 의하여 언제든지 제출될 수 있다. 개정요구는 희망하는 개정안 발효일보다 적어도 60일 전에 이루어져야 한다. 주한미군지위협정 합동위원회에 의하여 승인된 개정은 양당사국이 개정의 이행을 위한 각자의 법적 요건을 충족하였다는 통고를 교환하는 날에 발효한다. 승인된 개정은 일련번호를 부여하여 이 합의권고에 첨부될 것이다.

7. 발효: 이 합의권고는 양당사국이 대한민국과미합중국간의미합중국군대의서울지역으로부터의이전에관한협정(용산기지이전계획)의 발효를 위한 각자의 법적 요건이 충족되었다는 서면통고를 교환하는 날 발효한다.

김동기	대니엘 엠 윌슨, 주니어
대한민국 육군대령	미합중국 육군대령
용산기지이전계획특별분과위원회	용산기지이전계획특별분과위원회
대한민국위원장	미합중국위원장

□ 부록 15

노회찬 의원 2004년 250회 정기국회
통일·외교·안보 분야 대정부 질문

2004. 10. 29.

용산기지 이전과 관련하여, 외교통상부장관께 묻겠습니다.

(중략)

외교부 협상기조의 굴욕성

계속해서 용산기지 이전협상의 기조에 대해 질문 드리겠습니다.

앞서 언급한 청와대 보고서는 외교부의 협상기조에 대해 다음과 같이 평가하고 있습니다.

> 외교부 협상 기조에 대한 평가
>
> "외교부 북미국은 미국에 대한 지나친 맹종적 자세와 현상유지적 속성으로 당당하고 합리적인 협상외교를 전개하지 못했고, 중요 정보에 대한 독점적 장악과 통제를 통해 조약국 등 여타부서의 적법하고 정당한 조언을 무시하고 참여를 제약함으로써 협상 실패의 중요한 원인을 제공했다"
>
> 외교부의 내부 협상기조
>
> "▲ 용산기지 이전은 미국이 원하는 대로 얼마의 돈이 들든지 추진해야 한다. ▲ MOA/MOU는 유효한 합의이므로 이를 인정하지 않고서는 협상이 진행될 수 없다. ▲ 국회와 국민이 문제 삼지 않는 수준에서 합의의 형식과 문장의 표현을 바꾸는 것을 협상의 목표로 한다."

Q. 청와대에서 작성한 문서기에 국민들은 믿을 수밖에 없습니다. 다시 한 번 밝혀주십시오. MOA/MOU를 유효한 합의로 인정하고서 협상에 임했습니까? 국회와 국민이 문제 삼지 않는 수준에서 합의의 형식과 문장의 표현을 바꾸는 것을 협상의 목표로 삼은 적이 있습니까?

> 2003년 7월 22일 3차 FOTA(미래한미동맹정책구상회의)에서 한국 측 협상대표인 차영구 국방부 정책실장은 "한국정부도 과거의 90년 합의서를 존중하고, 한국 측이 이전비용을 부담하는 것을 거부하지 않음. 문제는 90년 MOU를 국회로 가져가거나 국민들에게 공개할 수 없다는 것임. 이유는 국내법적인 완전성을 결여하고 있기 때문임. 우선 국회의 동의를 받지 않았으며, 청구권 등 몇 개의 문제조항들이 공개될 경우 국내 정치적으로 큰 골칫거리가 될 것임"이라 발언했고,
>
> 또 다른 한국 측 협상대표인 위성락 외교통상부 북미국장은 "90년 합의서의 문제는 내용이 아니라 형식에 있음. 국내적으로 헌법과의 합치문제가 있음. 기존합의서(MOA/MOU)의 핵심내용을 포괄협정(UA, Umbrella Agreement)에 반영하고, 세부적 내용의 부록을 만드는 것임. 두 개의 문서는 동시(concurrent)에 진행되고, 포괄협정만 국회로 가게 됨"이라고 발언한 바 있습니다.

Q. 청와대 보고서가 지적한 것처럼, "△ MOA/MOU는 유효한 합의이므로 이를 인정하지 않고서는 협상할 수 없다, △ 국회와 국민이 문제 삼지 않는 수준에서 합의의 형식과 문장의 표현을 바꾸는 것을 협상의 목표로 한다"는 것이 외교부 협상기조임을 명백히 보여주고 있는 발언 아닙니까?

Q. 이러한 협상대표자의 발언이 청와대의 협상기조와 동일한 것입니까? 동일하지 않다면 협상팀의 협상자세에 근본적인 문제가 있는 것 아닙니까? 책임은 물었습니까?

3차 FOTA에서 한국 측이 90년 합의서를 국회비준용 포괄협정과 국회비준을 받지 않는 이행합의서를 분리하자는 안을 내놓자, "미국은 4차 FOTA 회의에서 90년 MOA/MOU보다 더욱 불평등한 내용을 담은 UA/IA 초안을 제시하였다" 청와대 보고서는 적고 있습니다.

구체적으로 90년 MOA/MOU에서는 '연합작전능력이 저하되지 않는 수준의 대체시설'을 요구하였으나, 03년 8월 미측이 제시한 UA/IA 초안에서는 '연합작전능력, 준비태세, 삶의 질, 안전, 미군 구성원에 대한 지원이 현 수준을 유지하거나 향상시키는 수준'의 시설을 요구하였고, 시설물 내역에 있어서도 행정·의료시설, 동반가족 숙소 및 첨단정보시설 등을 추가하여 90년보다 이전비용이 훨씬 증대될 것이라고 밝히고 있습니다.

Q. 1990년 MOA/MOU보다 작년 미국이 제시한 UA/IA가 더 개악되었다는 주장에 대해 어떻게 생각하십니까?

보통 협상대표를 임명하면서 협상기조를 밝히는 것이 관례입니다. 그런데 정부가 공식적으로 협상대표를 임명한 것은 2003년 8월 19일이었습니다. 그러니까 3차 FOTA까지는 적법적인 협상대표조차 없이 협상에 임했습니다.

Q. 용산기지 이전협정, LPP 개정협정, 주한미군의 한국군으로의 임무이전 등 국가안보에 중대한 영향을 끼치는 협상에 적법한 절차에 따른 대표조차 뽑지 않은 채 협상을 진행한 이유가 무엇입니까?

Q. '정부대표 및 특별사절의 임명 및 권한에 관한 법률'에 따라 정식으로 임명도 되지 않은 국방부 정책실장과 외교부 북미국장이 90년 합의서의 유효성을 임의로 인정하는 잘못을 범했다고 청와대 보고서는 지적하고 있는데 이에 대해 장관은 어떻게 생각합니까?

심각한 대통령보고 왜곡

대통령은 국정 최고책임자로서 주요 외교정책에 대한 최고결정권을 행사합니다. 수조의 예산이 들어가는 사안인 만큼, 대통령께 90년 MOA/MOU의 상세내용과 협상진행상황을 가감 없이 보고하여야 합니다. 그래야 대통령이 국회와 국민을 설득해 적절한 해결점을 찾을 수 있습니다.

Q. 장관은 용산기지 이전 관련, 대통령께 보고 드린 적이 있습니까? 언제, 무슨 내용이었습니까?

청와대 보고서를 보면, "8.19 안보관계장관회의 시 대통령께서 '90년 합의내용의 공개, 문제가 있는 경우 원점에서 재협상' 등을 지시한 바 있고, 10.11일 파병 관련 비공식 보고시에도 '용산기지 이전문제도 다 따져보자. 조기이전이 그렇게 긴박한 것이 아님. 조기 타결보다 더 중요한 것은 합리적 타결'이라고 누누이 합리적 타결을 강조 지시하셨으나, 협상팀은 대통령의 지시에 어긋나 오로지 용산기지의 조속한 이전에만 매달렸는 바, 이는 심각한 기강해이 문제로 다뤄져야 할 것임"이라 적혀 있습니다.

Q. 국민들은 청와대 민정수석실 지적이 옳다고 보는데, 장관은 어떻게 생각하십니까?

Q. 지난 9월 21일 청와대 보고서가 공개된 뒤 청와대 이병완 홍보수석은 "당시 보고서를 토대로 노무현 대통령은 합당한 조처를 취했으며 그런 조처들이 협상에도 반영됐다"고 밝혔습니다.[1] 장관도 청와대 보고서의 내용이 협상과정에 반영됐다는 청와대 평가에 동의합니까?

---

1) 청와대 이병완 홍보수석은 "당시 보고서를 토대로 노무현 대통령은 합당한 조처를 취했으며 그런 조처들이 협상에도 반영된 것으로 안다"고 밝혔음(2004년 9월 21일 KBS 9시 뉴스).

Q. 장관은 안보관계장관회의에 참석하시니까 대통령의 지시사항을 누구
   보다 잘 알고 있을 것입니다. 대통령의 지시사항을 이후 협상에서 충
   실히 반영하였다고 자부합니까?

이전비용 전액부담의 부당성

본 위원이 보기에 대통령 지시사항은 아예 무시하고 협상에 임한 것이 아
닌가 의구심이 들 정도입니다. 먼저 이전비용 전액부담의 부당성에 대해서
따져보도록 하겠습니다.

청와대 보고서는 "01년 이후 재개된 이전요구가 실질적으로 미국의 군사
전략 변화에 따른 주한미군의 재배치에 연유하고 있는 만큼, 이전비용을 원
칙적으로 한국이 부담한다는 논리는 재검토되어야 함"

"한미 공수지원 협정의 경우 당초 한국 측이 모든 비용을 부담하는 것으
로 한미간에 합의되었으나, 재협상을 통하여 항공기 사용자인 미국 측 부담
으로 변경한 바 있음"이라고 지적하고 있습니다.

Q. 하지만 정부는 협상 초기부터 '한국 측 이전비용 전액부담'을 철칙으
   로 삼았고, 문제제기 한번 안 했습니다. 대통령의 지시사항이 있은 후
   에도 마찬가지였습니다. 대통령 말씀을 무시한 것 아닙니까?

정부는 그동안 용산기지 이전비용은 이전을 먼저 요구한 한국 측이 부담
하고, 미국의 해외미군재배치계획인 GPR에 따라 이전하는 미2사단 이전비
용은 미국이 부담해야 한다는 입장을 고수해왔습니다.
그런데 2001년 12월 부터 재추진된 용산기지 이전 논의는 2001년 8월
「국방전략검토」와 2002년 「미국방연례보고서」를 바탕으로 세워진 미국의
신군사전략에 따른 해외미군재배치계획(GPR)의 일환이라는 것은 공지의 사
실입니다.

이는 FOTA 9차 회의 직후 미측 협상대표인 리처드 롤리스 미국방부 아
태차관보도 2004년 6월 8일 언론인터뷰[2]에서 용산기지, 미2사단, LPP 등
미군기지의 "이전(replacement)과 변환은 GPR의 일환"이라고 밝힌 바 있습
니다.

Q. 미국도 용산기지 이전은 GPR의 일환이라고 밝히고 있는데 한국정부
   만 이를 부정하는 이유가 무엇입니까?

정부는 용산기지 이전은 90년부터 논의되고 2001년 12월부터 재논의되
기 시작했기 때문에 2003년 11월부터 공식화된 GPR과는 무관하다고 주장
하고 있습니다.
그러나 롤리스 미국방부 아태차관보는 같은 자리에서 "GPR은 2년 반 또
는 3년 전부터 시작되었다"고 언급함으로써 GPR이 용산기지 이전논의가
재추진된 2001년 12월부터 시작되었음을 인정한 바 있습니다.

Q. 사실이 이러한데도 장관이 계속 용산기지 이전이 GPR과 무관하다고
   주장하는 것은 이전을 먼저 요구한 측이 이전비용을 부담한다는 논리
   를 내세워 이전비용 전액을 한국이 부담하도록 합의한 협상의 잘못을
   합리화하기 위한 것이 아닙니까?

연합사, 유엔사, 한미연합사의 평택 이전을 요구한 것은 미국입니다. 한국
은 안보 공백에 대한 국민의 우려를 의식, 한 번도 연합사, 유엔사, 한미연
합사의 이전을 요구한 적이 없습니다.

Q. 이전을 원하는 쪽에서 이전비용 전액을 지불해야 한다는 정부의 입장
   도 받아들이기 힘들지만, 정부의 주장을 따르더라도 연합사, 유엔사,
   한미연합사 이전비용을 한국이 부담해야 할 이유는 없습니다. 이들
   기관의 이전비용을 한국이 부담하는 이유가 무엇입니까? 협상팀의 자

---

2) 외교부 북미3과 작성, 2004. 6. 8. 리처드 롤리스 인터뷰.

의적 판단입니까, 대통령의 뜻입니까?

청와대 보고서에서도 90년 합의 "당시의 추진배경도 89년의 주한미군 재배치법안(Bumpers법안)에서 보듯 미국의 요구의사가 개입되었을 개연성이 큼에도 불구하고 대통령 방미 이전에 용산 미군기지 이전의 당위성만 대통령께 보고됨으로써 조속한 기지이전을 확인해준 것이 아닌가 의문이 있음."이라고 지적하고 있습니다.

특히 청와대 보고서는 용산기지 이전이 최초로 제기된 "당시 노태우 대통령이 이러한 미국의 군사정책변화를 인지한 상태에서 내용을 모르는 국민들을 상대로 '미군기지 이전'을 대선공약으로 내세운 것으로 여겨짐"이라고 언급하고 있습니다.

이는 최근 1986년부터 1989년 까지 주한미대사를 지내며 용산기지 이전의 초기 논의에 관여한 제임스 릴리 전 대사가 언론 인터뷰에서 용산기지 이전은 1986년부터 검토되었다는 사실을 밝힌 데서 다시 확인되고 있습니다.[3]

Q. 결국 이러한 사실들은 용산기지 이전은 처음부터 한국의 요구에 의해 출발한 것이 아니라 미국의 요구가 그 배경이 되었음을 입증해주고 있습니다. 이에 대한 장관의 견해는 무엇입니까?

Q. 장관의 말씀으로는 참여정부는 용산기지 이전비용을 미국과 분담하는 방안에 대해 한 번도 검토한 적이 없다는 것인데, 그것은 90년에도 마찬가지였습니까?

본 위원이 조사한 바로는 이전비용 전액을 한국이 부담한다는 협상결과는 같지만, 90년 합의 당시 한국정부는 이전비용 한미 공동분담을 위해 나름의 노력을 한 것으로 나타났습니다.

---

3) http://www.chosun.com/politics/news/200409/200409290171.html

1990년 3월 15일자 경향신문 2면을 보면, "용산기지 이전에 따른 비용의 양국 공동분담원칙과 관련, 미측이 종전의 한국 전액부담 주장을 수정했음을 시사했다"고 보도되었습니다.

또한 1990년 5월 4일자 세계일보 1면을 보면, "5.3 안보관계장관회의, 미8군 용산기지 이전비용 공동분담 원칙 관철키로 한 것"으로 보도되었습니다.

90년 합의를 앞둔 1990년 6월 19일자 조선일보 1면을 보면, "새 기지의 토지매입비용, 이전비용 등 부담을 놓고 전액부담해야 한다는 미국 측과 양국분담을 주장하는 한국정부 사이에 의견이 엇갈려 그동안 최종합의각서 교환이 지체되어왔다"고 보도되었습니다.

Q. 이전비용 전액 한국부담을 기정사실로 받아들이고 한 번도 노력하지 않은 참여정부와는 달리 90년 당시 노태우 군사정부가 용산기지 이전비용 한미공동 분담을 위해 나름의 노력을 한 데 대해 장관은 어떻게 생각합니까?

Q. 장관은 지난 통외통위 국정감사에서 위와 같은 사실들을 계속 부인하였는데, 90년 당시의 위 기사들에 대해 정부가 정정보도나 반론보도를 요청한 사실이 없었다는 점도 확인되었음을 말씀드립니다. 아울러 장관은 90년 5월 3일 개최된 안보관계장관회의 관련자료 사본을 제출해주시기 바랍니다.

대체부지 및 이전비용 증가

용산기지 이전과 관련하여 90년 국방부가 고시한 대체부지는 26만 8천 평인데 비해 새로운 용산협정(UA) 4조 3항에는 52만평 이내로 규정함으로써 25.2만평이나 증가하였습니다.

부지매입비만 930억[4]이나 늘어났으며, 토지수용을 당하는 평택 주민들의 고통도 더욱 가중될 수밖에 없습니다.

Q. 90년 당시 용산기지는 기존의 평택 미군기지 내부로 이전하고 기지 확장은 최소한으로 그친 데 비해 새로운 용산협정은 90년에 비해 2배로 늘어났습니다. 이렇게 90년보다 더 개악된 이유가 무엇입니까?

115만평을 반환받아 52만평을 제공하기 때문에 개악은 아니라는 장관의 주장은 비교의 기준이 잘못된 것입니다. 90년이나 지금이나 반환부지 규모는 마찬가지입니다. 따라서 90년에 제공하는 대체부지 규모와 지금 제공하는 대체부지 규모를 비교하는 것이 정확한 비교입니다. 이를 기준으로 할 경우 개악된 것이 분명합니다.

시설수준도 대폭 강화되었습니다. 90년 협정안에는 '현 시설수준 유지 및 저하금지의 원칙(MOA 4조4항, 4조7항), 동등한 시설로 대체(MOU 3조7항)'를 명기하고 있으나, 현 UA에는 '유지 및 강화' 원칙을 밝히고 있고 임무와 기능에 적합한 시설로의 이전을 명시하고 있습니다.

뿐만 아니라 90년 MOA에 없던 C4I시설(정보통신지휘통제시설), 행정, 의료시설, 동반가족 숙소가 추가되어 더 많은 시설을 지어주도록 되어 있습니다. 이에 따라 90년에 비해 상당한 추가비용 소요될 것으로 예상됩니다.

이처럼 시설수준 대폭강화, 추가시설 제공과 주한미군의 동북아지역군의 역할 수행을 위한 '임무와 기능에 적합한 이전'을 명시함으로써 최소 2조 1240억원(17.7억 달러)[5]의 건설비용이 증가했다는 주장이 있습니다.

---

4) 국방부 국방시설본부 제출 자료: 용산기지 이전비용 총액 3조 9571억원 (건설비 3조 7652억원, 부지매입비 1919억원)에 의거할 경우 평당 부지매입비는 369,038원임.

5) 국방부가 국회에 제출한 용산기지 건설비 : 3조 7652억원 (31.4억 달러, 환율 1200원) 2004년도 미 국방부 기지구조보고서 중 용산기지 시설대체가치 : 13.7억 달러, 31.4억 달러-13.7억 달러=17.7억 달러(2조 1240억 원)

Q. 미국 국방부가 스스로 현재의 시설을 다시 짓는데 들어가는 비용을 13.7억 달러로 평가하고 있는데 우리가 17.7억 달러나 더 들여 좋은 시설을 지어주어야 할 이유가 무엇입니까?

청와대 보고서에서도 "독일은 거울영상이론에 의하여 기존시설과 동일한 시설을 건축하고 추가비용은 미국이 부담하였음"이라고 지적하고 있고, 일본의 경우도 현재 시설과 유사한 시설로 지어준 것으로 알려지고 있습니다.

Q. 독일이나 일본의 기지이전 사례를 보면 현재와 동등한 수준의 시설로 이전했는데 한국만 현재보다 더 좋은 시설을 지어주는 것은 분명히 불평등한 것 아닙니까?

Q. 독일과 일본의 경우 미군기지 이전시설의 건축기준은 자국 기준을 적용하고 있는 데 비해 용산기지 이전시설의 건축기준은 미 국방부 기준을 적용하고 있습니다. 이러한 건축기준 적용도 타국에 비해 불평등한 것 아닙니까?

Q. 한미공동기준을 적용할 경우 2억 달러나 절감된다는 협상 참가자의 증언도 있다는데 한미공동기준 적용을 관철하기 위해 장관은 노력했습니까? 관철하지 못한 이유는 무엇입니까?

미2사단 한강이남 재배치의 문제점

Q. 연합토지관리계획(LPP)은 미국의 해외주둔미군 재배치전략(GPR)과 연동하여 진행되고 있습니까, 아니면 전혀 무관한 것입니까? 미2사단 이전과 GPR의 관계는 무엇입니까?

---

* 시설대체가치(PRV)는 현재의 건축비용과 기준으로 해당 시설을 다시 짓는 데 필요한 비용을 말함.

GPR은 9.11 테러 이후 미국의 군사전략 변화를 반영하고 있는데, 그 핵심내용은 테러 등 위험징후가 보일 때 선제공격으로 제압하여 화(禍)를 미연에 방지하는 것입니다. 이를 위해 해외주둔 미군성격을 방어군(defending force)에서 개입군(intervening force)으로 전환하는 내용도 포함되어 있습니다.

Q. 미2사단의 한강이남 재배치는 개입군으로서의 역할, 구체적으로 위험세력에 대해 정밀타격(surgical strike)을 가할 수 있는 능력을 갖추기 위한 것이라는 주장이 있는데 사실입니까?

작년 4월 8일부터 9일까지 열린 미래한미동맹정책구상회의(FOTA) 1차회의에서 미국은 동맹강화(Enhencement) 세부계획을 설명한 바 있습니다.

> "먼저 미국은 한반도에 첨단 C4I 체계를 도입할 것임. 이는 적이 아군을 식별하기 전에 격퇴 가능케 함. 전쟁 수행능력, 치명성, 생존성을 전반적으로 통합하고, 새로운 작계가 완성되면 전통적인 전쟁수행에 새로운 전쟁 수행능력이 추가되어 엄청난 능력 발휘할 것임. 특히 C4I와 함께 첨단무기가 도입되면 정밀타격(surgical strike)에 있어 가공할 능력을 가져다 줄 것임. 발전된 전쟁 수행능력을 위해 기지구조를 조정해야 함. 미2사단의 현 위치는 전쟁수행에 적합하지 않음."
>
> "오늘의 협의를 통해 미군의 향상된 능력을 설명하는 것은 비슷한 자산을 한국에도 도입하려는 럼스펠드 장관의 의지가 담겨 있음. 하지만 이런 새로운 공격성, 치명성 및 생존성을 한국에 검토하려면 현재 주한미군의 한반도 배치현황을 검토할 필요가 있음."

미국은 명시적으로 미2사단 재배치가 새로운 전쟁 수행능력, 특히 정밀타격을 실현하기 위한 것으로 묘사하고 있습니다. 그리고 미국은 그 대상으로 테러지원국가 및 테러단체, 대량살상무기 개발국 등을 꼽고 있습니다.

Q. 만약 북한이 핵 프로그램 및 대량살상무기 개발을 포기하지 않을 경우, 혹은 이라크전 때처럼 의혹이 있다고 미국정부가 판단할 경우, 북한도 공격할 수 있음을 뜻하는 것 아닙니까?

Q. 지난 22일 제36차 한미연례협의회(SCM) 공동성명에서 한미양국은 "북한의 핵무기 개발계획이 지역 및 세계안보를 위협할 뿐만 아니라, 북한의 대량살상무기 및 장거리미사일의 지속적인 개발 그리고 이러한 무기와 기술의 수출 위험성"에 대해 경고한 바 있습니다. 미2사단 재배치로 대북 정밀타격이 가능하다면, 언제든지 꺼내들 수 있는 카드가 되는 것 아닙니까?

Q. "어떤 경우건 한반도에서 전쟁은 안 된다"는 것은 참여정부의 물러설 수 없는 기본입장 아닙니까? 미2사단 재배치는 북한에 대한 정밀타격 능력을 갖추는 것인데, 참여정부의 입장과 정면 배치되는 것 아닙니까?

"미2사단의 현재위치가 전쟁수행에 적합하지 않다"는 미국 측 발언은 북한의 장사정포 사정권에서 주한미군 핵심전력을 빼내 주한미군(만)의 안전을 보장받는 것에 다름 아니라 생각합니다. 1994년 핵위기 시 미국의 대북 공격 플랜을 상기하면 그 속뜻을 쉽게 파악할 수 있습니다.

Q. 이처럼 미2사단 한강이남 재배치가 미국의 대북 정밀타격을 가능케 하는 조치라면, 당연히 이에 대해 반대해야 하는 것 아닙니까?

미2사단 재배치와 작계 5027-04의 연계성

Q. 정밀타격을 이야기하면서 미국은 "전쟁 수행능력, 치명성, 생존성을 전반적으로 통합하고, 새로운 작계가 완성되면 전통적인 전쟁수행에 새로운 전쟁 수행능력이 추가되어 엄청난 능력 발휘할 것"이라고 했습니다. 여기서 말하는 새로운 작계가 '작계5027-04' 아닙니까?

'작계 5027-04'에는 이라크전쟁처럼 정밀 폭격기술을 활용, 특정 목표를 공격하는 방안과 북한의 미사일 공격에 대비한 미사일방어(MD)체제 구축방안이 포함 (미국 안보정책 전문사이트인 '글로벌 시큐리티(www.globalsecurity.org) 참조)

앞서 9.11테러 직후 작성된 '작계 5027-02'에는 김정일 국방위원장에 대한 암살작전과 함께 미국의 신안보 독트린에 따라 한국정부와 상의 없이 기습적으로 북한을 공격할 수 있다는 내용이 포함된 것으로 전해지고 있습니다(연합뉴스 2004.8.7 '북 조평통, 작계5027-04 첫공개' 참조).

Q. 미국 측 LPP 협상주체의 언급과 거의 동일한 시나리오인데, 미2사단 재배치와 작계5027-04가 정말로 아무런 관계가 없는 것입니까?

앞서 말한 '글로벌 시큐리티'에 있는 (OPLAN 5027 Majoy Theater War-West)라는 제목의 문서는 "작계5027은 한미연합사의 핵심 전쟁수행계획"(OPLAN 5027 is the US-ROK Combined Forces Command basic warplan.)이라는 언급으로 시작하고 있습니다. 작계5027의 주체가 한미연합사(CFC)라는 애기입니다.

Q. 한미연합사는 용산기지 이전 대상입니다. 작계5027을 수행할 부대의 이전비용까지 우리가 부담하는 것이 옳습니까? 법적 근거는 무엇입니까?

LPP 개정협정 전면 재검토해야

지난 26일, 그러니까 바로 3일 전에 한미 양국은 미2사단 한강 이남 재배치 내용을 담은 'LPP 개정협정안'에 서명했습니다. 내달 중순쯤에는 '용산기지 이전협정 비준동의안'과 함께 국회에 제출되는 것으로 알고 있습니다.

Q. "한반도 전쟁방지를 위한 충분한 안전장치가 없는 상황에서 미2사단
한강이남 재배치는 결코 용인할 수 없다"는 것이 우리 민주노동당의
흔들림 없는 입장입니다. 저희들을 설득한 후, 그러니까 한반도에서
전쟁은 절대 일어나지 않는다는 확신을 심어준 후, LPP 개정협상을 재
개할 의향은 없습니까?

정부는 숨기는 것이 너무 많습니다. LPP 개정협정 내용은 한반도 전쟁방
지 및 평화에 직결되는 문제임에도 불구하고, 국회에조차 구체적인 협상내
용을 밝히지 않고 있습니다. 의혹이 증폭될 수밖에 없는 것입니다.

Q. 정부가 스스로 국회에 협상과정을 투명하게 공개할 의향은 없습니까?
정부가 먼저 국회 차원의 비공개 공청회를 수용할 의사가 있다고 여
기서 밝힐 의향은 없습니까? 국회 차원에서 한반도 전쟁방지 장치가
충분한지, 한반도 평화 및 통일에 어떤 영향을 끼치는지 충분히 따질
기회를 가질 의향은 없습니까?

주한미군의 지역역할 절대불가

Q. 현 한미상호방위조약에 근거할 때, 주한미군이 제3의 분쟁지역으로
파견될 수 있습니까?

Q. 지난 22일 해외미군 기관지 '성조'는 "최근 주한미군 헌병소대 70명
이 이라크에 차출됐고, 내년 봄 다시 소속부대로 복귀할 것"이라 보
도한 바 있습니다. 사실입니까? 우리 정부와 상의한 것입니까? 우리가
허락한 것입니까?

Q. 지난 8월 주한미군 미2사단 2여단 병력 3,600명이 이라크로 이동했
습니다. 제3의 분쟁지역으로 파견된 것입니까, 아니면 한국의 동의 없
이 일방적으로 미국이 주한미군을 감축한 것입니까?

Q. 주한미군이 한국 국경을 드나드는 것(Flow-in, Flow-out)과 주한미군
   감축은 질적으로 다른 것입니다. 주한미군 감축조차 미국이 일방적으
   로 할 수 있는 것입니까? 아니면 우리가 주한미군 감축을 인정해준
   것입니까?

Q. 지난 2년간의 미래한미동맹정책구상회의(FOTA)에서 주한미군의 지
   역적 역할에 대해 협상한 것이 있습니까? 어디까지 논의된 것입니까?
   그 내용을 말씀해주시기 바랍니다.
   지역역할(regional mission)과 지역안정(regional stability)은 같은 뜻
   아닙니까? 표현만 완화시킨 것 아닙니까?

새로 시작하는 한미안보정책구상회의(SPI)에서 주한미군의 지역역할에
대한 논의가 본격화되는 것으로 알고 있습니다.

Q. 현 한미상호방위조약으로 주한미군의 지역역할이 가능합니까?

Q. 미국의 지역역할을 명시적으로 보장하기 위해 한미상호방위조약 개
   정, 혹은 하위문서로서의 협정을 맺자는 주장이 정부 내에도 있는 것
   으로 알고 있습니다. 사실입니까?

Q. 앞서 말씀드렸듯이, 주한미군의 지역역할은 한반도의 긴장을 고조시
   킬 것이 뻔합니다. 현행 한미상호방위조약을 유지하고 주한미군의 지
   역역할을 부정하는 것이 정부의 협상기조가 되어야 한다고 보는데,
   어떻게 생각하십니까?

Q. 또 정부 일각에서는 주한미군의 지역역할은 보장하되, 한반도방위 외
   의 전력투사를 위해 한국국경을 이탈할 때 한국에 협의를 의무화하자
   는 수준에서 협상하자는 주장도 있는 것으로 알고 있습니다. 사실입
   니까?

Q. 매우 위험한 발상입니다. 주한미군의 지역역할을 인정하는 것도 문제
  이거니와, '상호합의'도 아닌 '상호협의 의무화' 정도로 물러서는 것
  은 미국 마음대로 주한미군을 한반도 평화 이외의 목적으로 활용할
  수 있게 용인하는 것입니다. 최소한의 안전장치도 없는 이러한 주장
  은 절대 있어서는 안 됩니다. 어떻게 생각하십니까?

☐ 부록 16

노회찬 의원 보도자료 1

2004. 11. 30.

"주한미군 지역역할은 북한·중국 선제군사개입을 위한 것"

민주노동당 노회찬 의원 주장

민주노동당 노회찬 의원은 30일 예산결산특별위원회에서 "현재 미국이 한반도에서 추진하고 있는 '주한미군 지역역할'은 북한과 중국에 대한 선제군사개입을 위한 것"이라고 주장해 파문이 일고 있다.

노 의원이 공개한 (주한미군 지역역할 수행 대비책)에 따르면, 예상되는 주한미군 투입 시나리오가 저강도, 중강도, 고강도로 분류되는데,

'저강도' 투입시나리오에는 △ 역내 재난구호, △ 해양수색·구조, △ 해로 안정확보, △ 해적·마약밀매 등의 초국가적 범죄퇴치가 규정되어 있고,

'중강도'에는 △ 분쟁국가들을 대상으로 한 평화유지·강화, △ 지역 테러 지원국가에 대한 응징, △ 비국가 테러단체들의 색출 및 본거지 공격, △ 대량살상무기 개발을 추진하는 역내 국가들에 대한 군사적 압박 등이,

'고강도' 투입시나리오에는 △ 중국 등 잠재 지역패권세력과 역내 여타 국가간의 분쟁 개입, △ 중국-대만간 양안갈등시의 군사적 조정, △ 역내 주요 주변국 내 분리·독립 운동시의 간접적 지원, △ 북한체제 급변으로 인한 위기발생시 주변국간 분쟁 개입 등의 내용이 담겨 있다.

노 의원이 공개한 문서내용이 사실로 밝혀질 경우, 정치·사회 전반에 상당한 충격을 줄 것으로 점쳐진다. 주한미군의 지역역할이 단순히 대테러전에 한정되지 않고, 중국 등 잠재 패권국가에 대한 군사기입, 핵무기 등 대량살상무기 개발의혹이 있는 북한에 대한 군사개입 내용이 명시적으로 포함되어 있기 때문이다.

"북한이 핵무기 등 대량살상무기 개발을 포기하지 않을 경우 '중강도' 개입단계에서부터 북한에 대한 군사적 압박이 가능하고, '고강도' 개입단계에서는 중국과의 전면적인 갈등관계로 발전할 것이 뻔하다"는 것이 노 의원의 주장.

실제로 정부는 위 문서에서 주한미군 지역역할의 문제점으로 '주변국의 견제로 인한 갈등초래 가능성'을 스스로 지적하고 있다. "중국이 양안문제 등과 관련하여 한미동맹의 전략적 우위를 견제하고, 러시아가 미국의 영향력 강화 및 고착화를 우려하여 견제"할 것으로 정부는 내다봤다.

지금까지 학계 일부에서 주한미군의 지역역할이 중국과 북한을 향한 것이라는 주장을 펼친 적은 있지만, 정부문서로 공식 확인된 것은 이번이 처음이다.

'용산협정' 및 'LPP개정협정'은
주한미군 지역역할을 전제로 한 것

노 의원은 또 "지난 10월 26일 한미양국이 서명한 '용산협정' 및 'LPP개정협정'은 북한 및 중국을 표적으로 하는 주한미군의 지역역할 수행을 위한 것"이라고 주장해, 국회비준을 둘러싼 정치권 논쟁도 한층 가열될 것으로 보인다.

"주한미군 지역역할을 총지휘하는 곳이 주한미군사령부(USFK)이고 군사

작전 실행부대가 미2사단인데, 주한미군사 한강이남 재배치는 '용산협정'에, 미2사단 한강이남 재배치는 'LPP개정협정'에 포함되어 있다"고 노 의원은 주장했다.

지난 11일 노 의원은 대정부 질문에서 "미2사단 한강이남 재배치는 대북 정밀타격을 위한 것"이라 주장하며 관련 자료를 공개한 바 있는데, 이는 주한미군 투입시나리오 중 '중강도'에 포함된다는 것이 노 의원의 주장.

노 의원은 "국민들이 '주한미군 지역역할'의 숨은 뜻을 알게 된다면 어느 누구도 이를 용인하지 않을 것"이라고 주장하면서 "국회의원은 국민의 뜻을 제대로 받들어 용산협정 및 LPP개정협정 비준여부를 냉철히 판단해야 할 것"이라고 말했다.

노회찬 의원 보도자료 2

2004. 12. 03.

"정부, 주한미군 지역역할 합의해 놓고 국민 속여"

민주노동당 노회찬 의원 주장

민주노동당 노회찬 의원은 3일 예산결산특별위원회에서 "정부가 이미 주한미군의 지역역할에 합의해 놓고, 국민들에겐 이 사실을 숨기고 있다"고 주장하면서 추가자료 내용을 공개했다.

※ 지난 11월 30일 노 의원은 "주한미군 지역역할이 북한과 중국에 대한 선제 군사개입을 위한 것"이라 주장하면서 관련 정부문서[6]를 공개한 바 있다.

노 의원이 추가 공개한 제4차 FOTA 사전준비회의[7] 자료에 따르면, 주한미군 지역역할 수행에 대한 정부의 기본입장은 "주한미군이 지역안정에 대한 기여 증대를 지지하며 환영하는 입장. 다만, 현 단계에서 그러한 변화방향을 구체적으로 밝히고 공론화하는 것은 다음 이유로 양국 공동이익에 득보다 실이 많다고 생각하며, 당분간 이 사안에 대해 Low key[8]를 유지하는 것"이고,

---

6) (주한미군 지역역할 수행 대비책) 2003년 7월에 열린 제3차 미래한미동맹정책구상회의(FOTA)에 앞서, 한국 측 협상팀(NSC, 외교부, 국방부, 기획단 포함)의 사전준비회의에 제출된 문서임. www.nanjoong.net 참조

7) 2003년 9월에 열린 제4차 미래한미동맹정책구상회의(FOTA)에 앞서, 한국 측 협상팀(NSC, 외교부, 국방부, 기획단 포함)이 가진 사전준비회의.
※ 사전준비회의자료는 한글본과 영문본이 함께 작성되며, FOTA에서 실제 언급할 있도록 '문어체'가 아닌 '구어체'로 작성되어 있음. 여기에 협상전략이 고스란히 담겨 있음.

8) 비공개를 뜻함.

"Low Key를 유지하는 이유로 △ 북한의 오판가능성 등 대북억지력에 부정적 영향, △ 주변국 불필요한 오해, △ 국민공감대 불충분"을 꼽았다.

정부는 또 국민과 주변국을 설득하기 위해 지역역할(regional mission)이라는 용어 대신 '지역안정'(regional stability) 등으로 완화된 표현을 사용하자고 제안하는 방안까지 모색하였다.

이러한 협상전략에 따라 협상팀은 제4차 FOTA(03.9.3~4.)에서 동일한 내용의 발언을 하였다. 노 의원이 공개한 제4차 FOTA 회의록에 따르면,

우리 측 협상대표인 차영구 당시 국방부 정책실장은 "주한미군 지역역할 자체를 반대하는 것이 아님. 이것이 우리의 기본입장임. 다만 현재 지역역할을 부각하는 것은 바람직하지 않기에 우려를 말한 것임. …… 유사시 주한미군이 한반도에서 'in and out'하는 문제는 연합사령관의 권한사항임. 그 과정에서 한국 합참의장과 협의할 것으로 기대함"이라고 발언했고,

이에 미국 측 전담대사는 "한국 측 설명에 감사드림. 양측 의도가 같음을 확인하게 되었음. …… 한반도 내외 전력이동에 대해 미측이 권한을 가지고 있다고 생각함"이라고 답했다.

뿐만 아니라, 제8차 FOTA(04.5.6~8.) 준비회의 자료에 따르면,

"(주한미군 지역역할 문제가) 용산기지 이전 및 미2사단 재배치 반대여론과 연계시, 이전사업에 대한 증폭된 반대여론이 초래될 것"이라는 이유를 들어 "용산기지 이전 재배치 협의완료 후 본격적으로 협의할 것을 희망"한다는 내용의 내부전략을 세운 것으로 드러났다.9)

---

9) 한미양국은 곧 열릴 한미안보정책구상회의(SPI)에서 주한미군의 지역역할에 대해 본격적인 논의를 시작하기로 합의한 바 있다.

노 의원은 "주한미군 지역역할이 對北, 對中國 선제군사개입을 위한 것임을 알고 있는 정부가, 국민을 속이고 몰래 지역역할을 승인했다"고 주장하면서 "이는 한반도 평화를 팔아먹는 매국행위"라고 힐난했다.

노 의원은 또 "협상팀은 물론 반기문 외교부장관과 윤광웅 국방부장관 모두 지역역할 용인하는 '앞서나가는' 발언을 일삼고 있다"고 지적하면서, "지금 정부에서 주한미군 지역역할의 문제점을 간파하고 국익의 차원에서 접근하는 것은 노 대통령뿐"이라고 주장했다.

노 의원은 또 "대통령은 주한미군 지역역할을 인정하는 것이 공식입장인지, 아니면 협상팀이 월권행위를 한 것인지 분명히 밝혀야 한다"면서 "만약 협상팀의 월권행위라면 필히 책임을 물어야 한다"고 주문했다.

<참고> 제4차 FOTA 사전준비회의 자료 中

<지역역할>

□ 미 입장
ㅇ 주한미군의 지역임무 수행 희망

 - 현 한미상호방위조약 의거 가능한 것으로 판단
 - SCM[10) 공동성명에 포함 희망

□ 주한미군 지역역할 수행에 대한 기본입장 설명
ㅇ 새로운 안보위협에 따른 주한미군 지역역할 수행에 대한 미측 입장 이해. 다만 한미 한반도안보 기초로서 북한 위협에 대비하는 것으로 이해되어왔음. 주한미군 지역역할 수행이 이러한 인식에 흔들림을 초래할 수도 있다는 점을 강조하기 위한 것

---

10) 한미연례안보협의회. 매년 10~11월경 열림.

ㅇ 주한미군이 지역안정에 대한 기여 증대를 지지하며 환영하는 입장. 다만, 현 단계에서 그러한 변화방향을 구체적으로 밝히고 공론화하는 것은 다음 이유로 양국 공동이익에 득보다 실이 많다고 생각하며, 당분간 이 사안에 대해 Low key를 유지할 것. 이유 1. 북한의 오판가능성 등 대북억지력에 부정적 영향, 2. 주변국 불필요한 오해, 3.국민공감대 불충분.

□ 향후 추진방향
ㅇ 국민 주변국 설득 위해 '지역안정' 등으로 완화된 표현 사용(regional mission → regional stability)

* Low key 유지

□ 부록 17

한·러 기본관계 조약

대한민국과 러시아연방은 양국간의 평화와 우호의 유대관계를 강화하고,
양국 국민간의 더욱 긴밀한 경제 및 문화협력을 증진할 것을 희망하며,
양국 국민간의 전통적인 관계에 유념하고, 아울러 역사상 양국간 불행했
던 시기의 잔재를 극복할 것을 다짐하며,
양국간의 미래관계가 자유·민주주의·인권존중 및 시장경제 원칙이라는
공통의 가치를 바탕으로 발전되어야 함을 확신하고,
양국 및 양국 국민간의 우호협력관계를 발전시키는 것이 양국의 상호이
익뿐만 아니라 아시아·태평양 지역은 물론 전세계의 평화·안보와 번영에
도 이바지할 것임을 확신하며,
국제연합헌장의 목적과 원칙을 준수할 것을 재천명하고,
1990년 12월 14일의 모스크바선언이 계속 양국관계의 지침이 될 것임을
확인하면서,
아래와 같이 합의하였다.

제1조

대한민국과 러시아연방은 주권·평등·영토보전 및 정치적 독립존중, 국내
문제 불간섭 등의 제 원칙과 기타 일반적으로 확립된 국제법 원칙에 따라
우호관계를 발전시킨다.

제2조

1. 체약당사국은 국제연합헌장에 따라 양국 관계에서 무력의 위협 또는
   무력의 행사를 하지 아니하며, 양국간의 모든 분쟁을 평화적인 방법으

로 해결한다.

2. 체약당사국은 국제분쟁의 해결에 국제연합을 최대한 활용하고, 국제평화 및 안보의 유지에 있어서 국제연합와 역할을 높이기 위하여 협조·노력한다.

제3조

1. 체약당사국은 아시아·태평양지역의 안정과 번영의 증진을 위하여 협력한다.
2. 체약당사국의 국제기구와 지역기구의 체제 안에서 정보교환을 포함한 양국간의 협력을 강화한다.

제4조

1. 체약당사국은 국제문제 및 지역문제 등 상호 관심사항과 양국관계에 관한 사항을 논의하기 위하여 국가원수·외무장관·정부각료 또는 대표 자간에 정기적으로 협의를 가진다.
2. 이러한 협의는 통상적으로 대한민국과 러시아연방에서 교대로 개최한다.

제5조

1. 체약당사국은 양국 국민 및 사회단체간의 광범위한 접촉과 유대관계의 발전을 촉진시킨다.
2. 체약당사국은 양국 의회간의 접촉과 교류를 지향한다.
3. 체약당사국은 양국 지방정부간의 직접적인 접촉을 장려한다.

제6조

1. 일방 체약당사국의 국민은 외국인의 입국 및 체류에 관한 법령에 따라, 타방 체약당사국의 영역에 입국 또는 출국, 여행 또는 체류를 할 수 있다.

2. 일방 체약당사국의 국민과 법인은 관련 법령에 따라 타방 체약당사국의 영역 안에서 완전한 보호와 안전을 향유한다.

제7조

1. 체약당사국은 국제관행상 일반적으로 인정된 제 원칙에 따라서 경제·공업·무역 및 기타 분야에서 양국간의 광범위한 호혜협력을 증진 발전시킨다.
2. 체약당사국은 특히 농업·임업·어업·에너지·광업·통신·운송·건설 등의 분야에서 협력을 증진 발전시킨다.
3. 체약당사국은 또한 상호이익에 근거하여 환경보전과 천연자원의 합리적 이용분야에서 협력을 증진 발전시킨다.

제8조

1. 체약당사국은 과학기술 협력이 양국 국민의 복지증진에 매우 중요함을 인정하고 평화적 목적을 위하여 과학기술분야에서 광범위한 협력을 발전시킨다.
2. 체약당사국은 양국간의 과학기술협력에 있어서 과학자의 교류와 과학기술 연구결과의 교환을 촉진하고, 공동 연구사업을 장려하는 데에 특별한 관심을 기울인다.

제9조

체약당사국은 양국 실업계간의 다양하고 긴밀한 접촉과 협력을 장려하고 원활하게 한다.

제10조

1. 체약당사국은 수 세기에 걸친 양국의 문화유산을 인정하고 예술, 문화,

　　교육분야에서 교류와 협력을 촉진시킨다.
2. 체약당사국은 대중매체, 관광, 체육 분야에서 교류와 협력을 촉진시키
　　고 청소년의 교류를 장려한다.
3. 체약당사국은 양국에서 상대국의 언어와 문화에 관한 지식을 증진시키
　　는 데 특별한 관심을 가진다. 각 체약당사국은 모든 관련 인사들이 타
　　방 체약당사국의 언어와 문화에 광범위하게 접근할 수 있도록 문화 및
　　교육기관의 설립과 활동을 장려하고 촉진한다.

제11조

각 체약당사국은 자국의 영역 안에서 한국계 또는 러시아계 국민 및 시민
이 그들의 고유문화를 향유하고 그들 자신의 종교를 신봉하며 또한 그들
의 고유언어를 사용할 권리를 인정한다.

제12조

체약당수국은 점증하는 범죄의 국제화에 대하여 깊이 우려하고, 조직범
죄, 국제테러, 마약 및 향정신성 물질의 불법거래, 해상항해 및 민간항공
의 안전을 해하는 불법행위, 화폐위조, 멸종위기에 처한 동·식물 또는 그
일부분 또는 그 파생물과 민족적, 예술적, 고고학적 가치가 있는 귀중품
의 불법 반출을 포함한 밀수등을 진압하기 위한 노력을 함에 있어서 효과
적인 협력을 증진한다.

제13조

이 조약은 현재 발효중인 국제조약 및 협정에 따른 어느 일방 체약당사국
의 권리 및 의무에 영향을 미치지 아니하며 제3국에 대항하여 원용되지
아니한다.

제14조

체약당사국은 이 조약의 목적을 이행하기 위하여 필요한 경우 조약 및 협
정을 체결한다.

제15조

1. 이 조약은 비준되어야 하며, 비준서 교환일부터 30일 후에 발효한다.
2. 이 조약은 10년간 유효하며, 그 후에도 이 조의 규정에 따라 종료될
   때까지 계속해서 유효하다.
3. 일방 체약당사국은 타방 체약당사국에 대하여 1년 전에 문서에 의한
   통고를 함으로써 최초 10년의 기간이 만료되는 때 또는 그 후 어느 때
   든지 이 조약을 종료시킬 수 있다.

서울에서 1992년 11월 19일 동등하게 정본인 한국어, 러시아어 및 영어
로 각 2부씩 작성하였다.

대한민국을 대표하여 대통령 노태우
러시아연방을 대표하여 대통령 보리스 니콜라예비치 옐친

□ 부록 18

북대서양 조약

1949.4. 워싱턴에서 서명

북대서양조약 가맹국들은 국제연합헌장의 목적과 원칙에 대한 신념과 모든 민족들 및 모든 정부들과 평화로운 삶을 영위할 바람을 재확인한다. 가맹국들은 민주주의의 원칙, 개인의 자유, 그리고 법의 규칙에 근거하여 국민들의 자유, 공동의 유산과 문명을 보호해야 한다.
가맹국들은 북대서양지역의 안정과 번영의 증진을 추구한다.
가맹국들은 집단방위, 평화와 안보 보존을 위한 공동의 노력을 결의한다.
그러므로 가맹국들은 다음의 북대서양조약에 동의한다.

제1조 가맹국들은 국제연합헌장에 명시된 바와 같이 가맹국들이 관련될 수 있는 어떠한 국제분쟁이라도 국제평화와 안보 그리고 정의가 위협받지 않을 평화적 수단으로 해결하고, 국제관계에서 국제연합의 목적과 상충하는 어떠한 형태의 위협이나 무력의 사용을 자제한다.

제2조 가맹국들은 자유제도를 강화함으로써, 이러한 제도들이 수립된 원칙들에 대한 보다 나은 이해를 가져옴으로써, 그리고 안정과 번영의 조건을 증진함으로써, 평화롭고 우호적인 국제관계의 지속적인 발전에 기여할 것이다. 가맹국들은 국제경제정책에서의 갈등을 제거하고자 할 것이며 가맹국들 간에 경제적 공동협력을 장려할 것이다.

제3조 가맹국들은 북대서양조약의 목적을 보다 효과적으로 달성하기 위해

서 개별적/공동으로, 그리고 지속적이고 효과적인 자구와 상호원조 수단을 통해 무장 공격을 막아내기 위한 개별적/집단적 능력을 유지·발전시킬 것이다.

제4조 가맹국들은 어떤 가맹국의 영토보전, 정치적 독립이나 안보가 위협받을 경우 언제라도 함께 협의할 것이다.

제5조 가맹국들은 유럽이나 북미에서 한 가맹국 이상에 대한 무장공격을 가맹국 전체에 대한 공격으로 간주하고, 가맹국들은 그러한 무장공격이 발생할 경우, 각 가맹국들은 국제연합헌장 제51조에 의거, 개별적 혹은 집단적 자위권을 행사하여 북대서양지역의 안보를 복원·유지하기 위해 무장된 전력의 사용을 포함하여 필요하다고 간주되는 행동을 개별적, 그리고 다른 가맹국들과 협력하여 공격당한 가맹국이나 가맹국들을 도울 것을 결과적으로 합의한다. 따라서 그러한 무장공격과 그러한 결과로 취해진 모든 조치들은 즉각적으로 안전보장이사회에 보고되어야 한다. 그러한 조치들은 안전보장이사회가 국제평화와 안보를 복구·유지하기 위해 필요한 조치들을 취했을 경우 종식되어야 한다.

제6조 제5조의 목적을 위해 한 가맹국 이상에 대한 무장공격은 유럽이나 북미, 프랑스령 알제리, 유럽의 가맹국에 주둔해 있는 전력, 북회귀선의 북대서양 지역 북쪽에 있는 가맹국의 관할권에 있는 제도나 이러한 지역에 있는 어떠한 가맹국의 선박이나 항공기에 대한 무장공격을 포함하는 것으로 간주한다.

제7조 북대서양조약은 어떠한 상황에서도 국제연합 회원국인 가맹국의 헌장에 따른 권리와 의무, 또는 국제평화와 안보를 유지하기 위한 안전보장이사회의 우선적 책임에 영향을 미치지 않으며, 영향을 미칠 것으로 해석되어서는 안 된다.

제8조 각 가맹국은 현재 진행중인 가맹국과 가맹국간이나 가맹국과 제3
국간의 어떠한 국제적 협약도 이 조약의 규정과 상충하지 않음을
선언하며, 각 가맹국은 이 규정과 상충하는 어떠한 국제적 협약에
도 가입하지 않는다.

제9조 이로써 가맹국들은 각 국이 북대서양조약의 실행에 관련된 사안
들을 고려하기 위해 자신들을 대표할 이사회(Council)를 구성한
다. 이사회는 즉시 어느 때에나 만날 수 있도록 구성될 것이다.
이사회는 필요할 경우 부수적인 기관들을 설립한다. 특히 이사회
는 제3조와 제5조의 실행을 위한 조치들을 추천할 방위위원회
(defence committee)를 즉시 수립한다.

제10조 가맹국들은 만장일치로 북대서양조약의 원칙을 추진하고, 북대
서양조약을 따름으로써 북대서양지역의 안보에 기여할 수 있도
록 다른 유럽국가도 초대할 수 있다. 초대된 국가는 미합중국
정부에게 가입 문서를 위탁함으로써 조약의 가맹국이 된다. 미
합중국 정부는 각 가맹국에게 그러한 가입 문서의 위탁을 통지
할 것이다.

제11조 북대서양조약과 조약의 규정은 가맹국 각각의 헌법절차에 따라
통과되어야 한다. 비준 문서들은 가맹국들을 확인시켜줄 미합중
국 정부에 가능한 한 빨리 위탁되어야 할 것이다. 북대서양조약
은 가맹국들(벨기에, 캐나다, 프랑스, 룩셈부르크, 네덜란드, 영
국, 미국의 비준을 포함한)의 다수가 비준한 이후에, 곧 바로 조
약을 비준한 국가들 사이에 효력을 발휘한다.

제12조 북대서양 조약이 발효된 지 10년이 지나거나 그 이상이 지났을
경우, 가맹국들 가운데 어느 한 국가의 요구가 있다면, 전세계의
발전을 포함한 북대서양지역의 평화와 안보를 유지하기 위한 국

제연합헌장 하의 지역 협정들에 영향을 미치는 요소들을 고려하여, 조약의 재검토할 목적으로 함께 협의한다.

제13조 북대서양조약이 발효된 지 20년이 지났을 경우, 어떠한 가맹국이라도 탈퇴사실을 미합중국 정부에 알린 지 1년이 지난 후에 탈퇴할 수 있다. 미합중국 정부는 다른 가맹국들에게 탈퇴의 사실을 통지할 것이다.

제14조 영어와 프랑스어 원문이 동등하게 인증된 북대서양조약은 미합중국 정부의 공문서 보관소에 위탁될 것이다. 적절하게 증명된 사본이 미합중국 정부에 의해 가맹국들의 정부로 발송될 것이다.

□ 부록 19

미합중국과 일본국 간의 상호협력 및 안전보장조약

1960.1.19. 워싱턴에서 서명
1960.6.23. 발효

미합중국과 일본국은 양국간에 전통적으로 존재하는 평화 및 우호관계를 강화하고 동시에 민주주의의 제 원칙, 개인의 자유 및 법의 지배를 고양할 것을 희망하고,

또한 양국간의 일층 긴밀한 경제협력을 촉진하고 경제적 안정 및 복지의 조건을 조장할 것을 희망하며,

국제연합의 목적 및 원칙에 대한 신념과 모든 국민 및 정부와 평화리에 생활하고자 하는 희망을 재확인하고,

양국은 국제연합 헌장에 확인된 개별적 자위에 관한 고유한 권리를 가지고 있음을 인정하며,

양국은 극동에 있어서 국제평화 및 안전의 유지에 공통의 관심을 가지고 있음을 고려하고,

상호협력 및 안전보장조약을 체결할 것을 결의하여 다음과 같이 합의한다.

제1조   체약국은 국제연합 헌장에 규정된 바에 따라 개입될지도 모를 여하한 국제분쟁도 국제평화, 안전 및 정의를 위태롭게 하지 않는 평화적인 방법으로 해결하며, 그들의 국제관계에 있어서 타국의 영토보장과 정치적 독립에 대해서나 또는 국제연합의 목적과 일치하지 않는 방법으로 무력에 의한 위협 또는 무력을 행사하는 것을 삼갈 것을 약속한다.

　　　　체약국은 다른 평화애호국가와 합동하여 국제평화와 안전유지에 대한 국제연합의 임무가 더욱 효과적으로 수행될 수 있도록 국제

연합 강화를 위하여 노력한다.

제2조 체약국은 그들의 자유주의적 제도를 강화하며 이들 제도의 기초
가 되는 원칙에 대한 이해를 촉진하고 안전과 복지의 조건을 조장
함으로써 더욱 평화적이고 우호적인 국제관계 발전에 공헌한다.

제3조 체약국은 개별적 및 상호협력으로 계속적이고도 효과적인 자조와
상호원조에 의하여 각자의 헌법상의 규정에 따라 무력공격에 대
응할 그들의 능력을 유지 발전시킨다.

제4조 체약국은 본 조약의 이행과 관련하여 수시로 협의하고, 일본 또는
극동에 있어서 국제평화와 안전을 위태롭게 하는 것으로 인정하
여 각자의 헌법상 규정과 절차에 따라 공통의 위험에 대처할 것
을 선언한다.

제5조 각 체약국은 일본국의 시정하에 있는 영역에 있어서 어느 일방 체
약국에 대한 무력공격을 자국의 평화와 안전을 위태롭게 하는 것
으로 인정하여 각자의 헌법상 규정과 절차에 따라 공통의 위험에
대처할 것을 선언한다.
전기의 무력공격 및 그 결과로 인하여 취하여진 제반 조치는 국제
연합 헌장 제51조의 규정에 따라 국제연합 안전보장이사회에 즉
시 보고되어야 한다. 그러한 조치는 안전보장이사회가 국제평화를
회복하고 유지하기 위한 필요한 조치를 취한 경우 중지되어야 한다.

제6조 일본의 안전과 극동에 있어서의 국제평화 및 안전의 유지에 기여
하기 위하여 미합중국은 그의 육군, 공군 및 해군에 의한 일본 국
내의 시설 및 구역의 사용권을 허여 받는다. 전기한 시설 및 구역
의 사용과 일본 국내에서의 합중국 군대의 지위는 1952년 2월 28
일 동경에서 서명된 미합중국과 일본국 간의 안전보장조약 제3조

에 근거한 행정협정에 대신하는 별도의 협정에 의하여 규율된다.

제7조 본 조약은 국제연합 헌장에 의한 체약국의 권리와 의무 또는 국제
평화와 안전을 유지하는 국제연합의 책임에 대하여 어떠한 영향
도 미치지 않으며 여하한 경우에도 영향을 미치는 것으로 해석될
수 없다.

제8조 본 조약은 미합중국과 일본국에 의하여 각자의 헌법상 절차에 따
라 비준되어야 하며 양국이 동경에서 비준서를 교환하는 날로부터
발효한다.

제9조 1951년 9월 8일 샌프란시스코에서 서명된 미합중국과 일본국 간
의 안전보장 조약은 본 조약 발효 즉시 효력을 상실한다.

제10조 본 조약은 일본지역에서 국제평화와 안전을 유지하기 위한 만족
할만한 국제연합의 조치가 효력을 발생하였다고 미합중국 및 일
본국이 인정할 때까지 유효하다.
다만 본 조약은 발효 10년 후에 일방 체약국이 타방 체약국에
대하여 본 조약 종료의 의사를 통고할 경우 본 조약은 그러한 통
고 후 1년 만에 종료된다.

□ 부록 20

필리핀 공화국과 미합중국 간의 상호방위조약

1951년 8월 30일 워싱턴에서 서명

주: 본 조약은 1952.5.12. 상원에서 S.R.84번으로 통과되었다. 필리핀 비준판은 대통령이 1952.8.27. 서명하였다. 본 조약은 1952.8.27. 양 당사국이 비준판을 교환함으로써 그 효력을 발생한다. 대통령은 본 조약을 공포 제341조로 공포하였다.

본 조약은 당사국은,

유엔헌장에서 나타난 목적과 원칙에 대한 확신 그리고 모든 국민과 모든 정부가 평화적으로 살고자 하는 희망을 재확인하며, 또한 태평양 지역에서의 평화기구를 공고히 할 것을 희망하고,

양국 국민을 공통적인 공감대로 이끈 역사적 관련성 및 지난 전쟁중에 제국주의적 침략에 대항하여 나란히 싸운 서로의 이상을 자연스럽게 상기하면서, 당사국 중 어느 일국이 태평양지역에 있어서 고립하여 있다는 환각을 어떠한 잠재적 침략자도 가지지 않도록 외부로부터의 무력공격에 대하여 자신을 방위하고자 하는 공통의 결의를 공공연히 또는 정식으로 선언할 것을 희망하고,

또한 태평양 지역에 있어서 더욱 포괄적인 지역적 안전보장 조직이 발달될 때까지 평화와 안전을 유지하고자 집단방위를 위한 노력을 더욱 공고히 할 것을 희망하며,

본 조약의 어떠한 문구도 필리핀 공화국과 미합중국간의 현존하는 양해사항을 어떠한 의미에서든지 변경하거나 감소하게 하는 것으로 간주되거나 해석되지 아니한다는 데 동의하며, 다음과 같이 합의한다.

제1조 당사국은 국제연합헌장에 나타난 바와 같이, 그들이 관련될지도

모르는 어떠한 국제적 분쟁이라도 국제적 평화와 안전과 정의를
위태롭게 하지 아니하는 방법으로 평화적 수단에 의하여 해결하
고, 또한 국제관계에 있어서 국제연합의 목적에 배치되는 방법으
로 무력을 가지고 위협하거나 무력을 행사함을 삼가기로 한다.

제2조 본 조약의 목적을 좀더 효과적으로 달성하기 위하여, 당사국은 단
독적으로나 공동으로 자조와 상호원조에 의하여 무력공격을 저지
하기 위한 개별적 또는 집단적 능력을 유지하고 발전시키기로 한다.

제3조 당사국 중 어느 1국의 영토적 통일성 및 정치적 독립 또는 안전이
태평양지역에서의 외부적 무력공격에 의하여 위협받고 있다고 어
느 당사국이 인정할 때나, 본 조약의 시행에 관한 문제점에 대하
여는 언제든지, 당사국은 각자 외무부장관이나 그 대리인을 통하
여 서로 협의한다.

제4조 각 당사국은 타 당사국에 대한 태평양 지역에서의 무력공격을 자
국의 평화와 안전을 위태롭게 하는 것으로 보고, 공동의 위험에
대처하기 위하여 각자의 헌법상 절차에 따라 행동할 것을 선언한
다. 위와 같은 모든 무력공격과 그 결과로 취해진 모든 조치는 즉
각적으로 국제연합 안전보장 이사회에 통지하여야 한다.
위와 같은 조치들은 안전보장 이사회가 국제평화와 안전을 회복
하고 유지하기 위하여 필요한 조치를 취하였을 때 해제된다.

제5조 전조에 있어서의 1국에 대한 무력공격은 어느 1국의 본토에 대한
무력공격, 태평양 지역에 있어서 그들의 관할하에 있는 도서지역
에 대한 무력공격, 태평양에서의 그들의 군대, 공용선박 및 항공
기에 대한 무력공격을 포함한다.

제6조 본 조약은 어떠한 경우에도 국제연합 헌장에 의해 규정된 각 당사

국의 권리 및 의무나, 국제적인 평화나 안전을 유지하는 국제연합의 책무에 영향을 미치거나, 영향을 미치는 것으로 해석되지 아니한다.

제7조 본 조약은 필리핀 공화국과 미합중국에 의하여 각국의 헌법상의 절차에 따라 비준되어야 하며, 그 비준서가 양국에 의하여 마닐라에서 교환되었을 때 효력을 발생한다.

제8조 본 조약은 무기한으로 유효하다. 어느 당사국이든지 타 당사국에 통고한 후 1년 후에 본 조약을 종지시킬 수 있다.

이상의 증거로써 하기 전권위원은 본 조약에 서명한다.
본 조약은 1951.8.30. 워싱턴에서 2부 작성한다.

필리핀 공화국을 위하여
(사인) 카를로스 로물로 외 3인

□ 부록 21

조선민주주의인민공화국과 미합중국 사이의 공동코뮈니케

2000년 10월 12일

조선민주주의인민공화국 국방위원회 김정일 위원장의 특사인 국방위원회 제1부위원장 조명록 차수가 2000년 10월 9일부터 12일까지 미합중국을 방문하였다.

방문기간 국방위원회 김정일 위원장께서 보내시는 친서와 조·미관계에 대한 그의 의사를 조명록 특사가 미합중국 윌리암 클린턴 대통령에게 직접 전달하였다. 조명록 특사와 일행은 매덜레인 알브라이트 국무장관과 매들린 올브라이트 윌리암 코언 국방장관을 비롯한 미행정부의 고위관리들을 만나 공동의 관심사로 되는 문제들에 대하여 폭넓은 의견교환을 진행하였다. 쌍방은 조선민주주의인민공화국과 미합중국 사이의 관계를 전면적으로 개선시킬 수 있는 새로운 기회들이 조성된 데 대하여 심도 있게 검토하였다. 회담들은 진지하고 건설적이며 실무적인 분위기속에서 진행되었으며 이 과정을 통하여 서로의 관심사들에 대하여 더 잘 리해할 수 있게 되였다.

조선민주주의인민공화국과 미합중국은 력사적인 북남최고위급상봉에 의하여 조선반도의 환경이 변화되였다는 것을 인정하면서 아시아태평양지역의 평화와 안전을 강화하는데 리롭게 두 나라 사이의 쌍무관계를 근본적으로 개선하는 조치들을 취하기로 결정하였다. 이와 관련하여 쌍방은 조선반도에서 긴장상태를 완화하고 1953년의 정전협정을 공고한 평화보장체계로 바꾸어 조선전쟁을 공식 종식시키는데서 4자회담 등 여러 가지

방도들이 있다는데 대하여 견해를 같이하였다.

조선민주주의인민공화국 측과 미합중국 측은 관계를 개선하는 것이 국가들 사이의 관계에서 자연스러운 목표로 되며 관계개선이 21세기에 두 나라 인민들에게 다같이 리익으로 되는 동시에 조선반도와 아시아태평양지역의 평화와 안전도 보장하게 될 것이라고 인정하면서 쌍무관계에서 새로운 방향을 취할 용의가 있다고 선언하였다. 첫 중대조치로서 쌍방은 그 어느 정부도 타방에 대하여 적대적 의사를 가지지 않을 것이라고 선언하고 앞으로 과거의 적대감에서 벗어난 새로운 관계를 수립하기 위하여 모든 노력을 다할 것이라는 공약을 선언하였다.

쌍방은 1993년 6월 11일부 조미공동성명에 지적되고 1994년 10월 21일부 기본합의문에서 재확인된 원칙들에 기초하여 불신을 해소하고 호상신뢰를 이룩하며 주요관심사들을 건설적으로 다루어 나갈 수 있는 분위기를 유지하기 위하여 노력하기로 합의하였다.

이와 관련하여 쌍방은 두 나라사이의 관계가 자주권에 대한 호상존중과 내정불간섭의 원칙에 기초하여야 한다는 것을 재확언하면서 쌍무적 및 다무적 공간을 통한 외교적 접촉을 정상적으로 유지하는 것이 유익하다는 데 대하여 류의하였다.

쌍방은 호혜적인 경제협조와 교류를 발전시키기 위하여 협력하기로 합의하였다. 쌍방은 두 나라 인민들에게 유익하고 동북아시아전반에서의 경제적 협조를 확대하는 데 유리한 환경을 마련하는 데 기여하게 될 무역 및 상업가능성들을 탐구하기 위하여 가까운 시일 안에 경제무역전문가들의 호상방문을 실현하는 문제를 토의하였다.

쌍방은 미싸일 문제의 해결이 조미관계의 근본적인 개선과 아시아태평양지역에서의 평화와 안전에 중요한 기여를 할 것이라는 데 대하여 견해를 같이하였다. 조선민주주의인민공화국측은 새로운 관계구축을 위한 또 하나의 노력으로 미싸일 문제와 관련한 회담이 계속되는 동안에는 모든 장거리 미싸일을 발사하지 않을 것이라는 데 대하여 미국 측에 통보하였다.

조선민주주의인민공화국과 미합중국은 기본합의문에 따르는 자기들의 의무를 완전히 리행하기 위한 공약과 노력을 배가할 것을 확약하면서 이렇게 하는 것이 조선반도의 비핵평화와 안전을 이룩하는데 중요하다는 것을 굳게 확언하였다. 이를 위하여 쌍방은 기본합의문에 따르는 의무리행을 보다 명백히 할 데 대하여 견해를 같이하였다. 이와 관련하여 쌍방은 금창리 지하시설에 대한 접근이 미국의 우려를 해소하는 데 유익하였다는 데 대하여 류의하였다.

쌍방은 최근년간 공동의 관심사로 되는 인도주의분야에서 협조사업이 시작되였다는 데 대하여 류의하였다. 조선민주주의인민공화국측은 미합중국이 식량 및 의약품지원분야에서 조선민주주의인민공화국의 인도주의적 수요를 충족시키는 데 의의 있는 기여를 한 데 대하여 사의를 표하였다. 미합중국측은 조선민주주의인민공화국이 조선전쟁시기에 실종된 미군병사들의 유골을 발굴하는 데 협조하여 준 데 대하여 사의를 표하였으며 쌍방은 실종자들의 행처를 가능한 최대로 조사확인하는 사업을 신속히 전진시키기 위하여 노력하기로 합의하였다. 쌍방은 이상의 문제들과 기타 인도주의문제들을 토의하기 위한 접촉을 계속하기로 합의하였다.

쌍방은 2000년 10월 6일 공동성명에 지적된 바와 같이 테러를 반대하는 국제적 노력을 지지고무하기로 합의하였다.

조명록 특사는 력사적인 북남최고위급상봉결과를 비롯하여 최근 몇 개월 사이의 북남대화상황에 대하여 미국 측에 통보하였다. 미합중국 측은 현행 북남대화의 계속적인 전진과 성과 그리고 안보대화의 강화를 포함한 북남사이의 화해와 협조를 강화하기 위한 발기들의 실현을 위하여 모든 적절한 방법으로 협조할 자기의 확고한 공약을 표명하였다.

조명록 특사는 클린턴 대통령과 미국인민이 방문기간 따뜻한 환대를 베풀어준 데 대하여 사의를 표하였다.

조선민주주의인민공화국 국방위원회 김정일 위원장께 윌리암 클린턴 대통령의 의사를 직접 전달하며 미합중국대통령의 방문을 준비하기 위하여 매덜레인 올브라이트 국무장관이 가까운 시일에 조선민주주의인민공화국을 방문하기로 합의하였다.

2000년 10월 12일
워싱턴

지은이

■ 강정구

위스콘신 매디슨 대학 사회학 박사
현 동국대학교 사회학과 교수
한미관계연구회 회장
평통사 부설연구소 '평화통일연구소' 소장
대표저서:『민족의 생명권과 통일』,『현대 한국사회의 이해와 전망』 외

■ 고영대

단국대학교 사학과 졸업
현 평화와 통일을 여는 사람들 부설 평화통일연구소 상임연구위원
전 민족화해자주통일협의회 집행위원장
전 평화와 통일을 여는 사람들 사무처장

■ 박기학

서울대 경제학과 졸업
현 평화통일연구소 연구위원

■ 서보혁

한국외대 정치학 박사(북한정치)
현 국가인권위원회 전문위원
전 한국기독교교회협의회 통일위원
전 평화네트워크 운영위원
대표저서:『북한 정체성의 두 얼굴』,『탈냉전기 북미관계사』

■ 서재정

펜실베이니아대학 정치학 박사
현 코넬대학 정치학과 교수
대표저서:『탈냉전과 미국의 신세계 질서』,『Rethinking Security in East Asia』,「The Two-Wars Doctrine and the Regional Arms Race: Contradictions in U.S. Post-Cold War Security Policy in Northeast Asia」 외

■ 이철기

동국대학교 대학원 정치학 박사
현 동국대 법정대학 국제관계학과 교수
경실련 통일협회 정책위원장 역임
대표저서:『동북아 군축론: 신동북아질서의 모색』,『21세기 국제관계와 한반도』 (공저) 외

■ 최철영

성균관대 대학원 법학박사(국제법)
현 대구대학교 법학부 교수
미국 Georgetown Univ. Law Center 객원연구원
한국법제연구원 수석연구원

전환기 한미관계의 새판짜기

ⓒ 강정구 외, 2005

지은이 | 강정구 외
펴낸이 | 김종수
펴낸곳 | 도서출판 한울

편집책임 | 안광은
편집 | 최아림

초판 1쇄 인쇄 | 2005년 1월 15일
초판 1쇄 발행 | 2005년 1월 25일

주소 | 413-832 파주시 교하읍 문발리 507-2(본사)
         121-801 서울시 마포구 공덕동 105-90 서울빌딩 3층(서울 사무소)
전화 | 영업 02-326-0095, 편집 02-336-6183
팩스 | 02-333-7543
홈페이지 | www.hanulbooks.co.kr
등록 | 1980년 3월 13일, 제406-2003-051호

Printed in Korea.
ISBN 89-460-3331-2 03340

* 가격은 겉표지에 표시되어 있습니다.